叢書・ウニベルシタス　1091

チチスベオ

イタリアにおける私的モラルと国家のアイデンティティ

ロベルト・ビッツォッキ
宮坂真紀 訳

法政大学出版局

Roberto Bizzocchi
CICISBEI.
MORALE PRIVATA E INDENTITÀ NAZIONALE IN ITALIA

Japanese translation rights arranged with
Gius. Laterza & Figli S.p.A.
through Japan UNI Agency, Inc., Tokyo.

カバー：ジャンドメニコ・ティエポロ、「散歩」、1791-1793年
ヴェネツィア、カ・レッツォーニコ
Cover: Giandomenico Tiepolo, *Passeggiata*, Venezia, Ca' Rezzonico, inv. Cl. I n. 1744.

図版 1：ピエトロ・アントニオ・ノヴェッリ、「骨董マニアの家族」挿絵、
『ヴェネトの弁護士カルロ・ゴルドーニ喜劇集』、ジャンバッティスタ・パスクワーリ、
ヴェネツィア、1764年

図版2：ピエトロ・アントニオ・ノヴェッリ、「慎み深い貴婦人」挿絵（2枚）、『カルロ・ゴルドーニ氏喜劇集』、アントニオ・ザッタ・エ・フィーリ、ヴェネツィア、1789年

図版3：ピエトロ・ロンギ、「遊技場《リドット》」、1757–1760年頃、ヴェネツィア、クェリーニ・スタンパーリア絵画館
FOUNDATION QUERINI STAMPALIA ONLUS, VENEZIA.

図版4：ジャンドメニコ・ティエポロ、「別荘地でのメヌエット」、1791–1793年、
ヴェネツィア、カ・レッツォーニコ
Giandomenico Tiepolo, *Minuetto in villa,* Venezia, Ca' Rezzonico, inv. Cl. I n. 1743.

図版5：ジャンドメニコ・ティエポロ、「付き添いの騎士《カヴァリエル・セルヴェンテ》」、1790年頃、版画、ヴェネツィア、コッレール美術館

Giandomenico Tiepolo, *Il cavalier servente*, Venezia, Museo Correr, inv. L. V. 0531.

図版 6：「母親の義務」、17 世紀初期の版画

図版７：ジュゼッペ・マリア・ミテッリ、「真実のゲーム」、版画、1688年

図版8：作者不詳『いわゆる付き添いの騎士たちの素質や性格について、18世紀の一般原則に基づいた哲学的・政治的省察』（ザッタ、ヴェネツィア、1783年、1ページ）に掲載された版画

図版9：ピエトロ・ロンギ、「朝のチョコレート」、1774–1780年、ヴェネツィア、カ・レッツォーニコ
Pietro Falca detto Longhi, *La cioccolata del mattino*, Venezia, Ca' Rezzonico, inv. Cl. I n. 0142.

図版 10：「チチスベオと伊達男たちの苦労の耐えない生活」、ジュゼッペ・ピアットリ『40のトスカーナの諺集』（パーニ・エ・バルディ、フィレンツェ、1788年、第3号）に掲載された銅版画

図版 11：フィリッポ・ファルチャトーレ、「庭園のコンサート」（部分）、1745–1750 年頃、デトロイト美術館

図版12：フィリッポ・ファルチャトーレ、「ギャラントリーな散歩」「ギャラントリーなサロン」、1745–1750年頃、ニューヨーク、元ピエーロ・コルシーニ・コレクション

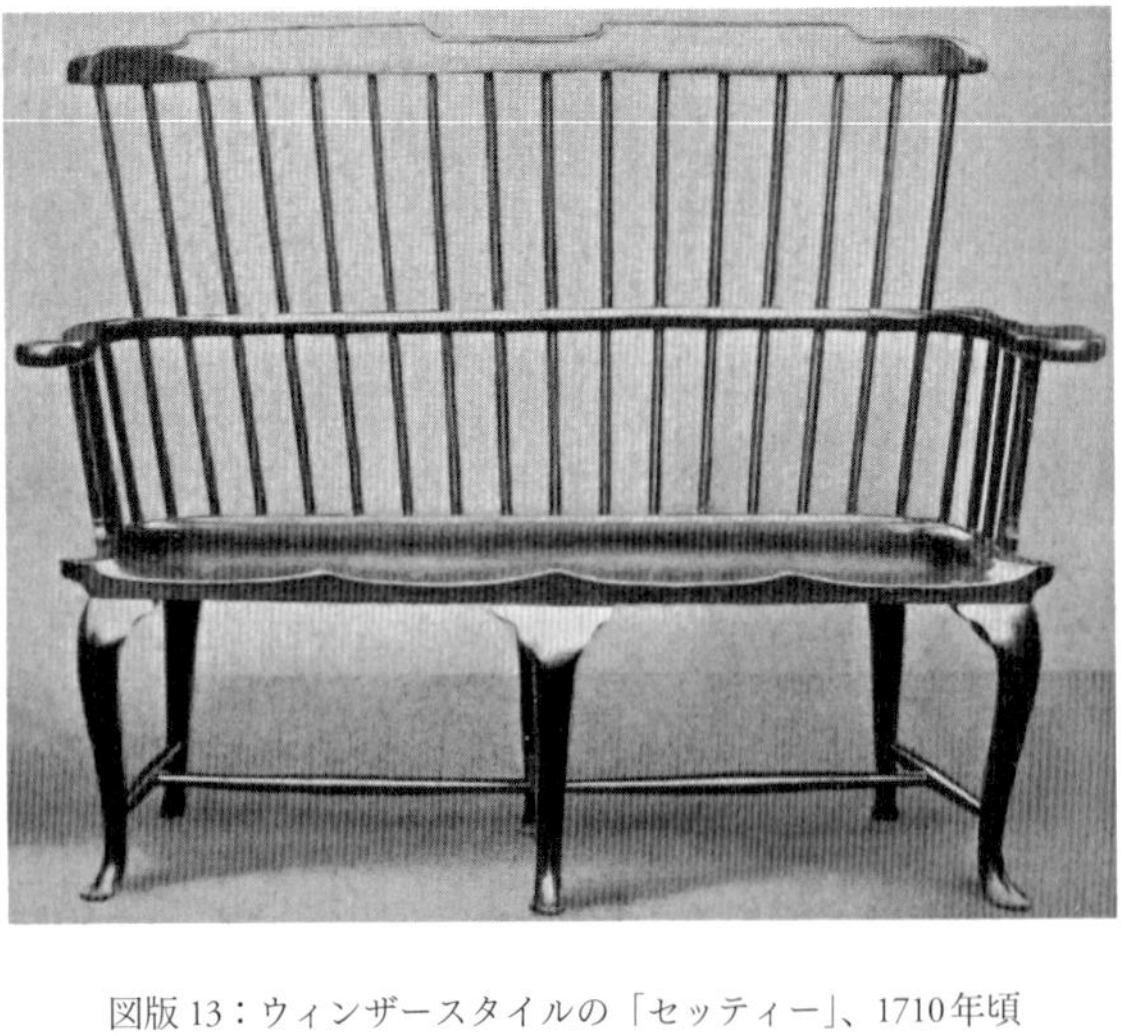

図版13：ウィンザースタイルの「セッティー」、1710年頃

図版 14：フランシスコ・ゴヤ、〈コルテーホ〉の習慣の諷刺画、1799年頃

図版15：ウィリアム・ホガース、「当世風の結婚：1 結婚の財産契約」、1743年頃、ロンドン、ロンドン・ナショナル・ギャラリー

チチスベオ——イタリアにおける私的モラルと国家のアイデンティティ　目次

凡例

一、本書は Roberto Bizzocchi, *Cicisbei. Morale privata e indentità nazionale in Italia*, Editori Laterza, 2008 の全訳である。

二、原文のイタリックは、書名の場合は『 』とする。強調のイタリックや大文字で始まる場合は〈 〉とするが、文脈に応じて、傍点で強調する場合もある。

三、〔 〕は訳者が読者の便宜を考慮して新たに挿入したものである。

四、イタリア語以外の外国語の原文を原著者がイタリア語訳で引用している場合は、そのイタリア語訳から日本語に訳した。

五、日本語訳があるものはそれを参考にしつつも、訳者があらためて訳し直した場合もある。

六、索引は項目自体は変更していないが、原語でしか掲載されていないものは、アルファベット順で原語のまま掲載した。

I　序論——チチスベオとは何者だったのか？

今日、我々にとってチチスベオとは何を意味するのか？　このことばをその複数形、女性形、さらにその習慣を表すチチスベイズモという語も含め、インターネットで検索してみると、日常的なことば遣いの中にチチスベオがまだ生きていることが分かる。ネット上に散らばる無数の情報から浮かび上がるその姿は、いくつもの、互いに矛盾こそしないが、かなり幅広いいくつもの特徴を備えている。伊達男《ダメリーノ》、浮気者、女性にまとわりつく軽薄な男。スノッブな集まり、テレビのトークショー、重要人物を待つ控え室の常連でもある。要するに、今日、チチスベオのイメージは漠然としたものに過ぎないが、繊細さとギャラントリー〔女性に対する慇懃〕を体現し、華やかな社交界に精通した人物だといえる。

　こうしたイメージは歴史的現実とまったく相容れないわけではない。だが、過去には、この用語が造られ、すぐさまそれがもっと正確な何か、つまり特殊な役割を指すようになった一時代、というよりひとつの世紀が存在した。ここに、イタリア語の代表的な辞書からその定義を紹介しよう。「〈チチスベオ〉*Cicisbèo*　十八世紀に普及したある習慣に従って、夫の同意のもと、諸事にわたって既婚貴婦人に付き従い、彼女を助ける任務を負った付き添いの騎士《カヴァリエル・セルヴェンテ》」[1]。つまり、チチスベオ——あるいは付き添いの騎士《カヴァリエル・セルヴェンテ》——とは、十八世紀に義務として他人の妻の傍らにいた人物を指し、その役割は組織化された三角関係の枠組みの中で公的に承認されたものだった。本書で扱うのは、このより狭い意味でのチチスベオである。

まず、根本的な点をはっきりさせておきたい。チチスベイズモと姦通は同じものではない。事実、チチスベイズモは一般に認められ受け容れられた習慣であり、日の当たる場所で、いわば公然と行われていた。だからこそ、今日の我々の目にはかなりエキゾチックなものと映る。二十世紀の人類学者たちが西洋以外の世界で、彼らから見れば異質な婚姻習慣に出くわし、それを説明するために、十八世紀のイタリアの「〈チチスベイズム〉*cicisbeism*、即ち既婚女性への接近の合法化」(と、あるイギリスの人類学の古典的名著に記されている[2])を引き合いに出したのも無理はない。その顕著な例として、北ガーナのシサラ人のもとで確認されたある事例を挙げることができる。ブジャンという村に住む年老いた祈禱師ヴェネには多くの妻がいたが、娘しか授からず、男の子を望んでいた。そこである少女を娶り、その恋人チュォンが家に入ることを許した。こうして「〈ヒーラ〉*hiila* となったこの者は、好きなときに家に出入りし、何の妨げもなく少女のもとに通い、性的接触を持った。シサラ族のもとで暮らしたアメリカ人研究者は「これが私の知るかぎり〈ヒーラ〉あるいは人類学者が〈チチスベイズム〉と呼ぶ習慣の最初の事例である[3]」と述べている。

こんなふうにイタリア語から〈チチスベイズム〉という用語が採られるのは、明らかにこの現象が大雑把に単純化されているからだ。〈ヒーラ〉とチチスベオには、その存在自体にも、またそれぞれが置かれたコンテクストにも多くの相違点がある。本書のテーマを掘り下げる前に、その最も明らかな違いを挙げるとすれば、十八世紀のイタリアでは夫は妻を一人しか持つことができなかった。また、一般に男性は他人の妻と簡単に性的接触を持つことは不可能だったし、父親であることや子供の嫡出は自然な親子関係と簡単に切り離すことはできなかった。だが、ひとつだけ、既婚女性の傍によその男性がいることが公認される、という重要な類似点がある。こうした意味深長かつ錯綜した事実のおかげで、シサラ人における〈ヒーラ〉のような習慣をより具体的に把握するための比較対象が、カルロ・ゴルドーニの、ジュゼッペ・パリーニの、ヴィットリオ・アルフィエーリの、ロココ芸術の、花開く音楽劇の、啓蒙主義の、そしてピエトロ・ヴェッリとチェーザレ・ベッカリーアのイタリアにおける十八世紀の洗練された文化の中に求められたのも無理はない。

その現象が我々の眼に奇妙に映るのは、我々が向かい合っているものが、興味深く、ともすると猥褻なものに見えるからだけではない。それが別の角度から見ると我々の世界と類似しているために簡単に理解できそうだが実際にはそうではない世界に我々を誘う何かであることを示唆しているためだ。イタリアのチチスベオをもう少ししっかりと理解するための研究の余地――そのフィールドを過度に広げることなく――はかなりある。我々が思いつく最も初歩的な疑問から出発しよう。チチスベオはその役割を果たすために具体的に何をしていたのか？　彼の権利と義務は何だったのか？　どのような状況において、またどのような方法で夫の役割に近づいたのか、あるいはそれに取って代わったのか？　そして、最も初歩的な好奇心も隠さずにいえば、ブジャンの若者チュォンが情熱を最も注いでいたと想像される行為について、どの程度までチチスベオも踏み込んでいたのか？　本書では、これらの疑問、そして研究の過程で新たに浮かんだ疑問にも答えを出して行くつもりだ。

はじめに、チチスベオの典型的な一日を再現しながら、その平素の日常生活がどのようなものだったのかを明らかにしなければならない。実のところ、この作業は十八世紀を代表する文学作品のひとつ、ミラノの貴族社会を舞台に、そこから着想を得たパリーニの諷刺詩『一日』*Il giorno* によってなされている。作品はいくつかのパートに分けられ、一七六〇年代のはじめから三十年以上にわたって追加と修正が重ねられたのち、最終的に首尾一貫した完成形となるには至らなかったが、その主旨はともかく明快である。詩人は、仕事らしい仕事もせず既得権益を享受しながら浪費生活を送り、社会にとって無用の存在となっていた貴族階級に非難を向け、その全体像を主人公の「若様」の姿に凝縮させた。だが、その描写において、貴族階級の典型的な現象として彼が中心的かつ支配的な地位に据えたのは、チチスベイズモの習慣である。独身の若様はある既婚貴婦人、パリーニの辛辣な定義によれば「君の愛しい他人の内気な花嫁」に付き添う騎士である。本来のあるべき姿からかけ離れた英雄に向かって語られるこのフレーズは、ほぼ形を変えず度々詩の中で繰り返される。

若様は夜更けまで続くパーティや賭博のせいですっかり遅くなってしまった目覚めのときから恋人のことを考え始め、身支度の合間にも考え続けている。その身支度には、評判の美容師による整髪も含まれ、フランスからもたらされた最新の流行のファッションに身を包むことで完成する。彼はすぐさま貴婦人のもとに赴き、昼食の席では彼女のとなりに座り、無関心な夫の目の前でもごく自然な調子で彼女と戯れる。だが、その夫のほうも恐らく他の貴婦人に付き添う騎士なのだ。若様にはこの他人の家でも召使たちに命令する権利があり、貴婦人のもとに好みの料理が届けられるよう配慮する。そして、昼食後、機知に富んだ、というより軽薄なおしゃべり終始するサロンで、自らコーヒーを貴婦人に差し出す。その後に続く関心事は外出のための馬車と馬の手配だ。それを待つ間にトリック・トラックという一種の〈バックギャモン〉*backgammon* を複雑にしたようなゲームで貴婦人のお相手をする。午後は、貴婦人の夫に挨拶をし、彼女の外出に付き添う。大通りでは他の貴婦人や騎士たちと洗練された会話を交わすこともある。そして、夜の帳が降りると、閉じられた馬車の中でふたりが親密な時間を持つことも可能である。さらに、カードをはじめ社交用ゲームの卓がいくつも設えられた広間のある館での豪華な饗応に貴婦人を連れて行くのは夫ではなく、いつも若様の役目である。そして、そこから夜更けに彼女を家まで送り届け、ようやく一日のサイクルが終わる。

こんなふうに要約してしまうと、パリーニの詩的芸術性やチチスベイズモに対する彼の軽蔑的な敵意が損なわれてしまうが、それらについて私の言葉では漠然としか表せない。厳格で節制した生活様式の支持者であるパリーニの関心はこの現象を理解するよりも非難することに向けられていた。それは諷刺詩人の姿勢としては至極もっともだが、歴史的分析において利用することはできない。[4] しかし、チチスベオと貴婦人の日常的な義務として『一日』に記された内容は独断的なものではなく、他の資料と一致する点が数多く確認されることを鑑みれば信頼に値する。

パリーニの追随者たちによる詩が似たようなものとなるのは当然なので、それらについては置いておくとして、文学の中ではゴルドーニの演劇との比較が最も興味深い。ゴルドーニにおけるチチスベイズモの描写はパリーニほどきっぱりと否定的なものではなく、社会学的観点からより巧みに対象をとらえていることに我々はやがて気付くだろう。それは、それぞれの作者の感性の違い、そしてパリーニの教訓的諷刺詩に対してゴルドーニの写実的喜劇という文学ジャンルの性格の違いから生じる。だが、ひとまず留意しておきたいのは、ゴルドーニのチチスベオたちが同時代人の若様と同じ関心事どころか、『一日』には書かれていない、あるいは『一日』では曖昧にされている、その他の関心事にも忙しいということだ。貴婦人の家やその周辺に出入りし、ときには化粧室での身支度に付き合い、貴婦人の話し相手となり、彼女のご機嫌を取り、気晴らしの外出や劇場に付き添う。サロンやパーティへのエスコートもチチスベオの役割だが、そのような機会に大抵はつきもののカードゲームは、場合によっては仮面で素顔を隠した人々が集う私邸や専用の「クラブ」で行われる。これらが『一日』に描かれるチチスベオの関心事だが、ゴルドーニはさらにその一般的な性質について注目すべき情報を付け加えている。つまり、複数の騎士がひとりの貴婦人に奉仕する一方、ひとりの騎士が複数の貴婦人に奉仕する事態もあり得た。この話題は本書でいずれ取り上げるつもりである。

ゴルドーニのヴェネツィアで活躍するチチスベオたちの姿は、十八世紀後半に出版された彼の台本集のふたつのエディションの挿絵によって伝えられている。その中からテクストの場面が特定できるものに限定してここで取り上げよう。「骨董マニアの家族」*La famiglia dell'antiquario* の挿絵（図版1）は、骨董品の収集に没頭する貴族の家の室内を描いたものである。客間にいるのは彼と二人の女性と四人の男性、即ち彼の妻と嫁と息子、息子の舅にあたるパンタローネ（この人物は仮面劇衰退の過渡期を代表する存在である）、二人の女性に付き添う騎士たちである。この二人の騎士たちはこんなふうに親密な家族の団欒に日常的に参加している。「慎み深い貴婦人」*La dama prudente* を題材に挿絵画家が描いたのはチチスベオのいる典型的なサロンの風景で（図版2）、ひとつは召使が客人たちにホットチョコレートを供する場面である。もうひとつはカードゲームの場面で、これらの挿絵全体に共通する素朴で単純な出来栄えながら大変活気にあふれた場面が描き出されている。左側のテーブルでは喜劇の主人公である貴婦人が彼女に取り入ろうと競い合う二人の騎士（先の挿絵で彼女の傍にいるのと同じ人物たち）に挟まれている一方、右側のテーブルでは嫉妬を辛うじて抑えている彼女の夫が上半身を捩って彼女の様子を監視せずにはいられない[5]。

芸術的観点から同じ状況や場面がより魅力的に描かれているのは、同時代の日常に関心を向けたピエトロ・ロンギやジャンドメニコ・ティエポロといった十八世紀のヴェネツィアの偉大な画家たちの作品である。彼らの絵画の場合、文学テクストからは独立しており、主題をどう読み解くかはゴルドーニの挿絵の場合ほど明確ではないが、それをよくあるようにチチスベイズモの習慣と関連付ける解釈は信頼できるだろう。いくつかの例を挙げるに留めるが、ロンギの「遊技場《リドット》」*Il ridotto* で貴婦人をパーティへ伴う仮面の騎士はチチスベオであろう。本書ではクェリーニ・スタンパリア絵画館に保存されているふたつのヴァージョン（一七五七―一七六〇頃）のうちのひとつを掲載している（図版3）。隅でうずくまった子犬の存在が特徴的だが、恐らく女性の不実な裏切りへの悪意ある示唆と解釈できる。ティエポロが自身の楽しみのために別荘に描き（一七九一―一七九三）、現在はカ・レッツォーニコに保存されているふたつの絵のうち、「別荘地でのメヌエット」*Minuetto in Villa*（図版4）のカップルは流行のファッションでお洒落をした貴婦人とチチスベオの姿であるというもっともらしい解釈が度々なされてきたし、「散歩」*Passeggiata*（本書カバー図版）に描かれた態度の異なる男性二人を含む三人組はほぼ間違いなく夫妻とチチスベオの三角関係の当事者たちである。ロンギと異なり、ティエポロにはしばしばあからさまな諷刺の意図があり、このふたつの絵にもその傾向が若干見られるが、同時期に作成された別の素描ではその意図がはっきりしている。その名も「付き添いの騎士」*Il cavalier servente*（図版5）という絵には、ゴンドラでの周遊からの帰還の様子が辛辣な風刺の対象として描かれている。(6)

要するに、彼らの意図が好意的であるか否かは別として、作家や画家たちはチチスベオの日常を公私問わず特徴付ける瞬間や出来事をこぞって表現している。同時代の観察者による別の証言を資料として彼らの日常を概観しよう。フランス人天文学者ジョセフ＝ジェローム・ド・ラ・ランドが一七六五年から一七六六年にかけてイタリアを旅した記録は、あとに続く旅行者たちの格好のガイドブックとして好評を博した。チチスベオの任務のリストはローマでの観察に基づいて作成されたものである。

ローマでは、貴婦人は従者、あるいは〈付き添いの騎士《カヴァリエル・セルヴェンテ》〉の付き添いなしで人前に現れることはできない。貴婦人にはそれぞれ特定の従者がいて、ほぼいつも一緒にレヤプションに現れる。そして、カードゲームを始める前に気が済むまで、ふたり揃って部屋から部屋へと歩きまわる。騎士には朝から貴婦人のお相手をすることが義務付けられており、朝は彼女が姿を現すまで客間で待ち、化粧室では身支度を手伝い、ミサに連れ立ち、昼食まではおしゃべりやカードゲームの相手をする。午後には早々に彼女のもとに戻り、また化粧室で着替えに立ち会い、四十時間の祈り、そしてサロンへと彼女を連れ出し、夕食の時間に家に送り届ける。(7)

ラ・ランドの記した内容は、本書で既に紹介した内容から再現できるチチスベオの日課とほとんど同じだが、欠けている部分や付け加えられた部分もある。とくに宗教的義務はローマだけに見られるものだ。だが、いくつかの相違が目につくとしても、全体的には同じ内容が繰り返されている。したがって、イタリア人か外国人かにかかわらず十八世紀の旅行者や文学者たちの証言をこれ以上紹介しても、既知の情報を追認するだけである。(8)むしろ、今はチチスベオそのものについて掘り下げるべきときだ。文芸の架空の世界に描かれるようなものではなく、旅行記で言及されるような一般的で曖昧な類型でもない、まさしくひとりの、現実に生きた人物として。チチスベオの形跡は確かに存在し、これまで紹介してきたものよりも直接的な資料の中に残されている。

我々に血の通ったチチスベオの日々の任務をより詳しく伝えてくれるのは、実はある偉大な詩人で、しかも彼の文学作品ではなく私的な日記である。その詩人とはヴィットリオ・アルフィエーリのことだが、パリーニの「若様」とは文化的にも心理的にもはるかに隔たった我が国最高の悲劇詩人が、若い頃だけだったとはいえ、この習慣に従事していたという事実から、その普及の度合いや重要性を窺い知ることができる。ヨーロッパ周遊からトリノに帰還したとき、二十四歳だった伯爵ヴィットリオは、一七七三年から二年間、彼よりも十歳年上で、プリエーロ侯爵ジョヴァンニ・アントニオ・トゥリネッティの妻ガブリエラ・ファッレッティの付き添いの騎士《カヴァリエル・セルヴェンテ》となった。この「奉仕」期間については後年、『自伝』*Vita scritta da esso* の中でアルフィエーリ自身が語っている。だが、それより以前、既にこの時期から若いヴィットリオはたびたび終わったばかりのその日の出来事を日記に書いていた。早くからファッレッティとの間に面倒が生じ、その度に記されたメモにはこうした生活スタイルに対する不満が表れており、それはやがて時を経て自伝の中で厳しい非難に変わる。だからといって、これから紹介する三日間の詳細な記述が、チチスベオとして貴婦人に付き添う彼の熱心さを証明していることに変わりはない。我々には、少しずつ反発心を強めるチチスベオという先入観があるため、アルフィエーリがどちらかというと義務を十分に果たしていないように見えてしまうかもしれないが、ともかく彼が付き添いの騎士《カヴァリエル・セルヴェンテ》としての日課にすっかり巻き込まれていたことが分かる。

その日記がフランス語で書かれたのは、十八世紀の文化と社交の主要言語だったこともあるし、アルフィエーリが当時イタリア語に満足していなかったためでもある。ここに三日間の出来事を要約してみよう。一七七四年十一月二十五日、日曜日、ヴィットリオは起床後すぐ着替え、貴婦人のもとに駆けつける。「長きにわたる習慣、情愛の名残、ある種の感謝」――と記されている――が彼を引きつけるその場所で、彼女の朝の時間の話し相手となる。昼時にはひとりで帰宅し、文人仲間を招いての昼食。午後は再び馬車に乗ってひとりで外出し、多くの美しい婦人たちを賛美し、そのうちの何人からも賛辞が返される。帰宅途中に外国で知り合った女優を訪ねるが、先客が大勢おり、すぐに辞去する。つづいてファッレッティ邸に赴き、貴婦人の訪問に付き添うが、社交的な気分ではなかったため「町で最も人の集まる邸宅での」豪華な夜会には同行しない。だが翌日になるとまた目覚めとともに貴婦人のことが思い浮かび、再び彼女のもとで朝の時間を過ごし、その後、自宅に帰って急いで着替え、昼食のために彼女のもとに戻る。午後はひとり徒歩で散歩に出かけるが、再び貴婦人のもとに姿を現し、彼女が姉妹に会いに行くための外出に同行する。その後、彼女の家での夜会で二時間ほど彼女に付き添う。火曜日は再びほぼ午前中いっぱいファッレッティ邸で過ごし、続いて自身の姉妹への儀礼的訪問のあと、ひとり昼食をとるため自宅に戻る。そして貴婦人を散歩に連れ出し、読書や執筆のために二時間ほど自宅に戻ったあと、「退屈な化粧室」で身支度に付き添うために再びファッレッティ邸を訪れる。だが、夜会には同行せず、この時点できっぱりと辞去し、自宅に戻ったあとは「悲劇を書くための嬉しい四時間」で一日を締め括る。この四時間にとうとう書き上げたのが彼の処女悲劇「クレオパトラ」*Cleopatra* だった。(9) 三日間の奉仕の最後に訪れた創作への陶酔は、個人として、また詩人としての強いアイデンティティを確立しつつあった若者にとって非常に幸先の良い達成感をもたらした。その人間的成熟はやがて彼に付き添いの騎士《カヴァリエル・セルヴェンテ》の義務を放棄させることにもなるのだが、ひとまず我々が記憶しておきたいことは、強い自我を持ったヴィットリオ・アルフィエーリのような人物でさえ当時の習慣に身を捧げ、作家や芸術家たちの指摘をとおして我々がこれまで見てきたような活動を実践していたという事実である。

だが、アルフィエーリの日記はある重要な点を曖昧にしている。貴婦人の、というより夫婦の日常の中に中・長期間にわたるチチスベオの奉仕はどのように組み込まれていたのだろうか？　この第一級の記述を補完するために、血の通った、だがアルフィエーリほど有名ではなく、政治や文化の第一線とも無縁のイタリア貴族に関する証言を参照しよう。その人物はコスタンティーノ・デ・ノービリといい、当時、小さい独立共和国だったルッカの人である。コスタンティーノ、そして彼が付き添った貴婦人ルイーザ・パルマ、その夫のレリオ・マンシはルッカの貴族階級に属していた。これらの主要人物にロレンツォとチェーザレというトレンタ家の若い兄弟が加わる。このふたり、ロレンツォのほうはとくに、度々ルイーザ・パルマの付き添いを務めたが、その存在は明らかにコスタンティーノほど重要ではなかった。こうした事柄を我々が知り得るのは貴婦人が一七九一年から一八二三年までアルフィエーリ同様フランス語で書いた「ルイーザ・パルマ・マンシの手記」*Mémoires ou Notices à l'usage de Louise Palma Mansi* のおかげである。これは実に貴重な資料で、四巻からなる手稿は全体でおよそ九百ページ近くにのぼり、著者の社交生活が日々、注意深く、几帳面に、神経質ともいえる正確さで書かれ、そのままアンシャン・レジュームの終わりからフランスによる支配、そして王政復古の時期に重なるイタリア都市貴族の会合、娯楽、宴会の記録となっている。「手記」も日記とはいえ、後に『自伝』の特徴となる個人としての人間性の表明を既に意識し始めていたアルフィエーリのものとは大分趣が異なる。パルマ・マンシが書き記したのは自己の精神ではなく、社交界の年代記である。公証人のような熱心さで書きとめられたにもかかわらず、ときに不明瞭なものも含めた膨大な情報が有用性を発揮するのはこうした観点からである。これらの情報はノービリというチチスベオとの関係を軸に（その関係は一七九〇年代のほぼ全般にわたって続いた）、日々、几帳面に記録されている。そして我々はこれを利用してパリーニの『一日』で提示されたスケジュールが全体的に現実を映し出していることを確認できるのだ。

詳細な描写を読むこと、とりわけ十年にもわたって同じようなことが何度もくり返される他人の娯楽の記述を読むことが楽しいとは思えないので、言及や引用はできるだけ控え、ノービリが参加したさまざまな典型的行事を列挙するに留めたい(10)。訪問、接待、サロンでのおしゃべり、夕食。これらが日々のルーティーンである。パーティは頻繁で、カーニヴァルの期間にはその数は必ず急増する。ルイーザ・パルマが一七九六年のカーニヴァルの際「誰もが心から楽しみたいと思っていた」（I、一六六）と書いているように、この時期、ルッカも貴族たちもまた舞踏会や仮装に夢中だった。彼女のチチスベオは常に遊び仲間の中心的存在だった。一七九四年、貴婦人は特別な出来事として、その彼を仮装によって上手く騙すことに成功したと記している。「私は二度目の舞踏会に劇場用の仮面をつけ、再び仮装して出かけた。一緒に行ったのはカテリーナ・マルケッティと我が家の従者ひとりだけだった。私たちの正体は見破られることなく、誰も私たちだと気付かなかった、コスタンティーノでさえ」（I、七十八）。音楽に精通したルイーザ・パルマは大変なオペラ・ファンで、劇場でもチチスベオに付き添われるのが常だった。「私はいつも二十番のデ・ノービリさんのボックス席で観る」(I、一五八)。おそらくそれほど楽しくないと思われる私的な音楽会の場合は同伴者を探すのに苦労したようで、一七九四年十月四日に開かれた彼女の親戚カロリーナ・マンシ公爵夫人主催の会には「彼女の求めに応じて出席したが、ボッチェッラ騎士と行った。デ・ノービリさんも(ロレンツォ・)トレンタさんも行きたがらなかったので」(I、一〇四)。コスタンティーノとの付き合いは公の場だけに限らなかった。一七九六年の秋、彼女の夫が田舎の別荘に滞在し、母親もルッカを留守にしていた間、チチスベオはより親密に彼女に付き添った。「母がサン・ジェンナーロに出発した後、私はルッカに残り、十一日間、毎晩自宅で過ごした。そのほとんどはデ・ノービリさんとふたりきりだった。義理の姉妹のオルスッチからルッケジーニ夫人と共にサロンに招かれていたけれども」(II、三十五)。

「手記」には十年間にわたって貴族の生活様式に沿った世俗的行事に関する詳細かつ膨大な記録が残されているが、そうした記録はパリーニの『一日』で仮想された短い時間では表現しきれないし、それよりはやや長期間にわたるアルフィエーリの日記にも見られない。ルイーザ・パルマはルッカと彼女の実家や夫の実家が所有する少なくとも四ヶ所の別荘との間を気軽に行ったり来たりしていた。そして、どの場所にも頻繁に逗留し、軽食つきの外出、ちょっとしたパーティ、集まり、夜会が催されたが、そのいずれにも時間や移動手段を提供してくれるチチスベオの協力、つまり――ルイーザにことばを借りれば――「デ・ノービリさんが自身の馬と馬車と共に一緒に来てくれる」こと(I、三十七)が不可欠だった。移動には、既に挙げたルイーザの音楽熱という別の理由もあり、公演予定にしたがってルッカから近いピサやリヴォルノの町をしばしば訪れている。その際は大抵、従者を除いて、ノービリと義理の姉妹のオルスッチ、そのチチスベオと思われるアレッサンドロ・グイニージが一緒で、数日間、豪華な宿に泊まるか現地の貴族仲間のもとに逗留することになっており、しばしばレセプションにも参加した。掛かる費用の総額が大変膨らむこともあり、とくに一七九七年の十月初めにリヴォルノに三日間滞在したときの出費は相当な額だったが、このときもパルマ・マンシは困らなかった。「夫が喜んで私の支払いをしてくれた」（II、一〇七）からだ。

妻とチチスベオの旅行に気前よく支払いをする夫という存在は、我々を問題の核心、すなわちチチスベイズモという公然の三角関係（場合によっては多角関係にもなりうる）とは一体何なのかという点に我々の関心を引き寄せる。この関係については「手記」で多くの光が当てられる。約十年におよぶ日々の記録を概観すると、ふたつの互いに補完しあう側面が見えてくる。騎士は一方で頻繁かつ自然に夫の立場に成り代わり、貴婦人の日常のさまざまな機会に立ち会う。この点については、たった今挙げた例のほかに付け加える必要もないと思われるので、夫レリオ・マンシが別荘に滞在していた一七九七年五月十日のルイーザ・パルマの記録を紹介するに留めよう。ここでは我々の眼にはセンセーショナルな役割転換として映る関係性の本質が完璧かつ簡潔に示されている。「同（月）十日、デ・ノービリさんとチェーザレ・トレントさんと共に夫を訪問するためにシリヴァーノへ赴き、そこで夕食をとる」（II、七十五）。もう一方では、貴婦人と騎士とのまさに穏やかな親しさが通常数々の社交的な催しを実現可能にするが、その場合、夫は騎士にその立場を取って代わられるのではなく、妻のチチスベオの傍らにいる。こうした催しには、まさしく三人で姿を現すのだが、レリオ・マンシはシリヴァーノでの妻の突然の来訪のときのような消極的な存在ではない。夫と妻とチチスベオは一七九二年の五月から七月にかけて旅に出て、ルッカからヴェネツィアまで馬車で往復している。この旅についてルイーザは別の日記に記していたが、その記録は残念なことに失われてしまった（I、二十四）。さらに重要なのは、彼らがしばしば三人で連れ立ってルッカでの公的なパーティに出席している点である。たとえば一七九七年のカーニヴァルでは「クラブで開かれる貴婦人たちの夜の集まりにはいつも夫とデ・ノービリさんと共に二十四人の招待客が同席するラッファエーレ・マンシさんの夕食会に出席した」（II、六十）。三角関係は隠された形ではなく目に見える形で、そしてカジュアルにではなく公認された形で存在していた。一七九六年十一月二十八日付けの「手記」には「同日、ルッケジーニ侯爵夫人から私と夫とデ・ノービリさん宛てにサン・アンサノでの夕食への招待状が届いた」(II、三十八)とある。おそらく――ここでチチスベオを題材にしたイメージ画に立ち返ると――ティエポロによる三人の「散歩」はこのような状況を描いているのではないか。こんなふうに想像を掻き立てられ、私はこの絵を本書のカバーに選んだ。

三人で生活が成り立つだけでなく、チチスベオと夫の役割が入れ替わるという意味でも多少なりとも大らかな三角関係が、十八世紀のイタリアの貴族社会では通常の結婚モデル――あるいは、少なくともそのひとつ――として習慣化していたことを我々はそろそろ認めてもいいのではないか。ほとんど制度といえるほど常態化していた点こそ強調しておかなければならない。というのも、女性に対して著しく慇懃だった十八世紀の自由な異性間交際についてより幅広く一般的な観点から議論する際、チチスベイズモをはっきりと特徴付けるのが、この常態化なのだから。繰り返して言うが、チチスベイズモにまつわる最大の関心は異性間の自由な交際や裏切りにあるのではなく、既婚夫人に夫以外の男性が近づくことを可能にした制度の公的性格にある。このふたつに関連があることは明らかだが、同一のものではない。このあと各章でその問題点をより深く掘り下げてゆくが、同時に実例を精査しながらイタリア人の私的モラルというテーマに迫ることになるだろう。だが、この序論を締めくくる前に、本書の副題に表された第二の要素「国家のアイデンティティ」について説明しておきたい。

冒頭で紹介したように、アフリカにおける一妻多夫制(ひとりの女性に対し複数の男性)の婚姻形態を説明するためにイタリア人以外の人類学者たちがイタリアのチチスベイズモという用語を採用した背景には、さまざまな文化交流の長い歴史がある。中でも重要なのは十八世紀、ヨーロッパの貴族たちが古代の文化遺産とルネサンス芸術の国イタリアを巡る教養旅行としてのグランド・ツアーの最盛期だった。この外国人たちは、絵画や遺跡に感嘆するだけでなく、彼らをもてなす各都市での貴婦人、その付き添いの騎士《カヴァリエル・セルヴェンテ》、夫との出会いをとおして、チチスベイズモに対する大いなる興味を抱き、さらに多くの人々があからさまな驚きを示した。天文学者ラ・ランドのような好意的態度はどちらかというと珍しく、旅行文学の形で示された数多の記事や見解には、有益な情報だけでなく、もっともらしい憶測、悪意のある示唆、明らかな誤解に基づく愚かな発言や中傷などあらゆるものが詰め込まれていた。だが、質的には様々なこれらの記事に共通するのは、この習慣の発明と定着がイタリア人にのみ帰属し、したがって、その家族観や社会生活を特徴付けるという考え方が支配的である点だ。こうした考えは——かなり先で取り上げることになるが——どれほどはっきり表明されたとしても根本的に間違っている。だが、歪んでいるとはいえ（むしろ歪んでいたほうがいい場合もあるが）あるイメージが、それ自体、歴史的に重要なテーマになることもある。イタリア人とチチスベオを同一視する思考はまさにそういうものだったし、今またイタリアにおけるチチスベイズモの実態やヨーロッパに流布したイメージとも併せて研究する意義がある。

チチスベイズモは——直ちに言えることは——ポジティヴに評価できるイメージではないが、それはおしゃべりで無知な悪意ある旅行者の記録のせいばかりでもない。十八世紀に熟成された見解は、十九世紀のはじめにヨーロッパのロマン主義文学のある傑作において最高潮に達した。その作品では、真摯で教養があり良心的な作者によって、婚姻習慣がイタリア史研究の中心的テーマとして扱われている。ここで私が言及しているのはシモンド・ド・シスモンディの『中世イタリアの共和政諸国の歴史』*Histoires des Républiques italiennes du moyen âge*（一八〇七—一八一八）〔以後、『歴史』〕である。歴史学者にして経済学者、ジュネーヴのカルバン派の環境の中で教育を受け、スタール夫人の自由主義的なサークルにも加わり、イタリアのよき理解者だったシスモンディは熱い賞賛の気持ちを込めて大著『歴史』を中世の末期の自由都市の盛衰の再現に捧げた。だが、最終巻だけは近代の出来事を簡潔に要約する一種の付録となっており、その様相が異なる。シスモンディの意見では、十六世紀以来、偉大な栄光のすべてがイタリアから失われ、スペインへの政治的服従と反宗教改革への宗教的服従によって培われた卑屈さや腐敗がそれに取って代わった。

ここで我々の関心を占めるのは、シスモンディの記述の中で、近代イタリアのモラルが危機に瀕したドラマティックな状況の中で主役を演じるのは誰かという点にある。というのも、意外に思われるかもしれないが、その中心的役割を担い、ドラマを支配する絶対的主役はまさにチチスベオなのだから。風俗習慣を重視したシスモンディは、その点について触れるのに十八世紀を扱う章まで待たず、十七世紀の章の冒頭で、政治的独立の終焉と反宗教改革の確立の時期に決定的な意味を持つ論点として、緊急に風俗習慣を取り上げて論じる必要性を指摘する。このテーマについて不当にも僅かな関心しか払われないことへの驚きを彼は隠そうとはしなかった。

イタリアの全家庭におけるプライヴェートな諸問題の恐らく最も一般的な原因を、イタリアの公共の災難に含めた者は誰もいなかった。婚姻の聖なる絆に別の絆が結びつけられ、それが名誉と見なされる冒瀆（と敢えて言おう）にイタリアを訪れた外国人は皆一様に驚き、その理由を理解することができなかった。その理由とは即ち〈チチスベオ〉あるいは〈付き添いの騎士〉の存在の理由である。

このあとに続く部分は、すべて引用するには長過ぎるが、せめてあと何節か紹介することによって、シスモンディの論点と口調がどのようなものか分かってもらえればと思う。「従属に転落したばかりの不安な精神を沈静化する」ため、そして「あらゆる点で宮廷風になった無為の気晴らし」のために、

チチスベオあるいは付き添いの騎士たちの権利と奇妙な義務が発明された。その権利と義務は「いかなる貴婦人も品位を保ったままひとりで人前に姿を現してはならない」「同様にいかなる夫も妻を伴う滑稽な姿をさらしてはならない」という社交界におけるふたつの法に基づいている。

続いて、

いかなる夫も、もはや人生の忠実な伴侶として妻との関係を築くことはない。もはや妻は疑念に駆られたときに相談したい相手でもなければ、敵意に囲まれているときに味方になってくれる者でも、危険から救い出してくれる者でも、絶望の淵で慰めてくれる者でもない。いかなる父親も婚姻によって生じた子供が自分自身の子だという確信もない。

結論では、率直に

何人かの女性に愛人がいるからではなく、もはや女性は愛人なしに人前には出られないために、イタリア人は男性であることを止めたのだ。(11)

承知しておかなければならないのは、『歴史』が、とくに近代イタリアのモラルの危機を論じることによって、我々の国家統一運動《リソルジメント》に関わった知識人や政治家たちに巨大かつ永続的な足跡を残し、その結果、それらの人々の著作の相当な部分はあからさまであろうとなかろうとシスモンディとの対話として解釈されなければならない点である。この点については、アレッサンドロ・マンゾーニが作家として活躍し始めた一八一九年、早くも、宗教と教会に関するシスモンディの考えに反論するため『カトリックのモラルに関する見解』*Le osservazioni sulla morale cattolica* という大著の執筆に没頭していたという事実、また一方で、イタリア統一直後、偉大な文芸批評家にして愛国者、教育大臣のフランチェスコ・デ・サンクティスが『歴史』について「我が国の国民性を再建するまでの教本であり福音である」[12] と述べた事実を挙げれば十分だろう。ここまでくると問題は明らかにチチスベイズモという枠を超えているが、十九世紀のイタリア人のようにシスモンディの著作に真剣に向き合うならば、婚姻や家族といった社会の、そしてモラルの支柱を破壊するような風俗習慣が「我々の国民性」の崩壊に決定的な役割を果たしたことに疑いの余地はなく、また、この国民性は新しい統一国家の誕生と共に再建されなければならない。要するに『歴史』は、この社交習慣の意義をあますところなく、つまり、国民生活と国民のアイデンティティにおけるその社会的・政治的重要性を力強く説得力のある形で表明したのだ。

これを看過していいはずはない。本書では、シスモンディよりは寛容な精神で、また限りなくゴルドーニの喜劇やロンギの絵画に近い倫理的態度でイタリアのチチスベオたちの変遷をたどりたい。また、そうすることによって、たった今紹介したものより冷静な表現で我々の国民性における男性らしさの問題に取り組むつもりだ。だが、シスモンディによって提起され、イタリア人の読者たちが反応を示したこの問題を断固として国民性に結びつけようとする動きも見過ごすことはできない。したがって、本書の中核となる風俗習慣の実態研究の傍ら、最終章ではそのイメージ（あるいは神話）に関する研究にもページを割きたい。イメージはそれ自体、問題に係わる重要な側面のひとつであり、イメージとはいえ――のちに見るとおり――事実に著しく影響を与えることになるのだ。外国人やイタリア人自身から見たイタリアのイメージは、十八世紀全体をとおして文学者や旅行者たちが残した証言をよく理解するために常に留意しなければならない要素であるということも付け加えておく。

本書の構成は次のとおり。次章ではチチスベオの起源とその普及、啓蒙主義の影響下で被った変化を貴族階級の行動・思考様式の枠組みの中で論じる。第三章では貴族階級の人口動態や資産状況、また彼らの結束や同盟戦略の中に別の観点からチチスベイズモという現象の原因を突き止める。第四章では、地域ごとに異なる貴族の事情を反映して多様化するチチスベイズモの様相を描き出すとともに、より広く普及していた代父と名づけ子《コンパラティコ》の関係との比較も行う。ここまでの四つの章は全体として、チチスベイズモが必ずしも恋愛沙汰とは関係なく重要な事態に関わっており、少なくともある意味では政治性を帯びているといっても過言ではないことを明らかにしようとするものであるが、第五章では、貴婦人に捧げられた騎士の「奉仕」がいかに恋愛と結びつき、そこからどのような結果が生じるのかを示す。最終章ではアンシャン・レジームに終わりを告げる革命と国家統一運動《リソルジメント》における国家意識の芽生えに伴いチチスベオたちが消滅する原因を扱う。この風俗習慣に実際に関わった人々の手による記録、とくに（それだけではないが）チチスベイズモの実践者である男女の手紙や日記に基づく私の研究成果が本書の長所として認められることを願う。その研究成果に照らしながら、チチスベオに関する既存研究で広く利用されてきた文学作品や旅行記などの典拠の再検証も行った。全体として本書で利用した資料は、研究者としての私の資質や幸運は別として、現時点で利用できるものに限られており、利用可能な資料があるかどうかはイタリア各地で事情が異なる。それはある程度その地域におけるチチスベイズモの普及の度合いや重要度に一致しているし、既に示唆したとおり、都市ごとに異なるチチスベイズモのニュアンスの違いがそこに反映されていることはいうまでもない。読者は本書全体を通じて、チチスベイズモのいわゆる地政学的特徴の違いを意識することになるだろう。とくに第四章の最初の二つのセクションではその点について重点的に論じている。

私に有益な示唆を与えてくれた同僚たちへの謝辞のほとんどは各章における注に記している。十年以上にわたって長引いた研究の途中で何人かの人たちを忘れてしまったことについては心から謝意を表したい。さらに、私のパリでの研究の実現に尽力してくれたシモーナ・チェルッティとエンリック・ポルケレス・イ・ジャネ、ミラノ、ジェノヴァ、トリノ、ナポリ、ヴェネツィアの各都市でそれぞれ私の研究を親切に支えてくれたカルロ・カプラ、カロジェーロ・ファリネッラ、アンドレア・メルロッティ、エリーザ・ノーヴィ・カヴァッリア、ティツィアーナ・プレバーニ、共和制の三年間の記述に重要な貢献をしてくれたエリーザ・ストゥルミア、図版の選択に助言してくれたアントニオ・ピネッリにも感謝したい。最後に、常に私を励まし、初校を読んで批判してくれたアレッサンドロ・バルベロ、シルヴァーナ・セイデル・メンキ、そしてもう一度カルロ・カプラにも。

II　啓蒙主義の世界で

2・1　チチスベオたちの社交サロン《コンヴェルサツィオーネ》

チチスベオたちの社会生活は「社交性《ソチアビリタ》」や「社交サロン《コンヴェルサツィオーネ》」といったより広い文化的枠組みの中に位置づけられる。本節ではそれがどのようなものだったのか予め簡潔に述べておきたい。十七世紀から十八世紀にかけてイタリア貴族の社会生活は根本的に変化した。中でも決定的なのは女性の立場の変化である。いくつかの図像を比較することによって状況がはっきりするだろう。十七世紀初めの作者不詳の版画（図版6）では、既婚女性の日々の務めが、母として、また家族の世話や召使たちの指揮を担う主婦としての義務と一致する。そこに示された思想の根底には「完璧な主婦」あるいは倹約家の「強い女」の特徴が描かれた聖書の記述（「箴言」第三十一章、第十節―第三十二節）がある。この一節はモラリストたちや説教師たちが倦むことなく繰り返し引用したためよく知られていたが、絵の下に記された韻文、そして楕円形の枠を螺旋状に囲むスペースに書き込まれた詳細な助言からもその主旨は理解できる。教義として強調されているのは、夫への服従、家政への専念、社交生活の否定であり、とくに最後の点については「娯楽目的で外出してはならない、より良い人間になって戻ることなどないのだから」という断固たる助言がなされている。一六八八年、ボローニャで彫刻家であり画家でもあるジュゼッペ・マリア・ミテッリが製作したさいころ遊び（図版7）には通俗的な危険が潜む状況が描かれているが、それらは我々がチチスベオの活動として認識した習慣――化粧室、クラブ、舞踏会での女性への付き添い――と重なり、妻や母が家庭に閉じこもることを理想とする伝統的な生活を脅かすものである。[1] 前章で紹介した十八世紀のロンギやティエポロの絵画と比べてみれば、その間に生じた著しい変化の方向、段階、結果をはっきりと見て取ることができるだろう。

当然のことながら、ここで示した比較は、十七世紀から十八世紀にかけての変化とその対比をかなり単純化している。十七世紀の貴婦人もよく外出していたし、一方、十八世紀の貴婦人にも召使に指示を与え、衣装棚を管理し、子供たちの世話を焼く義務は当然あった。しかし、女性を巻き込んだ世俗的生活は十七世紀から十八世紀にかけて著しく広がり、それ自体がこの時代の変遷を語る上での重要な論点のひとつになっている。研究者たちはこれを社会性あるいは社交性という概念のもとに扱う。これらは本来、フランスの歴史記述において導入され普及した言葉であり解釈上の概念だが、いまやイタリアの歴史記述においても受容されている。社交の領域は家族の親密な領域とも公の政治的な領域とも区別される。それは（少なくとも同一親族グループに属さない）他者との出会いであり、娯楽を求める人々の集まりやパーティ、世俗的な催しの数々、さらには芸術的交流や文化的・科学的論争の場でもある。この新しい、あるいは装いを新たにした習慣は、家庭の壁の向こう側、つまり劇場、公共の建物、知識人たちのアカデミー、フリーメーソンの集会、散歩道、客人をもてなすための庭園で実現したが、その一方で貴族個人の邸宅そのものが世俗的な社交場へ変化することもあった。ここでは客人たちを迎えるための部屋が益々開放され、当時の社交界においてしばしば重要な役割を担ったサロンが活況を呈していた。

十七世紀から十八世紀にかけてヨーロッパでこのような複雑な現象が生じた背景には、様々な、ときに互いに矛盾しあう力が作用している。最も幅広い文化的背景はいうまでもなく啓蒙主義であり、また、そのいくつかの特徴の先駆けとなる十七世紀後半のあらゆる動向である。政治的観点から社交性の発展の流れの中心をたどると宮廷生活、とりわけルイ十四世の長い統治期間中、ヴェルサイユ宮殿の輝かしい宮廷において洗練され規範化されたモデルに行きつく。また、社交性のもうひとつ別の特徴として、世論、つまりヨーロッパの歴史における新しい主人公の誕生とのつながりがある。それはまさに絶対君主制に対抗する形で、とくに一六八九年の革命後のイギリスにおける政治的自由の中で成熟したが、他の国々においても、ひいてはフランスの貴族階級においてさえも宮廷モデルと競合し得る独自のモデルを発展させるまでになっていた。(2) これらの多様で互いに矛盾を孕んだ歴史的展開に並行して、ヨーロッパの――少なくとも西ヨーロッパの――貴族階級はより洗練された生活様式を身に付けはじめた。礼儀正しさ、丁寧な振る舞い、優雅な自制心がかつての粗野な闘争心を鈍化させた。派閥同士の確執、貴族による反乱、宗教対立、文化や社会的諸関係を支配する伝統主義と権威主義の時代は過去のものとなった。礼儀正しさを意味する〈ポリテス〉*politesse* や、〈ポライトネス〉*politeness*〔それぞれフランス語、英語で〈礼儀正しさ〉を意味する〕等の名のもと、これらの新しい習慣は啓蒙主義の抱卵期、つまり十七世紀の最後の十年間から十八世紀初頭にかけて益々大きく広がっていった。

女性たちはこの洗練された社交性の中心的な存在となった。事実、彼女らを取り巻くように発展したギャラントリーの習慣は、ヨーロッパ支配階級の新しい文化の重要な一要素というより、新しい文化の象徴そのものだった。新しい文化を特徴づけるのは、家庭の牢獄から解放された女性たちと異性との交際である。それはかつてのように秘密にされることはなく、男女は今や益々世俗化した社会生活が提供する様々な機会に簡単に会うことができた。したがって、男女の自由な交際と女性への慇懃な奉仕の普及は歩調を合わせて進展した。十八世紀における最大の思想家のひとりデイヴィッド・ヒュームは一七五二年の著作の中でそのような事態にこう言及している。「文明化された社会では［…］男女が自由に出会い交際する。そして、人々の精神も彼らの振る舞い同様、明らかにより洗練されてゆく」と記している。(3) 我々はまだイタリアのチチスベオたちについて話していないが、今こうして描いているアウトラインこそ彼らの登場を理解するための枠組みとなる。女性に社交性が成立するための前提条件のひとつは、女性の性的行為に嫉妬が監視の目を向けていた男性の態度の変化だった。かつてはいわば二重のスタンダードを持つイデオロギーが支配的で、男性にはかなり大っぴらに許されていた放縦さが女性には認められないどころか、女性の場合には悪魔呼ばわりされるほどだったが、(4) まさにこの点においても十七世紀から十八世紀にかけて変化があった。

事態が複雑なのは——あとでイタリアの事例に見るとおり——この問題に関する知識人たちや旅行者たちの証言がそれぞれ全く異なる見解を示しているからである。だが、そればかりではない。イギリスの裁判記録や新聞報道における女性の姦通の扱い方に関する最近のある研究によれば、女性の側の裏切りはかつてほど悲劇的な問題として扱われなくなっており、不貞な妻の愛人たちの中でもとくに外見上〈礼儀正しい〉*polite* 者たちはしばしばギャラントリーの模範として扱われる。(5) 同じく十七世紀から十八世紀にかけてのトレンティーノの姦通裁判に関するある論文にはヨーロッパでの他の事例も豊富に交え、こうした傾向がすでに一般的だったことを示している。(6) これにはいくらかの説明を要する。なぜなら近代における貴族文化の最も際立った特徴のひとつは家族や個人の名誉を守ることへの執着にあるからだ。その執着ぶりを示す決闘は、政治的・宗教的権威による禁止令、および、十七世紀から十八世紀への転換期における最も啓蒙的な評論家たちからの批判にもかかわらず、完全に消滅することはなかった。だが、決闘によって貴族たちが守ろうとした名誉はどちらかというと優越性へのこだわりと益々結びつく傾向にあり――マンゾーニが語る若き日のクリストーフォロ神父のエピソードを例からも分かるように――女性の純潔をめぐる名誉の争いは減少しつつあった[7]。女性に対する慇懃な態度が一層洗練されてゆく中で、決闘そのものが女性の社交界への進出を阻む障害であることが議論の対象となった。十八世紀半ば、あるイギリスの批評家は機知に富んだ言い回しで、もはや脇に剣を挿して舞踏会に出かけることはできない、というのも剣が貴婦人方の美しい衣装を引き裂いてしまうだろうし、なにより貴婦人方を怖がらせてしまうだろうから、と述べている[8]。

この洗練された文化の時代が終わりに近づいた一七九〇年、啓蒙主義を信奉し、のちにジャコバン派となるイタリアの文人ジュゼッペ・コンパニョーニは、男女交際が過去百年の歴史の中でヨーロッパの文明化に果たした役割を熱狂的かつ鋭い視点によって再現した。喜劇作者フランチェスコ・アルベルガーティ・カパチェッリが当世風の結婚における道徳的退廃――節操が不貞に打ち負かされ「外出先や人の集まる場所では」女性を指すのに「誰某の夫人」という言い方はもはや通用せず、「誰某に付き添われている女性」という言い方がまかりとおるほど――を嘆く書簡に対して、コンパニョーニは彼の考えを「むしろスパルタ的哲学」だと非難し、熱心なギャラントリー擁護論を展開する。

ヨーロッパ式ギャラントリーは社会における最も強い絆といえる。我々の諸都市を支配する平穏はギャラントリーの賜物である。家族や人々が互いに寄せる敬意、気遣い、扶助もまた然り。ギャラントリーの普遍的目標は相互の義務を果たすことにほかならず、それによって人々の精神の中で調和と慈愛が自ずと強化される。

啓蒙主義を信奉するコンパニョーニはギャラントリー擁護論を締めくくるにあたって、ギャラントリーをより普遍的な文明の進化という文脈に位置づける。その進化は人々の風俗を柔弱にするものだとして不当に糾弾されているが、一方で文化を洗練させ、人々の暮らしにまつわる物質的環境を向上させてきた。

我々は二頁の印刷物に、かつては十巻の重厚な書物をもってしても収めきれなかった内容を掲載できる。知的作業についていえることは、あらゆるジャンルの技術にもいえるだろう。ある館に据えつけられた旧式の暖炉、安楽椅子、その他の家具類を見たまえ。そして、それらを君たちの仕事部屋の設えと比べて、過去の堅固な世代と現在の柔弱さの違いを論じてみるといいだろう。より快適に暮らす術というものがあるとすれば、それを有するのは間違いなく我々の時代のほうだ。(9)

コンパニョーニはこれらのことを書くにあたってチチスベオを念頭に置いていた。だが、一般的な意味での社交性についてさらに付け加えるべきことがある。イタリアは彼が振り返った過去百年のヨーロッパの出来事を他の国々と完全に共有していた。自らそこに巻き込まれただけでなく、近代初期にイタリア半島を支配したスペイン統治下の厳格さに取って代わったフランスふうモデルの影響もあった。十七世紀、フランスはサロン文化の中心的存在であり、その知的活発さと文化的関心が高まる雰囲気の中で、ギャラントリーは〈社交サロン〉*conversation* の文明として入念に定義されたものを具体化することによって、世俗的振舞いの持つニュアンスを隅々まで示していた。(10) かつてイタリア人は礼儀作法、優雅さ、文化において誰にも劣らなかった。それどころかバルダッサーレ・カスティリオーネの『宮廷人』*Il Cortegiano*、ジョヴァンニ・デッラ・カーサの『ガラテーオ』*Il Galateo*、ステファノ・グァッツォの『教養人の会話』*La civil conversazione* などのテクストはヨーロッパの規範とされていた。だが、ルネサンスの残照が消滅すると、反宗教改革の教義のもと、ギャラントリー的世俗性が割り込む余地はほとんどなかった。我々が議論の出発点とした家庭的女性像は、既に述べたとおり、絶対的真理と見なされるべきではない。しかし十七世紀のイタリア社会の事情から察するに、夫や親族による厳しい監督の外に女性が身を置くことは例外的だったに違いない。ローマおよびナポリでは女性が人前に出るのは夫に伴われているときのみだった。女性たちだけのお喋りの輪に入るときには夫から離れることができたが、彼と一緒でなければ賭博用の卓に着くことはできなかった。ジェノヴァでは事態はそれほど抑圧的ではなかったが、女性の参加が許される主なイヴェントの大部分は結婚を祝う正餐と終夜の祝宴、つまり親族全体が同席するものだった。フィレンツェに関しては、一六七〇年頃に貴族のトンマーゾ・リヌッチーニによって書かれたこの都市の社会的習慣を記した貴重な小冊子がある。話題の中心は一族の暮らしの節目に催されるイヴェントに占められ、たとえば「貴婦人どうしの訪問」と題された文章では、「出産した婦人」を祝うための専ら女性だけの集まりについて述べられている(11)。

要するに、イタリアにおけるギャラントリー的社交術の普及には外部からの刺激が欠かせなかった。繰り返すが、もたらされた結果は良きにつけ悪しきにつけ、その大部分がフランス人の影響によるものだったことは疑いない。この点に関する証言の数々から——それは実に数え切れないほどあるのだが——最も権威ある人物のものを紹介しよう。偉大な歴史家ルドヴィーコ・アントニオ・ムラトーリはスペイン継承戦争中の一七〇七年に「フランス人はイタリアを放棄したが、不吉な遺産として彼らの教えと模範を我々に残した。というのも、それによって異性間の大いに自由な交際《コンメルチョ》がもたらされ、女性も戯れの恋愛を楽しむようになり、かつての慎みや厳格さが追放されてしまったのだから」と述べた(12)。この記事は明らかに事実を単純化しすぎている。イタリアの文化的状況に対するフランスの影響は、フランス兵の駐在によるものだけではない。その影響は戦争開始以前の数十年前に遡り、すでにヨーロッパにおけるローカルな地位に転落していたイタリア文化に〈偉大なる世紀〉*Grand siècle* の文芸の魅力が与えたインパクトのおかげでもある。だが事態の推移の方向性はムラトーリのいうとおりで、男女の交際を社交や賭博に代表される新たな世俗性に結びつける指摘は的を射ている。

おそらく道徳的主義的立場から、また断固たる拒絶の姿勢の表明として、ムラトーリは新しい社会習慣を指すのに、当時、それを特定するための語としてほぼ定着していた「社交サロン《コンヴェルサツィオーネ》」を使わず、似て非なる「交際《コンメルチョ》」を使ったのだろう。イタリア語の「コンヴェルサツィオーネ」conversazione がこのような特殊な意味で使われるようになったのは、既に見てきたとおり、十七世紀のフランスで〈コンヴェルサシオン〉*conversation* に定着した意味に由来する。したがってコンヴェルサツィオーネ conversazione は、今日我々がこのことばから連想するような、ことばを交わす行為のみを指すのではない。むしろ、より広い意味で、母型となるラテン語（あるものを何度も使用することを意味する conversatio）に近い形でとらえられ、日常的な訪問、交際、親密な関係を含め、要するに社交性の名の下に表現される世俗的交流の習慣全体を指していた。

フランス・モデルの強力な後押しで始まった社交サロン《コンヴェルサツィオーネ》はイタリアでも急速に広まり、やがて貴族の社交生活を特徴づけるものとして独自の地位を確立した。その影響力の大きさを示す二つの事例がある。ひとつめは文学の世界に関連する。社交サロンは、実にその初期の段階から、バロック趣味を脱しつつあるイタリアの文化の革新に重要な役割を果たしたある制度の歴史に影響を与えていた。その制度、つまりローマで誕生し、のちにイタリア全土に普及することになるアルカディア・アカデミーでは、創立の翌年一六九一年以来、アカデミーの集まりが「おしゃべり好き」でギャラントリーな雰囲気のもとに発展することを目的に女性の入会が認められていたのである。[13] ふたつめの事例は、男女同席の社交サロンが十八世紀の社交性のある典型的な現実とわずかにただし、より控えめに、接していたことを示す。一七四九年のジェノヴァの記事によると、正真正銘のフリーメーソンに近い「幸福とフリーメーソン会員という名の協会」では男女が定期的にあつまり、礼儀正しくまじめな娯楽に興じたとされる。(14)

社交サロンは十八世紀の社交生活の象徴そのものになった。これを題材にした文学テクストを数えあげればきりがなく、これに迎合するもの、これを非難するもの、さらには両方の態度を含み矛盾しているものもあった。イエズス会士クレメンティ・ボンディは一七七八年、このテーマを題材にした、まさに「社交サロン」*Le conversazioni* というタイトルの中庸な詩の中でパリーニの『一日』の冒頭部分に出てくる風刺的モチーフを執拗に非難した。だが、この詩の前に置かれた短い散文の序では、その明白な事実に屈するかのように、十年後にコンパニョーニによって示されるものと同種の見解を述べている。「あらゆる社会の様相が変わった。人々が集う習慣が定着したことで人々の趣味が洗練され、どこでも通用する機知やマナーが重視されるようになった」(15)。ここで社交サロンについて書かれた文学テクストの詳細なカタログを紹介するつもりはない。そんなことをすれば本書全体がそれに占められてしまうだろうから。とはいえ、いくつかの興味深いテクストについてはいずれ度々参照することになるだろう。それより今ここでは、これまで展開してきた一般論を十八世紀の貴族の世界に浸透した社交サロンの現実と結び付ける二つの証言を紹介するほうがいいだろう。

最初に紹介するのは、これもまた文学テクストだがボンディのものほど野心的でなく、現実の人生に寄り添うものである。一七八三年、ルッカでレリオ・マンシとルイーザ・パルマ（彼女については既に「手記」の作者として本書では紹介済みである）の結婚を祝って出版された『詩集』*Rime* にルイージ・ヴァンヌッチという貴族の詩が収録されている。「〈慎み〉への賛歌」*Inno alla Modestia* と題された、かなり長く愉快なその詩は、風俗が洗練され、その結果、社交サロンがすっかり浸透した文化的コンテクストの中で、結婚生活における従

ルッカの社交生活における心の支えとしてルイーザ・パルマに受け入れられたことは我々の知るとおりである。これが来とは異なる女性の慎みのあり方を説いている点でとくに啓蒙的である。ここで数行を紹介しよう。

なぜ内気で弱々しく若さを失った面持ちで、高貴な〈慎み〉よ、あなたは婚姻の神ヒュメンの神聖な祭壇に向かうのでしょうか?

あなた自身を説得し、愚かな偏見をお捨てなさい。今や人々の習慣は変わり、あなたの厳格さは空しいものとなりました〔…〕

あなたが大理石の館に住むほうを好むなら、ペネロペのことなど忘れ、ルクレツィアもそっとしておきなさい〔…〕

心穏やかで陽気なあなたが愉しげな表情を見せてくれることを私は願っているのです。あなたに優雅な社交界での暮らし方をお教えしましょう。

我々の知らぬ粗野な祖先に比べ、堕落してしまった今日の柔和な子孫たちはかつてのように暮らしておらず、

愛すべき〈放縦〉と〈快楽〉とが生き生きと屈託のない様子で黄金の屋根の周囲を取り巻くように居座り、

〈優美〉はその権力を益々ほしいままにし、今や館の入り口が愛人に向かって開放されています。

だからあなたは厳しく青ざめた表情で視線を落としているのでしょうか? さあ、どうか顔を赤らめないで。ここにはあなたが恐れるべきものは何もありません。

あなたの分別を機知に富んだ冗談や社交サロンや夜会や散歩が掻き乱すことはありません。

よくお考えください。今日ではあなたの嘆きは無意味です。昔の人々はもっと深刻な罠を仕掛けていました。

それは人々が侘しい住まいで粗野な生活を送り、賭博や劇場や舞踏ということばを知らなかった時代のことです。(16)

第二の証言はより貴重で、少し立ち止まって掘り下げてみる価値がある。なぜなら、それはある論争の火種となる対立を通して、はっきりと、驚くべき言説によって、社交サロンに対する新たな認識を浮かび上がらせるものだから。一七七八年、ジェノヴァの貴婦人マリア・ブリニョーレが司教庁裁判所に夫パオロ・フランチェスコ・スピノーラが性的不能であると申し立て、〈婚姻解消〉*divortium*（当時離婚は存在していなかったので、今日言うところの別居を指す）の許可を願い出た。だが夫はこれを認めず、妻の訴えに対抗するため二つの策を講じた。第一に、彼の身体が十分に性的能力を発揮できることを事細かに描写する従者からの証言を得た。第二に――我々にとって興味深いのはこちらのほうだが――裁判官に多数の証人を尋問させ、マリアが結婚生活の中で女性が負うべき義務（性的なものではない）から逃れようと嘘をついていることを証明しようとした。というわけで、ここで我々は本章の冒頭の問い、つまり良い妻の義務とは何か、という問いに立ち戻ることになる。この点に関する本件の裁判記録は豊富である。というのも、そこにはスピノーラが送り込んだ十四人の証人――貴族の男女、夫妻に雇用されていた職人たち、神父一名、貴族ではない女性二名――に対して行われた尋問と彼らの答えが、我々にとっては興味深い当日の議論の行方の記録となっているのだから。

社交サロン論争に火をつけた質問は、ジェノヴァにおける貴婦人の一般的な生活スタイルがどのようなものかという問いである。ある証人は「彼女たちの生活スタイルとは、夜は観劇や社交サロンのためにかなり遅くまで起きていて、朝は遅く起き、彼女らに許された身分相応の楽しみを享受することです。そして、そのことは周知の事実です」と答えた。夫の親戚である「令名高きパスクワーレ・スピノーラ氏」は同じことをより素っ気なく「たしかに他の貴婦人たちは宗教的義務を果たす一方で、その身分の者たちに許された楽しみも享受しながら、身分に相応しい義務との両立を図っている」と述べている。こうして基準となるべき通常の行動がはっきりしたところで、判事は件の抽象的な問題に立ち返り、各証人に「既婚婦人の義務とは何かを知っているかどうか」と尋ねる。返ってくるのは想像通り、このような状況に相応しい良識的な型どおりの答えである。例えば、スピノーラ家の司祭チェーザレ・チャッペ師は「キリスト教徒である貴婦人の責務は、何といっても宗教的義務を果たすこと、夫や家族を優しく愛すること、家族や家政に関わる責務を果たすこと」と述べている。一瞬、我々の考察の出発点、つまり十七世紀はじめの版画に刻まれた聖書の「完璧な主婦」に逆戻りしたように思えるが、まさにここで議論は突然正反対の方向に向かう。続いて判事が発した質問は、同時代の社交性の新たな局面を提示する。「観劇や社交サロンを放棄した既婚婦人は、結婚生活に嫌悪を示すために他の貴婦人方とは異なる生活をしているといえるかどうか仰ってください」。

この最後の質問を向けられた証人たちの間に広がった明らかな困惑を余すところなく伝えようとすれば、八人の回答の記録に二頁分を費やさなければならないだろう。忘れてはならないが、彼らが召喚されたのは、社交生活から逃れようとする妻を非難する夫を支持するためだった。だが、司教庁の裁判において、これほど遠慮なくはっきりと婚姻に関する伝統的価値観が覆され、良き妻のつとめは娯楽のための外出であることが仄めかされるとは恐らく予期していなかっただろう。にもかかわらず、全体的には質問そのものによって示唆された反応が優勢で、誰よりもそこに順応したのはまさにドン・チャッペの「もし既婚婦人が観劇や社交サロンを嫌い、そこから遠ざかろうとするのであれば、そのような貴婦人は世間からも婚姻生活からも遠ざかっていると申せましょう」という回答だった。あとにはいささか驚くような展開が待っている。というのも、司祭の回答への当然の反応として判事が全員に投げかけた質問（「この都市の貴婦人や騎士たちが集うのは、どの社交サロンかご存知か」）がジェノヴァの社交界のトポグラフィーを再現する共同作業へとつながるのだが、そのこと自体、このような状況では些か現実味を欠いているにもかかわらず、実に多くのことを明らかにしているのだから。すべてはある明確な目的、つまり、都市の貴族社会における女性の社交性の平均的基準に照らして告訴人の態度を判断するために行われた。そして最もあからさまな質問に答える証人たちが口々にマリア・ブリニョーレを風変わりな隠棲者に仕立て上げることは避けようがなかった。「人々が言うには彼女は大変善良なご婦人で、教会で深く瞑想していらっしゃる姿が頻繁に目に止まりました」。「大変よく話題になっていました、彼女が教会に通いすぎるということは」。そしてついには、今となっては明らかに「普通のこと」とされる社交サロンにもはっきりと言及しながら「尋常ではないと言われていました、もっとも溌剌としているはずの若い貴婦人がこんなふうに変わった暮らしをしているなんて」[17]。マリアは、要するに、妻としては不適格であることが判明した。それも彼女が不謹慎だったからではなく、その反対に、女性が気晴らしに出かけて素行を悪化させて帰宅することを戒める聖書の教えをいまだに頑なに守っているからだった。活発な議論から導かれたのは、十八世紀のイタリア社会における社交生活の明白な勝利だった。

このように一七七八年よりもかなり前から受容されていた社交サロンが既に当然のことと見なされるようになった環境の中に、我々はチチスベイズモの起源、発展、定着を位置づけなければならない。社交サロンはチチスベイズモに理想的な環境を提供したが、見方を変えればチチスベイズモこそ社交サロンによって必然的にもたらされた結果であり、それがなければ社交サロンは完成しなかった。マリア・ブリニョーレでさえ、その内気な性格と過剰な敬虔さゆえに社交の場に出ることは限られていたが、その僅かな機会には付き添いの騎士《カヴァリエル・セルヴェンテ》の同伴を受け入れた。そのことは先の裁判で二人の証人が明らかにしている。両者の証言は一致してそのチチスベオが貴族のドメニコ・カッレーガという人物であることを明らかにしているが、マリア・ブリニョーレとの関係がどの程度親しいものだったのかについては不明瞭である。「彼は平素から彼女を丁重に扱い、彼女に付き添っていました」。「彼らの関係に特別な親しさがあったのかどうか私は知りません」[18]。

社交サロンとチチスベイズモに関係性があることは明白な事実だった。その証拠は数え切れないほど存在する。同時代の目撃者たちもその主張を繰り返している。この件に関して最も興味深いテクストは、一七二〇年にルッカで地元の聖職者コスタンティーノ・ロンカーリア神父によって書かれたものである。社交サロンとチチスベイズモの関係があらゆる角度から最も理路整然と余すところなく分析されたこのテクストの各章には作者の妄想に基づく見出しが付けられている。例えば「チチスベオたちの社交サロンの様子が述べられる。そして、罪に問われないとはいえ、その行為がいかにキリスト教徒にとって相応しくないかが示される」、「チチスベオたちの集う社交サロンが深刻な罪を犯す危険性と分かちがたいことが示される。また、それゆえ、そこに通うことが決して許されないと推論される」、「チチスベオたちの集う社交サロンに起因する醜聞ゆえに、そこに入り浸ることは罪となることが示される」など。そして何より、このテクストのタイトル『俗にいうチチスベオたちが集う当世ふう社交サロン』[19] *Le moderne conversazioni volgarmente dette de' cicisbei* が作者自身の考えを表している。

ロンカーリアの見方は当然否定的なものだが、啓蒙主義的文化構想における付き添いの騎士《カヴァリエル・セルヴェンテ》の役割を強調することによって、我々はそれを覆すことができる。ヴィットリオ・アルフィエーリやコスタンティーノ・デ・ノービリに様々な用を押し付け、「若様」を揶揄するパリーニにインスピレーションを与えた日課は、我々がチチスベオの役割について、その必然性をより深く認識し、彼らの無益な軽薄さまでをも含めて再考するための手掛かりとなる。事実、貴婦人の社交生活への彼らの関与は、啓蒙主義文化が顕在化する中で、少なくとも社交生活における女性の解放と人格を主張する権利の限定的承認（それは我々の目にはエキゾチックに映るかもしれないが）に不可欠な貢献を果たした。[20]

こうした現象に関わるのが夫ではなく、新たに姿を現したエスコート役だった——ルッカのルイーザ・パルマの事例のように、彼らは夫の代わりになることもあれば協力者になることもあった——理由は、アンシャン・レジーム期の貴族社会における婚姻と遺産相続の習慣の奥深くに潜んでいるが、これについては第三章で詳しく取りあげる。その前に次節では、かなり長期にわたりヨーロッパ的コンテクストと係わることによって否応なく成熟した社交生活のより幅広い実践的枠組みの中で、付き添いの騎士《カヴァリエル・セルヴェンテ》という特殊で人目につきやすい習慣が生まれた背景を説明しながら、社交サロンとチチスベイズモの関連性をさらに詳しく分析する。

2・2　チチスベオ、およびこれに類する者たち

はじめにいくつかの年代を挙げてみよう。確固たる年代を特定することは難しいが、私が社交サロンの確立の時期として提示したものよりもさらに正確な年代に近づくことは可能だと思う。一六七五年、ローマで、のちに枢機卿となる偉大な法学者ジョヴァンニ・バッティスタ・デ・ルーカが著した『騎士と貴婦人』*Il Cavaliere e la Dama* というタイトルの学術書が出版された。一七四九年にはゴルドーニが同じタイトルの喜劇を書くことにも留意しておきたい。この時期にはもはや、騎士といえば付き添いの騎士《カヴァリエル・セルヴェンテ》を指すことが自明となっていたのだろう。だが、一六七五年には何が起こっていたのか？　デ・ルーカはもちろん改革論者ではなかった

が、世俗性というテーマを避けようとはしなかった。この件に関する彼の態度はむしろ寛容で、スペインふうの「ひきこもり」とフランスふうの「快楽」のはざまで揺れる人たちに、それぞれの生活の場に応じた慣習に従うのが良いとしながらも、迷ったときは「快楽と礼儀正しさにより近いほうに従う」ことを勧めている。彼はギャラントリーな雰囲気の社交サロンを非難することもなく、聴罪司祭たちへの要請として、この点について貴族の若者には庶民に対する場合ほど厳格にならないようにと述べている。この要請は、社交性についての以下のような視点に立っている点で啓蒙的である。「然るべき年齢の者が貴婦人に言い寄ったり、ひとかどの洒落者であるという名誉にくすぐられて騎士にふさわしく振舞ったりすることを情け容赦なく禁じるべきではない。そうすることでその者は自らの機知や能力や礼儀を示して、意中の女性の気を惹き、結婚という正しい目的を達成しようとするのだから」(21)。つまり、未来の枢機卿はスペイン語ふうに〈洒落者〉*galano* という表現を用い、かなりあからさまにギャラントリーに言及してはいるものの、婚姻の枠外での求愛——これが付き添いの騎士《カヴァリエル・セルヴェンテ》の典型的な行為なのだが——について認識する、あるいはそれを承認する素振りは見せない。

　十二年後の一六八七年には、このタイプのギャラントリーがその存在感と影響力をしっかりと確立しているように見える。それを証言するのは、この三年前にフランス人イエズス会士フランソワ・ギヨレによって書かれた女性のための精神修養書のイタリア語版である。翻訳者は同じくイエズス会士でミラノ方言による散文家および詩人として知られるカルロ・マリア・マッジだったが、マッジは原本に新しい章をいくつか追加した。そのひとつは「ガランテーオをめぐって」*Intorno al galanteo* というタイトルで、そこでガランテーオはこう定義される。「今日ガラテーオと呼ばれるものは、騎士があらゆる力を尽くして貴婦人の寵愛を得、彼女の栄光を支えながらこれをさらに大きくすることに務め、また、彼女の誠実さに反するいかなることも望まないと宣言する特別な求愛と奉仕である」。ここで語られているのがもはや結婚目的のための求愛でないことは明らかだ。その上、このすぐ後にはいかにも礼儀正しい夫が登場するのだから。「情熱にあふれ理性を失った若者を無理やり」罪へと導く貴婦人への非難は最初から予想されていたことなので脇に置くとして、我々の興味の対象は、まだ一般的には受け入れられるには至っていない形成の初期段階にある習慣へのマッジの反応をその記述から読み取ることだ。「さらに私はこの深刻な悪弊がまだ完全に世間に定着しているわりではないと考えるが、目下、燃えるような地獄の扇動力によって広がりつつある」(22)。

マッジが言及しているのがいまだ世間に定着せず発酵状態にあることは、彼が〈ガランテーオ〉*galanteo* ということばを使っていることからも裏づけられる。この語は既に十六世紀のイタリア語に見られるスペイン語法である(23)。これに対応するイタリア語の「求愛《コルテッジャメント》」では目の前で生成しつつある新奇で特異なものを言い表すにはあまりにも漠然としているとマッジは考えたのだろうか。また一方で、彼の言語能力では、その新しい現象を的確に定義するのに相応しく、外国語からの借用ではない用語を探り当てることが困難だったのだろう。新しいことばの出現は、そのこと自体に意義があり、だからこそ注意を向ける必要がある。ここで私が意図しているのはもちろん〈付き添いの騎士〉*cavalier servente* という二語から成る語句ではない。この二つの語はどちらも既に長く複雑で多様な歴史を持っているのだから〔cavalier servente はイタリア語で「騎士」を意味する名詞 cavaliere と「奉仕する」という意味の動詞 servire の現在分詞 servente を組み合わせたもの。より原語に近い意味で日本語に置き換えると「奉仕する騎士」となるが、その「奉仕」が主に貴婦人への付き添いであることから、本書では「付き添いの騎士」の訳を充てた。〕(24)。私が言いたいのは〈チチスベオ〉*cicisbeo* という特殊でむしろ奇妙な新しい造語のことだ。だが、まさに耳慣れないからこそ、この語は新しい習慣を言い表すのに適しており、古い語の組み合わせにはない嘲笑的な響きも含め、はるかに鋭く明確にその習慣をとらえている。我々から見れば両者の違いはわずかだが、十八世紀の人々がチチスベオという語を使うのは中傷的な意図のあるときにほぼ限られていた。例えば喜劇作者のアルベルガーティは既に引用したコンパニョーニ宛の手紙の中で次のように書いている。「今日、厳密に言えば、チチスベオの役目の騎士をチチスベオとか愛人とか下僕《しもべ》などと呼ぶのはふさわしくありません。たとえこれらの名称がその実体を表しているとしても。彼らのことは家族ぐるみの友人とか貴婦人の付き添いと呼ぶべきです[25]」。

我々の知る限り、一六七五年の時点でデ・ルーカはまだ〈洒落者〉*galano* と書き、一六七八年のマッジの場合は〈ガランテーオ〉*galanteo* だったが、一七一〇年頃までにはチチスベオということばがイタリア語の語彙の中に定着していた。より正確な年代確定は容易ではない。それというのも、唯一正確な年代はその語を使った作者の死亡年だけだからだ。ともかく、この頃には証拠となる資料が豊富にある。とりわけ、フィレンツェの書き手たちによるものに多いが、それだけに限らない。その使用例は、一七〇八年に死亡したフィレンツェのロドヴィコ・アディマーリ公爵の『世間一般の悪習に抗して』*Contro i vizj universali* と題した女性蔑視の嘆かわしい諷刺作品にも、また、一七一二年に死亡したフィレンツェの文人で科学者のロレンツォ・マガロッティの『豊富な知識の詰まった学術書簡』*Lettere scientifiche, ed erudite* には派生語もあわせて度々、そして、ブレーシャ出身の落ち着きのない詩人で軍人でもあり一七一三年に殺害されたバルトロメオ・ドッティの諷刺作品『女主人閣下殿へ』*A Sua Eccellenza la Padrona* にも見られる。他にも古い証拠のひとつとして挙げられるのは――「そして、女性の仕事は糸を紡ぐことだとあのチチスベアに教えようとしたが」と女性形で用いられていることにも注目すべき」――一七六四年に刊行されたエンポリ出身の医師イッポリト・ネーリによる擬似英雄詩『サミニアート征服』*La presa di Saminiato* の第十歌、八行詩節の第二十七連の一節である。ネーリは一七〇八年に亡くなったが、その書簡にはこの詩を書き始めたのが一六九五年からだったと記されており、手紙を受け取った相手が一七〇二年十月十四日付けの手紙でその完成に祝辞を述べている。フィレンツェの詩人・喜劇台本作者ジョヴァンニ・バッティスタ・ファジュウォーリがこの語を使用したことを裏付ける資料はおそらくさらに以前のものだろう。彼が『愉快な詩』*Rime piacevoli* の第一巻で少なくとも七回使用しているのは〈チェチスベオ〉*cecisbeo* という異形であり、そのこと自体、この語がまだきちんと確立されていない形成途上の段階にあることを示している。本書は一七二九年に印刷されているが、関連するテクストはどれも一般的な結婚や作者自身の結婚を題材としていることから、おそらく作者の結婚の時期、つまり一六九八年頃に書かれたものではないかと思われる。(26)

事物とことばは密接に後を追いかけあう。この時期、「一七〇〇年頃」、ベネディクト会修道士カジミール・フレーショが長期にわたるイタリア滞在の後フランスに帰国する。そのイタリアで彼はチチスベイズモについてかなり詳しくなり、後日、一七一一年に出版される著作において、それをもっともらしく解説している。旅行者たちによくあるように、彼もまたそれを偶然認識するに至った都市とその習慣との結びつきをことさら強調している。彼の場合はボローニャだった。「イタリア中のどの都市と比較してみても、またドイツやフランスと比べてみても、疑いなく、貴婦人たちへのギャラントリーが妨げられない都市である」。こう断言したところで、当然のことながら、イタリアのどこか他の都市で幸運にも似たような発見をした人々によって何度でも際限なく反駁されることになるのだ。フレーショは「指名された騎士という名の下に特定の貴婦人と交際を続け、彼女の夫がそのことについて苦情を述べることのない」「既婚婦人に慇懃に接する者たち」(27)を指す新しい語はまだ使っていないが、それは彼が外国人だからだ。イタリアではその間にもチチスベオ――という語形が、この習慣を指す名称として間もなく支配的になる――が華々しく正統化されていたが、それはすでに取り上げた魅力に乏しい詩よりもはるかに視覚的なテクストのおかげだった。一七〇八年、「見掛け倒し、あるいは失意のチチスベオ」*Quel che appare non è, ovvero il cicisbeo sconsolato* という喜劇がフィレンツェで上演されるや大好評を博し、のちに他の都市でも再演された。作者は『愉快な詩』と同じファジョウォーリである。タイトルから喜劇の主人公はチチスベオであるかのような印象を受けるが、実のところ、チチスベオのヴァネージオはこの喜劇の主人公ではない。彼にまつわるいざこざは喜劇の主要な出来事にたいして周辺的なものに過ぎない。とはいえ、彼の役割や権限がどのようなものかは既にはっきりと描かれている。付き添いの騎士《カヴァリエル・セルヴェンテ》の奉仕を受ける貴婦人の舅は、彼女のあまりにも物分りの良い夫、つまり実の息子を厳しく批判しながらこう述べる。「何の関わりもない独身の若者が朝も昼も夕も、そして晩は言わずもがな、他人の妻のもとを訪れ、しかもそこに夫が同席しないことが昨今の流行だというのか[28]」。

　要するに、チチスベオの習慣とそれを指す語の確立時期は——社交サロンというより広い意味でとらえれば——かなりはっきりしている。十七世紀の最後の十年間と考えていいだろう。あいにく語源については同様に断定することはできない。現在の辞書は、〈チチスベオ〉*cicisbeo* という語が貴婦人の耳もとで囁かれる甘い言葉の響きを模した擬音語に由来するという点で一致している。もっともらしい説明ではあるが、擬音語についてよくあるように、多くの疑問点を残したままである。十八世紀の作者たちは、この点、実に豊かな想像力を発揮しており、彼らの言い分が注目に値するのは、博学的興味からだけではなく、他の習慣との相違点や類似点、ひいてはチチスベイズモのイタリアらしさを提示しているからである。クルスカ学会員アントン・マリア・サルヴィーニは、十八世紀の初め、ムラトーリによって使用された〈ガランティアーレ〉*galantiare* ということばに註解をつけながら、チチスベオを快楽の追求と結びつける。「*Galantiare* スペイン語の *Galantear* からくるこの語彙を我々フィレンツェ人は今日なお使用しているが、*Sbearcisi* や *Strabearcisi* に由来する新造語 *Cicisbeare*、そして貴婦人に慇懃な態度で奉仕する伊達男たちを指す *Cicisbei* という新しいことばでこれを適切に言い表すことができる」。フェッラーラの文人で、博識の評判が疑わしいジローラモ・バルッファルディは自作の詩「煙草」*La tabacchiede* への註釈において、さらに酷いでまかせを述べ、チチスベオがボッカッチョの登場人物にして「熱烈な求愛者」として名高いキキービオのデフォルメであるとの仮説を展開している。しかし、より興味深いのは、「フランス語が恐らく我々に何らかの示唆を与えてくれるだろう」というバッファルディの歪んだ推理に基づく結論の矛盾である。実際、一七八五年にバーリの貴族ミケーレ・パスクワリーノが生き生きとした表現に溢れる彼のシクロ・イタリア・ラテン語辞典において、この分野のスペシャリストらしい態度で問題を解決している。「Cicisbeu　チチスベオらしくふるまう者、当世風紳士、伊達男《ダメリーノ》、〈チチスベオ〉*cicisbeo*. *Fari lu cicisbeu　当世風紳士気取りで女性に付きまとう、〈女性を口説く〉*donneare*、〈チチスベオらしくふるまう〉*cicisbeare*［…］フランス語 *ciche*（parvulus〔ラテン語で「小さい」〕）と *beau*（pulcher〔ラテン語で「美しい」〕）から[29]」。

こうしたフランス語への依存は、それが無分別になされているとはいえ、無視できない手掛かりである。十八世紀のイタリア人――既に見たようにムラトーリだけでなく、あらゆる人々は――社交サロンがフランスからもたらされたことを知っていた。だとすれば、それと切り離すことのできないチチスベイズモにも同じことがいえるはずではないか？　それは、チチスベイモの起源と性質を理解する上で間違いなく重要であるがゆえに解明されなければならない問題である。イタリアを訪れたフランス人旅行者たちの中でも最も好意的な人物のひとり、啓蒙主義者シャルル・デュパティは一七八五年にイタリアに滞在し、よくある恣意的な見方でジェノヴァをチチスベイズモの首都と見なした上で、その特徴についていくつかの疑問点を提示する。そして、それらの疑問に対する答えという形ではなく浅薄な比較に基づいていささか性急に結論を出している。「ひとことで言えば、ジェノヴァにおける〈チチスベオ〉*cicisbeo* とは、およそパリにおける〈家族ぐるみの友人〉*ami de la maison* のようなものである[30]」。デュパティが示した同一性があまり顧みられないのは、より影響力あるテクスト、即ち『百科全書』の協力者であるジャン＝フランソワ・マルモンテルの喜劇「家族ぐるみの友人」*L'ami de la maison*（一七七一）の描く登場人物が付き添いの騎士《カヴァリエル・セルヴェンテ》というよりもモリエールふうの偽善者だったせいでもある。だが、さらに興味深い、注目すべき足跡がフランスにはある。その姿は既に十七世紀後半には人々の目に止まり、家族ぐるみの友人よりはるかによくヨーロッパに知られた存在、〈プティ・メトル〉*petit-maitre* である。世俗的、優雅、怠惰、恋愛において奔放、新しい社会思想に傾倒しているのは見せかけだけ、という貴族の若者がこれに該当する。いくつかの点でパリーニの描く若い貴族と、さらに一般的な意味では社交サロンの世界に現われたイタリアの伊達男《ダメリーノ》との類似は明らかで、それは数多くの文学テクストから十分窺い知ることができる。(31)

イタリアにおける社交生活にも〈プティ・メトル〉の確実な足跡を認めることができる。一七七〇年のミラノで出版されたフランス語冊子『プティ・メトル協会員規約』*Regles et statuts de la compagnie des petits-maitres* は会員の条件をユーモラスに列挙することによって、かえってそのオリジナルのモデルの魅力を効果的に示してしている。最新のファッションに身を包み、舞踏会やカードゲームに興じ、ココアを大量に消費し、劇場の演目はひとつたりとも欠かさず観に行き、最も軽薄なゴシップを扱う新聞を読み、もちろん飽きることなく女性たちのご機嫌を取る。(32) それからおよそ二十年経った一七八八年、〈プティ・メトル〉は他の数多くのライバルたちの存在にもかかわらず、依然として「エレガントな男たち」の基準として、ジョゼッファ・コルノルディ・カミネール編集のヴェネツィアのモード誌「粋で知的な女性」*La donna galante ed erudita* のある号で取り上げられている。(33) したがって、イタリアの社交サロン《コンヴェルサツィオーネ》に対するフランスの〈社交サロン《コンヴェルサシオン》〉*conversation* の影響力を考慮すれば、チチスベオの出現もフランスの伊達男たちに負うところが大きく、彼らこそチチスベオの正真正銘のモデルであったとしても驚きではない。

このような考えはひそかに様々な形で広がっていったが、ナポリに定住したジェノヴァ出身の貴族パオロ・マッティア・ドーリアはそれを公然と表明した。ドーリアはプラトン主義哲学者で、ヴィーコの友人であり、晩年の十年ほど前までは流行好きで社交的な知識人だったが、その後は一七四三年に復活した新ブルボン王朝に同調し、伝統主義と保守主義へと転向した。一七四一年、七十五歳になった頃、三巻から成る『書簡・評論集』*Lettere e ragionamenti varj* を出版した。彼が執筆した様々なテクストの寄せ集めで、その多くは感覚論、無宗教性、近代科学、そしてそれらの普及者ヴォルテールに対する論争である。これらのうち三つのテクストで、〈プティ・メトル〉、即ち「書物に向かって青ざめた顔で刻苦勉励することなく、派手な服を着て、血色の良い潑剌とした表情で出掛け、女たちに洒落た冗談を撒き散らす」現代のお洒落な色男の姿が取り沙汰されているが、その描写を見ればドーリアの論争が全般的に何に向けられているのかは明らかだ。最も委曲を尽くした複雑なテクストは想像上の会話として書かれており、その長いタイトルは全部を引用するに値する。題して「女たちが踊りながら決して疲れない理由の検討によって、アルプスの向こうの国のプティ・メトルとチチスベオたちの規則と習慣を礼賛する気取り屋のイタリアのプティ・メトルの姿が描写される会話」。

話し手は「家長パンクラッツィオ氏、哲学者アモニオ、イタリアのプティ・メトルことレアンドロ」の三名で構成される。結婚生活における男女の役割について、パンクラッツィオは彼に期待されているとおりの内容をさらに強調するような粗野な口調で述べる。彼によれば、夫の仕事は「家計の管理、借地人との交渉、子供たちの教育、自作農地の耕作」、妻の仕事は「糸紡ぎ、裁縫、雌鶏の世話、料理、その他の家事一切」である。パンクラッツィオの家族観は、文明化に関する古典的議論を持ち出すアモニオによって幾分和らげられる。「あなたの仰ることは厳格過ぎます。あなたの時代にはサロンでの会話など滅多になかったでしょうけど」今はそれが一般的で、しかも異性同士でも会話するのが普通である。それ故「人々は社交好きになり、暮らしぶりにおいても人付き合いにおいても洗練され優雅になりました」。つづいて、〈プティ・メトル〉でチチスベオであるレアンドロがこの新しい習慣がフランスに由来にするものであることを宣言する番である。彼が言うには、

「ヨーロッパ中に上品な趣味を広めた都市パリで」、彼は「愚か者」であることを止め、女性たちに慇懃に接する術を学んだのである。彼の地では夫たちは嫉妬を軽蔑し、妻の崇拝者たちを品よく受け容れることを学ぶ。その動かぬ証拠に、彼らの多くは「家に入るとき、わざと音を立てるという彼らの慎重さを誇りにしていますが、それは、万一妻がチチスベオと戯れている最中だったら、首尾良く彼を引き取らせることができるようにするための計らいなのです[34]」。

このドーリアの記述よりも一層あからさまにチチスベイズモの起源をフランスに求めながら、そのモデルとして必ずしも〈プティ・メトル〉へ言及しないテクストも存在した。そのテクストは論争的介入姿勢よりもむしろ歴史的回想という通常にはない形式を備えている。作者は、ヴィンチェンツィオ・マルティネッリというトスカーナの文人で、イギリス滞在中に「チチスベオの歴史」*Istoria dei Cicisbei* というテクストで、ある質問に答えている。その質問とは一七七〇年にあるイギリス人から彼に対してなされた「何がチチスベイズモを引き起こしたのか？」というものだった。チチスベイズモの起源とは何か？　ムラトーリの言説を踏襲するマルティネッリによれば、きっかけは一七一〇年にフランス軍兵士たちがトリノの包囲を中断し、ジェノヴァのカーニヴァルに出掛けたことによる。軍人たちはそこで、半ば強制的に夫たちから承諾を得て、彼らの妻に親しく近づいた。「夫たちの懸念、妻たちの好奇心（あらゆる種類の礼儀作法はここに由来する）のおかげで、この危険な客人たちがいたるところでこの上なく丁重にもてなされた。そして、当初やむなく始めたことに人々は次第に鈍感になり、ジェノヴァは間もなく第二のパリになったのだ」。ジェノヴァからイタリア全土に広まったその習慣に程なくして名前がついた。その名前についてマルティネッリは今日の言語学者たち同様、貴婦人と騎士が習慣的に囁き交わす甘い言葉が「スズメや小鳥たちが交わすさえずりに似た〈チチ〉*ci-ci* という音」をオノマトペとして表現したものと説明している[35]。

ドーリアやマルティネッリによって表明された理論は、明らかで疑いのない事実として十八世紀の詩や喜劇の多くに頻繁に現われる。こうしたテクストにおいて「フランス人」は間違いなく慇懃で、必ずといっていいほどお洒落で自惚れが強く、易々と貴婦人の付き添い役についてしまう。これこそ正真正銘の文学的トポスとしてありきたりに陥りがちな描写であるが、その浸透力たるや平素から決して表面的な観察にとどまらないゴルドーニのテクストにさえ登場するほどだった。少なくとも彼のものとしてはあまり上出来とはいえない喜劇、例えば一七四八年に上演された「抜け目のない未亡人」*La vedova scaltra* は、後にゴルドーニ自身、「本物らしさと自然らしさ」への転向以前の「趣味の悪い喜劇」の名残が感じられると評価する作品だが、この喜劇の中でフランス人小間使いマリオネットが女主人ロザウラに当世風チチスベイズモ「指南書《グラマティカ》」を差し出す（第一幕、第十五場）。そして、ロザウラが結婚相手として彼女を崇拝するイタリア人を選んだとき、そのロザウラにチチスベオとして立候補したのがムッシュー・ル・ブローである（第三幕、第二十五場）。「私があなたの誠実な愛人になります。そして、もし伯爵が偉大な流行の敵でないなら、あなたの騎士となる栄誉を手に入れるでしょう」。既婚婦人に堂々と付き添う慇懃なフランス人は「抜け目のない未亡人」よりも前、一七三六年のカーニヴァルに上演された幕間劇「ムッシュー・プティトン」*Monsieur Petiton* の主人公としても登場する。[36]

この幕間劇は、とりわけオペラ台本の領域に、文学的価値はあまりないが、観客の感覚を探る上で貴重な後継作品を生み出した可能性がある。[37] 事実、一七七七年、ナポリの「ソプラ・トレード新劇場で」ガエターノ・モンティ作曲のオペラ・ブッファ「追い払われたチチスベオ」*Il cicisbeo discacciato* が上演された。出版された台本には歌詞の作者の名は明かされておらず、「尊敬すべき観客の皆様」がその文体から容易に想像できると記されているが、この台本がこれまで様々な形で上演されてきた「ムッシュー・ペティトーネという」かつてのオペラを翻案したものであることも認めている。ここではゴルドーニの原案が（もし、そうであれば、の話だが）、二つの長い幕にわたって極端に複雑化し密度の濃いものになっているが、そこには本当の意味での展開のもつれはなく、ひたすらだらだらとした状況が続くので、今日それを読むと正直うんざりしてしまう。想像するに、誇張された芝居が観客の笑いを引き出していたに違いなく、加えて音楽と言葉遊びの協調も一役買っていたのだろう。その言葉遊びは、フランス人のふりをして実際には「パリジャンを気取るアブルッツォ人」ペティトーネのわざとらしさと、貴婦人たちへのペティトーネの奉仕ぶりを笑いものにするナポリ人たちの健全な率直さとの対比によって成り立っている。[38]

それはともかく、ここまでチチスベイズモの原型をフランスに見出そうとする数多くの証言を十分見てきたのであるから、今や我々にはその中身を根本的に修正することが許されるだろう。チチスベイズモがフランスのサロン文化をモデルとしてイタリアで確立された社交性のもとに発展したという事実にもはや固執する必要はないのだ。ドーリアやマルティネッリの見解、そして、たった今見てきた文学的トポスについてはそのように説明することが可能であり、恐らく、その習慣がジェノヴァを基点に拡散し確立されたとする、理屈に合わない割にはしぶとく残っている説についても同様である。この説もまた、チチスベイズモの中心地を見極めようとする不毛な議論の中で浮上した見解のひとつである。[39]だが、まさにこのどれをとっても実際の習慣とは一致しない。フランスの歴史記述において再現された〈プティ・メトル〉がカヴァリエーレ・セルヴェンテではないことは明らかだ。[40]その特徴のいくつかを備えてはいるが、定められた役割を果たす者と貴婦人との関係の固定化という決定的な点が欠けている。フランスではむしろ、後に見るように他の国々とは異なり、チチスベオに対応する存在を見つけることは不可能と思われる。実際のところ、ギャラントリーの考案者は立ちどころに放縦な生き方が偏見なく受け入れられるような方法をつくり上げた。フランス風恋愛は、その特徴として、あらゆる点で自由を徹底して追い求めた。その自由はいかなる制約も認めず、したがって、恋愛の実践を規則として制度化することを拒絶したが、この制度的要素はチチスベイズモと切り離すことができない[41]。それどころか――この点は何度も繰り返さなければならない――まさにこの制度的要素こそ、異性間の交際を促進する全体的な傾向の一部としてのチチスベイズモの最大の特色であり、我々の関心をチチスベオに引き寄せる。したがって、本書でこれまでたどってきた議論がそうであったように、この制度的要素については、そうした傾向の中で説明されなければならない。

　この制度化という視点に立って、具体的な日常習慣の範囲で付き添いの騎士《カヴァリエル・セルヴェンテ》の起源と特殊な役割を再現する際に参考にすべきは、〈プティ・メトル〉をはじめとするフランス風モデルよりも〈ブラッチエーレ〉*bracciere* という存在である。ブラッチエーレは十八世紀のはじめ、または十七世紀の終わりにはすでに存在しており、貴婦人の外出に付き添い、とくに馬車の乗り降りの際、腕を差し伸べる召使だった。つまり給料で雇われた者だったが、貴婦人の傍らで人目を惹く存在だったので、その地位は高かった。一六七八年、フィレンツェのブラッチエーレ、サルヴィアーティは同じ家に仕える召使や御者たちよりも遥かに高い報酬を受けていた。十年後、同業組合の結成の際、ボローニャで現役の召使たちは「上級」あるいは「黒マント」のブラッチエーレ、そして制服着用を義務付けられた「下級」の召使に二分されていた。ブラッチエーレになるのはとくに風格のある年輩の男性だった。その証言は既に引用したテクスト、一六七〇年頃トンマーゾ・リヌッチーニによる『フィレンツェの習慣』*Le usanze fiorentine* に見られる。「身分の高い女性たちには〈黒服男性〉*uomo nero* あるいは〈ブラッチエーレ〉*bracciere* と呼ばれた制服を着用していない年輩男性が付き添っている」。同時代の風潮に批判的なもうひとつの証言は、一六八〇年から一七四二年にかけてボローニャで続いた（あるいは変化したり、新たに入ってきたりした）「風俗、習慣、目新しいもの」*Costumi, usanze e novità* に関する作者不詳の記述である。「かつてブラッチエーレは誰もが年輩男性で、その仕事は慎重さを必要とし、彼らは皆黒服を着ていた。今日のブラッチエーレは慎みも配慮もない若造ばかりだ[42]」。

　ここで取り沙汰されているのは明らかに、近代初期、イタリアのみならずヨーロッパ各地で、他家に騎士見習いとして奉仕するために送り出された貴族の若者たちではない。しかしながら、彼らがブラッチエーレの役割の起源ではないかと思わせる無視できない手掛かりが確かに残されている。ナポリで活躍したトスカーナ出身の改革派大臣ベルナルド・タヌッチは、ピサにいる婚約者の母親に宛てた一七三七年五月七日付けの手紙でこう説明している。「当地では、もともと家柄は良いが貧窮した紳士をブラッチエーレといいます。彼らは大層格式ばった振る舞いをしますが、お金はほとんど所持していません。彼らに求められるのは、礼儀正しさ、押し出しのよさ、誠実さ、口の堅さ、その上、多くの人々と面識があり、どのように接すればいいのかをきちんと心得ていることです」。ナポリでは王妃の執事兼任ブラッチェーロという大変高貴な職務も存在していた。恐らく、彼らの身分は社会における最低ランクではなかった。一六六三年以降、法律の定めるところにしたがって、ジェノヴァ共和国が費用を負担し、各国に派遣した大使夫人の外出に公的な立場で同行させていたブラッチエーレたちについても同様である[43]。

　したがって、ブラッチエーレとチチスベオは互いにまったく接点のない世界に属していたわけではない。しかも、十八世紀を通じてチチスベオがブラッチエーレを駆逐し、ブラッチェーレが最終的には革命によって完全に消滅してしまったとしても、その役割の一部はチチスベオによって継承されていることを認めなければならない。その事実は同時代の人々による数多くの描写や特殊なことば遣いから垣間見える。既に引用したフランス人旅行者ラ・ランドによれば、ヴェネツィアでは貴婦人の外出に常に同行する付き添いの騎士《カヴァリエル・セルヴェンテ》が「ゴンドラに乗ったり、ゴンドラではたどり着けない細い露地を歩いたりするときに腕を貸すために絶対に必要とされている」。ゴルドーニの喜劇では、ブラッチエーレは奉公人として、正確にいえば、召使よりも上の立場で登場することもあるが（『意固地な女たち』*Le femmine puntigliose* 第二幕、第七場）、多くの場合、付き添いの騎士《カヴァリエル・セルヴェンテ》はまさに貴婦人に「腕を貸す」存在である。例えば「慎み深い貴婦人」*La dama prudente* でドン・ロベルトは妻に提案している。「エルネスト侯爵は私の友人の騎士であることだし［…］もし腕を貸してくれる付き添いの者が……そうだな……必要というなら、他の者よりも彼がいいだろう」（第二幕、第四場）。ファジュオーリの「落胆したチチスベオ」*Il cicisbeo sconsolato* の一場面でも「レオノーラと彼女に腕を貸すヴァネージオ」が登場する（第一幕、第六場）。アルフィエーリにいたっては、諷刺詩「老練な付き添いの騎士《カヴァリエル・セルヴェンテ》」*Il cavalier servente veterano*（第一〇〇行―第一〇二行）において、より短絡的に両者を同一視している。「心の中で私は残酷な宿命を呪った／だが、他人の前では、私の運命を誇った／私は愛する人のブラッチエーレになることを自慢した[44]」。

　当然のことながら、アルフィエーリの場合は意図的な挑発を狙っている。ブラッチエーレとチチスベオは異なる存在だった。しかしながら、ここで引用した文学テクストの数々は、彼らの役割に貴婦人が夫の同伴なしで公の場に出るときに付き添うという共通項があることを示している。性質の異なる四つの記録、即ち差出人のパーソナリティがまったく異なる四通の私信がこの共通項に光を当てる。一七〇五年四月二十日、フレンツェの貴婦人ルクレツィア・リヌッチーニは義理の兄弟にあたるロレンツォ・コルシーニ、のちの教皇クレメンテ十二世に自らの所得を子供たちに譲ったと書き送ったが、それは「彼らが私のために食卓、御者、馬車、召使二人、ブラッチエーレ、女中二人を維持することができるように」だった。一七一一年十二月二十三日、ピサの貴婦人マルゲリータ・ランフランキ・ランフレドゥッチは兄弟に宛てた手紙の冒頭で何の知らせもないことをこう説明している。「あなたのご質問にごく短くお答えましょう。お知らせすることなど何もありません。付き添いがなくて家から出られないのですから」。一七二八年十月、モンテスキューはローマでボッロメーオ伯爵夫人クレーリア・デル・グリッロの付き添いとなる申し出をユーモア溢れるイタリア語でこう記した。

「何時に外出なさるかお知らせ下さいますようお願い申し上げます。白い手袋をはめて玄関口でお待ちしております。当地にはご主人がいらっしゃらず、少なくともチチスベオのひとりくらいはご入用でしょうから、私がその務めを細心の注意をはらって滞りなく果たすことをお約束します(45)」。

第四の手紙にはより多くのスペースを割きたい。というのも給与が支払われる職業と貴人にあてがわれた役割の間に存在する貴婦人への「奉仕」の曖昧さをよく表しているからだ。一七七九年六月二十日、当時二十五歳、ローマで司祭として経歴を歩み始めたばかりだった詩人ヴィンチェンツォ・モンティは、兄弟に書き送った手紙の中で苦悩しながらも断ったばかりの申し出の内容をこう説明する。

この数日間、そして今でも私はひどく当惑している。一月前、私は友人のひとりである騎士がウィーン大使ドゥラッツォ氏と共に貴人としてヴェネツィアに行くことを提案された。というのも、私にそのことを話したまさにその人が彼のために適当な若者を見つける任務を負っていたからだった。私はその提案に承諾し、ドゥラッツォ氏に私の名前は伏せたまま、候補に挙がっている者の性格、素質、年齢、習慣などを詳しく彼に書き送ってくれるよう頼んだ。それに対する返事が届き、そのような人物であれば、というのは私のことだが、誰であれヴェネツィアに行くことができるだろう、要求された資質さえ備えていれば話はまとまるだろうということだった。ただし、俗人の服装で伯爵夫人の外出に付き添うという条件があり、気晴らしの散歩や訪問など彼女の好きなときにいつでもそうしなければならず、奉公人というよりも親しい友人と見なされるとのことだった。報酬は食事と住居と合わせてひと月に八ゼッキーニだった。

だが、この若く野心家の文学者は勉学のためのわずかな自由時間を要求した。通常、付添い人がこのような要求をすることはなく、そのため契約は暗礁に乗り上げた。

大使殿は、候補者が責務と共立し難い勉学は諦め、むしろ既に学んだことを役立てることを望んでいるという返事がきた。私は一日五十ゼッキーニ払われたとしても死者たちと対話し思索に耽る楽しみを諦められないと返答させた。というわけで、この話は御破算になった。(46)

我々はサロン文化の枠組みにおいてチチスベイズモが始まった根本的な原因に近づいている。啓蒙主義が行き届いた社交性の確立のあとにもさきにも貴婦人がひとりで外出することはあり得なかった。だが、それに伴い世間での女性の活動の場は増加し、これまで見てきたように、文化的洗練の度合いと立居振舞の優美さが極度に高められた。ブラッチエーレはそれ自体では時代の要求に応じられなくなっていた。そのため十八世紀の終わり頃まで曖昧な解決策が残り続けた。聖職者だが文人として社会的地位の高い若者に提供された「貴人」の職務はその一例だが、モンティの一件から分かるとおり、文学者は読書のために書斎に引きこもりたがるというリスクを伴った。だが、根本的な解決策はむしろまったく新しい存在、こうした役にぴったりで貴婦人に引けを取らない身分に属するという点で申し分なく相応しい、モンテスキューの言う「シジスベオ」をつくりだすことだった。付き添いの騎士《カヴァリエル・セルヴェンテ》の起源の中でもこうした側面は、この習慣の、もちろん唯一ではないが非常に重要な特徴を表面化させる。それは貴婦人の付き添いが、彼女を警護し、起こりうるあらゆる危険や無礼な行為から守り、彼女が男性の保護網の下にあることを身をもって示す役目を負っているという点である。そして、その保護網において夫が中心的役割を担うことは、後に見る理由から、必ずしも、というより滅多になかった。この状態からまさしく監視の役割へ移行するのに、まだ踏むべき手順は残っているが、それほど多くもない。このような特徴を備えたチチスベオは、啓蒙主義的文化によって獲得された女性のかつてない自由とその自由の顕示を、事前に規定した範囲内で、ともかく想定内の方法によって、操作しようとする意図との間に図られたひとつの妥協点を示している。

2・3 監視か自由か？

十八世紀イタリアの啓蒙化された、そして同時に形式主義的な文化において、自由と監視はどのように両立していたのだろうか？ もはや、何らかの答えを提示するときだが、人々の多様な経験を隅々まですべて把握しきれるわけではないし、また、場合によってはあり得たかもしれない性愛の自由に関しては、別の章で筋立てて論述するつもりである。ここではひとまず、当事者たちの実体験を追いながら、チチスベイズモという儀礼のもとに了解されていた関係が幅広いものだったことを指摘しておきたい。はじめに、監視の役割についてはフランスとの比較が不可欠で、エスコート役の存在を目にしたフランス人旅行者たちに共通する反応は注目に値する。彼らはこの習慣を煩わしいものとして嫌悪した。教養豊かな司法官シャルル・ド・ブロスの辛辣な手紙の中にもその嫌悪感が示されている。一七三九年のローマでの個人的な経験を彼は機知に富んだ口調でこう語る。

夫たちの態度はくだけているが、貴婦人のそばにいるケルベロスのような取り巻きたちは、夫たちの百倍もやっかいな存在だ。彼らが夜昼となく貴婦人のそばに常に居座っているのは、同じ栄光に預かりたいと願う気の毒な第三者に道を閉ざすためではないかと思う。憎むべきチチスベイたちは、夫たちの十倍も妻たちと強く結ばれている。たとえば、私は若いリッチ夫人とお付き合いできたらと思っている。彼女はこの上なく優雅で愛嬌がある。だが、彼女の傍らには常にドン・パオロ・ボルゲーゼなる人物がぴったり寄り添っていて、彼らの間には糸さえ通らない。

ラ・ランドも一般論にとどまるとはいえ、同じくローマでの出来事に触れながら、多かれ少なかれ同じようなことを述べている。「貴婦人の傍で躍起になっているチチスベオたちはフランスの夫たち以上に外国人たちによっては迷惑な存在である。彼らの許しがなければ、貴婦人たちに話しかけることもできない［…］彼らは貴婦人たちの崇拝者どころか彼女らを見張り、監督する者たちなのだ」。サド侯爵の証言も欠かすことはできない。彼の場合はフィレンツェについて語っているのだが、それは一七七五年から一七七六年にかけてのイタリア旅行中のことである。「ここではチチスベイズモの習慣が他のどの地域よりも盛んで、この地の貴婦人の誰かと親しくなりたいと願う外国人が彼女の前に進み出る可能性を非常に狭めている」。一七八九年に示されたエスパンシャル伯爵の見解も同様である。ただし、それは少なくとも見かけの上では個人的興味から述べられたものではないのだが。彼はイタリアにおける貴婦人と「彼女が喜んで傍に侍らせていることもあれば、ときに夫のように邪魔になることもある」エスコート役について所見を述べたあと、ミラノのスカラ座のリッタ家のボックス席で女主人が彼に語ったことを紹介している。「伯爵夫人は彼女の付き添い《カヴァリエル》の騎士《セルヴェンテ》を煩わしく感じているが、貴婦人としての品位を保つために傍に侍らせていることを私に説明したがった。彼のほうはフランス語を理解できないので、彼女は自分の考えを好き勝手に話すことができた。彼女は大変打ち解けた様子で彼に接し、私が聞いたところによると、しばしば気晴らしに出掛けていた」[47]。

貴婦人の新たな崇拝者を付き添いの騎士《カヴァリエル・セルヴェンテ》が妨害するのは、貴婦人の好意を独占するためであることが分かる。だが、放縦なフランス人の目には、これもまた粋な恋愛を阻む余計な邪魔物と映ったに違いない。付き添う貴婦人との関係を別にすれば、チチスベオは要するに多くの場合、ラ・ランドのいうとおり、魅惑的な求愛者となるよりも、夫以上に厄介で抑圧的な監視役にもなり得た。また場合によっては、夫たちに代わり、惰性となった日常生活のルーティーンの付き添いに陥ることもあった。とはいえ、こう考えたのはフランス人だけではない。一七六〇年、作家でジャーナリストのガスパロ・ゴッツィは『ガゼッタ・ヴェネタ』*La Gazzetta Veneta* でチチスベイズモを脅かすカップルの習慣を笑いの種にするために次のような想像を膨らませた。六人の貴婦人と六人の騎士によるある社交グループでは、単調さを避けるため、散歩に出掛けるときに常にパートナーを変えることが義務付けられているが、「このようなたゆまぬ努力はやがて結婚生活のような習性に変わり、我々の健全な意図に反するものとなり得る」[48]。

この手の話題では、当然、ジャコモ・カサノヴァの証言が思い出される。彼の若い頃のアヴァンチュールのひとつに一七四五年のヴィンチェンツォ・フォスカリーニの妻との関係がある。コルフ島のガレー船の監督者だった夫がまったく障害にならなかったのは、彼が「稀に見る、どころか、それより上はいない、というほど愚か」で、自分のことしか考えていなかったからだ。一方、その夫人の傍にいた付き添いの騎士《カヴァリエル・セルヴェンテ》はジャコモ・ダ・リーヴァという大型ガレー船の監督者で、カサノヴァはその副官として雇われていた。カサノヴァはチチスベオと貴婦人との間に「習慣による冷たい友情」以上のものはなく、愚かな夫は彼を信頼していることをすぐさま見て取った。何はともあれ、フォスカリーニ配下の任務への異動という好機を利用して、求愛者がその企てを成就させるために上手く対処しなければならない相手はダ・リーヴァだった。その企ての結果については述べる必要はないが、最後の瞬間に犯してしまった軽率さによって、今回ばかりは奪った果実をカサノヴァが完全に味わうことはなかった。[49]

もうひとつの事例をより詳しく紹介したい。次の証言は手紙をとおして女性の視点が示されているという点で興味深い。前置きとして、今回のチチスベオはまっさきに登場する人物ではないが、その役割を理解するために、ここで取り上げる証言に至るまでの経緯を説明しておかなければならない。登場人物はジェノヴァの貴婦人チッケッタ・パッラヴィチーニで、彼女はブリニョーレ家に嫁いでいる。ジェノヴァの貴族には一定期間経過した私的書簡を破り捨てるという習慣がよく見られるが、この貴婦人の八十一通の書簡はルッカの貴族パオロ・ガルゾーニに宛てられ、彼が個人的な文書記録として保管していたために後世に残っている。これらの手紙に基づいて出来事の経緯をたどると、ふたりの出会いは一七八八年七月、バーニ・ディ・ルッカの別荘でのことだった。当時、パオロは二十六歳の若者で、チッケッタはまだ魅力ある快活な女性だったが、もちろん彼よりは年上で、おまけに五回もの妊娠を経たあとだった。これらの情報は彼女の手紙から読み取れる内容である。さらに、それらの手紙の中の一通で、チッケッタは彼女の義理の姉妹に宛ててその崇拝者（彼もまたルッカの人だった）が書いた手紙をパオロのために引き写している。その引用された一節には、それを書いた人物によってチッケッタのアヴァンチュールの経緯がまとめられており、八十一通の手紙をよりよく理解するための基本的枠組みとなっている。

私はもはやあなたにパッラヴィチーニについてとくに何も書きませんでした。彼女が筆まめであることは分かっていたし、自身の身に起こったことに口を噤んでいられるような女性には見えなかったからです。その上、私が彼女に会う機会がほとんどなく、また彼女と親交があり彼女のアヴァンチュールにいささか加担しているサンドロ・グイニージ神父について私は交際上の義理から口を噤んでいなければなりませんでした。この神父はあまり好ましい人物ではないと申し上げておきましょう。チェケッタ〔チッケッタのこと。この手紙の書き手は彼女の名前をこのように綴っている。〕は若者との恋愛遊戯が好きなのです。彼女は私の親しい友人で、非常に優れた若者であるガルゾーニ宛の手紙を持っていました。チェケッタが彼と親しくなるのに時間は掛かりませんでしたし、彼のほうでも通常の奉仕以上に熱心になり、徐々に深入りして、そうと気付かぬうちにすっかり彼女に掛かりきりになっていました。チェケッタは彼女の年齢からして、その勝利にすっかり満足していることでしょう。少なくともそのように見えます。結局、チェケッタはルッカにかなり満足したようです。そこでの滞在を楽しみ、彼女にとっては名誉以外の何ものでもないアヴァンチュールがあったのですから。お伝えできることは、彼女がバーニからルッカへ、ルッカからフィレンツェへと常に行き来していたことです。その移動が彼女の治療に役立ったなら、間違いなく彼女は元気でしょう。

チッケッタはこの手紙を面白がった。その文体は、ほんの僅かに警戒を伴うとはいえ、このような文章が綴られるのを許容してしまう十八世紀的ギャラントリーの気軽さを帯びている。これを読んだチッケッタは不機嫌になることなく感想を述べ、むしろガルツォーニにこの手紙を書いた人物との友情を「私が望まないなどと決して思わないでください」と述べ、その関係を壊さないようにと勧めている。八十一通の手紙はちょっとした不倫の過ちの記録に他ならない。それはチッケッタの遊び心から始まって本気に変わり――この点は噂好きの記者が見逃しているのだが――あってはならない恋として維持された関係である。ここで敢えて彼らの関係の進展をたどるつもりはないが、時間と共にいくつかの段階を経て行く様が自ずと見えてくる。出会ったばかりの頃の、興味本位から互いの気持ちを探りあうための接触。人々の集まりやサロン、とくに「例の人」の面前での秘密遵守の勧め。「例の人」とは、無論、見た目はよくないが何事にも積極的なグイニージ神父を指している。恐らく彼はルイーザ・パルマの社交仲間に属し、本書にも既に登場したルッカの貴族と同じ人物である。チッケッタがバーニからルッカにいるパオロに宛てて二人が会う約束を取り決めるために送った手紙から感じ取られる興奮、陶酔。後に続くフィレンツェからの手紙の示す動揺。当地でナッケッタは家族の知人と一緒にいることを余儀なくされる。「愛しいあなた、私は何といったらいいか分かりません。私の心の内をあなたに打ち明けることもできません。なぜなら私は恐れているから。まさに愛しているがゆえに恐れているのです」。避けられない家への帰還後、何日にも何週間にも及ぶ関係の展開。別離のための激しい苦しみ。「私はこの手紙を涙で濡らしながら書いています［…］私はつねに忠実な愛を捧げる友人であり続けるでしょう。残念なことに愛人ではなく。だって、そうはなれないのですから」。自己抑制の試み。「倫理とキリストの教えに深く思いを巡らし、この数日間、私は心の動揺を鎮めようとつとめました［…］私はジェノヴァで暮らさなければなりません。それはつまり、生真面目さと配慮に満ちた国で、家政に明け暮れ、私を楽しませてくれるすべての物事を忘れ、生まれつきの陽気な性格とは相容れない環境で永遠に生きなければならないということです」。やがて、妊娠から生じる苦しみと直感的な疑いから生じる懸念。「私は分かっています、私自身の人生において私がどんな不幸にも、どんな軽蔑にも、どんな罰にも値することを。ですが、私を貫く鋭い棘が何なのか、あなたにはお分かりでしょう」。最後に、文通が途切れる前の数年間、彼らの感情はより穏やかで友愛に満ちた遣り取りに変わっていった。

　チチスベイズモに関していえば、チッケッタにまつわる話の中で重要なのは、この領域の枠外に逸脱した貴婦人のアヴァンチュールだけではなく、一方で彼女には定められ承認された付き添いの騎士《カヴァリエル・セルヴェンテ》がおり、その人物はこの場合、完全に消極的な役割しか果たしていないという点でもある。チケッタはその人物を、ジェノヴァでしばしば見られた習慣に従って〈苦悩の人《パティート》〉*patito* と呼び、彼がパレート家の一員であるとする。恐らくジョヴァンニ・ベネデットという人物で、チッケッタとパオロ・ガルゾーニのアヴァンチュールのときは二十歳だった。大変重要な点は、その若者が既に引用した一七八八年八月十六日付けの手紙に登場しており、その手紙でチッケッタはジェノヴァの「生真面目さ」のシステムに適応しなければならないと宣言している。

私の到着に夫は大変満足しているように見受けられます。少なくとも、そうであることを願っています。パティートは彼が耳にした噂のせいで少し気分を害しているようでしたが、私が帰ってきたことですっかり陽気になっています。そして、今日は最初の頃のようにジェノヴァ流の真の友情を私に示していますす。十八日に避暑に出掛けなければならないことをひたすら嘆き、そのことだけをひたすら話題にしています。明日はアルバロの私の別荘に来ることになっていて、私の義理の姉妹のアンナ・ブリニョーレと彼女の父親、シエナのおじ、ラグーザから来て彼女の家に滞在中の神父も一緒です。

付き添いのパレートの家庭的で親しみやすい姿は、あとに続く手紙からも確認することができる。

私のパティートは十九日に町から八マイルほど離れた彼の別荘に行きました。出掛けるのを本当に嫌っている様子でしたが、彼の両親に強制されたのです。ありがたいとは思うものの、私は彼のように苦しみを表すことはできませんでした。私は正直すぎるし、それほどの苦痛は感じていなかったからです。彼は三、四日毎に馬に乗って私に会いに来ます。私はとにかくひたすら家族のことや家政に忙しくて、真面目に熟慮する日々を送っています。

そして、さらに、

私のパレーティは七、八マイル離れた別荘にまだ滞在中で、週に二度は私のもとへやって来ます。ありがたいのですが、私のほうからそれを頼んだことは決してありません。それに、彼は私といてもあまり楽しそうには見えません。私が家庭内のことであれこれ考えたり忙しくしたりしているせいでしょう。月曜日、彼とヴォルトリの劇場の開幕公演を見に行きます。劇場の前にセストリの別荘で昼食をとる予定です。(50)

チッケッタの生活におけるパオロ・ガルッォーニとパレート、それぞれの役割の違いが、これ以上に顕著に現われることはないだろう。彼女の手紙が特別な時期と状況の記録であるということは忘れてはならないが、だからといって、この手紙の記述がチチスベオの制度的側面に関する正確な記録として不十分ということはない。チチスベオは好奇心、発見、偶発的な試みの対象ではなく、習慣や日常のルーティーンに属する。それは、つまり——立場としては大きく異なるが——給料によって雇われていた付添い人ブラッチエーレと変わるところがない。原則として、そして実際そうだったのだが、付き添いの騎士《カヴァリエル・セルヴェンテ》は結婚や家族関係に取って代わったり、それらと対立したりすることはなかった。むしろ、サロン文化の浸透によって外部の社会にまで拡張する家庭生活を補い、バランスを保ちながら確実に機能させる役割を担っていた。

事実はそれだけにとどまらなかった。状況や性格が変われば、公認という肩書きのもと、監視と自由のバランスを崩し、決定的に自由のほうに傾くような関係が深まることもありえた。反啓蒙主義者たちを含めた幅広い反チチスベイズモ戦線——これについては次章で扱う——は、このような形でのみ説明可能である。チチスベイズモによって開かれた行動の余地を自由の機会として利用しようと目論み、規制や監視に対抗して意図的にそのようなものとして認めさせ、要求した者がいた。その実例を紹介する。ミラノの啓蒙主義者たちのグループにおける指導者であり、プーニ・アカデミー、および『イル・カフェ』*Il Caffe* で中心的役割を担ったピエトロ・ヴェッリの事例は、彼の立場と人物としての重要性という観点から最も興味深いものとなるだろう。ヴェッリはアルフィエーリ同様、軽薄でもなければ役立たずの伊達男でもないチチスベオだった。

一七六六年の終わりから一七六七年の初めの間に、ほぼ四十代に差し掛かり、未だ独身だったヴェッリは、二十代になったばかりのミラノの貴婦人マッダレーナ・ベッカリーアの付き添いの騎士《カヴァリエル・セルヴェンテ》になった。彼女は一七六六年五月に五歳年上のジュリオ・チェーザレ・イジンバルディと結婚し、すぐに妊娠して、一七六七年二月には男子が誕生することになる。この女性を取り巻く環境はイタリア啓蒙主義運動の最も先進的な状況に置かれている。マッダレーナはチェーザレ・ベッカリーアの妹で、ベッカリーアはこのとき既にヴェッリとの対抗意識から彼と袂を分かっていたが、三年前にはヴェッリも深く関与した代表作『犯罪と刑罰』*Dei delitti e delle pene* を執筆していた。[51] このような背景のもとに我々はピエトロの態度と彼の感情や思考の推移を理解しなければならない。それは彼がミラノから、ローマにいる弟アレッサンドロに宛てて長々と打ち明け話を書き送った手紙に残されている。一七六六年秋、ピエトロは既にベッカリーア家の人々と親しくなっており、チェーザレとの間に不和が生じ始めていたとはいえ、彼とマッダレーナの両親である侯爵夫妻に歓迎されていた。ピエトロはアレッサンドロにベッカリーア家の別荘のあるジェッサーテへの度重なる訪問について語りながら、歓待を受けたことへの喜びを常に強調すると共に、そのもてなしの良さから若いイジンバルディ夫妻にも常に好意的な評価を下している。実際のところ、まさにこの数ヶ月の間にピエトロがマッダレーナの付き添いとなることが決定的になったに違いない。その関係は一七六七年を通して一層親密なものとなる。

この転換期に、それまで目立たない準主役を演じていたマッダレーナの夫が突然、物語の主人公として前面に躍りだす。ただし、絶対的な悪役として。一七六八年一月二日、ピエトロはすっかり変わってしまったイジンバルディの特徴を弟に説明する。

吝嗇、虚偽、愚行、獰猛、卑劣、我々がこれまで天使のようだと思い込んでいた男の性格はこうしたものから成り立っている。マッダレーナの健康は三ヶ月ですっかり損なわれてしまい、両親は彼女を夫の凶暴さの犠牲になってしまったと考えるほどだ。徳の高い彼女は、その苦しみの原因である夫の悪行を皆に、この私にさえも隠そうとつとめた。平手打ち、拳での殴打、突拍子もない言動、礼儀作法の欠如、これらが彼らの結婚生活を満たしている。昨年、彼女はカーニヴァルの期間中に劇場に行くこともなく、サロンに出ることもなかった。

ヴェッリ兄弟の往復書簡にしばしば登場する若い夫は、虚弱さと横暴さを併せ持つ一種の精神病質者であり、心の安定と自己抑制が利かないためにその言動が予測できない人物だった。だが、彼の「凶暴さ」はとくにある感情、厄介なほど激しい嫉妬をきっかけに発揮される傾向があった。三月二日、ピェトロはアレッサンドロに彼がマッダレーナに授けた対抗策に触れている。

「愚か者」は今のところ大人しくしている。私は彼女に方策を授けたのだ。細心の注意を払って、とにかく独りきりにならないようにし、例の見張りをいつも彼女の傍にいさせるようにと。そして、彼が出掛けようとしたら、どんな場合でも後を追い、何故そんなことをするのかと理由の説明を求められたら、いささか軽蔑を込めた毅然とした態度で「ご自身の妻を監視するほどあなたが落ちぶれた様子を見るのが恥ずかしいからです」と彼に答えるようにと。

イジンバルディの嫉妬がどのくらい正当化されるものだったのか、そしてヴェッリが付き添いの騎士《カヴァリエル・セルヴェンテ》に制度として課せられた後見人の役割、つまり——弟に宛てた別の手紙の記述によれば——夫を「妻の監督義務から解放する」役割をどのくらい果たしていたのかについては、もう少し後で見ることにしよう。だが、まさに個人的経験によってヴェッリは、女性にかつてないほど許された大きな自由に対する監視システムとしてのチチスベイズモの曖昧さを、そのあらゆるニュアンスを含めて評価することができた。そして、愛情だけではなく、合理的観点から個人の自立を支持する啓蒙主義者として、ヴェッリが監視よりも自由のほうを重視したことは驚くにあたらない。イジンバルディの監視は、それによって彼が被った迷惑を別にしても、倫理的および知的観点から卑しい行為とヴェッリの目には映った。サロンやチチスベオの習慣と結びついて洗練された社会は、ついに女性たちに家庭の領域外でも自らの存在を主張し、満足を得る権利とまでは言えないが、その機会を提供するまでになり、もはや力ずくでそれを止めることも、あるいは禁止することもできなくなっていた。一七六八年一月二十日付けの弟宛の手紙で、ヴェッリはこのテーマに正面から向き合っているが、重要なのはその際、十八世紀における主要哲学書のひとつ、モンテスキューの『ペルシャ人の手紙』（一七二一）を引き合いに出していることである。この書は、何といっても日常生活における女性の自立の限界を啓蒙主義の立場から考察した最もすぐれたテクストだった。

我が愚か者は黙っている。だが、まったく動じる気配のない見張りで、片時も目を離そうとしない。もう一月半彼女と二人きりでいられたことがない〔…〕もし彼に文才があれば、私の半生記でも書かせたいくらいだ。彼ほど私の話の隅から隅まで書きとめておくような者もいないだろうから。このこともハレムの宦官のような彼の思考の低俗さの証拠となるだろう。私に言わせれば、自由な意志のない忠誠は背信とほとんど変わるところがない。(52)

ハレムはもちろん、モンテスキューの作品の主人公、旅するペルシャ人が宦官たちの監視の下に彼の女たちを閉じ込めている場所である。後に――この点については後述するが――チチスベオのギャラントリーについての考えを改めることになるとはいえ、彼の人生におけるこの段階でのヴェッツリはチチスベイズモを婚姻や家庭に基づく専制体制に対抗して個人の自由を行使するための、あくまで代替的とはいえ、手段と見なしていた。

だが、このように考えるために、ピエトロ・ヴェッツリほどの知識人である必要もなかった。一七九〇年四月、ヴェネツィアで貴婦人マリアンナ・ベッラーティが夫アントニオ・ピオヴェーネ伯爵から訴えられた。夫は管轄の司法長官に対して、宗教裁判所に彼女との婚姻無効を申し立てる許可を願い出た。質問に対して、夫は彼によれば婚姻無効申し立ての動機となった妻の「奇妙で気まぐれな性格」がどのようなものかを説明している。

彼女が私の妻になった当初から、私は彼女の変わった性格に気付きました。彼女は当時から、私が奴隷を手に入れたなどと決して考えないようにと私に宣言していました。また、彼女の言い分では、彼女は妻であるにもかかわらず私とは友情以外のもので結ばれていないと考えており、結婚によって自由な交際が妨げられることを望んでいないとのことです。父、母、そして夫という言葉も彼女にとっては煩わしく、彼女の指針は夫に隷属させられないよう夫には従わず、反対に夫を隷属させることなのです。

ピオヴェーネの発言は家政婦の証言によって裏付けられた。

私はこの婚姻がまとまったまさにその日に居合わせておりましたが、奥様が私のほうを向いて、ご自身にとっては最悪の日だと仰せになったのを耳にしました。そして数日後、別荘のお支度をご覧になり、私に「こんなにたくさんのものを私にどうしろというのかしら？　夫と別れたピオヴェーネ・コルネル夫人が羨ましい」と仰せになりました。このときに限らず何度も、結婚したのはただ母上様への従属から離れて自由を得たかったからで、それ以外の理由はないのだと私に仰せになりました。

この夫妻には男児がひとり生まれたが、家政婦は露骨に一方の側に加担して、夫の好意を常にはねつけるマリアンナの冷酷さについて述べる。「ご主人様が部屋を出て、他の場所で涙を流すこともありました。絶望のあまり壁に頭を打ち付けなさるのを幾度となくお止めしなければなりませんでした」。あいにく訴えられたほうの証言は残っていないが、裁判に提出され本物と認められた夫宛の三通のメッセージから彼女の声の残響を聞くことができる。それらをここに引用するのが適切であろう。なぜなら、これらのメッセージは「自由な交際」の具体的な中身を示しており、それを望んだために彼女は非難されることになったのだから。

——あなたがご心配にならないよう書き置きをしておきます。少人数の仲間でポンテ・ディ・ブレン夕に昼食と散歩に出掛けるお誘いを受けました。ですから、恐らく今晩は帰らないでしょうけど、明日は間違いなくヴェネツィアに戻ります。この計画が決まったあとに会っていれば、あなたに直接お話したのですけど。

――散歩が楽しくなる美しい季節になりましたので、火曜日に出発してトレヴィーゾに四、五日間、滞在できればと思います。とくにご異存のないことを確認するため、そして息子をお願いするために予めお知らせしておきます。

三通目は二通目の計画に反対したピオヴェーネを非難しながら反論を展開している。

夫の家できちんと暮らし、批判を受けるいわれはまったくなく、わずかな息抜きの許しを夫に求める妻が、自身の家を留守にすることを好む夫から気まぐれだと非難される筋合いはありません。彼女のほうではやるべき義務を果たしている以上、他のきちんとした女性たち皆に認められている、まともで妥当な楽しみを手に入れることができるはずです。

まともな楽しみ、美しい季節の散歩、外食、愉快な仲間との小旅行。マリアンナの言葉はチチスベオを伴うサロン文化を髣髴とさせる。そのいくつかの行為は、例えばルッカでのルイーザ・パルマと彼女の付き添いの騎士《カヴァリエル・セルヴェンテ》の社交界の記録などを通じて既に我々にもなじみのあるものだ。とはいえ、ピオヴェーネ家の家政婦はこの点に関してははっきりと述べている。「何度か諍いがあったことも覚えています。奥様がヴェネツィアでも他の場所でもお気に入りの方、とくに貴族のバカラリオ・ゼン様の付き添いをお望みになったからです」。夫の証言から分かるとおり、結婚後も「最低の考えが書かれた本を読むという以前からの習慣を継続し、それらの本に感化され、完全な自立を思い描いていた[53]」にもかかわらず、無論マリアンナはピエトロ・ヴェッリほどの教養ある自覚をもって自身の考えを表明することはできなかった。だが、この若い女性は最大限の自由を手に入れることに偉大な啓蒙主義者にも劣らぬ決意を示した。それが彼女の忌み嫌う家族、耐え難い母親、そこから逃げ出す口実を得るためだけに同意した結婚に象徴される息の詰まるような因習の中で、チチスベイズモによって限定され、ある程度制度化された範囲内で許されるだけの自由だったとしても。

2・4　無害な敵

マリアンナ・ベッラーティほど反抗的ではないとしても、洗練されたサロン文化という新潮流に夢中になった女性たちの姿は、男女間の役割の分担と従属関係を支持する人々から穏やかな眠りを奪ったに違いない。彼らの目には、自由と監視との妥協点ではなく、あらゆる監視の箍が外れた自由の蔓延としか映らなかった。本節はチチスベイズモに敵対する見解を扱う。こうした見解もまたチチスベイズモの歴史的展開に欠かすことのできない側面のひとつである。それが十八世紀のイタリア社会に広がっていたこと自体、その実際的効果の限界を示しているのだとしても。我々はこれまで必然的に伝統主義者たちの考えに度々触れてきたが、ここで数多の記録の中からいくつかの例を取り上げ、その本質を要約しておきたい[54]。あとでまた立ち戻ることになるが、前もって一点述べておかなければならないことがある。鈍感で臆病な保守主義者のみが敵対しているのではないことは明らかだ。パリーニの例を見ても、チチスベイズモへの批判が知識人たち、厳格な改革主義者たちなど様々な立場からなされていたことに納得が行くだろう。とはいえ、十八世紀を通じて最も頻繁に繰り返されていたのは古き良き時代を懐かしむ回顧主義的な人々による批判だった。

チチスベオが台頭し始めた時期とその役割、名称について考察するためにこれまで引用してきたすべての証言に共通する姿勢とはどのようなものか。十七世紀の終わりから十八世紀の初めにかけて姿を現した新奇なものと対峙して、それを新しい語彙で表現したアディマーリら詩人たちも、登場人物として舞台にのせたファジュウォーリも、社交サロンと結びつけたロンカーリアも、各自それぞれの方法で、ある者は丁寧に、ほぼ明確な判断を下している。だが、そのどれもが新しい現象には否定的で、女性たちの誠実さや従順さ、家庭の安定、ひいては社会秩序に害を及ぼすものとして懸念している。ここで、それぞれの見解を繰り返して読者を煩わせるつもりはない。ただ、こうした保守的態度が十八世紀全般にわたって続き、ときに過度に警鐘を鳴らすものだったことに注意したい。一七八三年と一七八五年にヴェネツィアで匿名作者によって出版された二冊の本『いわゆる付き添いの騎士たち』*Cavalieri detti serventi* と『いわゆる付き添われる貴婦人たち』*Dame dette servite* がちょうど良い例となる。全体で四三九ページにもなるこれらの書にはチチスベオと貴婦人に関する具体的な情報はひとつとして見当たらない。代わりに彼らは惨憺たる罪の告発を受け、その非難の下に埋没している。とくに、第一巻冒頭の挿絵版画に描かれているとおり、嘆き悲しむ家族の面前でネロのように笑いながら都市に火を放つ罪までが彼らの仕業とされている[55]（図版8）。

だが、このような偏執的誇張は別にするとして、女性の自由、ひいてはチチスベイズモに向けられる伝統主義者たちの批判の根底には、明確で重大な基準があった。それは聖書に描かれた慎ましい「強い女」という反宗教改革的モデルである。本書では既に十七世紀初頭のものとされる版画に描かれたその姿を取り上げた（図版6）。それが数多くのテクストを経て普及したことはいうまでもないが、例をひとつ紹介すれば十分だろう。一七三四年にイエズス会士アントンフランチェスコ・ベッラーティによって出版された小冊子はその全体が計画的にこのテーマに捧げられている。その正確なタイトルは『「箴言」第三十一章の強い女の肖像』*Ritratto della donna forte de' Proverbi, al cap. 31* である。明らかに聖書モデルに依拠するこのテクストでは、女性の自由という差し迫った事態への反論が、物質的なものも含めてあらゆるところに及んでいる。事実、このテクストが明示するのはギャラントリーなサロン文化における性愛的要素のみではない。家庭における妻と母の姿は、彼女らに課せられた慎みと遠慮の義務を説くだけでなく、それらの義務を家庭経済の堅実な営みに結びつけようとする枠組みの中で描かれる。したがって、「新しい習慣」によって引き起こされた放埒は、家庭の主婦を倹約や「家事、購買、売却、交換[56]」への責任から遠ざけるという理由によってもまた非難される。

ベッラーティの論証は、すでに十八世紀のはじめに「失意のチチスベオ」*Il cicisbeo sconsolato* においてファジュウォーリがユーモアを交えて舞台上で表現している。喜劇の幕開け、付き添いの騎士《カヴァリエル・セルヴェンテ》を擁する貴婦人の舅アンセルモは——既に紹介したとおり、この人物はのちにあまりに従順な息子を叱責することになるのだが——、嫁の浪費にたいする鬱憤を吐露し、現在と過去の習慣を比較する。

> ここでは家事をすること、家庭内に配慮すること、家にとどまることなど一切顧みられない。いつも他人を訪問するために家を空け、どこそこの夫人のサロンに出かけている。嫁が家に居ようものならさらに始末が悪い。ここでサロンが開かれる。すぐに飲み物を、軽食をと、わしのものが浪費されてしまう。これが結構高くつく。わしの時代は違った。妻のもとに近所の夫人がひとり編み物をしに来るくらいだった。そんなときは下女に「何か飲み物を用意して」と命じると、下女は脇に糸巻き棒、腕にナプキンを抱え、フィアスコとグラスを手に持って運んできた。そして、ワインを一杯か二杯飲んでパーティは

終わり。今ではワインの七倍も高い水、シャーベット、ピューレ、さらにコーヒー、ココア。沸騰した湯で飲み物を作ることを発明したものなど呪われてしまえ。[57]

事実、洗練されたサロンにおける社交性がイタリア貴族の生活様式にもたらした著しい変化は、食べ物や室内装飾や調度品など物質的な側面にも及んだ。日常的な生活スペースは、贅沢な家具や装飾品を惜しみなく取り入れた広間や小部屋に改装された。庭園も軽食でのもてなしのために作り変えられ、夏には気軽な集会やパーティの場に供された。服、履物、ヘアスタイルはフランスの贅沢なモードの支配下にあった。フランスから発信されるモードは十七世紀にはすでにスペインふうの厳格な服装から覇権を奪い、イギリスのトレンドもフランス・モードを経由してもたらされた。年老いたアンセルモは新しい食べ物や贅沢な嗜好飲料に意義を唱えているが、それらがいかに普及していたかは室内の調度品を対象にした数多くの家財目録から確認できる。ココアのための「小さなカップ」、コーヒーカップ、シャーベット製造器といった新たに出現した様々の道具類がそこかしこに記録されている。また、それらが多くの絵画でモチーフとして描かれていることはいうまでもない。中でもとくによく知られているのは、ヴェネツィアのピエトロ・ロンギによる「朝のチョコレート」*La cioccolata del mattino*（一七七四―一七八〇）である[58]（図版9）。

贅沢と色欲を同一視する否定的見解はチチスベイズモに最も頑なに反対する人々に顕著な特徴である。倹約家の家長、慎重な財産管理者、良識的な人間である彼らは、経済分野では防衛的、知的領域においては保守的な、もはや少数派となってしまったイタリアの商業貴族の偉大な伝統を体現する。これから紹介するレオナルド・ブラッチはその生身の例といえる。この人物は、一七四二年、ピサで長い人生を終える直前までの四十年間にわたって詳細な記録を残した。その一連の家族簿あるいは備忘録は中世自治都市《コムーネ》の中産階級《ボルゲーゼ》によく見られる記録の習慣を踏襲している。これらの冊子には、どんな小さなものであれ、あらゆる項目についての事細かな出納をはじめ、家庭の日々の出来事がきまじめに記録されているのだが、そのところどころに堕落した風俗を嘆く怒りの科白が書き込まれ、その数は作者自身の老いや啓蒙主義時代の新たな社交性の広まりと歩調を合わせるように増え続ける。「若者と女たちのサロンという今日の悪習慣」、「神を侮辱し、魂を堕落させる格好の刺激と醜聞に溢れる夜のサロン」、「大きな危険を孕む夜のサロン、とくに女たちが同席する賭け事やパーティの場合」。この気難しい観察者の目からは賭博、舞踏会、パーティ、喜劇など、いかなる世俗的な出来事も逃れられない。そして、つねに彼の妄想の中心を占めるのは浪費とチチスベオのいるサロンとの結びつきである。例えば一七三六年にある人物が私的に開いた大宴会について「聞いた話では、すべてが豪華で、有り余るほどのものに溢れていたが、その大層な出費はこの人物が負担したそうだ。そして、その宴会の趣向はその場にいた人たち、とくに立って世話を焼く騎士や紳士たちに付き添われ着席している貴婦人たちの趣味にかなうものだったらしい。主のお怒りなく行われたならよいが」。

これらの批判の第二旋律として、ブラッチ・カンビーニによる一七四三年の回想を引用しよう。同じ年にベッラーティの聖書の女性に関する冊子が出版された。カンビーニの回想は妻ボーナ・ルスキの死のときのもので、彼らの結婚生活は四十年続き、十六人の子供に恵まれた上、彼女には貯蓄と節約によって家計を上手にやりくりする手腕があった。

彼女には大きな徳があり、貴婦人としての振る舞いにも通暁し、世の優れた女性同様、裁縫、編み物などに秀で、家族や家の中のことがきちんと回るよう家計に気を配っていた。[…] 食事は控えめで、煉獄の魂のために祈り、貧しい人々に親切で、世俗的な贅沢やサロン、とくに夜会や劇場には距離を置いていた。［…］きちんとした人々の集まりでは人付き合いの好さを示したが、自分自身の仕事に身を入れるため、そうした集まりでさえ頻繁には出ようとしなかった。［…］最後に、彼女に大変相応しい言葉として「箴言」より引用する。「彼女は自身の手で賢くものをつくる。あでやかさは偽り、美しさは空しい。主を畏れる女こそ、たたえられる *Consilio manuum suarum operata est: fallax gratia et vana pulchritudo. Mulier timens Deum ipsa laudabitur.*」。

このような聖書に由来する女性の振る舞いと婚姻による強力な結束のモデルは、今日の我々の習慣と比べて直ちに異質に見えるほど愛情からかけ離れているわけでもなかった。しかしながら、実際のところ、こうしたモデルは十八世紀のイタリア貴族社会には失われつつあり、もはや少数派となっていた。そのもっともセンセーショナルな証拠が、まさにレオナルド・ブラッチ・カンビーニの家族史の中で示されている。彼の息子のひとりで、一七一二年に弟として生まれたアントニオ・マリアは、若いとき父親の同意を得てギャラントリーな伊達男となった。一七三三年から一七四六年にかけて、彼が家庭で受けた教育を少なくとも部分的に応用して、年給の収支を几帳面に記録していた冊子からそのことが分かる。独身で家族と暮らしていたアントニオの出費はすべて若い騎士として必要なものに充てられていた。彼の出納記録からその典型的な道具とその費用が分かる。劇場の切符、ゲーム用カード、様々な靴とブーツ、乗馬用装備一式、様々な付け毛と鬘、いくつもの用途にあわせて仕立てられた上着とシャツとズボン、散歩用ステッキ、銀製の鞘に納められた一振を含めた複数の剣、猟銃、懐中時計、銀時計、剣術やダンスの教師たちへの謝礼。そして当然のことながら、フランス語の授業のため、あるフランス人への謝金が最初の年から記録されているが、不幸なことにこの放浪者は数ヶ月後少なからぬ負債を残してピサから姿を消してしまった。だが、そうこうするうちにアントニオは言語を習得し、彼の出納帳の最後のほうで、それなりのフランス語でメモを残すほどだった。そして、支出項目により相応しい言語としてフランス語で「女性用の」moules pour les femmes 小さなスリッパと記しているものは彼の商売道具のリストの中に、ギャラントリーの世界がどのようなものかをより近くから垣間見る機会を我々に与えてくれる。ブラッチ・カンビーニの次世代では、かつて年老いた家父長に忌み嫌われていた夜会や若者と貴婦人のサロンの習慣があらゆる反論を押し切った。ただし、この事例では、家族の資産にひどい損害をもたらし、保守派の見解を認める形になった。(59)

損害は別にしても、こうした推移は当時としては一般的だった文化の変遷を完全に具体化している。はっきりといえることは、十八世紀のイタリアにおけるギャラントリーの発展、既婚夫人と付き添いの騎士《カヴァリエル・セルヴェンテ》との関係のすべてが、かつて模範とされた慎み深さ、節制と品位によって家族の歴史の記憶に残る貴婦人や、その妻と同じような夫からの乖離を示しているということだ。ここにその危機意識の全体像を示すためには、さらに具体例を挙げるよりも総体的な価値観を反映した証言を示すほうがいいだろう。事実、保守派の挫折を明確かつ広く詳細に省察する文学テクストがあるので、ここでなるべく要領よく、そのテクストに注意を向けてみたい。

ゴルドーニの作品では「社交サロン」が、それに付随する様々な要素も含め、支配的なテーマとなっている。ゴルドーニのように作者が世間を劇場の中に再現しようと意図している作品においてさえ、その内容や登場人物や科白を客観的事実と取り違えてはならない。忘れてはならないが、ゴルドーニにはヴェネツィアの社交生活における有力者や有名人との付き合いに必要な慎重さがあったし、彼の目的は正しい情報を提供することではなく、観客を喜ばせるような劇的効果の仕掛けを作り出すことにあったことだった。しかしながら、まさにそのために彼の作品全体が十八世紀人々の関心とメンタリティーを鋭く、部分的にではあっても、反映しているのである。そのため貴族階級の全体像を描写する際には、チチスベイズモが質量ともに大変重要な役割を占める。[60] そのイメージは舞台の上であればなおさらネガティヴにならざるを得ないが、印象的なのは、ゴルドーニの描くチチスベイズモが並外れて優れた社会学的視点から捉えられており、他の文学テクストによくあるように同現象を低俗化させる描写とは対照的という点である。チチスベオやその貴婦人を描くときも、コンメディア・デッラルテの改革者は仮面をつけて演じられた類型のようなステレオタイプ的描写に陥る危険性を避けた。

若い頃に書いた音楽劇の台本では、既に紹介したフランスかぶれのプティトンの例を見ても分かるとおり、ゴルドーニもまた当世ふう紳士の紋切り型表現に従った。だが、ベテランの台本作者となってからの作品では、登場人物の一人一人をよりリアルな個性を持つ人物として描くようになった。役立たずで軽薄な奉仕者だけでなく（この手の人物はどこにでも少なからず存在する）、卑しい取引に加担しようとして、のちに改悛する者（「意固地な女たち」*Le femmine puntigliose* 一七五〇）、無責任で軽率な振る舞いをする主人公たち（「慎み深い貴婦人」*La dama prudente* 一七五一、「聡明な妻」*La moglie saggia* 一七五二）、誠意を込めて貴婦人に付き添う者（「騎士と貴婦人」*Il cavaliere e la dama* 一七四九）、夫から酷く扱われ、奉仕する騎士に誠実な愛情を抱く女性（「別荘生活」*La villeggiatura* 一七五五）、釣り合いの悪い夫婦のように、無作法な言動と忍耐が長年の習慣となった苦々しい関係を続ける貴婦人とそのチチスベオ（「骨董マニアの家族」*La famiglia dell'antiquario* 一七四九）もいる。これらはゴルドーニがチチスベイズモに好意的ではなかったにせよ、それについてただ漠然と一義的で曖昧な判断を下していたわけではないことを証明する。だが、より重要なのは、描写の具体性であり、それによってゴルドーニは思想的というより分析的手法でチチスベイズモの社会への浸透力――これ自体にも意味があるが――、とりわけ当時の婚姻モデルや家族システムに深く根ざした形態や理由を説得力のある形で提示している。ゴルドーニはチチスベオを評価していなかった。だが、それとなくではあるが、明らかに彼らの存在理由が若者と女性の自由の選択の余地を狭めすぎる社会の矛盾の中にあることを示している。このような批評的態度は、昔の秩序を懐かしむ保守派の人々に対して、当然、中立的であるはずはない。

この点に関連して、社交サロンに対する年配者や権威者たちの態度をとらえるゴルドーニの描写ははっきりしており、現実世界のレオナルド・ブラッチ・カンビーニの姿と重なる。そこには二つのタイポロジーあるいは傾向があり、年代を追って第一の段階が第二の段階に取って代わられたが、第二段階の時期にあたる「新しい家」*La casa nova*（一七六一）の登場人物、クリストフォロおじは例外である。一七六〇年前後のヴェネツィア時代の終わりに書かれた傑作喜劇群に先立つ第一段階では、贅沢と色欲のもつれを敵視する保守派老人たちは概して肯定的に描かれる。とりわけコンメディア・デッラルテの類型のひとつ、パンタローネをもとにつくられた誠実で信頼に足る商人は、親戚関係や友情によって彼と縁のある一家に神の意志のごとく介入し、愚かで甘やかされて道を外れた夫婦の浪費から彼らを救う。そうした夫婦は、「骨董マニアの家族」（第三幕、第六場）のパンタローネによれば「気まぐれな女たち、能のない夫たち、彼らの家庭に奉仕する者たち」で成り立つチチスベイズモの関係に何らかの形で巻き込まれるのを常とする。良き伝統を尊ぶ年老いた商人がある種の弱さを示す場合、例えば「慎重な男」*L'uomo prudente*（一七四八）でパンタローネは彼よりもはるかに若い女性と再婚しているが、パンタローネではなく若い女性のほうが悪意すら感じられほどネガティヴに描かれる。以下の科白（第一幕、第十二場）の後に年老いた夫に毒を盛る若い妻の試みが続くことによって、ここでの非難が観客の目に必然的に正しいものとして映るであろうことを考慮して読んで欲しい。

私が家の中でサロンを開くことを望まないとお前に言ったことを思い出しておくれ。社交儀礼的な訪問も若者の付き添いも私の気に食わない［…］お前がしょんぼりするのは見たくないが、人々との付き合いなら他に方法があるだろう。女友達と付き合い、その人たちと劇場に出かけるとか、時にはちょっとしたパーティをするとか。同じ立場どうし夫や妻も皆一緒にゲームや食事を楽しむのはいいが、あのきざな、やに下がった、卑しげな男たちとの交際は我慢ならん。あいつらは広場でも店でも、あることないこと自慢する。何時間も無為にソファーに座り、ただ誰かの耳もとで囁いたり、ため息をついたり、何かに憑かれたような視線を向けたりするばかり。可愛いベアトリーチェよ、碌なことはない、みっともない。そんな付き合いは許されないし、するべきではないし、私はそれを望まない。

第二の段階（あるいはタイポロジー）において保守派の様相は大いに変化する。倹約家の商人はもはや都市の中産階級には見えない。ゴルドーニは彼らの聡明さと開放的な精神という特徴を弱め、狭量さと田舎ふうの粗野な性格を際立たせている。[61]「気難しがり屋のトデロ氏」*Sior Todero brontolon*（一七六二）に登場するのはあからさまに嫌悪感を抱かせるような人物である。この人物において節約志向は他人を耐え難いほど不快にさせる吝嗇に変質している。感じのよい伝統主義者たちも、社交サロンをテーマにした抜群の傑作喜劇「田舎者たち」*I rusteghi*（一七六〇）ではその名のとおりに姿を変えている。慎みのある異性間交際を支持する女性や若者たちの同盟に虚しく反対する彼らの思考や言動がここでは嘲笑の対象として描かれる（第二幕、第五場）。

シモン——今日ではもはやわしらの時代のような若者たちなどいない。覚えているか？　わしらは父親が望む以上のことも以下のこともしなかった。
ルナルド——わしには嫁いだ姉妹が二人いるが、人生で十回も会っていないと思う。

シモン――わしは母親とだって滅多に話さなかったぞ。
ルナルド――わしは今でもオペラや喜劇がどんなものか知らないぞ。
シモン――わしはオペラに無理やり連れて行かれたことがあるが、ひたすら眠っていた。

過去と現在の堕落ぶりを比較し、当然「大量に」に浪費される「金銭」のことにも触れながら、止め処なくエスカレートする会話の締めくくりに、田舎者たち代表者であるルナルドが「すべて自由のせいだ」と発する科白は象徴的である。

ルナルドの科白は我々の出発点となったテーマに再び焦点をあわせる。そのテーマとは、啓蒙主義思想を背景に個人が自らの考えを主張する最小限の余地を回復することであり、そこにはもはや受け容れがたいものとなったハレムのような監視つきの支配から女性たちを解放することも含まれる。ゴルドーニは彼の支持者であるピエトロ・ヴェッツリの見解をもっとも穏健な形でのみ受け入れる。ここで重要なのは、最も反動的な立場の維持が不可能であることをゴルドーニが間接的に示している点だ。「慎重な男」で若い妻を修道院のような隔離された宗教施設に閉じ込めて罰しようとするパンタローネの威嚇にはまだ現実味があった。「わしの言うとおりにすると誓うか、さもなければ死ぬまで修道院に閉じ込められるかのどちらかだ」。「田舎者たち」のシモンとルナルドが彼らの妻たちにどんな仕返しができるかを話し合う場面では、同じような状況がはなはだしく滑稽味を帯びている。

シモン――あいつらを修道院に押し込めてしまえば、問題がすっきり解決するのだが。
ルナルド――それは、実際のところ、あいつらよりもわしらにとって災難になる。わしらが金を払わなければならないし、費用を負担しなければならないし、少しは綺麗な服も届けさせなければならない。それに修道院に閉じ込めたところで、そこにはわしらの家にいるときよりも大きな楽しみと自由がいつだってあるのだから。

この科白を聞いて観客たちがどんなに可笑しがったかを我々は想像してみよう。その大半は劇場にやって来た、まさに家庭の主婦たちなのだ。とはいえ、ゴルドーニ自身、晩年フランスで書いた回想録で「田舎者たち」に言及した際にはより率直にこう考えを述べている。「この喜劇におけるモラルは我々の時代に必ずしも必要なものではない。もはやこのように過去の素朴さを称揚する人などいないのだから」[62]。

ゴルドーニが証言した新しい文化的雰囲気から反チチスベオ運動の失敗の根本的原因も理解できる。その運動は懐古趣味的な家長と目的を共有するが、より権威的な性格を帯び、十八世紀のイタリア貴族にいまだ大きな影響力を保ち続けていたカトリック教会によって組織化されていた。当時、少なからぬイタリア貴族たちが啓蒙思想に理解を示していたが、無宗教や無神論者はほとんどいなかった。本書でこれまで引用してきた騎士や貴婦人やサロンについての発言のいくつかは聖職者によってなされたものだったが、これから紹介するのは、より強い公的拘束力をもつ教義の解説、信者の群れや彼らを監督する聴罪司祭らに向けられた説教者たち、神学者たちの教えである。はじめに取り上げるのは、一六八六年初版、その後、十八世紀に何度か再版され利用された教義集『法のもとに教えを受けるキリスト教徒』*Il Cristiano istruito nella sua legge* に収められた「社交サロンにおける過剰な自由」への非難である。イエズス会の説教師として影響力のあったパオロ・セニェーリはドラマチックな生き生きとしたことば遣いで新たに到来した「恐ろしいペスト」を激しく罵り、「モスクに

祈りに行くという理由ですら女たちが家から出ることを許さない」「トルコ人たち」の厳格さを羨んでいる。(63)
セニェーリは付き添いの騎士《カヴァリエル・セルヴェンテ》を非難するのに間に合わなかったが、一七〇六年、ボローニャ司教座大聖堂の赦免司教代理《ペニテンツィエーレ》だったバルナバ会士セバスティアーノ・ジリバルディは、教区司祭や聴罪司祭に向けた七つの秘跡に関する彼の「道徳論争」discussio moralis の中でこれを問題視している。付き添いの騎士《カヴァリエル・セルヴェンテ》という語にはわずかに触れている程度だが、その習慣について「とくに彼らがエスコートする既婚夫人との」maxime cum muliebre coniugata, illique inserviendi 浮気とはっきり定義し、それが「我々の教区で日々広がりつつある」quae in nostris etiam regionibus un dies crescit と付け加えている。要するに既婚夫人をエスコートする習慣が我々の教区でも広がりつつある、ということだ。ジリバルディはそれを許しがたいものと判断しているが、彼の議論にはやや疑念の余地が残る。事実、女性を見たり、女性と話したりすることが必ずしも「性的関係を持つことに」ad concubitum 至るとはいえないが、女性に触れたり、抱擁したり、キスしたりする場合にはそのような目的があると考えられる。第一の状態に留まるなら、重大な罪を犯すことにはならないだろう。だが、肉体は弱いものだし、慣れが続くと第二の状態、つまり「肉体の喜び」delectatio venerea、ひいては致命的罪につながる性的な関係に陥りやすい。(64)

　カトリックの教義主義者たちが、彼らの本意にかかわらず、また粗野で脆弱な精神をラテン語で覆い隠していたにもかかわらず、大胆な書き手たちであったことに留意しておかなければならない。だが、十八世紀のはじめから続くチチスベイズモ糾弾のテクストすべてに目を通すことは諦めなければならない。(65)むしろ役に立つのは、セニェーリやジリバルディらの意見を集約した見解を紹介することである。十八世紀全体を通じてカトリック教会が、その代弁者たちのそれぞれ意見のニュアンスの違いや多様性を乗り越え、チチスベイズモを非難し、信仰に反する行為とみなしていたことは間違いない。同時に、このメッセージがすみずみまで行き渡ることにも配慮していた。その例として挙げられるのは、一七五一年、ルッカでマードレ・ディ・ディオ会の司祭ジローラモ・ダル・ポルティコによって出版された『異性間の愛』*Gli amori tra le persone di sesso diverso* に関する壮大な論文である。ここではとくに「手で触れること、抱擁、キス」tactus, amplexus, et oscula に関するジリバルディのラテン語の長い一節がまるごと引用されている。だが、タイトルから推察されるように、「当世風の友愛と奉仕」へのうんざりするほど事細かな批判的論述は、序文によれば「田舎に」追いやられてしまった者も含め「教養に乏しい聴罪司祭たちのために」イタリア語で書かれている。[66] 反宗教改革以来、組織的抑圧と知的操作の組み合わせのおかげで、イタリア社会におけるカトリック教会の浸透力はゆるぎないものになっていた。異端の根絶によって急速に勝利を獲得すると、教会は道徳的思想と行動の教育に力を注いだが、中でも強迫的なまでに傾注したのは性的モラルの教育だった。[67] にもかかわらず、一世紀の間、チチスベイズモという特殊な習慣が普及していたことは事実である。ギャラントリーの発展に関してはカトリック教会も世間に妥協せざるを得なかった。

ボローニャで起こったエピソードは合意の必要性が大変早くから示されたことを示唆する。カトリック世界へのいわば精神的伝道に従事していたイエズス会士フルヴィオ・フォンターナ神父は一七〇六年――つまりジリバルディの本と同じ年、同じ場所で――、イタリア語による冊子『貴婦人に勧める鏡』*Lo specchio proposto alle dame* を出版することによって、彼の仕事に弾みをつけた。その本には女性たちのサロンという新たな悪習に対する痛烈な批判が含まれる。それ自体はさほど興味を惹くものではないが、のちに無名の聖職者がフォンターナの姉妹である修道女に書き送った報告のほうは注目に値する。そこにはボローニャの人々を服従させようとしたフォンターナの試みに対する彼らの反応が記されている。事実「少なからぬ騎士たち」の代理人が異端裁判官のもとに派遣され、フォンターナとその著書について「貴族への侮辱であるとして」訴えた。当然、報告の中では矢面に立つ聖職者たちの抵抗ぶりが強調されている。異端裁判官は「悪魔のようなチチスベオ」の危険性について市民に警告する。聖アウグスティヌス会の修道院長は同じ立場を取り、ドゥオーモの高位聖職者、というのはまさにジリバルディを指すのだろうが、彼もまた「チチスベオの恥ずべき自由」に対して激しい非難を浴びせることを忘れなかった。だが、この報告の無名の書き手には悪いが、読者にとって印象的なのはフォンターナの上役の分別である。その人物は「この本について世間のざわめきが絶えないため、人を遣わして何としてもすべての本を印刷所から引き上げようとした」。だが、当然のことながら、既に飛ぶように売れてしまい、一部たりとも残っていなかった。(68)

市民社会の変化への対応の必要性は、教会史における決定的な問題だった。現実的日和見主義ということばに当て嵌めるだけでは説明しきれない。とくに十七世紀から十八世紀にかけて、放任主義と厳格主義の教義に関する道徳神学の分野で深く、場合によっては辛辣な議論が展開されていた。それはイエズス会とジャンセニストの間の論争と同一ではないが、関連付けられる出来事だった。放任主義たちによる最も極端な命題には、とくに性的な事柄に関してある種の放縦さを正当化しようとするものが含まれており、十七世紀後半には既に歴代教皇によって弾劾されていた。だが、次の世紀まで反厳格主義的蓋然論は残存した。これはつまり、疑わしい場合には、行動の自由にとってより有利な意見に確かな根拠がある限り、それがより確かな反対意見と対立したとしても、前者のほうに従う傾向のことである。より緻密な区別も存在した。(69) だが、十八世紀のカトリック教会における恐らく最大のモラリストとされる人物によって表明された、ある穏健な見解が脚光を浴びたという事実を知るだけで我々には十分である。この人物は一世を風靡した『道徳神学』*Theologia Moralis* の作者で、一七八七年に亡くなったレデンプトール会士アルフォンソ・マリーア・デ・リグォーリである。その態度がどのようなものを知るために、劇場と舞踏会に関するリグォーリの意見を見てみよう。「下品な喜劇を鑑賞すること」Audire comoedias turpes は、それを猥褻な目的から行う場合にのみ致命的な罪となる。好奇心から行う場合は重大な罪にはならない。踊ることはそれ自体が淫らな行為ではなく喜びをもたらす行為である。聖なる教父たちが禁じたのは、破廉恥な舞踏だけだった。このような姿勢のもとではチチスベイズモの正当化が不可能であることは間違いない。実際、チチスベイズモはリグォーリによって公然と非難されている[70]。だが、健全な娯楽に向けられた寛大な態度からは、十八世紀特有の社交性に対してカトリック教会全体が尋常ならざる敵意のみを向けていたわけではないことも窺える。

事実、チチスベオに限定すると、本質的にはこれを否定する教義の表明とボローニャの貴族たちの事例のように周辺からの抑圧への服従とのはざまで妥協的な中間領域が不可欠だった。それは告解のように、教義の理論ではなく、蓋然主義なり穏健主義なり、ともかく理論的根拠に支えられた実践の中に求められた。すでに引用したジリバルディやダル・ポルティコを含め、多くのモラリストたちの著作が聴罪司祭たち向けの教えとして書かれたのにはそれなりの理由があった。これらの人々は、反宗教改革時代の先人たちにとっては未知の、新たな問題と向かい合っていたのだから。この問題を扱うのは容易ではないが、告解所で起こりえたことについての間接的な情報はいくつか残されている。既に引用したナポリの改革派大臣タヌッチの証言から見てみよう。彼はフランスのガリアーニ大修道院長に宛てた一七六四年二月十一日付けの手紙の中で、大司教クリストフ・ド・ボーモンがイエズス会を擁護して書いた有名な『司教教書』*Instruction pastorale* に対するパリの高等法院の非難についてこう述べた。「〈キスと触れ合い〉*oscula et tactus* を罪と認めたくないイタリア女性は皆、あの司教教書を支持し、それを *tocador* の上（つまり鏡台の上）に置いている。そして、そのことについてチチスベオと語らい、カトリックの教えがフランスで失われてしまったことを嘆いている[71]」。

表裏のあるイエズス会士たちと激しく敵対するタヌッチは、彼らがチチスベイズモの禁止を回避しようとする張本人であることをそれとなく、しかし隠さずに示している。だが、イエズス会士に限らず、この問題に携わる修道士たちの最も興味深い情報は、聴罪司祭たちの行動指針を懸念するカトリックのモラリストたち自身から発せられたものである。一七五一年、貴婦人とその付き添いの騎士《カヴァリエル・セルヴェンテ》について話しながら、ダル・ポルティコは最早抑制できない流行を嘆いている。「この種の人々が告解所に日々やって来るが、まことに多くの聴罪司祭は彼らにそうした関係を絶つよう強要せずにいる」。彼らは付き添いの習慣について「告解の機会に完全に口を噤んでいるか、あるいは僅かでも疑いの余地を生じさせないような話し方で打ち明けるので、最も学識があり敬虔な聴罪司祭ですら欺かれたとしても驚くにはあたらない」。だが、実のところ、さらにひどいのは、「彼らは自分たちの意向を容易く聞き入れてくれると評判の聴罪司祭を探して告解しようとする」ことだった。(72)

啓蒙主義時代の新しい社交性を背景にチチスベイズモが浸透してから半世紀後、教会の道徳的権威との関係の接点がどこにあるのか一層明らかになっていった。二年後の一七五三年、この点に関する決定的な著作が出版された。その「聴罪司祭と告解者への教え」*Istruzione dei confessori e dei penitenti* は『蓋然主義と厳格主義の歴史』*Storia del probabilismo e del rigorismo* の一部としてドメニコ会士ダニエレ・コンチーナによって執筆されたものである。コンチーナは一切の妥協の余地なく反放任主義を貫いた最大の人物で、その生涯は世俗性の氾濫と――ヴェネツィアのような、侘しさとはかけ離れた都市にあってはなおさら――それを十分な熱意によって押し留めようとしない、あるいは、むしろ折り合いをつけようとする聖職者たちとの衝突の連続だった。事実、「教え」は特に後者のタイプの聖職者たちに論争を挑むもので、その教義上の要点は、妥協的傾向にある基本理念、つまり理論書に書かれたモラルと告解における現実的モラルとは別のものという考えを否定することにある。こうした考えが作者による架空の論争ではないことに注意しなければならない。作者はむしろ、イ

エズス会士カルロ・アントニオ・カスネーディをはじめ、こうした考えを現実に支持する人々を列挙し批判する。コンチーナの序文によれば「我々の時代における最も大きな悪のひとつは、秘跡と罪をひとまとめにしてしまうことである」。この職権乱用の告発は、時代の精神に対する不器用ながら誠実な抵抗の戦いであるがゆえに考察に値する。

聖なる律法やユスティニアヌス法典や正典を学ぶ代わりに、人々は昼も夜も貴婦人たちとカードゲームに耽り、レースやリボンやルーシュのあしらい方を熱心に研究し、そして恋する男女間にはささいな言い争いが生じる〔…〕今日は教会で祈禱書を手に、聴罪司祭の目の前で敬虔なため息をついたかと思えば、明日は貴婦人たちとカードゲーム。今日は極めて神聖な聖体拝領、明日は舞踏会、劇場、喜劇。三日黙想に敬虔に励んだら、残りの一年はひたすら娯楽と恋愛に明け暮れる。

一方では貴婦人とチチスベオの、もう一方では当世ふう聴罪司祭の同盟に立ち向かう議論は、ダル・ポルティコの主張の繰り返しで、明らかにありふれたものだったが、追従的な聖職者や「世俗的」騎士とその貴婦人の特徴がより際立つ描写が添えられている。

贅沢、流行、虚栄のヒロインたちは劇場、舞踏会、恋愛、ギャラントリーにいそしむ。彼女らがプラトニックだと主張する愛の対価として、彼女らを絶えず賞賛し、付き添い、貢物を捧げる崇拝者たちを侍らせている〔…〕軽薄かつ脆弱で野心的な世界と秘跡への出席との結びつきを正当化するため、今日、彼らは司祭の前に競うように厳かで派手な行列を長々とつくり、彼の威信を高めるのに一役買っている。

司祭の威信が告解者たちの怠惰で軟弱な罪深い生活を神聖なものに変えてくれると思っているのだろう［…］経験上、誰の目にも明らかな罪を故意に隠そうとする者は滅多にいないが、彼らはその罪を弱さのせいにして、彼らの愉しみやキリストの教えに反する彼らのふるまいの理由を正当化する。(73)

コンチーナは彼の三十年にわたる聴罪司祭としての経験を強調しながら本書を締めくくった。告解者と魂の導師との対話が実際どのようなものだったのか我々には想像するよりほかないが、それ以上のことを彼は無論よく知っていた。わずかではあるが、ともかく漏れ出てくる情報をさらに探してみよう。蓋然主義と激しく敵対するもう一人の人物、カプチーノ会士ガエターノ・マリア・ダ・ベルガモ、俗名マルコ・ミリオリーニは、一七三九年、著作において、良心の問題をめぐって現実に起こったエピソードとして、そのエピソードの語り手であるとされる某貴婦人と聴罪司祭の対話を紹介した。

カーニバル期間中のある日曜日、告解のあと彼女は聴罪司祭に言った。「今朝は聖体拝領を差し控えることをお許しください。夫との愛を交わしてから三時間も経っていないのですから」。聴罪司祭は何と答えたか？「聖体を拝領なさい」と彼は言った。「それは後ろめたさに過ぎません」。貴婦人は付け加えた。「聖体拝領を受けたくありません。今日はこれから仮面を着けて出かける約束がありますから」。「問題ありません」聴罪司祭は答えました「とにかく聖体を拝領なさい。仮面のどこがいけないのです？」。貴婦人は言い返した。「今晩、ゲームの集まりと舞踏会にも行かなければなりません」。「関係ありません」聴罪司祭は答えた。「ゲームや舞踏会はどうでもよいことです。だからといって聖体拝領を止める理由にはなりません」。貴婦人は反論した。「私の外出に騎士が同伴します。彼と私の間がどのような関係にある

か司祭様はご存知のはず」。ここで聴罪司祭は少し黙って、そして言った。「それでも聖体を拝領なさい。その関係が微妙なものだとしても、きちんとした騎士とのお付き合いなら罪にはならないでしょう」。貴婦人は憤慨して立ち去った。[74]

このエピソードはもちろん放任主義に傾きすぎている同僚たちへの批判のためにつくられたものだろう。だが、現実の告解における話題は多かれ少なかれこのようなものだったに違いない。微妙な態度の違いや役割の変化や交代は多々あったかもしれないが。とはいえ、作り話だとしても、ここでは聴罪司祭はあまりにも寛大で、信仰に熱心過ぎる貴婦人と好対照を成している。いずれにせよ、チチスベイズモに対する教会権力の介入に関する証言全体から明らかになように、こうした介入は世俗関係者たちを支配する感性に左右されていたということである。ジェノヴァでは十八世紀前半、宗教観念の強い貴婦人テレーザ・ジェンティーレ・ドーリアが、日常生活の様々な状況について彼女の精神的指導者であるフランチェスコ・サウリから受けた助言をメモしていた。「サロンに出かけ、そこに留まるときに」保つべき振る舞いはもはや日常的に不可欠な事項だった。サウリはサロンに出席する際は、敬虔な考えに精神を向けるようにと示唆した。「家を出るときはサロンで起こりうることを考えながら守護天使の加護を祈ること。サロンにいるときはときどき聖母に祈り、眼差しを抑制すること等。サロンに行く途中で、聖体の近くを通りかかったら、傍に寄り、輿の中から祈ること」[75]。ジェンティーレ夫人が外出先やサロンでこの魂の救済策をそのまま実行したのだとしたら、異様な光景を呈したに違いない。ともかく確かなのは、イエズス会士だったが、もっとも過激な放任主義者でもなかった司祭の側からサロン自体が禁止されることはなかった、ということだ。

一七七六年一月のフィレンツェの記録では、貴婦人が遠慮なくチチスベオと付き合い、夫のほうは信仰熱

心で、彼の聴罪司祭は強硬姿勢である。若い貴族の夫は——一七七五年から一七七六年にかけて数ヶ月間発行され、現代の基準から見れば明らかにゴシップ紙に分類できる週刊誌『ガゼッタ・ガランテ』*Gazzetta Galante* の情報によれば——「公的、私的を問わずいくつもの社交サロン」に素晴らしい娯楽を提供した。

夫の聴罪司祭が罪の許しを与えようとしていたそのとき、夫は彼を引き止め、ある懸念を吐露した。それはこれまで何年間、誰にも思いつかなかったような懸念で、例外的にそれを露にするとしたら嫉妬心に駆られた者くらいだった。夫は彼と同じ身分の者が妻に付き添うことを許してもいいかどうかと司祭に尋ねた。頑固で険しい顔つきの司祭はすぐに否定的な答えを返した。そして、この告解者は許しを得るために、この関係を完全に解消することを約束しなければならなかった。

週刊誌を読み進めると、貴婦人にチチスベオとの関係を放棄させようとするもう一人別の聖職者が介入することで自体はさらに複雑になった。

妻である貴婦人は彼の話の真意を理解するとすぐに、彼が愚かにもすべてを吐き出すのを放っておかずに激昂したので、彼女の付き添いの騎士《カヴァリエル・セルヴェンテ》がこの厄介事の原因は彼自身にあると考え、この貴婦人の家からすぐに遠ざかることによって事態を収拾したいと思ったほどだった。そこへさらに別の人物が間に入り、罪のない誠実な関係が悪意をもって誤解され、その貴婦人の品位が疑われかねない危険性を十分考慮すべきであるとして、突飛で受け入れがたい制限つきで彼らを復縁させようとした。このような状況への配慮は身の丈以上の権限が与えられた先般の聴罪司祭にはなかった。

お分かりのとおり、この件に関係した人物の名前は明かされていないが、実在の人物だったことは確かなようだ。それから少し経って『ガゼッタ・ガランテ』は、作者とされるドメニコ・バッジャーニが都市にスキャンダルを巻き起こしたという理由で、当局によって廃刊された。「常に真実を明るみに出すことを愛する」と主張し、人々のデリケートな私生活を暴く彼は「棒で打たれる」危険を免れなかった。ここでの聴罪司祭は厳格主義者だったが、記事の文体や評価から察するに、のびやかで啓蒙化された風俗文化の時代とその風俗を実践する人どうしが連帯する雰囲気のもとでは、この聴罪司祭やもう一人の聖職者や夫の態度が甚だふさわしくなかったことは明白だ。それはともかく、おそらくフィレンツェでこの数ヶ月の間に告解者たちにとって著しく不都合な状況が生じていた。一七七六年三月の次号で再びこの問題が取り上げられている。今回はある死者の名を明かし、「我らがピサーニ神父の死はあまり道義にとらわれない人々の多くを動揺させた。とりわけ、復活祭の掟を守るというすべての人にあまねく課せられた義務が近づいているこの時期、これらの人々はどこに向かうべきかが分からずにいる。そこで彼らは亡くなった神父のように寛容で気やすい人物を熱心に探しているところだ[76]」。

これらの記事の内容は、その視点や意図が違うだけで、コンチーナの発言とほとんど同じである。おそらくそれが確たる事実だったと考えていい。世紀末のルッカで活発な社交生活を送ったある貴婦人は、彼女が熱心に通った告解の秘跡と死亡による彼女の精神的指導者の交代について詳細な記録を残した。また、この貴婦人は地元の聖職者たちからの評判もよく、貴族出身の若い修道女が最終的に修道院に入る前に最後に町を歩く際の付き添いに頻繁に選ばれていた。この貴婦人は既に本書に登場している。彼女、ルイーザ・パルマ・マンシは、およそ十年間、彼女の主なチチスベオだったコスタンティーノ・デ・ノービリの奉仕を受け、ときには別のふたりの騎士、トレンタ兄弟の奉仕を受けることもあった。[77] 彼女の例がすべてを物語っているだろう。たとえ我々がそのダイナミックな過程をそのまま追うことはできないとしても、イタリアの啓蒙主義文明においてチチスベオの社交サロンが、告解の秘跡を通じてカトリック教会が堅持し続けた鋭く巧妙な道徳的影響力と折り合いをつけたことは間違いない。

III　十八世紀の社会で

3・1　独身男性とチチスベイズモ

一七二七年から一七四八年に四十七歳で亡くなるまでの二十年間、ピサの貴族ジュリオ・ウペッツィンギが日々の出来事を綴った「日誌」*Giornale* は、ルイーザ・パルマやレオナルド・ブラッチ・カンビーニの日記、レオナルドの息子アントニオ・マリアの出納帳など、これまで我々が見てきた記録と同じようなものだった。数冊にわたる「日誌」にウペッツィンギが書き記した内容は大体のところ、この種の記録によくあるものだった。兄弟のヤコポの同意に基づく家財管理、通常の出費、長期間の出費を伴う館の改装のための臨時の支払い、小さいものの購入費、さまざまな突発的な出来事、とくに市民生活のルーティーンを中断する天候の変化や儀式など、さらに、年を追うごとに益々熱心に参加するようになったピサの貴族の社交界での催し。パルマ夫人と同じく、そして父ブラッチとは異なり、ウペッツィンギはサロンの信奉者であり擁護者だった。それを話題にするときの満ち足りた様子、また、贅沢なしつらえ、豪華なもてなし、優雅なマナーを描写するときの恭しさが彼の記述を特徴づけている。いつも饒舌で「優雅で心地よいサロン」を逐一描くことに喜びを見出す彼の文章がほとんど詩的な調子さえ帯びるのは、自邸で催された出来事を語るときである。例えば一七四四年四月二十日の記録はこう記されている。

昨日の昼食後、リッカルディ公爵夫人とコルシ公爵夫人とリカゾーリ男爵夫人が、我がマルゲリータ・ガレオッティとフランチェスカ・ガレオッティ、そして彼女らと懇意の騎士たちに伴われてやって来た。彼女らは我が邸宅に来たことに満足し、喫茶用に作らせた卓でコーヒーを飲んだ。彼女たちは大層満足げな様子だった、この家への訪問にも、私の誠意と二時間にわたるもてなしにも。もし私がフィレンツェで彼女らの住む素晴らしい邸宅を見ていなかったら、私は彼女たちの丁寧で大変ありがたい賛辞に得意になり、自惚れていたことだろう。彼女たちは、私と兄弟のヤコポが我々家族や子孫が快適に暮らせるよう払った努力のすべてをわざわざ褒め称えてくれた。それらの努力は、両親が我々に残してくれた以上にきれいな邸宅を町と田舎に一軒ずつ、そして、同じくより大きな利益を生み出す豊かな資産を我々の子孫に残すためになされたものだった。

多くの要素がひとつの記述の中で絡み合っている。邸宅の改装のための莫大な出費を動機付ける誇示の文化と結びついた一族の誇りと子孫への配慮。近隣の優勢な都市の貴族階級によってひけらかされる豪奢な生活様式との格差。特権階級に属する排他的エリートであることを自認すると共に他者にも認められるために予め規定されたシステムに則った極端に形式主義的な関係。最後に、「懇意にしている騎士たち」に伴われた貴婦人たちのサロンという形で仄めかされるチチスベイズモ。

ジュリオ・ウペッツィンギ個人は、彼の日記では長期にわたる特別な関係を明らかにしていないものの、もちろんチチスベイズモの習慣に従っている。既に名前の挙がったマルゲリータ・ガレオッティは彼の関心と「奉仕」の対象として最も頻繁に登場する。だが、しばしば彼自身の交際について暗に仄めかしたくなる気持ちを隠せず、彼の交流の輪における他の貴婦人との接触やその後の関係にも触れている。一七四一年のジェノヴァへの旅が彼の行動範囲を広げ、その影響が数年後まで続くことが一七四三年五月三十一日に受けた訪問の記録を締めくくる記述から分かる。

> 家の中の仕事と責任が私の自由や趣味を妨げなければ、喜んでマリア・アウレリア・ドゥラッツォ夫人からの招待を受けて、来月六月三日のローマへの旅に彼女のお供として出掛けるのだが。不気味に沈黙を守ったままの婦人たちや、愚かにも騒ぎ立てる人々ことも気になるが、私がドゥラッツォ夫人に付き添ったからといってあの人の邪魔になるものでもない。

ジュリオは兄弟のヤコポ同様、ウペッツィンギ家の子孫の同意を得て独身のままだったので、彼らにはチチスベオのサロンに参加することを妨げるような家庭的な義務はなかった。彼の事例は本書第一章、第二章で既に紹介した他の例とかけ離れていない。だが、そこには私がまだ明らかにしていない重要なことがあり、それはこれまで検証してきたタイポロジーに新たな項目として付け加えられるべきである。ジュリオ・ウペッツィンギは聖職者だった。正確にいうと、叙階の低い聖職者身分に属し、魂の問題に関わる義務を行うことなく、その身分に応じた恩恵を受け、収入も得ることができた。十八世紀には、彼のような境遇にある者は不適切ながら一般的に神父〔ここで「神父」と訳出したイタリア語の abate は本来「修道院長」を指す〕と呼ばれており、ウペッツィンギも自身についてその称号を用いた。こうした神父たちは数多くの文学テクストや絵画において啓蒙主義的社交界のサロンを活気付ける存在として描かれている。彼らは完全に同時代の世俗性に染まり、神父という称号が持つ狭い精神的な意味での宗教的領域には平然と無関心でいる。これはウペッツィンギにもいえることで、彼は自身が受けたわずかな恩恵のために規則的に司教区税を払っていたし、女性へのプレゼント——あるときは「たいへん美しい女性用の白い手袋一組」のため、あるときは「ドイツ産の大変美しい石の装飾のついた女性用の耳飾り一組」のため——には必要な分だけ出費していた。毎月の献金額はほんの僅かだった。「不安と戦慄」と共に記録していたのは一七四四年、感染症にかかったオーストリア兵士たちを収容する病院がピサに設営されたときのことで、のちに「彼らの出発を目にしたときには、皆と喜びを」安堵しながら分け合った。(1)

このような態度は、安易な道徳主義に身をゆだねることなく理解されなければならない。ジュリオ・ウペッツィンギは明らかにキリスト教的慈善の模範ではなかったが、彼の世俗性への情熱が例外的なほど大きかったわけではない。前章の冒頭で述べたとおり、社交性重視の文化のうねりは広くイタリア聖職者たちをも巻き込んできた。彼らの多くが、十七世紀後半以降、反宗教改革の教義のもっとも厳格な部分から逃れようとしていた。そうした試みは、ある特殊な、隠された部分を明らかにするような習慣の中に非常に彼らしい足跡を残した。鬘や仮面がサロンやパーティには欠かせない小道具となり、それらはもちろんウペッツィンギの「日誌」にも記されている。(2)ジローラモ・ダル・ポルティコは、本書でも既に取り上げとおり、一七五一年に貴婦人とチチスベオのカップルや彼らに寛大な聴罪司祭を非難したが、一七三八年には聖職者によるカーニヴァルの際の仮面の乱用を批判する大著を出版している。彼はその非常識な習慣が宗教的権威によって何度も批判されているにもかかわらず、「不幸にも我々の時代に」根絶することは不可能だと認めざるをえなかった。(3)鬘のほうはさらに興味深い問題だった。というのも、聖職者たちの反鬘運動は、年代的に見ても、そのほとんど実りのない結果から見ても、反チチスベオ運動と一致しているからである。髪に対する批判が主に剃髪を隠してしまう点に向けられていたことを考えると、髪とチチスベオとのつながりは一層紛糾したものになる。剃髪は——ある同時代人の定義によれば——「自らの欲望をコントロールする聖職者の自制の証として」要求されるものだった。「髪を切ることは禁じられた欲望を絶つことを意味する」。言い換えれば、それはシンボリックな去勢であり、聖職者をギャラントリーの世界から締め出すことを意味していた。(4)

だが、まさに聖職者が俗人と自身を区別する証や意義を犠牲にしてまでも流行を追うことを阻止できないのと同じで、貴婦人とその付き添いの開かれたサロンから聖職者を締め出すことも不可能だった。しかも、これは形式的な剃髪者に限ったことではなく、司祭、司教、教団会員、枢機卿にも及んだ。ここで扱うのは未婚・既婚女性との不正な関係の横行や可能性——もちろん十八世紀に限った問題ではない——ではなく、付き添いの騎士《カヴァリエル・セルヴェンテ》として限定された役割についてのみである。これに関連して、聖職者の身分が貴婦人の付き添い役という明白で長期に及び、そのため数多くの記録に足跡を残している立場を維持する妨げとなっていたにもかかわらず、ウッペツィンギ以外にもいくつかの興味深い証言がある。タヌッチ大臣は一七六八年一月に書いた二通の手紙で、ナポリのフェルディナンド四世の語学教師だったボヘミア人イエズス会士フランチェスコ・カルデルの「チチスベア」〔チチスベオの女性形、つまりチチスベオの奉仕を受ける貴婦人〕について微に入り細を穿ち、というよりも実は軽蔑を込めて記している。(5) 一七八三年九月十九日にミラノの貴婦人ラウラ・コッタから夫のアントニオ・グレッピ宛に書かれた手紙の情報はより中立的で確実である。彼女はミラノの貴族フィリッポ・ヴィスコンティが新しいミラノ大司教に任命されたのを祝う式典について言及している。彼女の語り口は冗談めいているが、だからといって内容の信憑性を損なうものではない。

昨日、私はオッリゴーニ夫人と新しい大司教様を訪ねたのですが、そこには多くの貴婦人がいました。大司教様は私を丁重にもてなし、この度の新しい大役が彼にとっては夢のようだと仰いました。今日と明日の晩は、お祝いのために街中の明かりが灯され、そのおかげでミラノ中が大層活気づいています。それはそれは素晴らしい光景です。思い出しましたが、以前この新大司教様は私の付き添いの騎士《カヴァリエル・セルヴェンテ》を志願なさったことがありました。そうなっていたら光栄だったことでしょう。今頃、緋色の衣を纏った方が私のそばに侍っていたかもしれません。(6)

聖職者によるチチスベイズモの中心地は当然ローマだった。多くの高位聖職者や枢機卿によるギャラントリーや貴婦人たちとの関係はイタリア中に詳しく知れ渡っていた。多くの場合、このようなあからさまなギャラントリーはチチスベオによる付き添いという形式をとっていたに違いない。それについて長々と論じているのは、チチスベイズモに関するもっとも注目すべき文学テクストのひとつ「ローマの貴婦人たちのサロン」*La Conversazione delle Dame di Roma* である。韻文の対話形式として書かれたこのテクストは、一七二六年に亡くなったクィント・セッターノのペンネームで知られる詩人ロドヴィコ・セルガルディの作と長らく見なされていたが、彼のものではなく、一七六〇年頃に執筆されたものと思われる。この年、セッターノ／セルガルディの『諷刺詩集』*Satire* のエディションのひとつが出版され、その中にはじめて「サロン」が収録された。(7) 対話するのはパスクィーノとマルフォリオというローマの民間伝承に現われるふたりだが、ここでは「貴族に仲間入りしたばかり」と紹介されている。そのため、マルフォリオは嫌がるパスクィーノを今や当たり前となっている習慣を行うこと、つまり付き添いの騎士《カヴァリエル・セルヴェンテ》になることを勧める。詩人は彼の口から皮肉な調子でおなじみの文明化への賛辞を述べさせる。「ただ礼儀正しく賢明なチチスベオにのみ／より節度ある高貴な作法書を／世にもたらしたという名誉が与えられるのだ［…］／世界は瞬く間に相貌を変え／素朴で誠実な貴婦人たちは／都会風に洗練された恋人になった」。パスクィーノが譲歩し始めると、マルフォリオは最後の一押しとして決定的な話題を持ち出す。つまり、ローマに広まる聖職者たちの模範的振る舞いである。


哀れな愚か者よ、馬鹿げた考えは捨ててしまえ。礼儀正しいチチスベオの魂が修道服さえ纏っているのだから。

ある日、聖エウゼーピオ修道院長がさる貴婦人としばしゲームに興じているところをこの目で見た。

それにカーニヴァルのときには、仮面をつけた人々の中で、ザンニやクヴィエッロ〔イタリアの伝統的仮面即興劇の登場人物〕に変装したものたちにまぎれて教会管区長が貴婦人と散歩する。

カルボーニャ家で賭博に興じ財布を空っぽにした挙句、いくつもの大宴会で踊っているのは、かくも上品ですっきりした修道僧だ。

サンピエリーニ家を訪ねれば、そこにカプチン会の修道院長がいることを厚かましい女中が教えてくれるだろう。

まだあるぞ、驚くな。例のイエズス会士は学校も神学校も打っ遣り、このような生活に完全にのめり込んでいる。

そして、女性とは反対の性にもかかわらず、何時間も貴婦人たちの話相手をつとめようと努力している。(8)


残念なことに、ここで仄めかされている対象の関係者を特定することはできないが、少なくともその一部は事実への言及であるらしい。当然のことながら疑問が生じる。ここで紹介したエピソードの数々が示すように、教会関係者の場合、自制心や慎みのかけらが付き添いの騎士《カヴァリエル・セルヴェンテ》の任務を露骨に引き受けることを妨げなかったのだろうか。とはいえ――本書でも間もなく扱うことになるが――この任務に関しては俗人の場合でも資料的裏づけが難しい。教会関係者のチチスベオへの諷刺や冗談は、彼らが性的な欲望を抑えられないことへの告発が漠然と形になったものなのだろうか。だが、いずれにせよ、教会関係者が何らかの形で白日の下、十八世紀特有の婚外ギャラントリーを実践していたことは最も重大な事実である。一方で、それはチチスベイズモの定着を阻止する果てしのない戦いの中でカトリック教会が示した曖昧さや矛盾を理解する助けとなるのだが、そのことについてはもはや繰り返す必要はないだろう。他方、その事実は、今から取り上げることになるが、付き添い役の身分というこの問題の核心を示している。

　聖職者は制度的には俗人と区別されるが、社会学上、独身であるという点では俗人と変わらない。そして、この独身状態がチチスベイズモに与える影響の大きさを過小評価することはできない。この点を過剰に重視するウーゴ・フォスコロから見れば、すべての問題の核心はここにあった。イギリス亡命中の一八二六年、フォスコロは「イタリア女性」*The women of Italy* と題する新聞記事を発表した。その主旨は、ローマ教会の影響力、カトリック聖職者における独身男性、貴族の婚姻制度、そして付き添いの騎士《カヴァリエル・セルヴェンテ》の間につながりがあることを明らかにするものだった。このとき既に十年間もイタリアを離れていたので、フォスコロは王政復古時代におけるチチスベイズモの重要性を過大評価していたが、その歴史観に含まれる見解には、聖職者に批判的な道徳主義は別にしても、すぐれた洞察力がある。「独身聖職者は」彼によれば「その忌むべきシステム全体を毒性の分枝とともに支える根である」。それは、貴族の資産防衛術と軌を一にする。彼らは資産を分散させないために、子供たちの婚姻数を減らすことによってそれを避けようとする。その策のため、息女たちが召命もなく修道院に入ったり、子息たちが独身に留まり、放縦な生活に傾きやすくなったりする事態が生じている。事実、イタリア貴族の独身の若者は、その多くがすすんで神父の資格を得て、聖職録を受けながら、その義務を果たそうとせず、色欲に耽るのに好都合な怠惰の中で無為に暮らしていた。彼らの悪い例を見て、俗人であるその兄弟たちも堕落を免れることはできなかった。[9]

フォスコロの筆の厳しさは勿論、亡命者という彼の特殊な立場によるものであり、十八世紀的ギャラントリーとは正反対の方向に早々と発展したイギリス式の習慣との比較のせいでもある。にもかかわらず、彼の印象主義的評価は少なくとも部分的にはいくつかの事実によって裏付けられる。それらの事実は断片的だが、ある程度一貫した枠に収めることができる。まず、前提として人口統計学的情報を提示する必要がある。十七世紀を通して、イタリアの聖職者階層は異常なほど膨らみ、十八世紀のはじめの数十年にようやく減少しはじめた。具体的な統計を見ると、一六八八年のナポリでは全人口に占める在俗聖職者の割合は一パーセント、正規聖職者は男女含めて五・四パーセントだった。一七〇二年のローマでは司祭は一・六パーセント、修道女は一・三パーセント、修道士は二・五パーセントだった。こうした状況はイタリア中部・北部でもほとんど変わらない。一七一七年のシエナでは在俗司祭は全人口の一・七パーセントだったが、一七三七年には少なくとも二・三パーセントにまで割合が上昇した。同様にモデナでも十七世紀の終わりには一・八パーセントだった司祭の割合は一七六七年には二・六パーセントに上昇した。一七七二年のミラノでは司祭の数は既に減少傾向にあったが、それでも全人口の一・二パーセントを占めていた。これほど聖職者の数が多いのは宗教熱の大きさによるものではなく、聖職録が家族の財政運営に有利な資金源として期待されていたからである。その結果、聖職者全体の中で都市の貴族の占める割合が著しく大きくなり、その傾向は十九世紀に入ってからも続いた。[10]

十七世紀から十八世紀にかけて都市の貴族の中に一定の割合を占めた独身聖職者は、同時代に著しい割合に達した一般独身者の一部だった。五十歳という年齢をひとつの基準とすると、次のようなデータを得ることができる。フィレンツェの独身貴族は十六世紀には四十八パーセントだったが、十七世紀には六十パーセントに達し、十八世紀には減少するが依然として三十八パーセントの高水準である。ミラノでは十七世紀前半の四十九パーセントから後半には五十六パーセントに増加した。さらに、十八世紀前半には僅かに控えめに減少して五十一パーセントに、後半には三十七パーセントになった。ヴェネツィアについては十七世紀半ばから十八世紀の終わりまでの全体の割合が四十五パーセントで、この現象の普及とそのピークを十七世紀の終わりの数十年間とする年代的推移を裏付けている[11]。

ここでさらに都市から都市へ、地方から地方へと広まるチチスベイズモの普及と各地の男性貴族の割合を関連付ける統計が必要となるだろう。だが、あいにく容易に想像できるように、我々が利用できる量的データは旅行者によるものしかなく、これらは大変主観的で、しばしば互いに矛盾しあうこともある。一方で正真正銘の統計といえるものはア・ポステリオリに純粋な遊び感覚でつくられたものだけである。一八一八年、自由ロマン主義の新聞『コンチリアトーレ』*Il Conciliatore* にイタリアの結婚事情に関するシルヴィオ・ペッリコの短い文章が掲載された。その中で、『我が入獄の記』*Le mie prigioni* の未来の作者は九十歳の哲学者に扮し、イタリアの十万世帯について六十年前に行った観察の結果をこう報告している。「夫を愛する妻、三十七。夫に愛される妻、二十二。付き添い役のいる妻、八八〇〇〇[12]」。この習慣について確かな根拠に基づく論述を諦めなければならないのは明白だ。だが、我々は上記の人口統計学的データの考察をもとに重要な結論を得ることができる。チチスベイズモの揺籃期、つまり十七世紀の終わりは独身貴族の数が最大限に増大した時期と一致する。それゆえ、付き添いの騎士《カヴァリエル・セルヴェンテ》の活躍が助長される背景には、啓蒙主義的文化の発展だけではなく、婚姻制度に縛られず安易に活用することが可能な男性市場の拡大という社会的現実もあった。こうした意味では、チチスベイズモと独身男性を結びつけたフォスコロにも一理ある。

彼ほど有名な作家ではないが、ピエモンテ出身のフランチェスコ・ダルマッツォ・ヴァスコはさらにその先を行く。彼の喜劇では紋切り型のひどくずさんなコントラストが提示される。ある場面で、結婚の意志を表明する弟に対して、その兄は乱暴に反論する。「長男でなければ既婚夫人のご機嫌をとって、付き添いの騎士《カヴァリエル・セルヴェンテ》になると決まっている」[13]。この、歴史学者の分析よりも、ヴァスコのような啓蒙主義者の論争に共鳴する科白から時代錯誤な偏見を取り除くために、註釈を加えておかなければならない。家族の資産を分割せずに長男に受け継がせるために娘たちや長男以外の息子たちが犠牲になることは、文学でも扱われるテーマであり、その点については改めて強調するまでもないだろう。だが、現実には、そのような決定が兄弟間や両親と息子・娘たちの合意を経て穏やかに行われることもあったという点に注意しなければならない。こうした合意をもとに圧力や罰や脅しに頼らず受け入れられる人生の選択肢が計画された[14]。すべての娘たちがマンゾーニのジェルトルーデ〔マンゾーニの小説『いいなずけ』*I promessi sposi* に登場する修道女。ミラノのさる公爵家の娘だったが、財産分与を避けたい父の意向により不本意なまま修道院に入れられた。〕のように修道院を避けるために抵抗したわけではなかった。当然息子たちにとって結婚の代替は修道院だけではなかった。彼らの間に一家を構えるための競争が習慣としてあったと考えるのは誤りである。反対に、長男の側からですら、義務が拒否されたという証言には事欠かない。結婚は人格の完成への唯一の道というよりも、家の繁栄を支えるための義務と見なされることのほうがはるかに多かった。こうした観点から、家族内で結婚させる息子を選ぶための話し合いが持たれ、その結果、長男か弟の誰かに平和的に決まることもあった。この解決法は決して例外的なものではなく、ヴェネツィアでは半数がそのように決められた[15]。

チチスベイズモとの関連において、これらのこと全体が二つの重要な含みを持つ。第一に妻子への義務を負わない長男の存在。著名人の例ではアルフィエーリやピエトロ・ヴェッリがこれに当たる。第二に夫と付き添いの騎士《カヴァリエル・セルヴェンテ》がそれぞれに割り当てられた役割とはかかわりなく、チームメートのように一致協力していたこと。その一例としてフィレンツェのある貴族がこのことを非常に分かりやすく示している。四〇年代のはじめ、パンチャティキ家に二人の兄弟がいた。長男バンディーノは一七一九年生まれで、一七四一年、ジュリア・コルシと結婚した。若者どうしの結婚は当時の貴族階級としては珍しいことだった。弟のジョヴァンニ・グワルベルトは一七二一年に生まれ、マルタ宗教騎士団に入り、熱心な教団活動とフィレンツェの貴婦人たちのご機嫌取りに従事していた。兄弟の関係はバンディーノが弟に宛てた何通かの手紙から読み取ることができる。また、フィレンツェ在住のイギリス人ホレス・マンがその友人で有名な作家だったホレス・ウォルポールに宛てた手紙からも窺い知ることができる。ウォルポールはフィレンツェに暫く滞在して、多くの貴婦人や騎士と知り合いになったため、彼らの消息に興味を抱いていたのだ。

マンの手紙にさまざまな形で示唆される「ジョヴァンニーノの背信」は彼が主に奉仕していた貴婦人マリア・アンナ・フレスコバルディに対するものだった。そのことはバンディーノの手紙の内容とも一致する。バンディーノは度々旅に出る弟の帰還を待つ彼女の不安、また、そのことを彼自身に巧みに問い質す彼女の狡猾さに触れている。「私はまたしても説明を求められたが、彼女の悪い冗談には気付かないふりをして、当たり障りのない返事しかしなかった」。弟はマルタ騎士団への入団によって得た半聖職者 - 半軍人の身分と彼の性格に合った独身の伊達男という状況を明らかに享受していた。財産を管理するバンディーノはいつも気前よくジョヴァンニの金銭的無心に応じている。ジョヴァンニのほうは兄に長男が生まれると義理の姉に高価な贈り物をし、ウォルポール宛の手紙でマンにこう言わしめるほどだった。「正反対のことをしたって許されるだろう。家督を継ぐ希望を完全に断たれたことをわざわざ感謝するために義姉に贈り物をするなんて考えられない」。一七四四年三月、再度の出産のために二十歳を過ぎたばかりのジュリアが亡くなるという悲劇が若い夫婦を襲ったとき、バンディーノが心の内を打ち明けたのはジョヴァンニだった。彼の動揺は当時の因習的なコミュニケーションの形式からも透けて見える。

弟よ、信じて欲しい、私が失ったものが日々一層奇妙に思えてならないことを。別荘にせよフィレンツェの自宅にせよあらゆる部屋で私が何かをするとき、人々に喜びを与える彼女の件質や立ち居振る舞いの美しさがいつも脳裏に浮かんでくる。ときには私が私自身の意識を呼び戻さないと、涙に暮れたり憂鬱に襲われたりしてしまう。だが、神の采配に頭を垂れ、祈らなければならない。神が用意し、私が予想もしなかったこれらの出来事の訪れを私の魂に役立てる機会が与えられるようにと。こんなふうに思いを巡らすことによって私の心がいくぶん静まる。だが、何を以てしても、弟よ、人は苦しむものなのだ。

兄弟の仲の良さは、役割分担が双方の合意に基づいていることの確かなしるしと思われる。とはいえ、一個人の境遇が人生の途中で根本的に変わることもあり得る。マンからウォルポールに宛てた別の知らせを信じるなら、まさにジョヴァンニ・パンチャティキもまた一時、一七四三年三月、結婚の計画を立てたことがあった。だが、一七五〇年に二十九歳の若さでなくなったので、五十歳の時点での独身男性の中に彼を含める人口統計学上のデータが修正されることもない[16]。

チチスベイズモと独身男性との間に明らかなつながりがあるからといって、男性の立場が一度決められたら永遠に固定化するという結論がそこから導き出されるわけではない。むしろ、チチスベイズモへの参加が貴族の公的生活に慣れるための教育過程の一環として捉えられていた明らかな証拠もある。一七五一年の修道士ジローラモ・ダル・ポルティィコの批判――「寄宿学校から戻ってきた若者が最初に考えることといえば［…］

すぐさま付き添い相手の貴婦人を探すことだ」——からも明らかだが、一七八八年にヴェネツィアで既に紹介したジョゼッファ・コルノルディ・カミネールによる女性向け定期刊行物に掲載された「付き添いの騎士への一瞥」*Occhiata sopra i cavalieri serventi* という記事は、この点にさらに踏み込んで分かりやすく説明している。「付き添いの騎士《カヴァリエル・セルヴェンテ》の制度そのものに長所があることを認めなければなりません。長男以外の若者らに役割を与えることによって、悪い付き合いを通じて陥りやすい有害な無規律状態から彼らを救うことができるのです。〔…〕貴婦人の知り合いがまったくいない若者は性質が悪いのではないか、放蕩者なのではないか、あるいは少なくともそうなりそうな傾向があるのではないかと疑いの目で見られます」[17]。

　女性ジャーナリストの思慮に富んだ意見は現実の事例をいくつか観察することによって補強される。長男であるピエトロ・ヴェッリと父親、すぐ下の弟アレッサンドロとの文通でしばしば話題に上るのは、六〇年代半ばに寄宿学校からミラノに戻ってきた残りの二人の弟、聖職者になったカルロ神父とマルタ騎士団員ジョヴァンニの女性関係と素行である。ジョヴァンニは機知に乏しく礼儀知らずだったらしい。一七六九年の手紙でアレッサンドロはピエトロに宛てて、この弟をローマ滞在中、さる貴婦人のサロンに連れて行き、洗練された物腰を身につけさせようとして失敗したことに触れている。「〔その貴婦人が〕私に打ち明けたところによれば、彼のつまらない話を止めさせることができず、結局、彼女自身もつまらない話に終始してしまったそうだ。そして、一瞬、愉快そうに「それにしても、あなた、彼は誰とお付き合いしたの？　ヒルカニア〔カスピ海南東沿岸の古代の地名〕の娘とかしら？」と私に尋ねた」。二年後、カルロはミラノでさる貴婦人に対してとった失礼な態度が原因でちょっとした騒動に巻き込まれた。父に対して彼を擁護したのはピエトロだった。「カルロは高貴な世界で生きる才覚に欠けているので、しかるべき作法を身につけるために貴婦人の付き添い役をきちんとつとめさせるか、さもなければ暇人の仲間に入って時間を潰すしかありません」[18]。

賭博と悪い女たち、とくに後者は若者を唆して結婚する気にでもさせれば、家族にとっては大惨事となるだけに、寄宿学校から戻って社会生活に足場を築こうとしている貴族の若者にとっては最も危険な誘惑だった。世間から尊敬を受け、マナーにも精通した既婚夫人との交際は道を踏み外さないための保証として有効だったかもしれないが、こうした保証が実際効力を発揮することもあったし、そうならないこともあった。一七七四年から一七七七年にかけてピストイアでアレッサンドロ・ブラッチ・カンビーニの個人的災難が始まった。彼は一七五二年にピサのある家に生まれたが、長男ではなかった。そこにはかつて祖父レオナルドもいたが、現在の最年長の家長は叔父アントニオ・マリアだった。この叔父は若い頃から流行のギャラントリーのための出費を帳簿につけていたのと同一の人物で、兄の死後、年老いてから甥たちの監督を担うようになった。とくに少なからず彼を心配させたアレッサンドロを気にかけ、トスカーナ大公国の高級官僚としての旅に彼を伴い、同じキャリアを歩ませようとした。ピストイアでその目論見を支えたのはブルノッツィ夫人という人物に違いない。アレッサンドロは彼女の付き添いの騎士《カヴァリエル・セルヴェンテ》となった。ここから良い影響を受けるだろうとの期待は、一七七四年四月十五日に叔父が甥に宛てて書いた厳しい教えの項目のひとつに現われている。

> お前が自らに課さなければならない規則正しい生活習慣とは以下のようなものだ。宗教的なことでも世俗的なことでも、まずは正確に任務をこなし、義務を全うしたのち、ようやく節度ある気晴らしをすることができる。それもキリスト教徒であり騎士であることに相反しない誠実な楽しみによってもたらされるものに限る。邪なサロンや賭博など相応しからぬものすべてを遠ざけなさい。お前はただならぬ美徳を備えた貴婦人に仕えることが決まっているのだから、彼女に感謝し、お前に与えられた好意をありがたく受けなさい。そして、彼女の良い助言を尊重し、適切な時間に帰宅することに満足し、翌朝はさ

らに迅速に動けるよう、夜の休息をしっかりとりなさい。

だが、その後、アレッサンドロは彼の悪癖、とくに賭博のせいで道を踏み外しまう。一七七七年、借金のため絶望的な状況に陥り、ピサに滞在中の叔父に助けを求めたほどだった。激怒したアントニオ・マリアの返事から推測できるのは、ブルノッツィ夫人が期待されていたものとは正反対の影響をアレッサンドロにもたらしたということである。事実、叔父は彼女に苦情を述べるのを辛うじて控えたと打ち明け、「お前に向けられた彼女の親切や度を越した善意の大部分がお前の破滅の原因だった」と書いている。このときは助けられたものの、アレッサンドロの生活ぶりは変わらなかった。借金を重ね、家族の宝石を売り、禁治産を宣告され、一七八六年に未婚のまま三十四歳にならないうちに亡くなった。兄のもとで暮らすため、ピサの実家に戻ったあとだった。(19)

これとは反対に大団円を迎えたのは、一七八八年の夏にバーニ・ディ・ルッカでチッケッタを誘惑したパオロ・ガルツォーニの話である。パオロは一人息子だったが一七六九年に七歳で剃髪した。若い頃はローマの寄宿学校で学び、一七八二年にルッカに戻ると、町の貴族たちの中でも最も華やかで有名な若者になった。彼の思慮深い母キアーラ・シニバルディは二つの情熱――賭博と女性――に息子が支配されやすいことがよく分かっていたので、寄宿学校時代から助言を与え始め、それは息子が学校を出たあとも倦むことなく続けられた。彼女が最も悲嘆に暮れながら息子に宛てた手紙は、一七八六年十二月十四日、息子がルッカで一晩に失った金額を耳にし、滞在先の別荘から送ったものだった。

繰り返しますが、あなたの賭博好きについては、そのせいでまともな人としての義務を忘れることがない限り、悪いことだとは申しません。もって生まれた性質なのですから。だた、そこから遠ざかるようにとだけ忠告しておきます［…］そのような事態により容易く陥ってしまうのは、自宅以外で夜を過ごす楽しみのせいです［…］夜遊びには賭博や女性の誘惑などがつきまとうもの。そんなときに勉強しようなどという人はまれですからね。

何度も母親を安心させながら、実はパオロは危険な賭博に尋常でない額を賭け続けた。一七九四年のイギリス滞在中には非常に危うい状況に追い込まれたこともあったが、いつも破産寸前のところで踏みとどまることに成功している。その理由のひとつが社交界や女性関係を大変器用に渡っていたことにあるのは間違いない。おかげで、少なくとも彼の弱さが招く結果の数々が重なり合って拡大するのを防ぐことができた。一八〇一年、四十歳になる直前、大変好条件の結婚をすることになったが、その二十年前、寄宿学校を終えたときから彼の頼みの綱はポンペーオ・ミケーリの妻テレーザ・ファヴィッラだった。彼女は彼よりもたった二歳年長の貴婦人で、パオロはその付き添い役として紳士になるための見習い期間を過ごしたのだった。ミケーリ夫人の外出、娯楽、避暑、そしてちょっとした不機嫌な様子などが、あたかも彼の婚約者であるかのように頻繁にさりげなく母と子の手紙の話題にのぼった。見習いの最高潮は一七八七年の五月から六月にかけて北イタリア各地をめぐる旅だった。ミケーリ夫人とその父親、そして義理の兄弟のひとりが同行した。旅行中、パオロがつけていた日記には、出席した様々な社交行事で貴婦人の傍らに立つ彼が果たした役割の詳細が綴られており、与えられた経験への感謝のことばで締めくくられている。「このような旅に私がお供をすることを寛大にも許してくれたうえに、他にも数え切れないくらいの便宜を図ってくれた貴婦人や両親には尽きせぬ恩義を感じている」[20]。

これは貴族の若者の成長過程とチチスベイズモとの関係の稀な事例というわけではない。彼らは貴婦人への奉仕を通じて教育を受け、チチスベイズモが家庭的な親密さの領域に属すること——それについては前章で論じた——を確認する。だが、独身貴族の問題と関連して新たに浮かび上がるのは、チチスベイズモと若さとの類似性という看過できない論点である。観察者の悪意を掻き立てるようなこの問題について二つの意見が存在し、それぞれ異なる二つの都市で異なる二つの時期に表明されたにもかかわらず、有意義な形で収斂される。一七四二年十二月十一日、ウォルポールに宛てて、フィレンツェで起きたばかりの性的スキャンダルへの厳しい弾圧について語りながら、マンは次のように批評した。「私としては、このようなことから何が得られるのか理解できない。女性たちが年老いた〈雄鶏〉*galli* によって満足させられることを望んでいる、あるいはそうなることが可能であると主張するのは滑稽だし、多くの若い付き添い役が（この国の習慣によれば、彼らには各家族の家長の食卓以外の糧はない）その地位を保ちながら、決して貴婦人を口説かないと考えるのも馬鹿げている」。一方、ルッカではアンシャン・レジーム期の辛辣な批評家ジュゼッペ・ゴラーニが一七九三年に出版された回想録で示した見解によれば、「この国では年齢の釣り合わない者どうしの結婚契約が交わされ、そうした結婚の多くからかなり特異な事態が生じる。このような変わった組み合わせはとくに貴族階級によくある。私は七十歳代の老人が十六、十七歳の少女と再婚するのを見た。女たちがこの間違った習慣の埋め合わせとして、若くて見た目の好いチチスベオを選ぶというのは事実だ。彼らはまさにその年齢のために何か特別な役割や任務のために選ばれたのではない限り、どこでも彼女に付き従う」[21]。

我々はこのふたつの見解を可能な限り統計上の数字と照らし合わせてみたい。これらの見解が、多かれ少なかれ、付き添いの騎士《カヴァリエル・セルヴェンテ》の役割をブジャンの〈ヒーラ〉チュオンと同じ域まで根本的に過小評価しようとしているのは明白である。統計との照合は簡単ではないが、それに近い試みは可能だ。何よりもまず、十八世紀の結婚に関して利用できる人口統計学的情報を収集しなければならない。イタリアの貴族はあまり結婚しないうえに、相対的に歳をとってから結婚し、配偶者どうしの年齢に開きがあった。平均すると、フィレンツェでは十八世紀全体をとおして男性は三十・五歳、女性は二十一歳、十八世紀前半のミラノでは男性三十三・五歳、女性二十一歳、十八世紀後半は男性三十一歳、女性二十・五歳、ジェノヴァでは一七〇〇年から一七七四年の間で男性は三十一・五歳で、女性は二十一・五歳で結婚した。夫と妻で大体十歳の開きがあるが、ヴェネツィアではその差はやや縮まり、十八世紀の前半と後半でそれぞれ八年と七年の開きがある。[22] 残念ながら、チチスベオたちに関しては、上記の数字と照らし合わせることができるような確かなデータは存在しないが、チチスベオを交えた三角関係を構成する人物とその年齢のリストを作成することができた。リストは三件あり、そのうちの二件ではまさにマンとゴラーニによる批判の対象となったフィレンツェとルッカの貴族、残りの一件ではヴェネツィアの貴族を取り上げている。

フィレンツェの貴族の三角関係の情報源は他ならぬマンで、一七四一年の五月から八月にかけてのものである（括弧で括った二例は除く）。年齢はほぼ例外なく、十九世紀の碩学たちによって作成された系図に基づいて推定したものである。記載は妻・夫・チチスベオの順で、夫とチチスベオの年齢の差が大きいものから順に挙げている。

M・アンナ・フレスコバルディ　年齢不詳、ニッコロ・ヴィテッリ　五十四歳、ジョヴァンニ・グワルベルト・パンチャティキ　二十歳。

ヴィットリア・グィッチャルディーニ　四十四歳、カルロ・リヌッチーニ　六十三歳、アントン・ヴィンチェンツォ・バルトリーニ・バルデッリ　五十歳。

M・マッダレーナ・ヴィエーリ　年齢不詳、ジョヴァン・フランチェスコ・デル・ベニーノ　四十六歳、G・バッティスタ・デル・モンテ　三十三歳。
M・マッダレーナ・ジェリーニ　三十二歳、ヴィンチェンツォ・リッカルディ　四十五歳、ジーノ・パスクワーレ・カッポーニ　三十三歳（一七四九）。
オッタヴィア・マチンギ　二十四歳、フランチェスコ・ガスペロ・ペーピ　三十三歳、ベルナルド・ペコリ　二十一歳。
エリザベッタ・カッポーニ　二十七歳、ピエトロ・グリフォーニ　三十一歳、ジョヴァンニ・グワルベルト・パンチャティキ　二十歳。
ジョヴァンナ・ディーニ　二十歳、ルカントニオ・デッリ・アルビッツィ　三十三歳、フェルディナンド・パンドルフィーニ　二十五歳。
エリザベッタ・ベンティヴォーリョ　四十五歳、レオナルド・テンピ　五十六歳、アンドレア・フランチェスキ　五十一歳。
エリザベッタ・コルシーニ　三十二歳、カルロ・ジノリ　三十九歳、ロベルト・パンドルフィ　三十六歳、
エリザベッタ・カッポーニ　三十三歳、ピエトロ・グリフォーニ　三十七歳、ベルナルディーノ・リッカルディ三十九歳　（一七四七）[23]。

ルッカのチチスベオを取り巻くいくつかの関係は、私の研究に基づく様々なデータを照合しながら抽出したものである。その詳細についてはここでは省略するが、以下に挙げた三角関係はすべて一七九〇年代のもの

であることだけは申し述べておく。一八二〇年の貴族のリストや一八〇九年の人口調査との照合によって、七組の三角関係の年齢を特定することができた。これらの年齢は、ゴラーニが『回想録』*Memorie* を出版した一七九三年を基準とする。記載順はフィレンツェの場合と同じである。

テレーザ・ファヴィッラ　三十三歳、ポンペーオ・ミケーリ　六十四歳、パイロ・ガルツォーニ　三十一歳。
ルイーザ・パルマ　三十三歳、レリオ・マンシ　五十一歳、コスタンティーノ・デ・ノービリ　三十歳。
キアーラ・シニバルディ　六十五歳、アンドレア・ガルツォーニ　七十三歳、フランチェスコ・マッツァローザ　六十歳。
オリンピア・チェナーミ　二十歳、G・バッティスタ・ファアティネッリ　三十歳、ロレンツォ・トレンタ　二十三歳。
カミッラ・パレンシ　十八歳、ラッファエッロ・マンシ　二十八歳、ジャン・ロレンツォ・モンテカティーニ　二十二歳。
エリザベッタ・ドナーティ　二十二歳、グレゴリオ・ミヌトーリ　二十五歳、アスカニオ・マンシ　二十歳。
ルイージア・アルノルフィーニ　二十五歳、フランチェスコ・ブルラマッキ　二十五歳、ヴィンチェンツォ・マッソーニ　二十二歳(24)。

ヴェネツィアのリスト作成にはより複雑な作業が必要だった。これは本書でも様々な形で利用されている資料と『プロトジョルナーリ』*Protogiornali* という貴族の家系年鑑に含まれる個人情報を組み合わせた成果である。さきの二例と同じ基準で年齢を掲載するが、ここに挙げる三角関係はそれぞれに異なる年代の時点のものなので、その年代を他の情報のあとに括弧に入れて記載した。

キアーラ・ロッシ　年齢不詳、マルキオ・フォスカリーニ　五十一歳、アントニオ・ファルセッティ　二十九歳（一七八九）。

テレーザ・ピッツォーニ　年齢不詳、ザン・アルヴィーゼ・ドナ　四十六歳、ジャコモ・ディ・ズアンネ　三十三歳あるいはパオロ・ボルドゥ　二十一歳（一七六六）。

カテリーナ・サグレード　三十二歳、グレゴリオ・バルバリーゴ　三十九歳、ニコレット・ガンバラ　三十二歳（一七四七）。

マリアンナ・モーラ　年齢不詳、ミキエル・ミノット　三十六歳、ザン・バッティスタ・ミニオ　三十歳（一七六七）。

レジーナ・チマーヴァ　年齢不詳、アルヴィーゼ・バルビ　二十三歳、ジャコモ・バドエル　二十二歳（一七九〇）。

ルチア・ベンボ　年齢不詳、ルーチョ・アントニオ・バルビ　二十三歳、アントニオ・ディ・ピエール・マルコ・ゾルツィ　二十七歳（一七九一）。

カテリーナ・コンタリーニ　二十九歳頃、ジョヴァンニ・クェリーニ　二十九歳、ジローラモ・ジュスティニアン　五十一歳（一七六二）。

サンプル数が少なく、そして不完全なため（とくにヴェネツィアの場合）これらのデータを統計学的に処理することはできないが、ここから何らかの意味のある考察を引き出すことは可能だ。チチスベイズモが若い独身貴族のための社交界における修養の機会となる点は否定できないが、さほど重視するべきでもない。そのような局面のみを意図して取り上げる一義的解釈は誤りであることが分かる。もう少し詳しく見てみよう。まず、大前提として、それぞれ時期の異なる三都市の傾向にあまり大きな違いはない。ここで挙げたリストは全体としてイタリアにおける一般的な人口統計上の傾向と一致しており、配偶者間の年齢差は平均して顕著だが驚くほどの大きさでもない。付き添い役は概して夫より若いが、常にというわけではない。妻より若いことも珍しくない。さらに重要なのは、全体として同年代の三角関係のモデルが支配的であることだ。したがって、例外的なのは――もちろん、だからこそ印象的なのだが――マンやゴラーニが典型的なものとして紹介した事例のほうなのだ。これに相当するパオロ・ガルゾーニの場合、三十歳の彼が奉仕する貴婦人は彼とほぼ同年代だが、その夫は彼女の二倍の年齢だった。彼の友人のラッファエッロ・マンシの場合はより一般的だった。彼は妻より十歳年長で、その付き添い役より六歳年長だったが、二十八歳の時点では恐らく男性機能の代行者を必要とはしなかっただろう。要するに、大部分のチチスベオは夫より少し若いだけなのだ。とはいえ、チチスベオのほうが年長という可能性も等閑にできない。ここでもヴェネツィアの最後の二例とフィレンツェの最後の例がこのケースに相当する。すでに見てきたとおり、ミラノでは四十歳のピエトロ・ヴェッリが二十五歳の夫を持つ二十歳の貴婦人の付き添い役になったケースもある。

チチスベイズモと独身との一致も重要だが、必ずしも完全ではない。この点に関してはのちほど詳しく見る予定だが、さしあたって、ここで挙げた三つのリストや、本書の他の個所で取り上げた付き添いの騎士《カヴァリエル・セルヴェンテ》の何人かは独身ではない。より正確にいえば、奉仕期間中は独身ではなかった。ルッカでは既婚者のフランチェスコ・マッツァローザとアスカニオ・マンシが付き添い役を務めている。一方、マンは例のごとくウォルポールにフィレンツェでの同じような事例について報せている。[25] さらにリストから目に入ってくるのは年輩者による三角関係の存在である。中年以降に結ばれた関係なのかもしれないし、より可能性が高いのは何十年も続いている場合である。ときには関係が一生続くこともあるだろう。いずれにせよ、様々な出来事と交差しているはずである。言うまでもなく、ゴルドーニをはじめとする文学テクストには、「骨董マニアの家族」*La famiglia dell'antiquario* の伯爵夫人の「古参のチチスベオ」であるドットーレ（第一幕、第二十一場）のような永続的な付き添い役も、「賢明な妻」*La moglie saggia* のオッタヴィオや「騎士と貴婦人」*Il cavaliere e la dama* のフラミニオのような既婚の付き添い役も几帳面に描かれている。

ここまで述べたことから、チチスベイズモの社会的根拠への理解は暫定的だが著しく進んだといえるだろう。貴族の独身男性の増加と結婚へのはっきりとした見込みも義務もない若者の数の多さがチチスベイズモの根底にあった。だが、そのことが動機の解明につながるわけではない。独身の若者、長男であれ次男以下であれ、あるいは今後は別としてまだ独身の若者は、付き添い役として社会参加しながら、やや年長（まれに、かなり年長）で彼より忙しい男性と結婚した貴婦人への奉仕を通して世俗的生活やしかるべき女性たちとの交際を始める、という古典的な見解は多分に現実を反映している。だが、そのような見解を再検証する中で、（マンやゴラーニの批判的な見方も含め）見直しや他の要素との照合も必要だということに我々は気付いたばかりである。貴族階級の財産管理や政略結婚と深く結びついたチチスベイズモを、そこから派生した人口統計学上の不均衡への自然な反応ととらえるだけでは不十分である。チチスベイズモの動機には他の側面があり、さらなる調査と詳しい説明が必要である。

3・2 同盟の論理

ヴェネツィアの若い貴婦人エレナ・ミキエルと父マルカントニオの関係は良好だった。彼女は一七九二年から一七九九年にかけて離れて暮らす父に日々の出来事や新しい知らせを大変生き生きとした文章で書き送った。それらの手紙には尊敬、信頼、愛情、率直さが実に感嘆すべき類稀な一体感を示す。一七九五年五月九日、娘は父宛に――より形式的な Lei ではなく voi を使って〔Lei も voi も話し相手に呼びかけ敬称として使用されるが、Lei のほうが目上の人への敬意や恭順の意を示す一層礼儀的なことば遣いとなる。〕――提案された二人の花婿候補について返信した。

カッペッロさんは外見が今ひとつですが他の点では完璧です。良い方だし有能ですから、友情が愛情を補ってくれるでしょう。お父様がご納得でしたら、この縁談を進めてください。私は間違いなく満足です。もし、カッペッロ家のほうに何か理由があってこの話がまとまらなかったら、既に伺っているもうお一方との縁談でも結構です。あちらは良い家柄ですし、とても御立派になられるでしょうから。本当に私のほうは何も心配していませんし、不満もありません。お父様が私に愛情をかけ続けてくだされば、私にとってそれ以上に嬉しいことはありません。大好きなお父様に心からの抱擁を送ります。最愛の娘、ネーネより[26]。

さらに他の手紙も参照すれば、エレナが際立った個性や豊かな知性、鋭い感受性の持ち主だったことが一層理解できるだろう。また、十八世紀の後半でも依然として、彼女のように父親から格別の愛情と配慮を受けた女性にとってさえも、結婚は通常、経済的利益、政治的つながり、社会的立場のバランスに基づく家族間交渉の成果であり、個人の愛情の結果ではなかったこともはっきりする。愛情と結婚が別のものであることは、遠い昔から固定化された事実である。それは宮廷風恋愛詩にまで遡る文学の伝統においても定着していた。そして、アンシャン・レジーム期には、それが厳然とした事実だったため、若者がそのことを忘れた素振りを示すと、皮肉に近い率直さで思い出すよう仕向けられる。例えば、エレナ・ミキエルが生きた同じヴェネツィアで、ただし彼女に関する結婚プロジェクトから四十年も前のことだが、のちにカサノヴァの回想録のエピソードのひとつで大胆な主人公を演じることになるジュスティニアーナ・ウィンは、経験豊かな母親の手紙によって、身分違いの愛人アンドレア・メンモとの結婚の夢から覚める。「心から愛する人をまさに手に入れられると思った瞬間に失わなければならないあなたの苦しみは理解できます。彼を愛しているのなら、あなたは彼やその子供たちの破滅を望まないでしょう。他の人と結婚なさい、そして大事な友情を保ちなさい[27]」。

エレナとジュスティニアーナ、愛情に基づいた結婚が許されないこの二人の若い女性の物語から、否定された自由の代用としてのチチスベイズモというテーマが導かれる。成立にあたって当事者双方の選択の権限が最小限に抑えられる結婚モデルに対して、チチスベイズモが随意に選択された親密な関係の捌け口への合法的安全弁となるという仮説はもっともだ。この点については本書でもこの先、資料の裏づけをとりながらチチスベイズモの利点としての有効性を評価していきたい。だが、ひとまず、この習慣を社会的文脈、とくに家族の存在から切り離すことは誤りである点について説明しておかなければならない。忘れてはならないのは、最も親密な関係――この件は第五章で扱う――に陥りやすい傾向は別にしても、チチスベオのもっとも基本的な役割はサロンで貴婦人に付き添い、彼女に奉仕すること、つまり公の場で夫に成り代わることである。したがって、その実践にあたって個人的な好みが同盟関係の内部における別の利害や圧力と折り合いをつけることができるのかどうか、そして、それはどのようにして可能かが問われなければならない。つまり、誰によって、どのように付き添い役が選ばれるのかが問題になってくる。これを解明するためには、チチスベイズモの制度的側面という容易ならざるテーマに取り組まなければならない。どのようにすればチチスベオになれるのか、そして、チチスベオと認められるのか、その役割はどのような形で明確になるのか。というわけで、付き添いの騎士《カヴァリエル・セルヴェンテ》の活動の実態をあますところなく探ってゆきたい。

文学テクストは奉仕の様々な側面を、その役割毎にそれぞれ異なる存在として捉える傾向にある。その最も顕著な例は十九世紀はじめ、スタール夫人の小説『コリンヌ』に格付けされた分類の形で示される。「様々な称号を持つ三、四人の男性がひとりの女性に付き従っている。彼女は客人として迎え入れてくれた邸宅の主人に彼らを紹介することなく自身のそばに侍らせておくこともある。一人は〈お気に入り〉*preferito*、もう一人はその地位に憧れる者、三人目は〈苦悩の人〉《パティート》 *patito* と呼ばれ、大変な嫌われ者であるにもかかわらず、彼も貴婦人の崇拝者となることが認められている。そして彼らは皆ライバルだが、仲良く共存している」[28]。このような描き方は興味深いが誤っている。とりわけ、誰かが客人として貴族の邸宅に、まだ面識がないとしても、紹介もされずに迎え入れられることなどありえない。それに、たしかに〈苦悩の人〉はジェノヴァではしばしば一般的にチチスベオに与えられる名称だったが、スタール夫人がもったいぶった調子で小説に取り入れたこの習慣にまつわる数多の皮肉や冗談は、過去百年にわたってイタリア文学によって不適切に広められたものなのだ。

極端な例として挙げられるのは、チチスベオと元恋人をあからさまに同一視している場合である。ローマの作家ジョヴァンニ・ゲラルド・デ・ロッシによる反貴族的喜劇「結婚一日目」*Il secondo giorno del matrimonio*（一七九〇）では、若い女性エウジェニアが零落貴族の恋人グリエルモ伯爵の代わりに裕福なジャチントとの結婚を強いられ、こうした場合の対策について姉から助言を受ける。結婚のちょうど翌日から、ジャチントは妻への係わりを控え、彼女がグリエルモと会うのを放っておく。この件について召使が率直にこう述べる。「結婚なさった旦那様方はすっきりしたものだ。ただ、伯爵様の肩書きは変わるようだが、なさっていることは間違いなく以前と変わりない。八日前までさかのぼれば愛人だったが、今日からは付き添いの騎士《カヴァリエル・セルヴェンテ》だ」。他にも極端な例として、気の毒なチチスベオの任務にまつわる無尽蔵の冗談が挙げられる。その大半は、希望のない崇拝者だったり、貴婦人のもとに通う権利を失うまいとして使い走りに成り下がったりすることを揶揄するものだ。一七八八年にフィレンツェで印刷された挿絵入りの格言集には、「チチスベオと伊達男たちの苦労の耐えない生活」というタイトルとともに貴婦人から受けた依頼を迅速に処理することに勤しむ奉仕者の姿が描かれ、「なんという哀れな人生に、なんという浮沈に／男は残酷な愛によって陥れられたのか／愛によって彼を惨めな奴隷とする貴婦人は／すべての悪の中のもっとも酷い悪である」との文言が添えられている（図版10）。喜劇の台本作者アルベルガーティは、既に引用した一七九〇年のコンパニョーニ宛の手紙で、同じことをくどくど繰り返しながら哀れんでいる。「あの単純な奉仕者どもは［…］世間では〈スカッピィナンティ〉*Scappinanti*〔「靴下の底を繕う、靴底を替える」という意味の動詞 scappinare の現在分詞 scappinante の複数形、つまり、履物の底を頻繁に補修しなければならないほど忙しく走り回る者たちを指す。〕と呼ばれ、女主人へのご奉公であちこちせわしなく小走りすることを余儀なくされ、周囲の状況に翻弄されるまま、使いに出されて戻ってきては、また使いに出され、招き入れられたり締め出されたりするのだ」。このようなチチスベオの姿はゴルドーニのあまり知られていない喜劇の二作品にも取り入れられている。「機知に富んだ未亡人」*La vedova spiritosa*（一七五七）では、チチスベオ志願者が完璧なチチスベオの職務の詳細を並べ立てた挙句、その義務に完全に服従すること宣言する。「私をご利用下さい、私にお命じ下さい、／その代わり昼食と夕食以外、何もご迷惑はかけませんから」。鏡合わせのように「陽気な騎士」*Il cavalier giocondo*（一七五五）では、貴婦人みずからが「付き添い役を務める者は、いかなる犠牲を払ってもそれを遂行しなければなりません。／苦しみながらも、その立場を維持するのに相応しくあらねばなりません」[29]として付き添い役が我慢しなければならない下品な言動の長いリストを提示する。

ひとりの貴婦人に同時の複数の騎士がいることは現実に証言されており、その反対の状況〔ひとりのチチスベオが複数の貴婦人に奉仕するより〕も多い。本書で既に取り上げたものの中では、一七九〇年代のルッカにおけるルイーザ・パルマ・マンシの例が該当する。彼女の事例は、文学テクストがチチスベオのヒエラルキー構成を描くときの挑発的で嘲るような調子を打ち消す。三名のルイーザの付き添いのうち、彼女に歳が最も近い人物が、心理的にも彼女に最も近い存在である。だが、彼女の日記に登場する年下の二人の若者たちにも、無様な操り人形ではなく、付き添い役としての敬意が払われている。第一の付き添い役と一緒に、あるいは彼に代わって付き添い役を務める彼らもまた社交上必要な存在だった。当然のことながら、ひとりの貴婦人に騎士が一人しかいない場合は、その人物が彼女に関することはすべて引き受け、多種多様な役目を果たしていた。奉仕に伴う自発性や気軽さと共に、場合によっては起こりうるかもしれない複雑な感情が、より公的な性格を帯びた主要な活動と交錯していた。すでに述べたとおり、チチスベオの採用と奉仕に関する正真正銘の規則の存在を探ることによって、チチスベイズモがどのように、そしてどの程度、制度化されているのか正確に見極める必要がある。この件に関する情報は乏しい上に、すべてが信頼に足る有益なものとは限らないが、少なくとも部分的には可能なはずだ。

一七七七年ミラノからピエトロ・ヴェッリは、弟のひとりカルロが「形式に則った奉仕を開始し」、貴婦人の別荘に赴いて「公認の付き添いの騎士《カヴァリエル・セルヴェンテ》として一月」滞在したと書き送った。だが、それ以上の詳細には触れていない。同様にホレス・マンは一七四六年十月二十五日、フィレンツェから友人ウォルポール宛に彼自身が「まったく〈チチスベオ〉*cicisbeo*」ではないと断った上で、全体的な評価としてこう述べるにとどまった。「厳格な〈チチスベアトゥーラ〉*cicisbeatura*〔チチスベオの奉仕〕は私には荷が重過ぎる。その責務を続ける時間も意欲もない」。

一七三〇年十月、アレッサンドリアの見本市にあわせた王室主催レセプションで何人もの騎士たちに授けられた、というより課された「チチスベアトゥーラの免許」についてトリノに派遣されたフランス人使節ルイ・オーギュスタン・ブロンデルが回想録に記している。彼は十八歳の「大変美しい」貴婦人に奉仕することになったが、その任務に熱中した様子はない。「この任務は八日間続き、それが終わってマダムが私を解放してくれたときはとにかく嬉しかった」。ブロンデルの証言は信憑性が薄く、いずれにせよ、このエピソード自体、明らかに「イタリアの流儀にしたがうため」咄嗟に思いついた作り話である。ピサの貴婦人マルゲリータ・ランフランキ・ランフレドゥッチの一七二〇年代のものとされる書類の中にチチスベオ志願者の手紙が一通紛れている。日付や署名はないが、受取人がその裏側に書き手を軽蔑するメモ――「自惚れ屋さん」――を残していることから、手紙に書かれている内容は実際の出来事と考えてよい。あいにく、この手紙は大した参考にはならない。そこには具体的な詳細は書かれておらず、騎士による「いとも謙虚な」「奉仕」と「完全な献身」が徒に誇張されたレトリックの海に溺れている。(30)

より役に立ちそうな情報を引き出すことができる記録が二件ある。両方とも正真正銘チチスベイズモの契約書といえるものだ。このうち一件は特殊な要素を含んでいるが、だからといって利用できないわけではない。アントニオ・セヴェリーノ・フェルローニ神父という人物に関するもので、この聖職者は一七九九年の時点でルッカの民主革命における最もラディカルな人々のうちのひとりだった。故郷パルマ公国で改革派大臣ドゥ・ティロに協力したのち、数年前からルッカに定住していた。ルッカでフェルローニはブルジョワ階級のクレメンティーナ・ドゥッチーニと「友情」を結び、それを夫フランチェスコ・ロマーニが支持していた理由は、恐らく神父が将来にわたってロマーニ家に居候する代わりに彼女にまとまった額を贈与する意図を示したためだろう。まさにその交渉中の一七九五年、彼が夫妻のもとに転居する前日、フェルローニはクレメンティーナに

「チチスベアトゥーラに関する修道的・世俗的規約」*Articoli di Cicisbeatura Ascetico-profani* を提案した。今日これが伝えられているのは、ルッカの司祭ヤコポ・ケリーニの年代記に彼の最も激しい非難の矛先として引用されたからである。ヤコポ・ケリーニはそれを司教裁判の法廷から入手したに違いない。数ヶ月後、その場所で負債のための裁判とともに彼らの共同生活は終わった。いくつかの条項にはフェルローニの感情と女性の側の誠実な対応を正式に取り決めておくことへの彼の強い望みが示されている。「私の望みは、神の前であなたの心を新たな契約から守り、世の人々の前であなたの名誉を非難からから守り、あなたの愛を私に宿る嫉妬から守るに足る確かな規則です」。また別の条項には、独占的チチスベオの権利として、貴婦人に対して騎士が果たさなければならない日常の様々な義務が記されている。

あなたの近くの席、そして、あなたの腕が私以外の誰かに与えられないこと〔…〕馬車での外出の際は——カーニヴァル期間中の大通りを除いて——決して哀れな私抜きで外出しないこと、あなたの親戚以外は私たちの仲間に入れないこと〔…〕哀れな私の胸の内に新たな苦悩を増大させないように家に新しい人たちを迎え入れないこと〔…〕夜の散歩や集まりに出掛けるときは、私だけがあなたの付き添いとなるように、私に報せてくださること〔…〕交渉事や何か必要が生じたときにはいつも私だけを頼ること、前者にせよ後者にせよ私に報せること[31]。

ケリーニが敵対的な悪意を以てつけたと思われるタイトルにもかかわらず、提示された取り決め文書には滑稽さがない。チチスベイズモの持つ契約としての性質がここでは感情的・社会的にいくぶん弱められている——だが、完全に消えてしまうことはない——のは、ことによると通常ではありえない状況のせいかもしれない。つまり、——周知のとおり——聖職者というフェルローニの立場のせいではなく、むしろ——これらから見てゆくことになるが——ブルジョワ階級というロマーニ夫人の身分、そして、とりわけ、故郷ではないルッカで食事と滞在先確保のための報酬を支払って居候するというフェルローニの立場によるものである。二つ目の記録のほうはより説得力がある。

一七九八年二月六日付けのこの文書には「メディチ家出身の貴婦人テレーザ・ロレンツァーニと付き添いの騎士《カヴァリエル・セルヴェンテ》として当貴婦人に仕える騎士トンマーゾ・ポスキがなすべき義務について取り交わされた条項」という見出しがつけられている。大変珍しく貴重な資料なので、その全体をここに引用する価値がある。

1. メディチ家出身のテレーザ・ロレンツァーニ夫人はその義務としていかなる機会にも騎士トンマーゾ・ポスキに馬車の席を用意しなければならない。そして、騎士に対していかなる理由があってもそれを断ることはできない。また、反対に騎士トンマーゾ・ポスキは無理矢理その申し出を受けることを要求されたり義務づけられたりすることはなく、彼に都合がよく、他の用件がないときには自由にその機会を利用することができる。

2. 貴婦人は公の場でも私的な場でも好みの男性と交際してよい。余所者でも同郷の者でも、若くても中年でも、老人でも、気に入れば、彼女の好きな期間にわたって交際が認められる。ただし、このことが上述の騎士のために義務付けられた馬車の席を脅かすことはない。反対にポスキ騎士は、余所の女性でも同郷の女性でも好きな期間だけ自由に交際し、その付き添いの騎士《カヴァリエル・セルヴェンテ》となることができる。その際、テレーザ・ロレンツァーニ夫人に報告する義務はなく、確保されている馬車の席を失うこともない。

3. 貴婦人はサロン等で、たとえ騎士の面前でも、誰に対しても愛想よく振舞ってよい。そのことで騎士が不機嫌になったり憂鬱になったりしてはならない。ただし、こうした行為が騎士を著しく軽んじるものであってはならない。騎士についても同様である。

4. 貴婦人が遠出したり、田舎や他の町に観光のために出発したりするときは、馬車の四番目の席を騎士のために空けておくことを常に考慮しなければならない。騎士は理由を説明したり弁解したりすることなく、自由にこの席を断ってよい。

5. 騎士は毎日貴婦人のもとを訪れることを要求されたり義務付けられたりしない。だが、彼の好きなときや都合のいいときはいつでも貴婦人のもとを訪れることができる。このことに貴婦人は嘆いたり不満を言ったりすることはできない。

6. だが騎士が一年間、一度も貴婦人を訪れることがなければ、貴婦人はその年の終わりに彼に締結された奉仕を続ける意志があるかどうかの確認の通告をしなければならない。その際、彼に通告から二ヶ月間の時間的猶予を与えなければならない。その猶予期間が過ぎ、騎士からはっきりとした返事がないときは、貴婦人はさらに二ヶ月の猶予期間を与えなければならない。それが過ぎても騎士からの返答がない場合、貴婦人は彼に最後となる二ヶ月の猶予を与えなければならない。これに対して騎士には延長を願い出ることもできなければ、いかなる異議の申し出も許されず、例外も認められない。それどころか、彼は不誠実な者とされ、遅滞の嫌疑を晴らすことも認められず、したがって、いかなる恩恵からも見放され、もとの状態に戻れるよう要求したり願ったりすることは今後一切できない。彼は当事者らが常に行動の基準とする規則に従って最良の方法でそれを放棄しなければならない。

7. さきの通告が有効となるためには正しく権限を付与された人物を介してなされなければならない。上記貴婦人は彼女の夫にそれを行わせることが義務とされ、それ以外の人物は認められない。

8．上記当事者らは、互いに相手と別の人との恋愛を全力で援助し合い、不和が生じたときは速やかに和解できるよう互いに介入し合うことを義務として約束する、等々。

上記の定めを遵守し完全に遂行することを上記当事者双方は（法的能力剝奪の場合を除いて）生きている限り誓う。彼らの遺産や財産、彼らの相続人の財産が巻き込まれたり、どのような形であれ抵当に入れられたりすることを望まない。

上記の内容を有効にするため、この条項は下記の証人の立会いのもと、上記当事者らによって直筆の署名がなされること。

この条項とは別に、筆跡の異なる短い詞書きのページがあることも付け加えておかなければならない。それは恐らく「条項」のタイトルと本文の間に挟まれていたのが落ちてしまったものと思われる。

人々の愛情を司る天体の影響のおかげでメディチ家出身のテレーザ・ロレンツァーニ夫人とトンマーゾ・ポスキ騎士との関係が成立したが、双方の間にいかなる義務の締結もないため、起こりうるトラブルを事前に回避し、彼らの関係が穏健、良好かつ確実に保たれるよう彼らは以下の条件に同意した(32)［…］

当事者の二人より明らかに後の時代の第三者によって、この文書が含まれる小冊子に『滑稽な契約』*Contratto ridicolo* という一際目を惹くタイトルが付けられた。その評価は十九世紀・二十世紀の読者の視点に立てば有効だが、「条項」が着想された当時の文化的雰囲気には合わない。この「条項」が我々に与える情報は重要で価値のあるものだ。一方で、末尾に契約者と証人の署名がなく、第六条「騎士の奉仕に関わる規約」の内容については何とも言い様がないが、馬車の席の優遇、遠出への同伴、訪問の頻度への具体的な言及は、この「条項」が冗談としてではなく、制度化のための草稿として作成されたことを示唆し、さらに、当時の人々にとってチチスベオを制度としてきちんと示すことの重要性を浮き彫りにする。制度化はもちろん義務ではなかったが、少なくともそのような傾向があったといえる。他方、社交界の付き添い役であると同時に節度を越えない範囲とはいえ特別な感情の対象となる男性と明確な契約を結ぶことは、たとえそれが冗談半分でなされたものだとしても、親しい交際相手を選択することによって得られる満足とチチスベイズモの形式的側面を切り離そうとしない傾向について一般的に語られてきたことを裏づける。

当然、貴婦人と騎士「双方の友好関係」において了解された条項の起草は、各関係の始まりに必ずなされるべき決まりごとではなかった。だが、それは愛の規則や権利を文書にするという考えの特異性のためだけではない。テレーザ・デ・メディチが（少なくとも、彼女の意図としては）誇示したような偏見のなさと独立心を、すべての女性が携えて行動することはほとんど有り得ないという理由もある。これに関連して付け加えておかなければならないのは、「条項」作成の時点でテレーザはもはや特別若くもない女性だったということだ。少なくともラニエリ・ロレンツァーニの妻となった十年前から、イニシアティヴを発揮する機会やプライヴェートな空間を手に入れる方法を彼女なりに築いたのだろう。こうした意味において、彼女は同時代のある女性と似たような状況にあった。チチスベオに関わる彼女の積極性をより直接的に記録に残したその女性とは、本書でも既に紹介したテレーザ・ファヴィッラ・ミケーリである。八〇年代のルッカで若い騎士のパオロ・ガルゾーニは彼女の付き添い役を務め、世俗的な見習い期間を過ごしたわけだが、彼がその十年後ヨーロッパをめぐる長い修養旅行に出たときも、テレーザは彼と手紙のやり取りを続けていた。テレーザが三十二歳の経験豊かな貴婦人で、その夫が六十三歳だった一七九二年一月二十日、彼女はパオロに宛て、当時二十四歳だったフランチェスコ・ブルラマッキが彼女を「ボックス席でよく手助けして下さいます」、「若くてハンサムで長所がたくさんありますが、そのすべてをもってしても、あなたには率直に申しますが、あなたのような魅力が私には感じられません」と書いている。つづく一七九三年四月二十九日の手紙では、その後の状況についてこう述べている。

アントニオ・オルセッティさんが私に暇乞いをなさいましたが、彼にすら——私が思うに——その理由がお分かりにならないのです。私はもちろんあれこれ考えてみて、私のほうに何も非難されるべき点を見つけることはできませんでした。何も兆候のようなものもなく突然降って湧いたのです。あの方のなさりようは実に礼儀を欠いていますが、あの方の頭脳には合っています。それは、実のところ優れているとも申せません。ですから、あの方を気の毒に思って、我慢することにしました。ただ、許せないのは彼が言いふらしていた嘘です。もういいでしょう、私は彼を失いましたが、取り戻すために聖アントニオを煩わす必要もないと思います。一人で外出するのも訳はないのですから。それに私への奉仕もずいぶん少なくなり、それを最早きずなと呼ぶことはできません。今となってはそのことについての考えも変わりました。私は一人で出掛けますし、時々フランチェスコ・ブルラマッキさんが付き添って下さいますが、あちらにもこちらにも一切義務はありません。家に一人でいることも嫌ではありません。やることはありますし、それに耳の遠い人［オルセッティ］の話し相手は楽しいものではありませんでした。私に才気があるとは申しませんが、筋のとおった話を聞くほうが好きです。[33]

奉仕の制度化への明確な示唆（「きずな」、「義務」）が繰り返されていることに加え、ここにはその制度から自身を解放した貴婦人の自由や自覚がはっきりと示されている。人生の半ばに差しかかり、はるかに年上の夫を持つ彼女は才気に欠けているどころではなかった。ウォルポールに宛てたマンの書簡で話題にのぼるフィレンツェの貴婦人たちはさらに自由だった。マンは――ついさきほど見たとおり――「厳格なチチスベアトゥーラ」とは何かを知っている気配を示していたが、ギャラントリーに関する彼の報告は常に貴婦人たちの選択における自主的な振る舞いや自発性を強調する。一例として、一七四三年に若いジョヴァンニ・グワルベルト（バンディーノ・パンチャティキの弟）から暇を告げられた後の年増のマリア・フレスコバルディ・ヴィテッリが挙げられる。

数ヶ月前にジョヴァンニーノ・パンチャッティチが彼の古いスリッパを捨てたと君に話したが、そのとき以来、彼女は後継者選びに迷っていた。しばらく若いアルベルティに気持ちが傾いていたようだが、結局、そうしたかったのか、あるいはそうせざるを得なかったのか、より勇壮な人物を選んだ。私の長年の友人ブライトウィッツ将軍は、奥様の日常的な楽しみのために彼にはできないことを配慮と贈り物の力で補おうとしている。(34)

だが、ひとつ考えなければならないことがある。フレスコバルディ・ヴィテッリ夫人、ミケーリ夫人、ロレンツァーニ夫人同様、その他、自由な振る舞いがマンによって報告されたり示唆されたりした貴婦人たちは成熟した女性たちだった。いずれにせよ、不倫関係への関心を隠せないイギリス人居住者は、家族や社会など出来事の背景をかえりみず、この面ばかりを強調する。疑うべきは、契約書のあるなしにかかわらず、フィレンツェでも他の都市でも、とくにより若い妻たちの場合でも、物事が常にこのように展開していたのかという点である。

環境的圧力はチチスベイズモの形式主義的関係性を物語る最もよく知られていた伝承をとおして間接的だが説得力のある形で証明されている。ただし、その伝承とは、文字どおり解釈すれば、信じられないような事実である。十八世紀に生まれ、今なお語り継がれている有名な作り話によれば、当時交わされたイタリア貴族の婚姻契約には通常、花嫁のチチスベオ（複数の場合もある）の氏名が記されていた。十八世紀の半ばには実にさまざまな形でその事実が記録されている。一七四〇年代にヴェネツィアで活躍した文人ジュゼッペ・アントニオ・コスタンティーニがモラルに関する著作集の中で激しい怒りをぶつけたのは、〈夫人に付き従う四人のチチスベオ〉*Quattro Cicisbei, che servano la Signora* という項目を含む架空の契約書だった。「奉仕というわべだけの名目で不倫をする昨今の女たちはもはや目新しくもないが、神聖な婚姻契約書に夫の額に半円を描く〔半円の弧を下向きに描くと頭から角が生えたように見える。これは妻を寝取られたことへの暗示となるため、この行為が夫への裏切りを公然と示すことを意味する。〕ような項目を記載するなどもってのほかである」。一七五四年、ピサで上演された作者不詳の音楽喜劇のリブレット「礼儀を知らないチチスベオ」*Il cicisbeo impertinente* は暗にこの問題に狙いを定めている。喜劇の中で愚弄される素朴な召使は、ある貴婦人との結婚を条件に主人の遺産相続人に指定されるが、いざ婚姻契約に署名する段になって、例の「奇妙な条件」を目にしてためらう。「花嫁は／私に対して然るべく振る舞い／チチスベオを志願するものたちは／私が家から追い出す[35]」。十年後にはパリーニの「朝」*Mattino* の辛辣な数行（三九七―四〇二）で（「彼女は、自発的にか請われてか、あなたの貴婦人としてあなたに与えられました。あの喜ばしい日、信用のおける紙の上で証人と共に神聖な契約と大切な絆の条件が取り交わされました」）取り上げられて以来、常識となったこの話題は、スタンダールの『パルムの僧院』の冒頭でも言及されるに至った（第一巻、第一章）。

この伝承に関する最も重要な文学テクストは、アルフィエーリによって一八〇〇年から一八〇一年にかけて書かれた喜劇「離婚」*Il divorzio* である。その目的は「現在のイタリアにおける愚かな放埒さをあらゆる側面から示す」ことにあった。チチスベオたちは喜劇のはじめから終わりまで大活躍し、婚姻契約の場面は最終幕の第四場に設定されている。初老の花婿ストマコーニは何の抵抗もなく署名する、むしろ、契約書を読むことすらしない。そして、若い花嫁ルクレツィアに認められた権利に関する条項を聞きながら平然としている。この花嫁について作者は「教養はなく、大層な美人で色気があり、冷淡で心根は最悪、そして悪い習慣に染まっている」と書いている。

22．いわれなく嘲られチチスベオなどと呼ばれている友人たちについては、彼女は常に好きな人を好きな数だけ好きなように持つことができる［…］
23．だが、周知のとおり、花嫁の最高の意志によって選ばれた付き添い役の筆頭は、朝も昼も彼女の食卓に必ず同席し、夫はそれについて決して不快感を示すことはない［…］
24．不動の付き添い役の筆頭は夫人によって選ばれ、宣言され、この用紙の余白に氏名が記載されることになる。

少女の父親は恐る恐る異を唱える唯一の人物だ（「この付き添い役の筆頭だが、そんな災難が習慣になっているのなら、せめてその選択は舅に任せたらどうか」）。だが、彼の妻は乱暴に彼の口を噤ませ、娘に「その権利を行使する」よう勧める。ところが、甘やかされて我儘になったルクレツィアがすぐさまチチスベオの筆頭に指名したのは彼女の母親のチチスベオだった。彼がその役目を躊躇なく引き受けたため、中年の貴婦人はヒステリーの発作を引き起こした。アルフィエーリは彼の最終的な意見を気弱な夫であり父親でもある登場人物に喋らせた。「ああ、悪臭を放つイタリアの習慣よ、我々がヨーロッパ中の恥となるものもっともだ。ガリア人でさえ我々よりましだ！　ああ、なんてひどい母親だ！　なんてひどい契約だ！　なんてひどい夫だ！　そして、わしはなんてひどい父親だ！　驚くじゃないか、イタリアでは離婚はないなんて。だって、結婚自体が離婚同然なのだから」[36]。

たくさんの証言、とりわけアルフィエーリのように、後悔を伴うものであったにせよ、自らチチスベオとしての経験を持つ者の証言を、作り話と断定するのは軽率に見えるかもしれない。とはいえこの件に関してはチチスベイズモにまつわる他の問題と異なり、今のところ文学テクストを裏づける正確で信頼に足る情報はない。十八世紀から今日にいたるまで、婚姻契約書には習慣的にチチスベオに関する記載があったとする文学テクストのどれひとつとして、証拠となる実例を示したことはなかった。その証拠をほぼ突き止めたと主張する者たちでさえそうなのだ。たとえば、ジョズエ・カルドゥッチはある記録への参照指示を掲げているものの、そこに任命されたチチスベオが記載されて「ない」という理由から、その記録を例外とする。また、すでに紹介したヴァルマッジは何件かの記録から「手掛かりを得た」と述べているが、慎重さを期すために具体的言及は避けている[37]。ここ十年で、多くの研究者がさまざまな目的からイタリア諸都市の婚姻契約書を渉猟しているが、チチスベオに関する記載は見つからないままだ。彼らの一人は、この件に関するヴェネツィアの事例に取り組んでいるが、「何千もの」資料のどれひとつとしてチチスベオへ言及したものはなかったと明言している[38]。だからといって、今後何らかの発見がある可能性を排除することはできないが、状況をひっくり返すほどの大発見が起こる可能性も極めて少ない。

だが、婚姻契約にチチスベオに関する記載があったという主張が誤りであるにしても、一層興味深いのは、チチスベオを批判する道徳主義者たちこそがその伝説を煽っているという歴然とした矛盾を図らずも突いているという点である。事実、結婚をきっかけに夫妻の今後の社交生活のあり方が問題になる。あからさまに付き添いの騎士《カヴァリエル・セルヴェンテ》に言及するような無様な真似はしないだろうが、すくなくともその存在を示唆するような何らかの合意はあった。たとえば、いわゆる〈スピッラティコ〉*spillatico*、つまり、社交生活に必要なものを用立てるための年毎のお小遣いや召使、馬車と馬、劇場の定期チケットなどを夫が妻に与える義務がすっかり定着していたので、その一般的な細目が公証人の証書において書式化されていたほどだった。[39] 一方でサロンをめぐるアルフィエーリらの諷刺の数々は、そうした契約の存在を強調することによって、若い女性たちが気まぐれに引き起こす性的スキャンダルを指摘し、誇張することを狙っている。だが、資料に基づく明白な事実は、このような契約がまさに正反対の方向性、つまり、彼女らの意志に対する家庭の側からの規制を意図していることを示唆する。

若い女性が愛人をチチスベオとして侍らせるという喜劇作者デ・ロッシの考えは、それ自体、十八世紀の実情から程遠いものである。当時、結婚前の貴族の娘は、通常修道院の中でしっかりと守られていた。彼女たちが世間に出るのは結婚と同時で、まさにそのことがチチスベイズモの原因となっている。事実、デ・ロッシほど粗野ではなかったアルフィエーリが対象としたのは、若い娘の恋人ではなく、母親の付き添い役だった。また、もうひとつ見逃せない細部――舅を巻き込む古い習慣への父親の示唆――も家族による介入という現実に踏み込んでいる。この点については、さほど過激でない証言者による明快な説明がある。既に紹介しているが、一七七〇年頃ヴィンチェンツィオ・マルティネッリによって書かれた『チチスベオの歴史』*Istoria dei cicisbei* によれば、かつても今も、ジェノヴァやヴェネツィアをはじめ、人々が当世風を追い求める諸都市では、結婚を締結するにあたって銘々の親族が一種の会議のために召集をかけられて集まってくる。その目的は花嫁のチチスベオを指名することにあるが、それは心も知性も純粋なまま修道院を出る花嫁が、彼女の身分に不釣合いで、親戚の意向に沿わないチチスベオを選んでしまう事態を避けるためなのだ(40)。

あいにくそのような話し合いの記録はひとつも見つからないが、キアーラ・ガルツォーニが旅行中の息子パオロに書き送ったルッカの最新ニュースの中に、個人の選択に圧力をかける親族ネットワーク、というよりも社会的環境の存在を匂わせるものが一件ある。関係するのは最近結婚したばかりの二組のカップルとそれぞれのチチスベオである。一組目は二十八歳のラッファエッロ・マンシ、十八歳のカミッラ・パレンシ、そして二十二歳のチチスベオ、ジャン・ロレンツォ・モンテカティーニによって構成される。二組目は二十五歳のフランチェスコ・ブルラマッキ（しばしば劇場のボックス席でミケーリ夫人を「世話していた」人物）、同じ年の妻ルイージア・アルノルフィーニ、そして二十二歳のチチスベオ、ヴィンチェンツォ・マッソーニである。経験豊かな夫人は一七九二年の終わり頃、まずはラッファエッロへの言及しながらこう記した。「彼のほうがまるで妻のようですが、それにはもっともな理由があります。夫人は夫を彼女自身だけでなく、あらゆる物事の主人にしてしまったのですから。彼女は何事にも係わる意欲も能力もありません。あの家では彼女がいるのかどうかさえ分かりません。もちろん付き添いの騎士《カヴァリエル・セルヴェンテ》が彼女に悪い助言をすることもないでしょう。ブルラマッキ夫人も同様ですが、もう少し思慮は持ち合わせています。彼女にも付き添いの騎士《カヴァリエル・セルヴェンテ》は邪な考えを抱かせることはないでしょう。ヴィンチェンツォ・マッソーニは兄弟のガスパロよりも優しく親しみやすいマナーを身につけていますから」[41]。

年代的に遅いこの証言の日付に留意して、あるフランス人旅行者の見解と読み比べなければならない。一七六二年にイタリアを旅行したジェローム・リシャール神父は、ジェノヴァに関する記述で（のちにローマに関する記述でもほぼ同じことが繰り返されるのだが）こう述べる。「チチスベオを誰にするかは家族の問題である。貴族の娘の結婚が決まり、婚姻契約がまとまると、次は夫の同意のもと契約を交わした両者にとって好都合なチチスベオの選定がなされる。この習慣は元来、夫たちの嫉妬に起因し、彼らは信頼できる親友を選び、夫婦の名誉を汚すことのない監督者となっていた。だが、堕落しないものはなく、今や事情はすっかり変わってしまった。チチスベオは夫よりも妻の気に入る人物でなければならない」[42]。ここで付き添いの騎士《カヴァリエル・セルヴェンテ》の起源を思い出してみよう。十七世紀の終わりには、サロンにいそしんだ貴婦人の監視というよりも保護者だった。だが、リシャールのように女性への過剰な迎合を古い習慣に対比させ、それを時の経過に伴って生じた頽廃と認識することが正しいのかどうか疑問が残る。ルッカのカミッラ・パレンシのように「何事にも係わる」意欲も能力もないほど無気力な花嫁たちは、常に従順だったと考えられる。むしろ反対に、マルティネッリには顧みられなかったが、ひとかけらのパーソナリティも持たない女性に嫌われるような同伴者を押し付けないよう、いつでも慎重な配慮がなされていたのだろう。

せいぜいケース・バイ・ケースとしか答えられないような疑問がいくつか存在する。関係が始まる当初、貴婦人はどれくらい付き添い役のことを気に入っていたのか？　どれくらい彼のことを知っていたのか？　交際する間にどれくらい親しみが湧くのか？　この親しみについて、奉仕を引き受ける経緯や背景が様々ある中で、どれほど期待が持てるのか？　その選択に関するより私的な事情を何らかの根拠に基づいて詳述することはほとんど不可能だ。だが、公的な面では事実がはっきりと姿を現す。そこを捉えなければならない。本書ではこれまで支配と自由というチチスベイズモの二重の動機とその背景となる啓蒙主義文明に照らして詳細に扱ってきた。十八世紀イタリアの社会構造や貴族階級内部の均衡との関連から、チチスベオの選出と奉仕が私的な行為ではなく、社会的意義のある合意に基づいていることは大筋ではっきりしている。実際、自由の要素について説明するために既に活用した例を、この最後の点についても援用することができる。

一七六六年から一七六七年にかけて四十歳のピエトロ・ヴェッリが嫁いだばかりのマッダレーナ・ベッカリーア・イジンバルディの付き添いの騎士《カヴァリエル・セルヴェンテ》になったときには、それ以前から――既に見たとおり――彼女の兄弟のチェーザレ・ベッカリーアや両親と懇意にしていた。付け加えると、彼らの関係はかなり親しく、一七六六年十二月のマッダレーナとジュリオ・チェーザレ・イジンバルディの婚姻契約にヴェッリの名前が記載されているほどだった。それはチチスベオとしてではなく、遺産に関する合意の「仲裁者」――と公証人の作成した証書に記されている――という名目だった。この合意にしたがって夫妻は将来にわたってベッカリーア家の相続財産の信託遺贈を主張することができなくなった。また、のちにピエトロがイジンバルディの兄苦しいほどの嫉妬を嘆く一方で、所得の分割をめぐる彼の兄との長く難しい調停における代理人を引き受けていたのも驚くにあたらない。数年後、ピエトロは自ら獲得した成功を誇らしげにこう表明する。

> 私は弁護士にでもなったかのように記録を調査した。ある大変由緒ある家の財産の解明に着手したのだ。その家では一五一二年以来、遺言、信託遺贈、生得権の行使が繰り返され、誰が何をしたのかが分からなくなっていた。そこで五年間、週一度の開廷で少しずつ審議することによって、ついに騎士に年間二千ゼッキーニの所得があることを明らかにした。このことが周知され、同意され、実行され〔…〕彼は今では銀食器を一式揃え、彼の妻は身分に相応しい宝石を身に付けている。それもこれもすべて私の友

情と努力のおかげなのだ。[43]

したがって断言できるのは、しかるべきときに「仲裁者」ヴェッリを付き添い役として選定することは、のち若い花嫁との関係の変化――これについては今後本書で論じる――は別にしても、家族にとって格好の投資だったということである。

既に述べたとおり、マッダレーナ・イジンバルディやルッカの少女たちに比べて年長で、はるか以前に結婚して、社交界での経験も豊富な女性たちは、友情や交際においてより多くの主導権や想像力を発揮することができただろう。だが、彼女たちの場合ですら概して親族ネットワークの影響が弱まることはなく、その文脈においてチチスベオとの関係が導かれる。ルイーザ・パルマの「手記」によれば、コスタンティーノ・デ・ノービリがルッカで彼女の付き添いの騎士《カヴァリエル・セルヴェンテ》になったのは一七九〇年、夫人が三十歳のときでレリオ・マンシと結婚してから七年が経っていた。もはや駆け出しの少女というわけでもなく、ノービリとの関係が親族会議によって決まったとも考えにくい。だが、それぞれの家族の間には公式の付き合いが既にあったし、このとき以降、その関係は一層強化される。一七九〇年四月十三日にはコスタンティーノの兄と共にルイーザは教母としてある洗礼式に立ち会っている。これは今日我々にとってそうである以上に関係強化につながる行為である。[44]八年後にピサでポスキ騎士との契約に係わったテレーザ・デ・メディチ自身は、「条項」第七条で、唯一、妻への奉仕役の解除を公に通告する「権限を合法的に付与された人物」として夫の介入を受け入れていた。恐らくこのことは、家族がチチスベイズモの関係の始まりに介入するだけでなく、広範囲にわたり長く持続した関係の解消によって起こるかもしれない不和を受け止める緩衝材の役割も果たしていたことを示している。

既婚夫人が、かなり年輩であっても、家族から心理的影響を受けていただけでなく、大が妻を脅迫しても違法とされなかったことも忘れてはならない。夫はさまざまな方法で圧力をかけ、妻のふるまいに対して独断で修正を要求することができた。管理と自由の均衡という点からいえば、むしろ管理された自由の行使というべきかもしれない。弟のひとりが「形式どおりの奉仕」を始めたことに触れた一七七七年のピエトロ・ヴェッリの手紙には、時が経つにつれ夫人の夫が彼を疎ましく思うようになり、彼女をチチスベオから遠ざけるために司法官のもとに赴いたことも付け加えられている。ヴェッリが心配したのはスキャンダルだけでなく、その結果として生じる出来事だった。「夫に逆らってチチスベオを遇することを主張する妻を修道院に送るのは訳もないことなのだ[45]」。

妻を寝取られて満足している夫という風刺的テーマが明らかにするのは、女性の欲望に対する男性の支配力である。チチスベイズモの核は女性への奉仕であるにもかかわらず、その取り決めや遵守は、通常、男性たちの合意に基づいていた。当然、未亡人への接近は容易どころではない。既に引用したロンカーリアやコスタンティーニらモラリストたちはそのことに気付かないふりをしているし、デ・ロッシの喜劇「誠実な求愛者」*Il cortegiano onesto* でも主人公は未亡人に奉仕している。だが、ゴルドーニは別だ。「才気ある未亡人」*La vedova spiritosa* ではある登場人物が主人公のチチスベオになることを志願するが、チチスベイズモをテーマとする喜劇「騎士と貴婦人」*Il cavaliere e la dama* のダイアローグ（第三幕、第七場）ではその可能性が率直に否定される。「〈ヴィルジニア〉 私が未亡人になるとしたら三日以内には再婚したいわね。〈クラウディア〉 義務でそう言っているのね。あなたが心からそんなことをいうはずないわ。だって、いかがわしいチチスベオがいるのだから。〈ヴィルジニア〉 それも結婚していればこそで、未亡人には許されないわ。〈クラウディア〉 なるほど！ 夫は隠れ蓑、というわけね」。事実、夫の死によって貴婦人と騎士との関係はより気安くなるどころか、むしろデリケートなものになる。人々から尊敬を受ける慎重な貴婦人は、古くからの付き合いを維持することができたが、以前の親しさが失われてしまうのは致し方なかった。だが、過剰なまでに因習に反抗的な女性が社会的体面を失ったり制裁を受けたりするリスクを冒すこともあった。既に何度か引用しているフィレンツェのマリア・アンナ・フレスコバルディがその例である。一七五三年十一月九日、彼女についてマンがウォルポールに書いている。「人にはあまり知られていない話を付け加えておかなくてはならない。ヴィテッリ侯爵が亡くなってすぐ、君も知っている彼の夫人が、ナポリでブライトウィッツ将軍と親しくなったのだが、ここだけの話、兄弟のフレスコバルディ侯爵は躍起になって彼女を宮廷から追い出そうとしたのだ。家族の品位にかかわることだったから[46]」。

　家族や男性たちの合意の結果として、チチスベオの選択や存在はほとんど政治的な意味合いを帯びてくる。そのことを指摘するのは、冗談めかしているが、いつもの鋭い調子で一七四〇年頃のヴェネツィアにおける付き添いの騎士《カヴァリエル・セルヴェンテ》の状況を解説するシャルル・ド・ブロスの記述である。

　公の場に付き添う男性が一人もいないとしたら、貴婦人にとっては大変な不名誉となるだろう。だが、断っておくが、こうしたことに関しては政治が決定的な要素である。家族はシトー派修道会の修道院長選挙ときのフランス王のようにそれを利用する。つまり、女性に選ばせておきながら、あの人物はダメ、この人物もダメ、と拒否権を行使するのだ。貴族以外の階級や、〈プレガーディ〉*Pregadi* 即ち元老院や大評議会への参加を認められない人々の中から誰かを選ぼうなどと考えることは許されない。その家族は何か困ったことがあっても支援してくれるだけの力はないし、彼らに対して「明日、私の義理の兄弟、あるいは夫のためにたくさんの票が必要なのです」と頼むこともできないのだから[47]。

ド・ブロスの皮肉で誇張された比較は彼の観察の正確さを損なうものではない。概して、チチスベイズモの関係によって、家族や姻戚間に義務として生じる密接な同盟を補うもうひとつの同盟が承認され、強化される。その多くの事例の中でも、ド・ブロスのことばをほぼ文字通り裏づけるものは、一七九三年ルッカの大聖堂での選挙においてルイーザ・パルマが彼女のチチスベオの親戚にあたる聖職者を支援したキャンペーンだった。そのことについて三月十日、キアーラ・ガルツォーニが息子に語っている。「とうとう六日にデ・ノービリが司教座聖堂参事会長に選ばれました。もちろんあの人たちは助け合いました。ルイーザさん自身、最も貧しい女性たちの家を訪ねたし、彼はすべての市民の家を三回も訪ねまわって、留守の場合は名刺を置いていったのです(48)」。

結婚と恋愛に関する新しい感性の提唱者として十八世紀後半に最も影響を与えたルソーの書簡体小説『新エロイーズ』(一七六一)でヒロインのジュリが当時のギャラントリーをあしざまに罵りながら、とくにあげつらったのは、それが「理屈に合わない野蛮な悪ふざけ」であり、また「姦通と不実が家族内でまかり通ることを可能にするためにつくられた結びつき」ということだった。簡潔でいささか不可解な示唆は、今しがた述べたばかりの同盟の絆としてのチチスベイズモに照らしてみれば恐らく理解できるだろう。ルソーとは異なり、ホレス・マンは頭の中でその対象を正確に捉え明瞭に表現した。一七四一年の手紙で、ある晩のパーティ(「何人かのチチスベオにとっては運命の夜」)での貴婦人やチチスベオたちの関係の変化や競争にふれ、鋭い洞察力で「これらすべてのことが敵対心と隣り合わせのある種の友情のもとになる(49)」と述べている。

マンの指摘は、親密な同盟には二つの側面があり、常に葛藤が起こり得る一面を抱える点を想起させ、目下の話題の結論に先立ってより徹底した議論を促す。本書ではこれまで支配階級の家族の勢力均衡と連帯にチチスベイズモが適合しやすく、むしろ有用ですらある点を指摘してきたが、それはこのことが当時の社会におけるチチスベイズモの特徴として際立っていたからである。ここからは係争に関わる領域、相容れない者どうしの衝突や抑え切れない情熱によって生じた対立に注意を向けたい。これから紹介する二つのエピソードは、任命や罷免にまつわる混乱を示しながら、チチスベイズモの関係のさまざまな局面における困難を示している。

　最初のエピソードはある有名なスパイのおかげで今日に伝えられている。それはジャコモ・カサノヴァが一時的に故郷に戻り、ヴェネツィア共和国の異端諮問官の下で働いていたときのことだった。その出来事は、ある付き添いの騎士《カヴァリエル・セルヴェンテ》の交代に関わることで、妻はそれを切望していたが夫は反対していた。おそらくこの夫は貴族ではなく市民という身分のせいもあって異議を唱えていたのだろう。付け加えると、この件が探られたと思われる一七八一年、女性が希望したチチスベオは四十四歳、拒否したチチスベオは五十八歳だった。

先週の日曜日、三月二十五日、夜三時〔現在の時刻では夜九時頃〕、サン・モイゼのコンタリーナ家の中庭でアンドレア・サンフェルモ氏は侮辱的なことばでズアンネ氏の息子で貴族のG・バッティスタ・ミニオ氏に侮辱的なことばを浴びせました。サンフェルモが両手を挙げて脅そうとしたとき、この貴族は腕で彼を押しのけ、浴びせられたあらゆる雑言に対してひとこと「厚かましい奴だ、お前と私の違いを思い出せ」と言っただけでした。この口論の背景には次のような事情があります。サンフェルモの遊び好きな妻はメンディカンティ慈善院の孤児でした。彼女は夫の意思に反し貴族のミニオに夢中ですが、夫のほうはベルナルディン氏の息子で貴族のアルヴィーゼ・レニエール氏以外の者が彼女のそばにいることを望まず、目下のところ、歓迎されないながらもレニエール氏が彼女に奉仕しています。レニエールが夫人とミニオの秘密の関係に気付き、サンフェルモに不満を伝えたところ、彼は妻が自分の言うことを聞かないため貴族のミニオに腹を立て、そうすることが当然だと思い込んでいます。夫人から愛されているミニオは、レニエールと夫の心の平穏を掻き乱すのを止めようとしません。この騒動は深刻な結果を招くと思われ、閣下のご賢察に値しなくもないと存じます。ジャコモ・カサノヴァ(50)

二つ目のエピソードは一七六七年にさかのぼる。これもまたヴェネツィア共和国の異端諮問官に提出されたもので、ミケーレ・ミノットの妻、貴婦人マリアンナ・モーラが元チチスベオのジャン・バッティスタ・ミニオを告訴したときの記録である。貴婦人のことばに従えば「逆上したこの人物は」罷免を言い渡されたが、それを受け入れようとしなかった。

この騎士の気まぐれで嫉妬深い性格に六ヶ月我慢したあと、私の健康を守るため、そしてこれ以上世間で笑いものにならないように、とうとう私は夫を介してこの人物に私の傍から遠ざかるようにと礼を失せず要請することを余儀なくされました。ですが、ここで本当の意味での彼の狂乱と私の不運が始まったのです。といいますのも、公の集まりでもカジノでも路上でも絶えず私を困らせるような真似をし、たまたまご一緒している方々をも挑発するのです。ある晩などは、私がゴンドラに乗るのを手助けしていた貴族のジェローラモ・ヴェンドラミン神父様を運河に突き落とそうとしました。また別の晩は、通りでシダに身を隠し、私の部屋に入り込みました。そして、私がベッドに一人でいて、小間使い一人が控えていたところを見つけると、彼自身を罵倒し、私を不安でいっぱいにしながら、彼との交際を再開するよう私に迫ったのです。

証言はミノットのゴンドラの船頭によって裏づけられた。この者は「女主人の付き添いの騎士《カヴァリエル・セルヴェンテ》として何度も彼女と同船した」ミニオを「大層よく知っていた」。ミニオの襲撃はこれだけではなかった。「二日前、つまり金曜日の晩、我々がゴンドラで家に向かう途中、彼のゴンドラで我々を追いかけてきて、我々のゴンドラに乗り込もうとしましたが、奥様のほうが素早くご自身のゴンドラから降りられましたので、彼は後ろから「太った淫売婦のブタ女」と叫びました」。この緊張は日曜日、フラーリ広場で身体へ直接危害を及ぼす形で爆発した。ミニオは新しい付き添い役に伴われたマリアンナの行く手を遮り、彼女の頬を引っ張って平手打ちを喰わせた。この事件のあと彼はマリアンナによって告訴され、異端諮問官は彼の頭を冷やすために数ヶ月間ブレーシャの城へ送り込んだ(51)。

というわけで必ずしも常にものごとが円滑に進むわけではないが、こうした事件を一般的なものと考えることも間違っている。恐らく、二つ目のエピソードは、最初のエピソードと同じ人物のまだ若くて血気盛んだった頃の出来事なのだろう。だが、ここに紹介したチチスベイズモの関係の始まりと終わりのメカニズムの機能不全の二つの例は、これらを単に「逆上しやすい」個人による厄介な例外として片付けてしまおうとする悪意から紹介したわけではない。これほどセンセーショナルな災難を例外、というよりもむしろ稀有な事例として示しているのは、そのことを伝える情報源の性質のせいであり、今回の場合はそれが乱闘のきっかけという犯罪プロセスに関する通報だったことを考慮しなければならない。他の情報源、たとえば私信などはそれ自体、衝突から生まれたものではなく、そこにはより日常的でありふれた出来事が記録されている。これらの情報源に含まれる実生活の記録からは間接的だが適切な考察を導くことができる。もしチチスベイズモが押し並べて問題を孕む、あるいは既成の秩序に反するものだったとしたら、これほど永続的な成功を享受することはなかっただろう。こうした観点から、次節では三つの実例を紹介したい。それぞれ事情は異なるが、慣例どおりの関係性と日常的義務のネットワークにしっかりと組み込まれたチチスベオの奉仕の実態が分かるという点では共通している。この三例を選んだのは、記録がかなり残されているということもあるが、次のような点も考慮した。本書では既に奉仕される側の貴婦人（ルイーザ・パルマ・マンシ）の日記を紹介している。これは後ほどまた取り上げる予定だ。奉仕する側の騎士（ピエトロ・ヴェッリ）が別の男性に宛てた手紙も同様である。これらに対して次の三つの事例は、男性と女性の間に交わされた手紙に基づいている。

3・3　三角関係

3・3・1　ラウラ、アントニオ、総監督官

ラウラ・コッタはベルガモの支配階級に属する家系の出身だった。二十三歳だった一七四三年、二十一歳のアントニオ・グレッピと結婚した。彼はベルガモ市民の家系の子孫だった。実業家として優れていたアントニオはすぐさま富を築き、そのうえ、政府の間接税の主要請負人としてロンバルディアにおけるハプスブルグ家のキーパーソンになった。多くの人々の見るところ、彼は企業家としての能力と偉大な人物に相応しい気前の良さを持ち合わせていた。彼の富と成功が最高潮に達した七〇年代には、ヨーロッパ各地に投資先と商社があり、広大な土地とミラノに大邸宅を保有し、芸術家や知識人を含めた支援ネットワークを広げていた。そして、その大出世の最後を飾るように、伯爵の爵位を得て、ミラノの貴族階級への仲間入りが認められた。アントニオとラウラには一七四四年から一七四九年の間に六人の息子が生まれ、そのうち五人が成長した。彼らの結婚を後押しした理由については、それがベルガモの小さなエリート集団に属する二家族を結びつけたという

明らかな事実以外何も分かっていないのだが、いずれにせよ子供の多さに裏づけられるように、その結婚は当初幸せなものだった。やがて夫妻の距離は物理的に遠くなる。アントニオは仕事のために頻繁にミラノを留守にしたが、妻が積極的に彼に同行する様子はなかった。だからといって彼らの関係が損なわれたとはいえない。むしろ、長い別離の期間、彼らは規則的に手紙を書いていた。ラウラの手紙が保管されているおかげで我々は彼らの人生についてより多くを知ることができる。(52)

夫人の手紙の調子はあまり打ち解けた感じではない。宛先には夫を指して「親愛なる夫君《コンソルテ》」とし、末尾はいつも「あなたの妻《コンソルテ》ラウラ・グレッピより愛を込めて」と記していた〔イタリア語の〈コンソルテ〉con-sorte は「配偶者」を意味する。〕。書き方としてはとくに冷淡でもなく、十八世紀から十九世紀にかけて生じた情緒の転換以前の夫婦として通常の慎ましさの範囲内である。(53) とはいえ、恐ろしいほど悪筆だったラウラは（あるところで「時々私自身にさえ自分で書いた字が判読できないこともあります」と認めている）ほとんどいつも手紙を代筆させていた。そのため彼女は自由気儘な表現を抑制していたに違いない。もっとも頻繁に話題に上ったのは、彼ら自身と家族の健康、実務や家計にまつわる諸問題、社交界のニュースだった。この最後の分野に関して新たに伯爵夫人となったラウラは重要かつデリケートな課題を抱えていた。彼女はミラノの貴族社会と関係の薄い夫の代理を務めなければならなかった。夫は財産と政府における地位のおかげで貴族社会の一員になったばかりで、すべての人々によく思われていたわけではなかった。ラウラが維持する付き合いにはこうした状況が反映されていた。彼女が主催するレセプションには貴族たちと共に行政府の上級官僚たちの姿もあったが、その中には貴族階級に属さない者もいた。この点について手紙から引き出せるもうひとつ別の情報は、貴族の社交好きのおかげでこの時期頂点に達していたサロンの開催規模の大きさである。一七八四年十一月六日の手紙に添付された「メモ」は、直近の数週間に招待した人物――九月十七日には「パリーニ神父」も――の名前をその日毎に記載した詳細な報告である。十月を例にとると、グレッピの邸宅では全体として三一七人分のテーブル・セットを整えた計算になるが、そのうちの百十八客は「家族や親しい」人々のために用意され、残り百九十九客は最もよく招かれる人からそうでない人にまで用意された。

社交生活においてはもちろん招待を受けることもあったし、それ以外にも何かと外出の機会があったが、そんなときラウラには決まった付き添いがいた。以前――本書で既に紹介したとおり――彼女の付き添いの騎士《カヴァリエル・セルヴェンテ》になることを志願したミラノの大司教フィリッポ・ヴィスコンティではない。彼女が夫宛の手紙の中で決まって言及していたのは「監督官様」あるいは「総監督官様」と呼ばれる人物で、ときにはデ・ロッティンジェルという姓が付け加えられることもあった。ロレーヌ出身のジョヴァンニ・ステファノ・デ・ロッティンジェルは六〇年代のはじめ、トスカーナのロートリンゲン摂政政府のために働き、彼の家族はトスカーナで貴族として認められていた。一七六六年からはミラノのハプスブルグ政府の財政運営に関わり、一七八〇年には財務総監督官への任命を受け、壮年に達した彼の地位は頂点を極めた。ちょうど一七八〇年頃からデ・ロッティンジェルの名前はラウラ・グレッピが夫に宛てた手紙に頻繁に登場するようになる。彼女は決してあからさまに付き添いの騎士《カヴァリエル・セルヴェンテ》の呼称を彼に与えているわけではないが――また彼が正式にこの役を引き受けたこともない――、ラウラと監督官がチチスベイズモの関係を築いているのは明らかである。家族的しがらみから自由であることが誰の目にも明らかなデ・ロッティンジェルは、ミラノでもチェルヌスコにある彼女の別荘でも屈託なく貴婦人に奉仕し、サロンの中心的存在となっていた。それは――既に見たとおり――何十人もの人々が会する大規模な集まりになることもあれば、少数の友人たちとの親密なものになることもあった。例えば「先週の日曜日」と一七八三年八月六日にラウラは書いている「デ・ロッティンジェル監督官様とセッキ伯爵とカステッリーニ秘書官、そしてオッリゴーリ公爵夫人とクラーロ公爵夫人とそのお仲間も交えてチェルヌスコで昼食を摂りました。料理人はうちのカルロットでした。私は万事、出費は適切で控えめにしたいと思っているので」。その手紙の続きにはデ・ロッティンジェルについてより具体的な記述がある。「こうして私は監督官様を少し楽しませたのです。というのも風邪を召して二十日以上も外出なさらなかったのですから。昨日はお目にかかっていませんが、またぶり返したのではないかと心配です」。

このおそらく心気症と思われる傾向がデ・ロッティンジェルの奉仕のいささか不都合な点だったが、おおよそのところ、いくらかの留保があるとはいえ、ラウラは彼を評価していた。一七八三年八月十二日の手紙には騎士についての貴婦人の考えがそれとなく仄めかされている。「監督官様の体調は少し良くなったようです。今朝、私のところへ旅行前のご挨拶にお見えになり、うちで昼食を召し上がりました。私たちの意見はときどき合わないこともありますけど、あの方については私もあなたと同意見です」。一七八三年の秋、騎士はラウラの別荘への移動に付き添うよう請われていたが、おそらくは彼の過剰な慎重さのせいで、出発するまで大変な忍耐を要した。十月五日、「私が別荘に行くことをあなたが喜んでくださることも了解しましたが、監督官様の調子がまた少し悪くなったうえ、生憎の天気が続いているので、監督官様の具合がいくらか良くなり、天候も良くなったら、今月の終わりか来月の初めにでも、あなたが快く許してくださったとおりになるでしょう」。十月二十五日、「総監督様が良くなるまで、今のところ別荘へは行きません」。十月二十九日、「チェルヌスコへの付き添いに誰か他の人を適当に選ぶようにとのご提案に感謝します。ですが、故人の日を過ぎるまで別荘に行くことはないでしょう。総監督官様がいらっしゃるかどうかまだお決めになっていないので」。十一月一日、「水曜日か木曜日にチェルヌスコに行きます。監督監様はいらっしゃるかどうか日曜日には私にお知らせくださいます。今晩は風邪の症状が軽くなっていました」。十一月五日、「今のところ、私はまだミラノにおります。悪天候のせいで監督官様は旅行を決めかねていらっしゃいますし、親族にも来たがる者がなく、私ひとりで出発するのは気が進みませんから。それでも、天候さえ許せば、今日出発しようと思います。監督官様はあとからいらっしゃるでしょう」。十一月十一日、とうとうチェルヌスコから、「ここに監督官様をお迎えしました。今日は書状のためミラノにお帰りになります。風邪の具合は良く、暖かいからと仰って、あなたのお部屋をお使いになっています」。十一月十八日、「チェルヌスコの気候はあの方の健康に良いようです」。最後に十一月二十七日、「監督官様はミラノにちょっとお出掛けになり、今晩戻っていらっしゃるのですが、彼の主治医も一緒に来ます。必要だからではありません。これほどお健やかな様子を私もこれまで一度も見たことはありませんが、そのことで褒められるのを期待なさっているようです」。

ロッティンジェルの困った風邪の経過は別にしても、この一連の手紙のもっとも興味深いテーマは女性と二人の男性の三角関係である。妻は穏やかに当然のこととして傍らにいる付き添い役の存在と夫を調和させている。さらに二年間の交際を経た一七八五年十二月三十一日、ラウラは二人から遠く離れていたある時期の状況を乱雑な文体にもかかわらず分かりやすくはっきりと表現している。「万一、あなたのもとに総監督官様がいらっしゃいましたら、お伝え下さい。私が今、彼にキスして私がどれほど彼に愛情と敬意を抱いているかお示ししたいと強く思っていると。そして、今後もあなたを心から愛する妻でありつづけ、それを辞めることは決してないということも」。これらのことばを読むとき、関係者たちの年齢を考慮しなければならない。書き手は六十五歳、この手紙には「私の健康状態は五十歳を超えた女性としてはまあまあです」と書いているが、その記述は確かに間違ってはいない。二人の男性に関しては、彼らの体力的衰えは夫妻間の手紙のやりとりの中でよく話題になる冗談のひとつだった。一七八四年十月九日、ラウラはこう記した。「そして、その晩はその後、監督官様と過ごしました。あなた方は二人そろっておんぼろ馬車のようだと話したあなたのことばを彼に伝えたところ、生憎その通りだとお答えになりました」。つづいて十月三十日、「監督官様は風邪のため、お部屋の見張りをなさっています。実は昨日、殿下があの方を昼食にお招きになりましたが、丁重にご辞退になったので、ちょうどよかったのです。あの方もおんぼろ馬車と呼ばれても仕方ありません」。しかし、このような局面ばかりに注目するのは誤りである。ここでは証明の仕様もないが、チチスベオの奉仕に性愛の要素が含まれないという仮説が成り立つとすれば、そのことによってこの三角関係の穏やかで望ましい展開を妨げる障害は取り除かれるだろう。だが、すでに他の事例で確認したとおり、関係成立のための必要条件とその成功は、何よりも利益に基づく連帯と同盟に左右される。

アントニオ・グレッピとステファノ・デ・ロッティンジェルは長いことミラノ政府の同じ財政部門で働いていた。七〇年代のはじめには会計監査委員の上級顧問官として同僚だったこともあった。一七八〇年から同会計監査委員会議長を務めたベルガモ出身の貴族ピエール・フランチェスコ・セッコ・コムネーノからグレッピに宛てられた手紙によれば、グレッピとロッティンジャー、そしてセッコも含めた三者のつながりが明白であるばかりか、チェルヌスコとミラノの間で彼らが招いたり招かれたりすることによって私的な親密さを育み、そのつながりを強化していたことも分かる。セッコは一七八七年九月に自宅で開いたレセプション――その招待客の中には総監督官、彼の副官、ラウラ・グレッピ、別の公務員の妻オッリゴーニ公爵夫人が含まれていた――に言及し、「財務関係者全員」を昼食に招いたと述べている(54)。そのわずか数ヶ月後、一七八八年のはじめ、ある役職にラウラの甥が就任することが決まったが、そこにはグレッピとロッティンジェルの一致した働きかけがあったのだろう。一月十八日と二十九日に書かれた夫宛のラウラの手紙にそのことが触れられている。男性二人が相互の友情と敬意を表明していたことをラウラの手紙は絶えず伝えていたが、要するにそれは二人の人物の協力と相互扶助に根差したものだった。彼らにはさらに、ミラノにおける重要人物になったが、もともとその地域で強い連帯感を維持する貴族社会の一員ではないという共通点があった。

いずれにせよ、社会的観点からすれば、ロッティンジェルは社会的地位において結束の固い陰気な官僚たちへの仲間入りに成功しただけではなかった。おんぼろ馬車の監督官殿は思いがけなく再び走り回ることができるようになっていた。一七八五年の冬の仕事のためのウィーン旅行は、さまざまな意味で彼に良い効果をもたらした。ラウラは夫に帰途の旅程を知らせている。一七八六年一月十一日、「監督官様はマントヴァにご到着になったそうです。今晩甥が知らせてくれました。恐らくあなたのほうがよくご存知でしょう。風邪のため、そこに滞在なさったそうです。週末には我が家にお見えになるでしょう。あの方がいらっしゃったら、何かと大変だったことへのお見舞いと、あなたをご訪問なさらなかったことをあなたが残念がっていること、それからあの方のご幸運とご健康をお祈りしていること、その他諸々お伝えしておきます」。だが同月二十一日には、「監督官様のご体調は大層良くなり、すっかり陽気にお過ごしです。あなたも少し若さを取り戻したいと気まぐれにも思うのでしたら、ウィーンに行ってごらんなさい。粋になってお帰りになるでしょう。あなたにこうしてお話していることはどれも私の気に入らないことばかりです。というのも監督官様は若い公爵夫人をお気に入りと見え、私はどうにかして私自身の不満を露にしないように分別に頼る以外方法がないのですから」。このユーモアのある反応は三月五日にセッコからグレッピに宛てたロッティンジェルに関する情報と一致する。「目下、正式にオッリゴーニ公爵夫人の付き添いの騎士《カヴァリエル・セルヴェンテ》を務めている」[55]。

公私が絡み合う関係の輪は以前と変わらない。監督官殿のオッリゴーニ夫人への奉仕のせいで、彼がグレッピ夫人への態度をあからさまに変えることはなかった。一人の騎士が複数の貴婦人に奉仕する可能性を示す資料は全体的に見ても少なく、とくに文学テクストにおいては一人の貴婦人が複数のチチスベオに取り囲まれるという状況設定のほうが顕著だが、前者の事例も実際には想定され、実現することもあった（例えば、ピサのポスキ／ロレンツァーニ間に交わされた「条項」第二条やジョヴァンニ・グワルベルト・パンチャティキの事例がこれに該当する）。ウィーンの空気を吸って意気揚々と戻ってきたロッティンジェルもその例に含まれる。ラウラは一度だけ異議を申し立てた。一七八六年五月十日、「監督官様はお元気で、私へのご挨拶をお言伝になりましたが、私が彼に会うことはまずありません。というのも目下毎晩サロンにお出ましだからです」。事実、オッリゴーニ夫人への奉仕がどうなったのかという点は別としても――このことについては、これ以上何も情報はない――、ロッティンジェルの社交についての情報源は依然としてラウラだった。おまけに彼はグレッピとの親密な関係を保ち続けていた。ラウラの手紙からは監督官が依然として彼女の付き添い役だったことが確認できる。一七八六年十一月二十四日の手紙では、彼がグレッピのもとを訪れるので、ラウラは夫に「私のためにも健康に留意するよう彼にお伝え下さい」と頼んでいるほどだ。

ラウラの生活がより地味で引きこもりがちなものになったのは、奉仕する彼の側からの協力が少なくなったからというよりも、時と共にさまざまな身体の不調が加わったせいだった。身体の不調が彼女の心理にもたらす影響は、夫宛の打ち解けた手紙に見え隠れする。「私たちの文通が今となってはお互いの病気の報告ばかりになってしまって残念です」と一七八九年十月二十一日の手紙で告白している。一七九〇年四月二十八日、彼女は七十歳を迎えており、恒例となった身体の不調に関する報告をこう結ぶ。「ああ、年のせいで、どれほど気が滅入ることでしょう！」。外出の楽しみもかつてほどではなかった。一七九二年七月二十八日、「今朝、総監督官様はコモの別荘にお発ちになりました。私も招かれたのですが、お受けする気になれません。身体が優れないときは陽気さよりもひっそりした生活のほうが好ましいのです」。

とうとう、「健やかで上機嫌な」ロッティンジェルが傍にいた一七九三年九月、ラウラの胸に腫瘍ができ、それはやがて彼女を墓場に連れ去ってしまうことになる。最初、そのことを夫に知らせたときは「腺」の話題に触れ、その他の加齢による不調と同程度にしか気にかける様子はなかった。その後数ヶ月、当時の医学水準では不確かな診断しかできなかったが、彼女は病の重さをはっきりと意識し、アントニオへの手紙に詳述するようになった。一七九三年十二月二十五日には「ウミガメのスープ」、さまざまな丸薬、禁酒による治療にもかかわらず、「何の希望も見出せません」と記している。一七九四年二月八日、「腺は一つだけではなく、三つ以上ありますが、破れそうもなく心配です」。二月十五日、「肥大化した腺が腕にもでき、大層痛みます」。一七九四年七月十二日、「痛みがひどく、腺が肥大化しています。医師たちもなす術がありません。神が私に勇気と忍耐を与えてくださいますように」。

ここで我々がもっとよく知りたいのは、ラウラがこの最大の苦境に立たされているとき、ふたりの男性がどのようにふるまったのかということである。手にした資料から、そこに含まれている内容以上のことを無理に読み解くことはできないが、三角関係が依然として機能し続けていることは間違いない。したがって、おそらくラウラにとっては今や十分なぬくもりを感じられるものではなかっただろう。ロッティンジェルはいつもどおりの奉仕を続けていた。一七九三年十月三十日、「総監督様と親戚皆があなたによろしくと言っています」。十一月九日、「私への愛情を絶やさないでください。総監督官様があなたによろしくと仰っています。あの方の姪御は風邪をひいているそうです。私がいつも変わらずあなたを尊敬し、愛していることを信じてください。心から愛を込めて。ラウラ・グレッピ」。一七九四年四月十八日、「総監督官さまにあなたの心のこもった挨拶を伝えさせました。一週間ずっと私は家におりましたので、直接お目にかかったら、私の口からあなたからのお礼をお伝えします」。彼に関する最後の重要な情報は――これから引用する「今の状況」がラウラの病を指すなら――少なくとも彼の側に特別な配慮があったことを示すものになるだろう。一七九四年七月二十二日、「あなたの手紙に少し具合が良くなったと書いてあったので嬉しく思います。私にとってかくも大事なあなたの健康をただひたすら心よりお祈りしています。私のほうは相変わらずです。何も役には立ちません。総監督官様に会いました。あの方はあなたの様子をお尋ねになり、私からあなたにくれぐれもよろしくお伝えするようにと仰いました。あの方も今の状況を考慮して恒例の別荘への避暑はお止めになり、パブリック・ガーデンのクラブでお過ごしになります」。

アントニオの態度を評価するには、手紙の間隔が普段よりも間遠になっていることと病身の妻を見舞う夫の訪問との間に関係があるのかどうか、あるとすればどれほどなのかを知っておかなければならない。だが、全体的に見て疑いなく、ラウラが邸宅と家族があり、僅かながら医学的処置が受けられるミラノに留まっていたように、アントニオもレッジョ・エミリアにあるサンタ・ヴィットリアの広大な領地内の彼の主邸宅とそこでの仕事から離れなかった。また、死期を迎えたラウラが、彼女の属する時代と身分の習慣に沿った夫婦間の愛情以上のものを求めていたことも疑いない。一七九四年三月二十二日、「私の体調は相変わらずです。月曜日から今日まで床に就いています。それが役に立つかどうかを見るために、そうするよう勧められたのです。瀉血もしましたし、ロバの乳も飲んでいます。私の乳房は一部潰れてしまいました。どうか神のお望みどおりになりますように。あなたに会えなくて残念です。あなたは他の誰よりも私が愛している人なのですから。たとえ遠くからでもあなたの愛を信じています」。そして、日付のないもう一通には、「続けて四十日もスープを飲み、かならずドクニンジンも服用しています。患部を刺激しないよう家で安静にしており、細心の注意を払って治療を受けています。気を奮い立たせていますが、病は病です。妹たちが一緒でなくて残念です。彼女たちは私の憂鬱を和らげてくれるのですが」。ここでついにラウラは女性としての孤独に屈し、一度だけ率直に告白する。彼女は「あなたがここにいて、私の相手をしてくださらないのが残念です」と書き取らせたが、そのあと自身の震える手で書き加えた。「そうすれば私の気も少しは晴れるでしょうに。私はとても悲しいのです」。ラウラは一七九五年二月二日、ミラノで亡くなった。

3・3・2　カッティーナ、ザネット、ジュスティニアン

カテリーナ・コンタリーニ・ダル・ザッフォとジョヴァンニ・クェリーニ・ディ・サンタ・マリア・フォルモーザあるいはクェリーニ・スタンパーリア夫妻は、アントニオ・グレッピとラウラ・コッタの場合とは異なり、彼らの故郷ヴェネツィアの中でも最も偉大な家系に属する。彼らの父親、アルヴィーゼ・コンタリーニとアンドレア・クェリーニはそれぞれ両家の家長としての権威を誇示していただけでなく、ヴェネツィア共和国を代表する政治家でもあり、クェリーニの従兄弟でもあったアンドレア・トロンに追随し、共和国に介入しようとする教会勢力に共に抵抗した。(56) カテリーナとジョヴァンニは一七五五年に結婚した。ジョヴァンニは当時二十二歳で、カテリーナもほぼ同年代だった。一七五七年から一七六二年の間に五人の男児が誕生し、そのうち四人が幼児期を生き延びた。一七六八年、ジョヴァンニは父親の政治的影響力を裏づけるように、スペインに大使として派遣され、五年ほど滞在した。この間、夫妻は定期的に文通し、カテリーナは彼女自身の下書きと夫から届いた原本を合わせた全部で四六〇通の手紙をとりまとめて保存した。(57) カテリーナの稀に見る性格のおかげで大層見事に仕上がったこの書簡集は、それ自体、研究の対象に値する。この書簡集はとりわけ、様々な観点から幅広く啓蒙化された社会的コンテクストにおいて、その中にしっかりと取り込まれたカヴァリエーレ・セルヴェンテの役割を理解する助けとなる。したがって、チチスベオがいかなる人物であったかは、背景となる枠組みを先に提示した上で、あとから紹介したい。

カテリーナとジョヴァンニも互いにvoiという敬称を使っていたが、妻や夫《コンソルテ》という称号で互いを呼び合うアントニオとラウラの場合よりも親しみを込めて、しかも、「親愛なるザネット」、「あなたの愛するカッティーナ」のように飾り気のないヴェネツィア方言で名前を呼び合っていた。彼らはまだ若いカップルで、子供たち

も小さかった。その彼らが直面した裕福な家庭における長い別離期間がどのようなものだったのか今日の我々には想像しがたく、五年間にわたる夫妻の様子を把握することは容易ではない。彼らを強く結びつけるのはもちろん子供たちの存在である。長男のアンドレアは一七六八年の時点で一一歳になっており、父親によってスペインに伴われた。ザネットは定期的にカッティーナに息子の健康、勉学、精神的成長について知らせている。

例えば一七六二年九月十九日（第七十二）には、

アンドレアは神のおかげで大変元気よく過ごしている。信じられないくらいよく食べるのだが、とてもよく動くので、鉄でさえ食べれば消化できそうだ。朝起きるとチョコレートを飲み、授業を受け、その後、自習の前に、若鶏を半分または肉一片で腹ごしらえしてから勉強を始める。それから一時間半後、長くても二時間後には昼食を摂る。昼食後、時間になるとまた勉強に戻り、そしておやつ。用事に出かけて食事。帰宅すると一日中何も食べなかったかのように夕食をとる。そして健康に関しては我々の誰よりも優れている。

母親からの満足気なコメント（十月一日、第七十六）には、いささか懸念も見え隠れしている。

あなたの手紙からアンドレアが健康であることを知り大層安心しましたが、あなたのいうとおり、食べたものがすべて彼の身体に取り込まれているのでしたら、ヴェネツィアに戻ってきた暁には、すっかり大きく肥満してしまって、彼だと分からなくなってしまうのではないかと心配です。その過剰な食欲のせいで彼の具合が悪くなるような事態を神がお望みになりませんように。

一方、彼女のほうは家に残っている三人の子供たちの成長ぶりを夫に知らせている。彼らの教育に関する出来事を伝え、種痘のワクチンを受けるかどうかという難しい決定について相談もしている。子供たちも——最年少のジローラモさえも——手紙を書いていたが、彼らの手紙は保存されていない。それに関してはザネットによる間接的な証言がある（一七六八年九月十二日、第二十一）。「子供たちからの手紙を受け取ったが、モンミからのはよく出来すぎている。もう少し下手だったら彼自身が書いたものだと分かるので、私としては嬉しいのだが。可哀相な子だ。すぐに返事を書くことにしよう」。距離と時間のせいで子供たちへの父親の関心が軽減することはなく、一七七一年五月二十四日には（第一四九）こんな要求をしている。「三人の子供たちの身長を教えてくれないか。どのくらい大きくなったか知りたいし、アンドレアとの身長差も知りたい。普通なら祖父が知りたがるようなことを訊きたくなるなんて、私も歳を取りはじめたようだ」。カッティーナは六月二十二日に返事を出した（第一六四）。「お望みどおり、子供たちの身長を同封します。頭の先からつま先まで私の手で測りました」。

十八世紀の終わりから十九世紀のはじめに起こった感情の転換期よりも前には、子供たちを愛した両親が通常その感情をはっきりと表明することはなかった。ザネットとカッティーナ、とくにザネットはいくぶん時代を先取りしていた。おそらく別離によって、独自の愛情を雄弁に表明する彼の性格が助長されたのだろう。夫妻の関係はこのようなぬくもりに溢れた望ましい雰囲気に彩られていたが、実はそう単純に解釈できるものでもなかった。ザネットは出発にあたり、妻への愛情を彼女に保証した。「私はパドヴァからあなたに会わずに発つが、それはあなたに与える苦痛をできるだけ少なくするためなのだ。信じて欲しい、愛しいカッティーナ、分かれるのは私にとっても大変辛く、あなたのことを決して忘れることはないだろう。あなたはそのことを事実によって確かめることになるだろう」（一七六八年四月十七日、第一）。彼は彼女の顔のミニアチュールを持っていて、八月十五日の手紙（第十七）ではそれを肌身離さず携えていることを彼女に伝えている。「あなたの肖像画を指輪に嵌め込み、指につけている。それを目にした人は皆褒めてくれるので、あなたに代わって私が礼を言っている」。スペイン滞在の当初数ヶ月間、夫妻にはザネットの不実をめぐって小さな諍いが生じたこともあった。おそらくヴェネツィアのサロンでそのような噂が囁かれたのだろう。だが、カッティーナ自身はそのことについて夫ほど深刻に受け止めなかった。彼女の軽いあてつけに過剰に反応する夫――「あなたは知っていると言うが、何にも分かっていない、あなたに告げ口する者たちは大ばか者だ」（一七六八年十月二十日、第二十七）――に向かって彼女は「ある領事夫人とのお楽しみ」について悪意を込めて仄めかすが、やがて「いいでしょう、私には何も分からないのですから」とこの話題を短く打ち切る。当時の社交生活におけるギャラントリーな雰囲気の中ではなおのこと、五年間も不在にしている三十五歳の夫を性的な領域で独占することが妻にとって現実味のある目標になるはずもなかった。

カッティーナの心配はむしろ彼らの関係をつなぐことだった。「あなたからのいつものお便りを受け取る以外、私には今のこの別居状態に他の慰めを見出せません。愛しいザネット、あなたの愛情のこの小さな証だけは私から取り上げないでください」と一七六九年八月十二日の手紙（第六十八）に書いているが、同じような文言は他の多くの手紙にも見られる。彼の手紙はやや熱心さでは劣るが、そのことが忘却や無関心を示すようには見えない。双方の態度がはっきりするのは、ザネットが彼の父親の要望でスペインからヴェネツィアに立ち寄らず新たにフランス大使として赴任するという見通しが明らかになったときのこと――後で見るとおり、その話はやがて立ち消えになるのだが――だった。その話を最初サロンで聞きつけたカッティーナは自らペンをとって訴え始めた（一七七〇年四月七日、第一〇二）。

あなたは私に何事でも知らせて下さるような善意は持ち合わせていないのですね。私はあなたに関わる知らせをモスクワとトルコの戦争に関するニュース同様、サロンで耳にするという屈辱を味わっています。私の名誉を守り、品位を保つためにも、その知らせを用心深く聞き、曖昧に返事をして、そのことを知っている素振りをしていますが、実際は何にも知らされていないのです〔…〕そのことについて私は何を信じてよいのか分かりません。私がどれほどあなたのそばにいたいと望んでいるか神はご存知です。あなたのためなら私自身を犠牲にしてもいいと思っているくらいですのに。

実際、ザネットのほうもこれ以上の不在が長引くことを望んではいないようだった。少なくとも、次の任地に赴く前に一時家に帰ることを望んでいた。この計画への思いと実現に向けた努力に関して夫妻は一致していた。一七七一年四月十六日のザネットの手紙（第一四三）には、

水曜日、つまり明日、我々が分かれてから三年が経つ。いつまた一緒になれるか神のみぞ知る。このことをあなたのほうから私の父に話して欲しい。六ヶ月の休暇の許しが出たら、この上ない活力を私に与えてくれるだろう。

カッティーナ、一七七一年五月四日（第一五七）、

残念なことに、ほんとうに別居生活が三年も経ってしまいました。しかも、「いつまた一緒になれるか神

のみぞ知る」というあなたのことばが私の心にあまりにも大きな傷を与えました。あなたは私から希望をすべて奪い、悲しみの際に立たせています。あなたは私にお父上と話し、六ヶ月の休暇を願い出るようお申し付けになりましたが、どうやってそんなことができるでしょうか？ 近づくこともお話しすることもできません。ああ、もしそうできるなら、六ヶ月どころか六年分の休暇をお願いすることでしょう！ とにかく、あなたのもっともな望みに従ってできるだけのことはやってみます。それは完全に私の望みでもあるのですから。

このようなやりとりは――パリ行きの任命を待っていた月日に限ったことではなかった――互いの気持ちを確かめ合う機会だったことも考慮されるべきだが、カッティーナとザネットの関係が、彼らの特別な親密さが示すとおり、長期にわたる別居という避けがたい困難にも屈しなかったことを示す。とはいえ、その親密な関係が保たれていた別居期間中、彼らの間に横たわり、他のどの話題よりも夫妻の往復書簡を占めていた本当の問題はザネットの悪癖だった。それは彼だけでなく当時の貴族たちの間に広まっていた。子供たちへの関心と愛情にかくも満ち溢れた父親でさえ、不幸にも心の弱さからその誘惑に屈するしかなかったその悪癖とは賭博である。

ザネットは執拗な借金取りから逃げるようにして赴任したのだった。その上、妻にはことの重大さや詳細をきちんと説明していなかった。カッティーナはすぐさま絶えず新たに明るみになる非常事態に向き合わなければならず、一七六八年七月二十三日（第二十三）以降、そのことを彼に書き送っている。

愛しいザネット、あなたの債権者たちへの対応は私にとって小さな困惑どころではありません。あなたの借金の正確な記録も残して下さらなかったのですから。すべて写しできちんと整理されておらず、そこから私は何の手掛かりも得ることができません。さらに酷いことには、多くの人が私を探し出すのですが、私には書類を見ても何も理解できません。何度あなたにそのことを書いても、あなたは私に何も教えてくださらない、とくに賭け事でこしらえた借金については。

時が経つにつれ、無責任な夫のだらしなさがカッティーナをますます複雑化する困難に巻き込んでゆく。それらに対してカッティーナは威厳を保ちながら毅然と対処しようとつとめた（一七六九年一月十三日、第三十九）。

愛しいザネット、あなたが私に布地や時計や手袋など素敵なものを買って下さる約束をしたのにそれを実行して下さらなかったとしても、私があなたに不平を述べることはないでしょう。実際、そんなことはあり得ないし、今後も決してありません。私はそのようなことは気にもしませんし、むしろあなたには私のためにたとえ小額でも無駄遣いなどして欲しくないのですから。ですが、どうか率直な物言いをお許し頂きたいのですが、もし、あなたが詐欺その他、世間に醜態を晒すような事態に私を巻き込むことになったら、私は当然激しく嘆くでしょうし、そんなことには無論耐えられないでしょう。こんな愚痴を言って申し訳ないと思いますが、あなただって私の正直な性格をご存知でしょう。

あいにくザネットには手の施しようがないことが判明する。ヴェネツィアでの借金のもつれの解明に協力しないばかりが、新たにスペインでも負債を増やし、従順な性格ではない妻を正真正銘激昂させた。一七七〇年四月二十八日（第一〇五）、彼女は「あなたは私に雨だの風だの雪だの嵐だのと不安定な天気のことをお書きになるけれど、それはこちらだって同じです。そんなことより私は一文無しで、あらゆる方面から悩まされています」と抗議している。あるいは一七七一年七月二十七日には、新たに手形が見つかるという事態に愕然として「あなたから今更こんな仕打ちを受けるなんて思ってもみませんでした。もはやこれまでも、あなたがどれほど私の気持ちを踏みにじってきたか分かりませんが」。夫妻の往復書簡はこの時点で彼らの関係に変化が訪れたことを示している。彼ら愛情は――既に見てきたとおり――決して途絶えることはなかったが、通常の男女の役割とは異なる力関係に支えられていたことが分かる。ザネットの嘆きは一七六九年五月九日（第五十四）には既にいつもの被害妄想的な終わりのない愚痴となって表明されている。「あなたの手紙にはあなたのほうがより思慮深いと書かれているが、夫に宛てた妻の言い方としては強すぎるのではないだろうか。そうはいっても、あなたのことをとても愛しているので許さないわけにはいかないのだが。だが、あなたはもう私のことに耐えられないだろうし、私の身体のほうは限りなく衰弱しているので、あなたが私を励まそうとしても、おそらく差し迫っている新たな打撃に抵抗できないのではないかと思う」。

このような夫の態度を目の当たりにしたカッティーナは、ますます精力的に物心両面から破産に抵抗する砦の役割を引き受けなければならなかった。とりわけ彼女の立場を難しくしたのは、ヴェネツィアで彼女を取り巻く自身の親族と夫の親族の態度だった。ロンバルディアの新貴族である程度年齢を重ねていたグレッピ夫妻の場合、ラウラの手紙から分かるのは、彼らが親族ではなく友人たちに囲まれていたことだった。三十五歳のクェリーニとコンタリーニの往復書簡からは広く強力な親族ネットワークの存在が窺える。だが、それは子供たちと共に故郷に一人残された妻にとっては助けになるどころか、しばしばさらなる問題の原因になることもあった。とくに舅は――すでにその片鱗を確認したところだが――扱いの難しい相手だった。ザネットの負債の醜聞が大きくなった頃には、この老人の怒りの捌け口は罪のない嫁に向けられ、息子の不在中、彼女を手荒く遇した。「悲嘆に暮れ、激怒している」というのが、知識人で文人としても優れていた舅を評して嫁がしばしば使う表現だった。とはいえ、どちらかというと善良だった彼の性質は、ザネットの出発の頃から既にやや吝嗇に傾きかけていた。

感謝します――一七六八年五月一日（第四）カッティーナは書いた――お義父様に私のことを頼んでくださって。ですが、あまり執拗にするとあちらもうんざりなさるので気をつけてください。お義母様を介して、子供部屋を寝室に使用するお許しをいただきました。本当に必要なものだけで、他には何もありませんが、私は大変満足しております。このことだけでなく、また、お二人の心のこもった対応にも。お義父様はいつもの倹約で、ジュスティニアンが購入した馬たちを売却なさいました。

この手紙にとうとう「ジュスティニアン」が登場する。彼らの往復書簡でいつもこう呼ばれるこの人物が、つまりカッティーナの付き添いの騎士《カヴァリエル・セルヴェンテ》であり、ようやくここでより広い関係の枠の中に彼を位置づけることができる。彼が登場するのは――見て分かるとおり――往復書簡のはじまりの頃からで、舅の「粗野な」*rustego* 決定のあと馬車で出かけられるよう計らってくれたのも彼だった。赴任期間の最初の数ヶ月、まさにこのジュスティニアンをめぐって厄介な議論が交わされた。確認しておきたいが、既に本書でも触れたとおり、チチスベイズモの奉仕は男性同士の合意に基づくものであり、したがって原則として未亡人は対象外だった。ザネットの出発後、カッティーナの父親が馬の経費を倹約した舅と共に代わりを務め、娘の世俗的な社交の規模を縮小した。実質的に彼女は一時、未亡人と同じような状況に置かれたことになる。一七六八年八月二十日（第十八）、カッティーナは次のようなエピソードを語っている。

聖ロッコの祝日、私はジュスティニアンとマロッコにコーヒーを飲みに行きました。私の父がそれを知って、いつものとおり激怒しました。私の弟が財務庁に知己を得たいと思い、父に許しを請うたので、父は彼に言伝を持たせて私のもとに寄越しました。私が弟を付き添いとしてクラブに連れて行くことを許可する条件としてジュスティニアンを罷免しなければならない、というのが父の言い分です。私は父に私の思ったとおりに返事をし、ジュスティニアンには六年も前から付き添いをしてもらっていること、罷免に値するような人物ではないこと、彼が私のそばにいるのはあなたの同意を得ているからで、もし父がそれ変えようとするなら、父はあなたにそのことを話さなければならないことを伝えました。この私の返事が父の頭を冷やしたようですが、あなたにもこの件をお知らせしておきます。もし、父があなたに何か言ってきたら、きちんと返答できるように。もう遠くにいらっしゃるのですから、父には遠慮なく返事をして下さっても構いません。

ザネットは急いで彼女に請合った（一七六八年九月十二日、第二十一）。「義父上のお怒りに対するあなたの答えは申し分のないものだった。もし、彼が私のほうに何か言ってきたら、あなたが納得できるように返答するから心配しないで欲しい」。

ジュスティニアンは付き添いだけでなく、夫妻のその後の出来事に重要な役割を担うことになる。このジュスティニアンという人物の名前はジローラモだが、一七六八年からコンスタンティノーポリのヴェネツィア大使を務めた有名な騎士のジローラモ・アスカーニオではなく、サン・セイゼの家系のジローラモ・ジュスティニアンだと推定される。彼は一七一一年生まれ、つまりザネットよりも二十歳ほど年長で、その遠縁に当たり、おそらく独身の元老院議員で、一七六八年から一七六九年にかけて十人委員会のメンバーだった。[58] カッティーナへの奉仕の始まりは、引用したばかりの彼女の記述によれば、彼女の最後の妊娠直後にさかのぼる。その奉仕がどのようなものだったのか、いつもの社交界での出来事以外、夫妻の往復書簡にはいくらかでも恋愛を想起させるような示唆が僅かにあるだけで、しかも必ず曖昧だった。一七七〇年十月六日（第一二八）、カッティーナはジュスティニアンが「この上なく忍耐強く、私に付き合ってくださいます」と書いている。一七七一年二月一日（第一三六）、ザネットは「恋人に才能を認めてもらいたがっている、ある宮廷人のために」滑稽なアリアの写しを送るよう依頼するついでに、冗談めかして「恋人といえば、ジュスティニアンはどうしているだろうか？　ずいぶん前から何の便りもないが」と付け加えている。一七七〇年十月二十九日（第一二四）のザネットのことばは――「ジュスティニアンによろしく伝えて欲しい。彼がまだあなたに付き添ってくれて嬉しい」――には様々な意味合いが含まれ、どのような種類の付き添いにも当てはまる。

間違いないのは、賭博による借金という重大な懸案においてジュスティニアンが多大な援助を行ったことである。損害が外に、つまりヴェネツィアの貴族社会に漏れないよう抑えることに努め、関係する親族との間の敏腕な調停役も担った。彼自身、その周辺部に属しており、その中で仲介と調整のかなめとなっている。ザネットの引き起こした災難が舅とカッティーナの関係を難しくしはじめたあと、とくに裕福で独身のおじジローラモ・クェリーニをはじめとする親族に対してその件を弁護したのはジュスティニアンだった。カッティーナによれば（一七六九年六月十日、第五九）「先週のある日、ジュスティニアンは仕事でパドヴァに行きました。私は彼におじ様のもとに赴き、私からくれぐれもよろしくお伝えくださるようお願いしました。実際、彼はとても上手にお話して下さって、あの方も私に同情してくださいました」。ジュスティニアンとクェリーニ家は相当親密な関係にあった。それから一年後、このおじが亡くなったときにはその遺言まで手に入れている。

「彼は好奇心から写しを取ったそうです」というカッティーナもそれをさらに写し取ったものをザネットに送っている（一七七〇年八月二十日、第一三〇）。

夫の債権者たちとの対応においてカッティーナを助けたのもこの付き添いの騎士《カヴァリエル・セルヴェンテ》であり、その態度はパリーニの描く軽薄で役立たずの「若様」とは似ても似つかない。一方では、高利貸したちがいて、とくにユダヤ人ボンフィルにとってザネットは一七六九年以来いい客だった。五月十八日（第四十七）カッティーナは「ジュスティニアンにあなたの手紙を託しました。彼は即座に私を外に連れ出し、道中、その手紙を読み聞かせてくれました。私をボンフィルのもとに案内し、一緒に彼に黙っていてくれるよう頼みましたが、彼に承諾させるのは本当に大変でした」と書いている。あなたはジュスティニアンに感謝しなければなりません。あらゆる手段でボンフィルの口を封じることに成功したのですから。より詳しいことはあの人からお聞きになるでしょう」。それから数年間、ザネットによれば「悪意に満ちた詐欺師」（第一二〇）だが、カッティーナによれば「誠実」で「場合によっては聴罪司祭よりも口の堅い」（第一七五）ボンフィルは、返済期限が過ぎたことへの抗議をいつもジュスティニアンによって遮られた。もう一方では、ザネットと同じ階級に属し、彼から金を巻き上げたヴェネツィアの貴族たちがいた。彼らと仲違いをして醜聞を引き起こすことは家族の名誉にとって致命的である。そのような状況で老クェリーニの怒りは害をもたらすばかりだが、如才のないジュスティニアンは彼に連帯意識を持たせ、この件に関して沈黙を守らせることに成功した。

これに関する最も注目すべき例は一七七一年秋、ザネットがカッティーナにトンマーゾ・ソランゾがまだ彼の借金の借用証書を持っているが、彼によればそれは既に返済したものだと明かしたときのことだった（九月二十三日、第一六二）。「モモロ〔ジローラモのヴェネツィア方言での呼び方〕・ジュスティニアンはそのことを覚えているはずだ。私の記憶に間違いなければ、彼が仲介してくれたのだから」。カッティーナはその通りにジュスティニアンを頼り、彼は貴族の間での影響力を駆使してこの件を解決したが、それは予想以上に複雑で、二回にわたる元老院での会合を経た上でのことだった。「ジュスティニアンがあなたによろしくと言っています」十一月二十三日(第一八四)とカッティーナは書いた。「彼は水曜日に元老院でトマ・ソランゾと話しました。あなたの借用証書を取り返すためです。ですがソランゾはもう何も覚えていない、つまり彼の許に残っているか、あるいはアンゾロ・ズスティニアン・オルサートの手許にあるのか分からないと言うのです。今日、元老院でよりはっきりしたことをジュスティニアンに話すでしょう。オルサットに会い、確認する時間があったでしょうから」。十二月七日(第一八六)には、この問題は首尾よく解決した。この見事な調停の立役者が誰なのか理解するのは難しくない。「ソランゾのところにもジュスティニアン・オルサートのところにもあなたの証書はありませんでした。ですが、いずれかから貸借の差し引き残高の証書を受け取る予定です。それがあなたの借金がなくなったことの証明となるでしょう」。

だが、こうしている間にもスペインではザネットが度を越した贅沢とまたもや賭博による莫大な損失を出すという愚行を犯し、そこから新たに生じる不幸な結果はもはやジュスティニアンにも避けようがなかった。一七七一年十二月から一七七二年のはじめにかけて事態は危機的状況に達し、その間、債権者たちの圧力は耐えがたいものになっていた。動揺と精神的錯乱の中で書かれた弁解の手紙から憔悴しきっていることが明らかなザネットに対し、カッティーナは闘争的な性格を露にしながら、舅に抵抗し、不幸の元凶である夫を徹底的に支持し、「私たちの罪のない子供たち」(一七七二年三月十四日、第二二〇)を守った。救済は最終的に家族会議、というよりもむしろ幅広い親族の会合で決まった。出席者がすべて男性だったと察せられるその会合は、カッティーナ自身の報告によれば、彼女に喜ばしい結果をもたらした。少なくとも彼女のことばからその喜びを窺い知ることができる。おそらくそこにはザネットの帰還時期の繰り上げが含まれていたに違いない(一七七二年、四月四日、第二〇三)。

私が知り得たことをすべてあなたに逸早くお知らせするのは妻として友人としての義務だと思います。月曜日、この件についての会合がガルゾーニ家で開かれました。そこにはトロン家の者や私の父をはじめ私たちの近親者が同席していました。議題は、現在の状況を鑑み、あなたにあちら[パリ]での任務を続けさせるべきか、それとも既に選出されたフランス大使就任への免除を願い出るべきか、という一点のみです。全員一致で免除申請に決まりました。現実的に見ても任務は続けられませんので当然の結果ですが、このことはあなたの品位をいささかも貶めることにはなりませんし、あなたの負債がすべて支払われれば、あなたの名誉は一切損なわれません[…]これが会合で決まったことのすべてです。そのことを私は出席者のひとりから逐一内々に聞かされました。あなたにお知らせしなければ、私は私自身を裏切ることになるでしょう。もちろん、他の人からもあなたの耳に入るでしょうけれど。愛するザネット、これがすべてです。この結論があなたのお気に召さなくても、失礼ですが、あなたの身から出た錆びです。運命がもたらしたこの結果はあなた以外の誰にも防ぐことはできませんでした。この災いから良いことが生まれるよう願いましょう。

ザネットはそれを受け入れる分別を持たず、世間にフランス大使を辞退する言い訳として、狂人のふりをすることまで考えていた。手紙から伺える彼の精神状態はそれとは程遠いものだったのだが。おまけに危機的状況にある彼に故郷の友人たちが支援の手を差し伸べなかったり、報恩の念を示さなかったりしたことに執拗に不満を述べた。明らかに根拠のない嘆きは、ジュスティニアンの役割を再び前面に押し出すことになった。

彼は――ガルゾーニ家の「会合」に参加していたかどうか、また、カッティーナにその内容を語った人物なのかどうかにかかわらず――十分見方してくれなかった、というのがザネットの言い分である。その愚かしさは別にするとしても、この意見は、この件に関してザネットとは反対の立場をとるカッティーナの意見とあわせて、付き添い《カヴァリエル・セルヴェンテ》の騎士に友情や同盟への忠誠心の表明が期待されていたことを大いに納得のゆく形で証明する。

ザネット（一七七二年三月三十一日、第一八二）、「この不幸についてジュスティニアンは何と言っているだろうか？　私には同情してくれる友人がひとりもいないなんてことがあるだろうか？」。カッティーナ（四月二十五日、第二〇六）、「ジュスティニアンがあなたによろしくと言っています。あなたに手紙を書かなかったのは、このような状況で友人として、どのようにことばをかけたらいいのか分からなかったからだそうです。彼は驚愕のあまり混乱し、あなたに同情し、私を通じてあなたへの友情を示しています」。ザネット（五月十八日、第一八七）、「ジュスティニアンによろしく。彼に伝えて欲しい。私の友人たちが誰一人例外なく便りも寄越さずに沈黙を守っているが、その沈黙をそちらでも彼らに守ってくれることを願う。私の言い分に彼らが納得できないとしても、少なくとも黙ったまま私の敵対者として態度を明らかにせず、無関心を装っていてくれたらと思う」。カッティーナ（六月六日、第二一二）、「あなたからの挨拶をジュスティニアンにお伝えしますが、あなたがお書きになったことを彼に伝えるのはご容赦下さい。あなたのご友人たちの中には黙っていただけではなく、あなたに敵対する人もいましたけれど、ジュスティニアンはそうではありません。彼がそのようなことをする人だと考えるのは大きな過ちです」。

ザネットは彼の経済的窮状に付き添い《カヴァリエル・セルヴェンテ》の騎士として対処したジュスティニアンの態度を擁護する妻の言い分には反論しなかった。したがって、我々もカッティーナのことばを信頼に足る決定的な事実として受け入れることができる。チチスベイズモへのよくある諷刺テーマのひとつは——パリーニの『一日』にも見られるが——騎士による貴婦人やその夫の家族への干渉だった。たった数年間だが記録に基づくヴェネツィアの三角関係はこの点について従来の批判精神を和らげ、世襲財産をめぐる合意と利害関係を含めた親族ネットワークの安定と保証の要としてのチチスベオへの役割の評価を促す。本件では夫妻が再び同居することになり、その後の出来事についての記録が途絶えてしまう。だが、ザネットがヴェネツィアで、そしてカッティーナと共に家族のもとで、然るべき立場を取り戻すことができたのだとすれば、それは少なからずジュスティニアンの功績に負っていることはもう十分確認できた。

往復書簡の最後のやりとりではザネットの帰還、その遅れ、ヴェネツィアで新たな生活を始める上での細々した問題が話題になる。カッティーナはここにいたって彼よりもさらに活発で決断力があった。一七七二年八月十五日（第二二一）、

私の望みどおり、あなたもヴェネツィアに到着なさる前に私に会うことをお望みでしたら、少なくともヴェローナまで私がお迎えに出られるよう、お義父様宛に一筆したためて願い出るか、私宛にそのことをしたため、それを私からお義父様にお示しすることができれば、首尾よく事が運ぶでしょう。このように願い出ることは正しく当然の義務ですが、物見遊山の許しや手段を得るための私の我儘だとお義父様がお考えになりませんように。どこから見ても非の打ち所はないと思いますが、すべて私の思い通りに実現しなくても、私ひとりであなたと私の望みを実行するつもりです。

九月十五日の返事（第二〇〇）、

あなたがヴェローナに私に会いに来ることについて、父にあえて書くつもりはない。運悪く父がこのことも悪く解釈するといけないから。私に言えるのは、あなたがそうすることを私もこの上なく願っているし、そうなれば私としても大変嬉しい、ということだ。

カッティーナの最後の手紙は一七七三年四月三日（第二四九）の日付で、すでにジェノヴァにいるザネットに宛てたものである。

いつ頃ミラノにご到着の予定かお知らせくだされば、日数を計算して、お出迎えに行き、あなたに会う喜びを繰り上げることができるでしょう。行きたいところまで、というわけには参りませんが、とにかく限られた手段で行けるところまであなたに会いに行くつもりです。このことはもうお義父様からお許しを得ています。今日も私の具合はいつもどおりです。私の計画の実現と慰めのために必ず予定をお知らせください。私に代わってアンドレアを抱きしめてください。私を愛し、私が完全にあなたのものだと信じてください。

3・3・3　キアーラ、アンドレア（またはパオロ）、フランチェスコ・マッツァローザ氏

母キアーラ・シニバルディが一七七九年に亡くなった後、ルッカの貴族パオロ・ガルゾーニは彼に宛てて彼女が書いた手紙をすべて探し出して集め、それから数年間、徐々に想いが高ぶるのを感じながら何度もそれらを読み返した。一八〇九年四月二十四日、四十九歳になりフィレンツェですでに身分相応の結婚生活に落ち

着き、フランス政府に協力していた彼は、手紙の読後、「これらの手紙は、人々と世間への深い洞察と、物事への極めて正確な判断力を兼ね備えた究極の母性愛の模範だ。あの優れた女性に備わる極めて稀な資質が嘘いつわりなく純粋にここに姿を現している」と記した。さらに、「昨晩、偶然、これらの貴重な手紙を再び読み始め、ひとつひとつに目を通した。とうに寝る時間が過ぎ、寒さで手足が冷たくなっていたにもかかわらず」と加えた。ガルゾーニはその長い人生の晩年、復興したロレーヌ家への出仕、老いらくの恋、認知すべき息子の誕生、と公私にわたりさまざまな出来事の浮沈を経験した。母の手紙は彼の道連れだった。それらの手紙を少なくともあと三回は「感嘆、愛情、そしてことばにならない喜びと共に」読んだ。最後に読んだのは一八三九年、死の前年だった。非嫡出子が生まれた一八二五年五月十八日には「このような母の手紙と私が娘たちに宛てた手紙との間にはどれほど痛ましい隔たりがあるだろうか」と述べている[59]（書類ケース九十九、資料七九六）。

息子やその他の人物たちの書簡と共にガルゾーニ家の豊富な歴史的資料として保管されているキアーラの手紙には、女性の家庭生活や彼女自身のチチスベイズモの経験が記録されている。ここでも、諸処の関係性のネットワークによって規定されたコンテクストに照らして、この習慣の実態を読み解いてゆきたい。まず指摘しておかなければならないのは、パオロの人生に及ぼした母親の影響力は、父アンドレア・ガルゾーニの影響力に反比例するという点である。アンドレア・ガルゾーニは仔細不明の「精神の病」のため、完全な生活を送ることが困難だった。アンドレアとキアーラは一七五二年、それぞれ三十二歳と二十四歳のときに結婚した。唯一の、少なくとも生き残った息子であるパオロは一七六二年に生まれた。おそらく重大な精神疾患と思われる父アンドレアの「病」は――キアーラは嫁資として二七八〇スクードほどの大金を持参したことからみても（八十七、一）、結婚当時から既に進行していた可能性は低い――発症時期も特定できなければ、それが一七六六年三月二十四日のキアーラへの全権代理委任状（六十、五）と関連付けられるのかどうか、またその詳細も不明である。パオロの移動の旅をきっかけに始まり、したがって、八〇年代と九〇年代に集中している家族の往復書簡において、アンドレアは大人しい老人としてまれに姿を現し、敬意を払われてはいるが、成熟した父親の持つべき典型的な威厳はその姿から欠落している。

日付はないが、六〇年代の終わりにローマの寄宿学校からコッローディの別荘にいる母親に宛てた一通の手紙の中で、青年パオロは次のような父の姿を描いている。「父上は太られるでしょう。日に何度もコッロディーナを訪れ、菜園を見下ろす小道を行き来したり、ときにはアッラッバーテ橋やスクァルチャボッコーニ橋まで足を伸ばしたりするのですから。父上に心から挨拶を送ります」（九十九、五二四）。数年後にはるか遠い場所から、つまり一七九二年二月十八日ワルシャワから、パオロは母親に手紙を書きながら自家製の栗のお菓子の思い出に浸ることになる。「私は父上が他のことはともかく、ネッチョ〔栗の粉でつくるケーキ〕を我が家で作らせるこだわりは失くしていないだろうと信じています。世界にたったひとつ、この点に関してだけは母上をあてにすることはできませんから」（一〇〇、五十四）。キアーラは手紙で息子に事情を説明する必要はなかった。だが、六十七歳になった一七九五年十一月六日、少し前から未亡人になっていた彼女は、コッローディからの手紙で、彼女のどちらかというと世間から遠ざかった生活への思いを彼に明かした。

> 若い頃から孤独になれていたせいか、今こうして抑えるべき情熱も失せてしまった老境に差し掛かっていることを残念には思いません。気の毒な夫と一緒にいても、もちろんそれは懐かしい思い出ですが、それで私の気が晴れたわけではありませんでした。彼のことは病気を考慮すれば、いたわりを必要とする人と見なしておりました。彼は田舎が好きでしたから、彼を喜ばせようとしていました。ですが、私

自身もどちらかというと別荘生活を好んでおりましたので、嫌々ながら、というわけでもなかったのです（九十九、四三二）。

事実、キアーラの本質的な孤独は夫以外の二人の男性との関係によるものだった。そのうちのひとりは当然、パオロその人である。一人息子のうえに知的で生命力に溢れていた彼には母の情熱的な愛情が注がれていた。彼が好んで目を通していた手紙は——本書でもすでに度々引用しているが——息子の教育についてのキアーラのたゆまぬ綿密な配慮を示すものだったが、その配慮には人格形成を成し遂げようとする意図がはっきりと現われていた。一七八一年十二月二日、寄宿学校時代の終わりに書かれた手紙の一通には「私の手紙はあなたには少し長すぎて、注意事項が多すぎるように見えるかもしれません。ですが、書いている私にとってはそうではないのです。第一にあなたのことに係わっていられる喜びのため、そして第二にあなたを私の望みどおりに成長させたいという希望がいつも強く私の中にあるからです」（九十九、二十三）。この同じ手紙に、一連の助言の目的がよりはっきりと将来と見通すかのように述べられている。「本当の幸せは、信仰、慈悲、誠実さ、それぞれのしっかりとした最高の教えを身につけることです。あなたがこれらをきちんと身につけていなければ、故郷に帰ったとき、態度が揺らぎ、あなたを取り巻く多数の無分別な人々に譲歩することになるでしょう」。

事実、ほどなくして、輝かしく毅然とした若者を目の前にした母親は、こうした教えから息子が著しく逸脱することについて、ついには相当寛大な態度を見せるようになった。旅行好きな彼のために、九〇年代のはじめの四年間のヨーロッパ周遊も含め、相当な経済的援助を惜しまなかった。同時に賭博での莫大な損失も許し——本書でも既に見たとおり、彼はすっかり賭博への情熱に支配されていた——、代わりに支払った合計はおよそ二万スクード、ほぼ彼女自身の嫁資の七倍に匹敵する額だった[60]。また、彼が貴婦人たちとの交際を始めたばかりの頃はその場に居合わせ、まんざらでもない様子だった。それを窺い知ることができるのは、たとえば一七八八年十二月四日付けで、本書でも既に紹介した、彼のかつての交際相手だった貴婦人の手紙に添えられた文書である。

　パラヴィチーニ夫人からの手紙をあなたに返送します。彼女の筆跡は私にはほとんど読めませんので、チケッタさんの具合がどのように悪いのかよく分かりません。まあ、それほど重要でもないのでしょう。お気の毒な彼女は自身の気まぐれのせいでその代償を払わされるところでした。彼女の手紙から私が理解できたのは、ジェノヴァのご婦人方は一見善良ですが、いささか煩わしいところがあり、それ故、あなたには相応しくないと思うのです（九十九、一六一）。

　キアーラが諦めなければならなかった望みはパオロの結婚だった。彼はいつ終わるとも知れないヨーロッパ旅行の間中、ルッカで候補にあがった結婚相手をすべて拒否した。「少なくとも」と一七九四年八月一日、母親は漏らした。息子の帰還を待ち侘びた時期が終わろうとする頃に差し出されたこの手紙で、母親は息子に普段以上の感情を込めたtuという呼称を使っている〔相手を指す語としてtuはvoiよりもさらに親しみを込めた表現〕。「人生の晩年にあなたのそばにいる慰めを私から奪うような薄情な真似はしないでください。あなたと、そしてあなたの花嫁と一緒に暮らせたらどれほど嬉しいか、邪な運命のせいでそれが叶わなければ私は狂ってしまうのではないか、といつも考えずにはいられません」（九十九、三八〇）。

キアーラの人生には、パオロよりも頼りになり、より長く彼女を支えてくれたもう一人の男性の存在があった。彼女の付き添いの騎士《カヴァリエル・セルヴェンテ》、フランチェスコ・マッツァローザである。彼もルッカの貴族で彼女より五歳年少だった。彼女のそばにいたのは彼だけではなかった。町でも別荘でも、普段から三、四人のサークルが彼女を取り巻いており、息子は手紙の中で母親に向かってそれを「母上のサロンの騎士たち」、ときには「母上の付き添いの騎士《カヴァリエル・セルヴェンテ》」と呼んでいる。だが、マッツァローザの役割がとくに目立って重要だったのは明らかだ。とくに、今しがた引用したばかりの手紙でキアーラに手荒くあしらわれた気の毒なチケッタの目には、そのように映っていた。彼女は一七九〇年八月十三日の手紙で、ジェノヴァ行きの旅行計画にマッツァローザを伴うよう頼みながら、一方で丁寧にこう付け加えている。「御子息と付き添いの騎士《カヴァリエル・セルヴェンテ》の両方を彼女のもとから連れ去ってしまって、あなたの愛すべきお母様キアーラさんのご不興を買わなければいいのですが」（一三三、四八一）。

マッツァローザとガルゾーニ夫妻の三角関係についてはとくに説明が要る。夫が病弱であるという事実はこの事例が、チチスベオの側から見れば、通常の範囲を超えた事態に対処する追加的役割の――これから見て行くように――が増えることを余儀なくされる例外的な関係だったことを示唆する。一方で、まさしく以上のような理由から、チチスベイズモの習慣がどの点まで、どの程度柔軟かつ有効に日常生活の必要性に対応可能なのかを示すのにこの事例が役立つ。さらに、アンドレア・ガルゾーニとは対照的に、やむを得ずではなく、敢えて消極的な態度をとったり不在になったりする夫の例もあることに留意しなければならない。三角関係を公式に構成する三人のうちの一人の弱さは、ここではパオロの目立った存在によって埋め合わされている。彼は母の愛情を欲しいままにしていたことに加え、ガルゾーニ家の父親が誇示することができなかった強い男性像を若い頃から体現している。

さらに、このチチスベイズモの年代についてもう一点考慮すべきことがある。この関係を証言する（一七九九年に七十一歳でキアーラが亡くなるまでの）一連の手紙は——すでに述べたとおり——ほぼすべて七〇年代の終わりに集中しており、どちらの登場人物も既に中年に達しているが、彼らの関係はそのときにはもう始まってから大分経っていた。幸運にも、これらの手紙とは別に、一七六八年八月二十九日、フランチェスコ・マッツァローザが従兄弟のジョヴァンニ・アッティリオ・アルノルフィーニに宛てて書いた手紙が残されている。彼ら二人と、もう一人のルッカの貴族ジョヴァンニ・バッティスタ・モンテカティーニは共にある時期をナポリで過ごした。ジョヴァンニ・バッティスタ・モンテカティーニものちにキアーラ・ガルゾーニのサロンに出入りするようになる。マッツァローザとモンテカティーニがルッカに帰ったあと、マッツァローザは近況をナポリに残っているアルノルフィーニに報告した。「モンテカティーニが今のところ彼の妻といるのは夜会のはじめの時間と劇場での夜の公演の第二幕の終わりまでで、彼の平穏な生活を乱すことも、サルディ夫人への奉仕も相変わらず中断することなく続けている。私もガルゾーニ夫人への奉仕を再開した。君も知っているとおり、私たちはもう随分前から親しく、彼女との交際はルッカでごくあたりまえの心地よく安定した関係だ[61]。「随分前から」というのは、おそらく誇張だが、ほんの数年とは考えられず、パオロが誕生した一七六二年より少し後、あるいは、その少し前を指しているとも考えられる。しかし——既に指摘したとおり——、このときに既にアンドレアが精神を病んでいたのかどうか、したがって彼の妻に対するマッツァローザの騎士としての奉仕がすぐさま通例以上の義務と責任を伴うものだったかどうかを知る手掛かりはない。

事実、およそ三十年にわたる交際中、「心地よく安定した」関係が継続していたとはいえ、多岐にわたる重要な出来事が彼らの間に生じたに違いない。それはチチスベオの側でも同じだった。ガルゾーニ家での奉仕の間、八〇年代から九〇年代にかけて、マッツァローザはもうひとりのルッカの貴婦人マリア・カテリーナ・オルスッチの付き添いにもしばしば尽力していた。キアーラの手紙で「オルスッチ夫人」と記されているこの貴婦人はともかくキアーラのライバルとなる気配を微塵も見せなかった。また、一七七八年から一七八一年の間にマッツァローザは結婚し、娘を一人授かったが、妻と娘の死に直面した。ガルゾーニの手紙では、これらの出来事からの影響はあまり見られず、オルスッチ夫人の名前すら出てこない。たしかに結婚によって関係が中断されることはなかったが、キアーラのもとへ通う頻度は少なくなった。そのことは手紙のあちらこちらさまざまな形で示唆されており、とくに一七八〇年五月二十五日、マッツァローザの娘の誕生の数週間後、当時まだ寄宿学校にいたパオロが母親に宛てた手紙の一節には、「僕が想像するに、母上のお相手は全くいないのではないでしょうか。マッツァローザ氏はもはや自由の身とはいえず、せいぜいちょっとご挨拶に顔を見せるくらいでしょうし、モンテカティーニ氏やその他の騎士の皆さんは普段から母上のもとにゆっくり留まっていることもありませんから」(九十九、六九七)。

妻に先立たれたマッツァローザの再婚は、とくに父親の死後、一七九一年のはじめに彼がルッカで最も裕福な者の一人となって以降、母と息子の書簡の話題にのぼった。キアーラは彼女の騎士がますます内向的になるのをなんとか止めようとしていた。「フランチェスコさんは大変裕福になるでしょう」とすでに一七九一年十二月二十九日に書いている。「ですがお幸せにはなれません。意地を張って再婚ならさないのは、彼のために良くありません。女性のいない家庭は死んだも同然です」(九十九、二六一)。その後――数多くの例の中からひとつ挙げるなら――一七九三年八月二十六日には、

マッツァローザさんの具合はよろしいようですが、あの大きな邸宅にお一人でいらっしゃるのがお気の毒です。もしマッセイ夫人と私があの人を慰めるために晩にモンテカティーニのもとを訪れなかったら、

犬のように一人きりでしょう。女性のいないところに誰も行こうとはしません。こんなふうにフランチェスコさんは老年を過ごしているのです。たくさんいるはずの親戚を頼ることもなさいません。さまざまな理由でそうすることができないのです。友人たち、といってもどこにいるのでしょう？　私は年寄りですし（九十九、三四五）。

キアーラが自身や息子に嘘をついていないならば、今となってはほぼ有り得ないとしても、キアーラは彼女の騎士が家庭を築くことによってもたらさせる物質的・心理的煩わしさや面倒を厭わない姿勢を示している。このように記録が多く残されている場合でも、男女の関係を底まで見通すことは難しい。ともかく、ここから得られるかなり明瞭な印象としては、独占欲がもはや異性関係の主要な特徴とはいえない性愛文化を背景に、六〇年代におけるキアーラとマッツァローザの「心地よい友情」は時が経つにつれ、ますます習慣的な冷めた関係へと薄まり、いくから倦怠を伴うようになっていた。「もはや若い頃のような彼ではありません」とは一七九二年十一月二十五日にパオロに宛てたマッツァローザについてのキアーラの見解である「今はとても怠惰になりつつあります」（九十九、三〇五）。

母と息子の間で付き添い役が話題になるときは、それがごく自然な調子で語られるため、手紙にはキアーラがフランチェスコ・マッツァローザへの愛着と忍耐との間に揺れ動いていたことを示すいくつもの証拠が残されている。彼女から見るとマッツァローザの奉仕にはいくつか不快な欠点が伴っていた。何といっても吝嗇であり、それは彼らの召使たちに不満を吐き出させて、より気前のいいガルゾーニ家の者たちを困惑させるほどだった。例えば一七八九年六月十日の手紙にはパオロが次のように書いている。

召使のニコラオに仕事を止める決意をさせた決定的な出来事は、マッツァローザが彼に使い古しの肌着を与えたことでした。それは、結核で死んだ別の召使が着ていたものだったのです。邸を出たニコラオは、マッツァローザが召使たちにサラダにオリーブ油をかけずに食べるよう要求したこと、また昨年はふたりの召使に一着しかお仕着せを与えず、一人がそれを着たら、もう一人は家に留まるか自前の服を着なければならなかったことを話さずにはいられませんでした（九十九、七八〇）。

さらに、年が経つにつれて酷くなっていったのは、彼の不機嫌と神経質だった。「彼の抱える不安が」とキアーラは嘆く「私を殺してしまう、あるいは生き辛くすると言ったほうがいいかもしれません、そのことがあのフランチェスコさんには理解できないのです」（一七八九年十一月一日、九十九、一八二）。また一七八六年七月十七日には、「彼には数え切れないほどの美質がありますが、同じくらいの矛盾に満ちた行為や煩わしい言動によって、それらを可能な限り自らかき消してしまうのです［…］彼は、どう表現してよいものやら、一言で言うなら、うっとうしく、臆病で、何かを決めなければならないときは気まぐれ、というより優柔不断と言うほうがいいでしょう」（九十九、九十二）。この手紙に限らずパオロ宛の他の手紙に添えられた書き込みは、これもまた一種の三角関係と定義することが可能なネットワークを構成する各人の関係性を示している。「この手紙をすぐに焼き捨ててください、決して他人の目に止まらないように。あなたに打ち明けたのは、母と息子の間には当たり前の最大限の信頼があるからです」。

このような比較は夫とチチスベオの間でさえ決してあからさまに行われたことがなく、かなり無遠慮に思えるが、キアーラはかつてそれをはっきりと直接行ったことがあった。「マッツァローザは私の友人で、あなたは息子ですから比較にならないほど私に近い存在です。ですから彼のためにあなたの機嫌を損ねるようなことは決してありません。その点は間違いないと思ってください」(一七九四年七月二十七日、九十九、三七八)。

これらのことすべてを併せても、キアーラは彼女の騎士を常に大切な付き添い、かつ支援者と見なし、そのように彼を扱った。パオロがマッツァローザの何かしら我慢できないことに苦情を言おうものなら、そのことを必ず彼に思い出させた。「愛しいパオルッチョ、どうか教えてください。哀れな女の私が彼の助けなくして、どうやって煩わしく不快な厄介事の数々から抜け出すことができたというのでしょう〔…〕彼の欠点は承知しています。ですが、欠点のない人などいますか？　そういう人は恐らく長所にも欠けているのではないでしょうか？　もういいでしょう、彼が私のために、そして、あなたのためにも尽力してくれたことを思えば、彼には感謝するよりほかありません。私は恩知らずにはなりたくありません。それは私の大嫌いな欠点です」(一七九四年七月六日、九十九、三七五)。ガルゾーニ家の財産管理業務や実質的な運用におけるマッツァローザの重要な貢献を理解するためには、コッローディの領地の差配人に宛てて彼が書いた手紙が二〇〇通以上一族の文書庫に残されているという事実を知るだけでも十分である。これらの手紙では別荘、農作地、小作人の管理にまつわる最重要課題だけでなく、小さな問題も扱われている。主人の留守中に訪問してきた貴族の一団への監視――「何かなくなることがないよう注意しなければならない。すべてにしっかり鍵をかけること。ワイン他、彼らが望むものには支払いをさせること。必要以上に親切にしないこと」(一七八八年八月三十一日、一〇二、五十七)――に関することから、日常の些細なことへの注意に至るまで。「アンドレア氏のトイレの下水溝はすぐに点検し、空にして丁寧に洗浄すること。修理・修繕が必要ならば、その作業を延期してはならない。少なくとも壊れた蓋の差し込み部分は取り替えること」(一七八七年十一月二日、一〇二、十)。

以上のような従来のチチスベイズモの優雅なイメージとはまったく異なる介入はさておき、ルッカでのマッツァローザはヴェネツィアのジュスティニアン同様、キアーラとその夫のために都市の貴族社会における同盟やつながりを構築し、仲介者としての役割を果たしていた。この場合、その役割が明らかに増大したのは、アンドレアの空間的・時間的不在ではなく、彼の不治の病のためにその存在自体が社会から遠ざかっていたせいだった。ここにその最も顕著な例を挙げよう。コッローディにおける一族の財産整理において、ガルゾーニ家の分家に属する財産の信託遺贈の引継ぎが焦点となった。この分家は一七八六年、ロマーノ・ガルゾーニの死とともに途絶えたが、その姉妹でフォンヴィージ家の未亡人マリアはアンドレアの相続を阻止しようとした。裁判は長引き、アンドレア側はマッツァローザともう一人キアーラのサロンに出入りするフィリッポ・マリア・ルナルディ神父、フォンヴィージ夫人側はレリオ・マンシが代理人となった。レリオ・マンシは本書では何度か引用している「手記」の著者ルイーザ・パルマの夫である。このような場合によくあることだが、裁判中も並行して妥協点が模索されていた。この話題をめぐるキアーラと息子の手紙はマッツァローザの役割を詳しく伝えている。その吝嗇ぶりにもかかわらず、依然として彼はルッカの貴族社会の最大の実力者のひとりだった。より正確にいうと、一七六六年以来既にアンドレアの代理人となっていたキアーラは、一七九三年四月十三日、彼女のカヴァリエーレ・セルヴェンテをフォンヴィージ夫人との裁判における特別代理人に指定した。この裁判はルッカの貴族社会のネットワークにとって非常にデリケートな問題となった（六十、六）。

　キアーラに宛てたマッツァローザの手紙は僅かしか残されていない。抑制された形式的文体で書かれたそれらの手紙の主な話題は、上記のような問題に係わる意見や助言によって占められ、より個人的な関係についての言及はまれに軽く触れられる程度である。その中でも比較的感情が表立ってあふれているのは恐らく一七八九年五月三十日の手紙の末尾だろう。「あなたの誠意ある心遣いに大変感謝しています。今後もそちらの様子をお知らせください。そして私への友情をどうか忘れないでください。それが私にとって唯一の慰めなのですから。心を込めてご挨拶申し上げます。F」（一三四、一一三）。付き添いの騎士《カヴァリエル・セルヴェンテ》がどのようにこの長いチチスベイズモの関係を過ごしてきたのか、彼の側からの見方は想像することしかできない。一方で、貴婦人の息子に対する彼の感情についてはより多くを知ることができる。事実、パオロはマッツァローザの手紙の主要な話題のひとつがだったことに加え、三百通を超えるマッツァローザの手紙の宛先にもなっていた。それはパオロがローマのスクオーレ・ピーエ修道会の寄宿舎にいるときから始まっていた。

ガルゾーニ家の往復書簡の初期のもののひとつ、一七七七年十二月二十六日、十五歳のパオロが母に宛てた手紙には、パオロに対するマッツァローザの関心の大きさを明らかにする。「学長代理神父様が、母上にあまり迷惑を掛けないようマッツァローザ氏に手紙を書くと私に仰いました」（九十九、五八九）。一七七九年十二月四日には学長自らキアーラにこのように書いている。「あなた様がフランチェスコ・マッツァローザ氏と共に私に寄せてくださる期待を裏切りたくなかったのです」（一〇〇、二五五）。事実、マッツァローザは、彼が結婚し父親となった短い期間も含め、青年期のパオロにとって男性のロールモデルだった。そのパオロがのちに所定の修了期間を待たずに寄宿学校を辞めようと試みた一七八一年春、マッツァローザは同年秋のナポリへの修養旅行を計画してそれを阻止した。パオロが最終的にローマから帰ってくる直前の一七八二年四月八日、マッツァローザは世間に確固たる地位を築こうとしている二十歳の貴族に慣例的な短い訓辞を述べている。「あなたが学校を出たあかつきには、明るく落ち着いた精神、貴族とキリスト教徒に相応しい感情、あなたをこの上なく愛する母上へのいたわりと愛に満ちた心、彼女と家の繁栄と祖国の発展を守ろうとする気構え、こういったものだけがあなたの中に見出せることを期待します」（一三四、九十六）。パオロは晩年に英語で綴った短い内省的な自伝を綴った。書かれた時期も性質も異なる、あまり形式にとらわれないその文章には、老いと断続的な執筆によって多少の混乱は見られるものの、マッツァローザの最も有益な教えが明らかにされている。それによると、マッツァローザはローマからルッカへ帰る途中、パオロのもとを訪れ、女性たちとの交際によって彼が晒されることになるかもしれない危険に関する「さまざまなこと」を彼に説明した（九十、一）。

パオロは母親の騎士の保護のもとで最初の重要な公職に就いた。つまり、一七九一年、マッツァローザに付き従い、ウィーンにおけるルッカの外交使節団に加わったのである。つづけてパオロはヨーロッパ周遊に出かけており、マッツァローザはこれを軽率な行為と考えていたが、他のすべてのことと同様、キアーラは息子に許しを与えた。この旅行の間、二人の男性は貴婦人を仲立ちとする関係を超えて手紙のやりとりを続けた。それでもなお、彼らの間に誤解が生じたときには――既に見たとおり――解決のためにキアーラが介入することもあった。反対に、息子に対する母親の代理人としてマッツァローザがパオロに宛てた手紙も何通かある。例として一七九六年二月二十六日、領地のカンポ・ロマーノから出した手紙では、「あなたが二時頃〔現代の時間では十九時頃〕ルッカに無事到着したことを知り、私たちは大変嬉しく思っています。キアーラさんはまったく落ち着きを失っていました。あなたが山を越えるのに時間が掛かりすぎではないかと心配していたのです」（一三四、一九〇）。パオロの側については、彼の態度に現われる親密さ、愛情、寛容、そして報恩が彼の中でどのようなバランスを保っていたのかを深く分析するための資料が十分ではない。いずれにせよ、一七九九年一月二十六日、フランス軍によってルッカの貴族共和政が崩壊する一週間前にキアーラが死を迎えたあともパオロはマッツァローザの関心の中心だった。

ルッカにおける貴族共和政の崩壊は、恐らくキアーラの死よりも大きな精神的ダメージをマッツァローザに与え、彼の人生の最期を左右することになった。彼はフランスに人質として送られるために他のルッカの貴族たちと共に占領軍に捉えられたが、高齢のため――当時六十六歳だった――フランスへの送還は見送られ、乗船の直前になってリヴォルノの宿に監視下に置かれながら留まることになった。一七九九年から一八八〇年、フランス軍が一時的に追放された期間もリヴォルノの友人宅に寄宿している。リヴォルノからマッツァローザがパオロに宛てて書いたおよそ百五十通の手紙は、アンシャン・レジーム期の特権階級の中でも最も年老いた者たち、あるいは最も性格的に弱い者たちが、彼らの世界の崩壊を目にして抱いた動揺を如実に表している。若く反発力のある若者に精神的支えと慰めを求めようとする気持ちに溢れたこれらの手紙には、とりとめもない妄想が次々と現われる。一八〇〇年六月十二日の手紙には、フランス軍の帰還を恐れ、船による亡命計画が書かれていた。「内密に願いたいが、必要かつ最も安全な手段は整っております。ただ、どこに向かえばいいのか分かりません」(一三四、三二三)。マッツァローザは計画の告白を招待で締めくくっている。「仲間に加わるかどうかはあなた次第です」。だが、状況に立ち向かう気力のあるパオロには、無論逃げ出す意志はなかった。加えて、この重大局面のなか、パオロはマッツァローザの言うことを恐らく真面目には聞いていなかったようだ。マッツァローザのほうは緊急時に唯一親密な相手として縋ることのできる人物が安心させてくれることをいつも以上に求めていた。例えば六月二十六日には「あなたからの大切なお便りがありませんが、それには何かご事情があるのでしょうし、あなたの具合がよろしくないということではないでしょうが、あなたの得がたい友情が私から奪われてしまったのではないことを願っています。あなたを心から信頼し、お便りをもどかしく待ちながら、私はいつまでも敬意と真の愛をあなたに捧げる忠実な友人です」(一三四、三四〇)。

ともかく、それから一月もたたないうちに計画はすべて中止された。リヴォルノのある司祭によって作成された証明書の記述によれば「悪性の胆汁質の熱」が程なく一八〇〇年七月十八日にマッツァローザを死へと導いたのだった。そのとき一七九九年四月三十日に作成された彼の遺言が公開された。彼の莫大な遺産を構成する二つの主要資産のうちの片方、一族の信託遺贈財産は親戚にあたるマンシ家の分家の長男以外の男子にマッツァローザの氏を引き継ぐという条件で託された。もう片方の資産は暫定的に信託被遺贈者ルナルディ神父に託された。この人物はキアーラ・ガルゾーニのサロンのメンバーで、彼女の財産管理人でもあった。(62) ルイーザ・パルマは「手記」に「悪性の胆汁質の病気」によるマッツァローザの死について記録したあと、こう付け加えた。「彼は親友のルナルディ神父を信託被遺贈者としたが、世間ではその財産はやがてガルゾーニ氏のものになると考えられている」[63]。事実、一八〇〇年十一月十日、ルナルディは遺産の自由可処分をパオロに譲った。そこにはカンポ・ロマーノの領地全体が含まれており、ガルゾーニ家の資産を著しく増大させる結果となった（六十七、八、六）。この最後のエピソードは、フランチェスコ・マッツァローザが自らの死について考え始めていたとき、時間の経過と共にその頃既にはっきりと彼が示すようになっていた態度を裏づけるものだった。そのように振舞う資格が自分自身にあると信じることができたのかどうか、また、そう信じることが正しかったのかどうかは分からないが、彼はパオロ・ガルゾーニを息子として扱っていたのだ。

IV　チチスベオの地政学

4・1　都市貴族のなかのチチスベオ

それぞれのチチスベイズモの関係にそれぞれの歴史がある。前章で見た三つの事例は、都市社会全体の枠組みの中でそれぞれ孤立した断片のように、どれも特殊な事情を抱えていた。一方で、チチスベイズモの大流行は、あらゆる時、あらゆる状況に応じて、互いに隣接し合い、場合によっては部分的に重なり合う多数の関係が共存していたことを示唆する。したがって全体的に見れば、奉仕する騎士のネットワークが都市を覆い尽くすように広がっていたのだ。このネットワークのイメージは文学作品によって繰り返し提示され、とくにチチスベイズモが疫病であるかのように敵対的に描かれる場合もあった。論争的な意図はともかく、それらが提供してくれる情報には信憑性がある。さらに、情報源としての正当性を気取ったいくつかの文学テクストがあるが、それらは現実に基づく客観的資料を援用して、自ら描き出したものに説得力を与えようとしているかのように見える。古くから詩の中で用いられてきた列挙の手法は、十八世紀にギャラントリーな社交習慣と出会い、都市の貴婦人とその同伴者のリストというジャンルを生み出した。このジャンルに属するテクストは芸術的クオリティという点では通常粗悪なもので、社交界での恋愛に関するある種の中傷合戦と変わらない。

一七九〇年頃、ローマで手書きによる匿名の、ただし恐らく既に紹介した反貴族的喜劇作者ジョヴァンニ・ゲラルド・デ・ロッシ作と思われる詩「ザニョーニ家のガッレリーア」*Galleria Zagnoni* が出回った。まさにザニョーニ侯爵家の夜会の出席者たちを風刺的に列挙する意図で書かれたものである。今日残されている写しには、出来はまずまずの、場合によっては粗悪な韻文で綴られた二十三の短い描写によって、二十三人の貴婦人の身体的あるいは性格的な特徴が指摘されている。彼女らの心理は、謎めいたメタファーに包まれた付き添い役への言及によって明らかになるが、その意図するところは欄外の註で解説されている。このテクストの指摘が正鵠を射たものであったことは間違いない。このテクストへの応酬と思われる詩（こちらも上出来とはいえないが）の作者が同時代の偉大な詩人ヴィンチェンツォ・モンティなのだから。モンティは当時、詩人としてローマの貴族たちの保護を受けており、彼らを代表する令名高き人々を敢えて愚弄した者に対して大いに立腹するのも当然だった[1]。

「ザニョーニ家のガッレリーア」では、それぞれのチチスベイズモの関係性は決して明言されておらず、若干の例について推測できるだけである。この点はトリノにおける同種のテクストにもあてはまる。だが、トリノにのテクストの場合、表面的には確認することができる。それは数枚の手稿ではなく、一七七四年、ミラノと偽って実はピネローロで出版された『フランス行商人たちの仮面舞踏会』*La Mascarade du colporteur francais* と題する一五〇ページの本で、作者は匿名だが、ルイ・デュナンであることが突き止められている。この人物はサヴォワ地方出身の学生で、何人かのトリノ貴族の保護を受けており、フリーメーソンに属していた。作品は、賛辞の献呈、放恣な小詩、ヴォルテールへの頌詩、迷信への諷刺などさまざまなテクストの寄せ集めである。

だが、本書の大部分を占めるのは約六十もの「ギャラントリーの詩」で、同じものをデュナンはその年の二月十二日にカリニャーノ劇場で催されたカーニヴァルの舞踏会に参加した貴婦人たちに個人的に配付していた。このテクストが婚姻外のギャラントリーの枠組みの中に位置づけられていることは明らかである。フレージア伯爵夫人は結婚して半年経っても夫を愛することに固執するあまり「変わり者」と決め付けられるといえば十分だろう。「このような野暮は地方の弁護士夫人だったら許されるだろうが、トリノの伯爵夫人ときては……これは人々の寛大さに付け入るようなものだ」。事実、いくつかの詩は無作為な対象にではなく、崇拝者の名において特定の貴婦人に捧げられたものだったが、その崇拝者はもちろん夫ではない。ローマの手稿同様、付き添いの騎士《カヴァリエル・セルヴェンテ》の名称は登場しない。しかし、「魅惑的なドゥ・プリ公爵夫人」への四行詩節《クァルティーナ》が「アルフィエーリ伯爵殿の手によって」つまり――既に本書でアルフィエーリ本人の証言から確認したとおり――その当時まさに夫人の付き添い役だった人物によって彼女に捧げられたとされる事実は、この一事例だけとはいえ『仮面舞踏会』からチチスベイズモの関係性を読み解く可能性をはっきりと示している。(2)

　空疎なものに見えるが、ギャラントリーな交際関係のカタログから得られる手掛かりは見逃せない。いくつかのイタリアの都市の社交生活において、チチスベイズモは啓蒙主義的サロン文化がもたらす新しい機会にとびついた一部の人々によるプライヴェートな習慣にとどまらなかった。むしろ印象としては、チチスベイズモは制度的・構造的重要性を帯び、貴族社会の組織形態を象徴している。その証拠として、付き添いの騎士《カヴァリエル・セルヴェンテ》の実践と貴族のクラブ運営との間には関連性が認められる。クラブとは会則を備え、排他的な性格を持つ協会制度であり、各都市の貴族階級の集会所と定義される。チチスベイズモとクラブの関連性が分かりやすいのはピサだった。一七五五年三月十日、クラブの開所から数ヶ月後、伝統的な橋上模擬戦の開催に先立って、運営委員会のメンバーはアルノ川を見渡せる欄干の席を配置した。その際、彼らが考慮したのは、貴婦人たちが「申し分なく快適に奉仕が受けられる」ようにするため、付き添いの騎士《カヴァリエル・セルヴェンテ》たちの席を彼女らの席の隣にすることだった。ここで想定されているのがチチスベオであることは明らかだ。いずれにしても二十年後、同様の席の配置にあたり、貴族のピオ・ダル・ボルゴがクラブの責任者に宛てた手紙の一節がその確証となる。彼は、病気で家の外に出られなかったが、「私のいつもの二席を譲るつもりはない。そのうちの一席はすでにフランチェスカ・アリアータ夫人に使って頂くよう約束した(3)」。

貴族たちのクラブの様相は都市によって異なっていた。宮廷や支配階級の人々との関係も一様ではなかったし、どの都市にも必ず存在するわけでもなかった(4)。だがクラブが存在しない場合でも、チチスベイズモのネットワークは貴族の社交生活特有の催しに係わることがあった。例えばヴェネツィアでは、祝祭好きな世俗的傾向が蔓延し、社交の機会がひとつの代表的制度に収斂されることがなく、付き添いの騎士《カヴァリエル・セルリェンテ》たちは、サロン、劇場、遊技場《リドット》、クラブ（あちらこちらで私的に運営されていたため、複数存在した）、カフェなど、あらゆる社交場に欠かせない存在となっていた(4)。既に見てきたように、これらの場所にいる付き添いの騎士《カヴァリエル・セルヴェンテ》たちはピエトロ・ロンギの絵筆によってとらえられている。だが、ほぼ二十年間にわたって正確な状況を完璧に写す情報源も存在する。ヴェネツィアのカフェの店主らが一七六〇年代から一七八〇年代に共和国政府に提出した請願書が保存されている。その主旨は店に男女混交のグループ客を迎えることを禁じるために繰り返し出された、あまり現実的ではない禁止令の適用除外を求めるものだった。これらの請願書にはかなりの情報が蓄積をされている。九十五軒のカフェの存在だけでなく、数百人もの得意客も特定される。顧客リストはカフェの経営者たちの大半が作成しており、その目的は――文学における彼らの同業者、つまりゴルドーニの喜劇「珈琲店」*La bottega del caffè*（一七五〇）のリドルフォ同様――自らを「きちんとした職業」（第二幕第二場）の実践者として誇示すること、また、どちらの性に属する顧客たちも「貴族」ないし「市民」であり、彼らの会合が真面目な性質のものであることを官僚たちに納得させることにあった。

こうした目的を考慮すれば、すべての請願書から漂う品行方正な雰囲気に納得が行く。その雰囲気はギャラントリーの世紀のヴェネツィアの放埒さにまつわる悪意と醜聞に満ちた証言の数々とは著しい対比を成す。事実、最も数の多いリストは婚姻関係に基づいて列挙されたものである。「貴族ジュアンヌ・ボン殿とその御令室……ジュアンヌ・ロッシ殿とその御内儀……」(ドメニコ・パンダナーリの店による一七八三年の請願)。マルコ・スティオーレの店から出された日付のない請願書には夫婦から家族へと拡大したリストがここかしこに見られる。「アンジェロ・コレッティ閣下殿、その御令室と御家族…… アンドレア・ペトロポリ閣下殿、御令室、御家族……」同じく日付のない、サン・ポーロ教区のカフェ店主フランチェスコ・レベッリーニの請願書はまさに「家族のリスト」である。「サン・ポーロ教区ベルナルディ御一家、サン・ポーロ教区ガフェリン御一家」等。だが、社会的地位が上がるにつれ、リストには騎士が貴婦人に捧げる奉仕の影響が見られるようになる。その影響は僅かな範囲にとどまってはいるが、そのこと自体あまり意味はない。これらの嘆願書が漂わせる品行方正な雰囲気、また、それがいわば登録名簿であったことを考慮すれば、「ジェローラモ・ディエード殿とその御令室」のような記述が優勢だったという事実も、その傍らに「故ミキエル・バルビ殿の御子息ズァンヌ殿とレッツォーニコ財務官夫人」(ジャコモ・ボエニコの店による一七七〇年の請願書)のような記述がしばしば見受けられたという事実もさほど重要ではない。ひとつ考慮すべき点を付け加えると、多くのカフェ店主は顧客をカップルではなく性別に分け、最初に男性客全員、次に女性客全員、あるいはその反対の順で列挙している。この方法では貴婦人と騎士のカップル数がはっきりしなくなる可能性がある。一例を挙げるならば、サン・モイゼ河岸にあるズァンヌ・ベネーゾの店の日付のない二回目の請願書の場合、「貴人」と「貴婦人」の項目にそれぞれ分かれて記載されている「ジェロラモ・ズスティニアン殿」と「カッタリーナ・

クェリーニ騎士夫人」とは、カッティーナとジュスティニアンのことである。(6)

要するに、具体的事実に注目すれば、もうひとつ別のより正確で雄弁な資料との照合によって、曖昧なリストがチチスベイズモという形式をまとった都市の貴族社会の全体像を提示する可能性を滲ませているのだ。この点については、本書でこれまで検討してきた証言でも十分明らかだが、さらに別の証言では、明白で印象的な事実として一層際立っている。豊かな内容と共に問題も含むその記録をこれから見てゆくことになるが、これは注意力のすべてを傾けるに値するほど大変興味深い資料である。作者ジャック・ド・カンプルドンはカタルーニャ地方に起源を持つフランス貴族で一六七二年に生まれ、外交官として一七二八年から一七三九年にかけてジェノヴァに滞在した。この時期は彼の外交官としての長い経歴の最後の時期にあたる。任期が終わりに近づいた一七三六年十一月二十七日、カンプルドンはショヴラン大臣からジェノヴァ共和国に関する記録を執筆するよう命を受けるのだが、それには「政府関係者の性格・才能・素質、彼らの信用度、権力の獲得と保持のための支援・手段に関する正確な情報」が含まれなければならなかった。この命令と実に一年を要した仕事の成果が、一七三七年十一月二十一日、カンプルドンによってパリに送られた『ジェノヴァ政府に関する報告書』*Relation de l'État de Gênes* である。現在、二部の写しがパリにある外務省の記録保管所に残されている。(7)

『報告書』にはジェノヴァとその支配地域の歴史に関する短い序文と地域の実態や経済状況について述べた長い結びがある。依頼された内容に対応する部分は、全体の中心を占める大きなセクションで、共和国司法府の詳細な分析と当時そこに携わる人物ひとりひとりの特徴をとらえた一連の記述によって構成されている。そこに記録された支配者階級に属する人物描写自体にも関心を誘われるが、その根幹にあるコンセプトはさらに注目に値する。このセクションの冒頭からカンプルドンは話題の焦点をチチスベオに当てている。貴婦人の朝の「化粧」の最中、「チョコレート」を飲む間、さらに「教会あるいはサロンで」、つづいて「外出用の馬車で」、彼らに与えられた任務に関する記述には今更驚くこともない。しかしながら、それが「元首《ドージェ》、その選挙と権威の拡充について」（六四四頁―六四七頁）と題する記述の中に見出されることには一種の衝撃が伴う。事実、十年間の経験からカンプルドンの得た確信は、ジェノヴァの権力機構のかなめ、彼の言葉を借りれば「すべてを動かす第一の原動力」はまさに「チチスベオ」だった。その説明によれば「事の大小にかかわらず物事を決めたり、憎悪や復讐を煽ったり、同盟関係を成立させたりするのは女性たちである」。したがって「ここではあらゆることが策謀によって実現する。とくにチチスベオの奉仕を受ける女性たちの策謀によって」。

　この確信に基づく当然の展開として、ジェノヴァ貴族たちの一三八の人物描写はチチスベイズモに係わっているかどうか、貴婦人に奉仕している場合は相手が誰なのか、といった情報で締めくくられているが、ここでは文法上チチスベオの女性形が使われる。「誰某は（誰某夫人の）チチスベオである」ではなく「誰某は（誰某夫人を）チチスベアとする」という具合に。我々は既にこうした形がイタリア語でも使用されているのをしばしば見てきた。付き添いの騎士《カヴァリエル・セルヴェンテ》の貴婦人は、彼のチチスベアである。カンプルドンはこれらの情報に政治的意味を付与する姿勢を隠そうとしない。ただし、つい先ほど見てきたように彼が定義した特殊でやや狭い意味においてではあるが。例えば、ロレンツォ・マーリは「モメッタ・ガヴォッティ夫人をチチスベアとする。彼女は若く華やかな美人だが、才気に欠ける。彼が彼女を利用するのは、ひたすら彼の意見を彼女に吹き込み、彼女を通じてその意見が人々の間で支配的になるようにするためである。だが、彼女はそのことに気付いていない」（六五六頁）。あるいは、ルーカ・グリマルディは「決断力があり、ほぼ誠実な人物である、彼のチチスベア、ビアンケッタ・ロメリーニ夫人が彼の善意を邪魔立てしないときは」。彼女は「彼の精神に及ぼす大きな影響力を持ち、彼は彼女に何も抵抗できない。彼女の性格は完全にドイツ的［つまり皇帝贔屓］で、彼女のチチスベオはその傾向に従っている」（六五三頁）。

重要性が低いことも記されている。チェーザレ・カッターネオは「ジョヴァン・フランチェスコの妻グリマルディ夫人をチチスベアとするが、彼女が狂ってしまったので、いかなる奉仕もできずにいる」（六六六頁）。アゴスティーノ・サルッツォについては「友人やチチスベアの存在は知られていない。そのため彼は役にも立たず害にもならない」（六六〇頁）。それでもなお全体的に見れば、挙げられたチチスベオとチチスベアの組み合わせは約九十組にもなり、そこに政治的意味合いを積極的に見出そうとする姿勢がはっきりしている。カンプルドンの仕事の成果は、ジェノヴァ政府の貴族階級を貴婦人と付き添い《カヴァリエル セルヴェンテ》の騎士による政治的組織として描き出した点にある。その書き方は、これまで本書で見てきたいくつかの大雑把な記録と比べて、はるかに細かく行き届いている。チチスベイズモが十八世紀の社会において保っていた重要性をよく認識できていない人にとって、この記録は驚きをもたらすものになるだろう。それだけでもかなり強いインパクトがあるが、さらに重要なことを付け足さなければならない。通常、ここに記された各人物の描写には、そのチチスベアの名前が記される一方で、妻の名前は触れられていないが、その情報がパリの外務省ですでに把握済みだったとはもちろん考えられない。

ここに記された事柄は要するに全体として魅惑的であると同時に疑念を抱かせる。懐疑的な人はカンプルドンの頭がおかしいと結論付けて、さっさと片付けてしまうかもしれない。私はその可能性を真っ向から排除せず、だが、その内容を別の資料と照合したり、『報告書』の置かれた背景を調査したりすることによって、それが実態に即していることを証明しようとした。その成果を読むことはやや忍耐を要するが、この貴重な資料に適切に向き合うために役立つはずである。

保存された資料から判断するに、ジェノヴァをはじめイタリア諸都市に派遣されたフランス人外交官でチチチスベイズモについてこれほどの注意を払った人物は他にいなかった。だが、彼らの中の誰一人、チチスベイズモに関心を向ける直接的なきっかけがなかったように見える。共和政都市国家に赴任する外交官たちに与えられた指示によれば、彼らは任地の貴族と親しくならなければならなかった。たとえば、ジェノヴァについての一七四七年の指示では、貴族間で権力が分断されていたので、頑固にプライドを持ち続ける彼らを刺激しないよう気をつけながら、「特別な配慮と注意」を向けることが必要とされた。だが、それ以上の指示は何もなかった。一七二七年、カンプルドンに当初与えられた指示もこうしたかなり曖昧な趣旨のものに過ぎなかった。(8) 状況を変えたのは、すでに引用した一七三六年十一月二十七日の手紙に含まれた異例の命令である。外交官に課せられたのは――既に見たとおり――すべての権力者たちの人格と関係性をつぶさに観察して報告することだった。だが、それだけではなかった。既に引用した個所に続く文言はさらに示唆的である。「政治機構に確たる地位を持たないにもかかわらず、人々の信用を得ることができ、その結果として政策実現に影響力を与える、そのような者たちに関する詳細な報告を陛下はお望みである」。「そのような者たち」〔原文では Ceux ou celles とフランス語で表記されている〕とは、つまり、そのような男女のことだ。このような例外的――私が確認した限りでは――かつ曖昧さを排した表現は、カンプルドンによって文字通り受け取られ、恐らく策謀術に対する彼の感覚を鋭くさせ、そこで暗躍するチチスベアたちの動きに注視するよう促したに違いない。

　それだけではない。『報告書』作成中、彼は直接の上司から一通の書簡を受け取った。それはジェノヴァの政治を背後から動かしている私的領域をより詳しく解明すること、そして、そのために「注目に値する事実、逸話、その他の情報」を収集し報告することを要求するものだった。一七三七年五月二日付けの返信で、彼は次のような事実を明らかにしている。「四月十五日の書簡で私にお命じになった当地の逸話について、あなた様ほどイタリアの事情によく通じておいでの方に、敢えて私から申し上げるのも大層おこがましく恥じ入るばかりですが、そのような逸話はどれもジェノヴァでチチスベアートと呼ばれていることにまつわるものでございます。この慣習のもとでは魂は他の何よりも軽んじられており、その神秘の力のみが犠牲となった男女たちの振る舞いを導くのです」(9)。こうしたやりとりが作成途中にあった記録を適切な方向へと向かわせた。風俗習慣に鋭い観察を向けることがカンプルドンに要求されたという事実は、その価値の見直しと同時に、それを外交の言語や政治の場で現に通用している常識として改めてとらえ直すことにもつながる。『報告書』においてチチスベイズモのものとして描かれた役割は、性急な思いつきの成果ではない。その現象の特異性を誇張している点は否めないが、そのせいで現実との接点が歪められたり恣意的に失われたりすることはなかった。

カンプルドンが彼自身の書いているものに注意を払わなければならなかったという事実も考慮しなければならない。ジェノヴァに関する報告書執筆が命じられたとき、共和国はコルシカにおける反乱とそれに乗じて利権拡大を狙うフランスの介入に対応しなければならない非常に困難な状況にあった。カンプルドンが彼の頭に最初に浮かんだ愚行を書き記すのに丸々一年間を費やしたとは考えにくい。たしかに、ジェノヴァに派遣された外交官として、彼もまた、ある一点においてフランスの専制君主制のすべての役人たちと同じだった。彼はジェノヴァの貴族たちを軽蔑していた。彼の目に映る彼らは、聖職者やイエズス会士たちに左右され、戦いに無気力で、民衆への寛容さをまったく持ち合わせていない貪欲な営利主義者たちでしかなかった。しかし、『報告書』以前から既に、十年間に及ぶ彼の書簡から明らかなことは、彼はその軽蔑すべき商人たちを上手くあしらいながら付き合う方法を探り当てていた。彼はより有能な外交官なら成し得たかもしれないこと、つまり彼らの胸中を察知し、その動きを先制することに必ずしも常に成功したわけではない。とりわけ、かなり矛盾しているが、進展中の親フランス政策への転換の重要性を彼は過小評価した。それでも、彼らの中でぎこちなく孤立した外国人として振舞ったわけではない。何人かの貴族とは定期的に会い、場合によっては彼らと親しく信頼関係を深めることもあった。『報告書』を外務省に送付する際に添付した一七三七年十一月二十一日の書簡は、そこに記載された貴族の詳細が「ありのまま」であることを保証しつつ、彼が独力でたどり着けなかった表に出づらい詳細を得るために、地域の情報提供者を利用したことを明らかにしている。「この関係書類一式のために相当な費用がかかりました。たとえば本物の逸話を得るために人を雇ったときなど。というのもここでは人々はただでは何もしてくれないからです」[10]。自らの負担を誇示する意図は明白だが、この費用についてはでっちあげの疑いもある。情報提供者の使用に関しては、そのことによって当然、私的つながりの役割が誇張され、集められた詳細な報告の信憑性がある程度高まる。

いずれにせよ、『報告書』は信用できる記録として受け入れられた。作成を命じたショヴランがその間に不幸に見舞われていた――おそらく、このことがカンプルドンにジェノヴァの外交官としての地位を失わせることにつながる――にもかかわらず、新任の上司がその記録を精査し、賞賛の態度を示した。「まだわずかしか読んでいないが」と一七三七年十二月三日にカンプルドンに書いている「注意と探索のために貴殿がどれほど苦労したのかが分かる。国王陛下と枢機卿猊下［首相フルリー枢機卿を指す］が必ずや貴殿に厚い信頼をお寄せになることは間違いない」。さらに十二月三十一日には、「私がジェノヴァの大臣たちと交渉するときは、貴殿が長年の経験をもってあの共和国について明らかにしたことを決して忘れないようにする」[11]。

既に述べたとおり、政治的策略に対する女性の影響力の分析という観点から見た『報告書』の奇妙な点は、各人に関する詳述の終わりに、その人物が奉仕する貴婦人が言及されているが、妻への言及がないことである。だが、この点が必ずや喚起するであろう当惑はある程度取り除かれる。司法府とその職務にある個々の人々の情報に続くセクションは「ジェノヴァ貴族の家族と親族」の記述に割かれ、新旧貴族の主要な家系が簡潔に紹介されているが、前のセクションで既に取り上げられた人物への言及がしばしば見られる。だが、ここでは女性に言及する場合、それは必ず妻のことであって、決して奉仕される貴婦人のことではない。婚姻の政治的含意を完全に無視するという有り得ない間違いをカンプルドンが犯さず、彼が適切と判断した時機にそれを持ち出したことの証である。つまるところ、現行の婚姻成立方法——いまだそこにはチチスベイズモの相方の選択ほど個人の欲望が入り込むことはなかった——を考慮すれば、妻について語ることはまったく筋の通らない話でもなかった。とりわけ、貴族が個人ではなく家族の集合体として検証されている場合には。

くわえて次のことも明らかに考慮すべきである。ジェノヴァ貴族の妻たちの名は実際には政府高官名鑑にも挙げられていた。ただし、各人、本来あるべき場所以外のところ、つまり夫の名前に続いてではなく、付き添いの騎士《カヴァリエル・セルヴェンテ》に続いて。既に引用した数例から、その夫は常に正確に特定できるわけではないことが推測できる。例えば「奉仕する貴婦人はモメッタ・ガヴォッティ」つまりガヴォッティ某の妻である。このような書き方からチチスベイズモを政治的に解釈するには間違いなく限界がある。ただし、いくつかの情報を比較したり交差させたりすることによってより正確に身元を特定できることもあれば、あるいは「奉仕する相手はグリマルディ夫人、ジョヴァン・フランチェスコの妻」のように直接記載されていることもある。最後に、『報告書』の記述内容の信憑性の判断に欠かせない要素を忘れてはならない。パリではこれだけが単独で読まれたわけではなく、規則的に届く詳細な外交文書と照らし合わせて読まれた。我々もまた同じ努力を、少なくとも部分的には、しなければならない。

このような目的のために、ある事例を掘り下げてみたい。この事例の重要な点は、二人のジェノヴァ貴族、ジョヴァン・フランチェスコ・ブリニョーレとカルロ・エマヌエーレ・ドゥラッツォに係わるということだ。彼らはそれぞれ一七三七年の秋にフランスへの外交使節団の大使と随行員に任命されたのだが、その使節団は共和国のその後の外交政策に決定的な役割を果たすことになる。そして、まさにその数ヶ月の間に、二人の人物と彼らの親族・友人たちの情報が『報告書』に記述された。ブリニョーレについて、カンプルドンはその精神や知性を積極的に評価し、豊かな財産や家長としての影響力の大きさを指摘する。ドゥラッツォ家やバルビ家、とりわけ「彼の心の友」であり、あらゆるプロジェクトにおいて協力的なジョヴァンニ・トンマーゾ・チェントゥリオーネとの同盟関係も繰り返し協調している。結びには「奉仕する貴婦人はテレーザ・パッジ夫人だが、彼女はそれほど重要ではない。義理の姉妹にあたるアンナ・ブリニョーレの推薦は重きをなすだろう。だが、何よりも効力があるのはトンマーゾ・チェントゥリオーネの推薦である」(六七八頁―六七九頁)。ドゥラッツォに関する記述はより短い。「機知と礼儀正しさを持ち合わせ、洗練された上品なマナーを心得ているが、いくらか狡猾で何を考えているか分からないところがある。バッティネッタ・ブリニョーレ夫人に騎士として奉仕する。彼女は傲慢で執念深い性格だが、彼女をよく気遣う夫の信用のおかげで目論見を成し遂げることができる」(六六八頁)。

若干の努力があればこれらの情報を他の情報と関連付けることができ、そうすることによってより密度の濃いネットワークを構築できる。ジョヴァン・ジャコモの元妻で、のちにジュゼッペ・マリアの妻となった(ジョヴァン・ジャコモとジュゼッペ・マリアはどちらもブリニョーレ大使の兄弟である)アンナ・バルビは故元首フランチェスコ・マリアの娘でバルビ家の現当主コスタンティーノの姪にあたる。コスタンティーノはパオレッタ・ドゥラッツォに騎士として奉仕している(六八六頁、六七八頁)。大使の三番目の弟ロドルフォ・ブリニョーレは「従姉妹のバッティネッタ・ブリニョーレ夫人に騎士として奉仕する。彼女は彼同様、傲慢で意地悪く執念深い上に私利を貪る性質である」(六六二頁)。これは明らかにエマヌエーレ・ドゥラッツォからも奉仕を受けた同じ貴婦人を指しているのだが、チチスベオが複数いることは驚くにはあたらない。トンマーゾ・チェントゥリオーネがパオロ・ジェローラモ・パッラヴィチーニの未亡人カテリーナ・インペリアーレに奉仕していた（六六七頁―六六八頁）ことも驚くにはあたらない。中年に差し掛かり、人々から尊敬を受けている未亡人が古くからのチチスベオとの関係の維持を受け入れていることを我々は知っているのだから。興味深いことに、このカテリーナ・パッラヴィチーニはフランチェスコ・マリア・ブリニョーレ（大使ジョヴァン・フランチェスコの従兄弟）からも奉仕も受け続けていた。この人物についてカンプルドンは「彼にいくらかでも世間の信用があるとすれば、それはひたすら彼の従兄弟やトンマーゾ・チェントゥリオーネ氏と関係に負うものである」（六五四頁―六五五頁）と書いている。これ以上の断片的情報は付け加えない。すでに相当複雑な様相を呈している。代わりに、明白な疑問を提示したい。その答えは、ここに至るまで、この絡み合うネットワークの中にはまだ提示されていない。それは、ふたりの同僚、ジョヴァン・フランチェスコ・ブリニョーレとカルロ・エマヌエーレ・ドゥラッツォには妻がいるのかどうか？　いるとすれば誰なのか？　ということだ。

『報告書』作成中の最後の数ヶ月、カンプルドンは外務省宛の書簡の中で次期駐仏ジェノヴァ外交使節についてしばしば言及している。一七三七年九月九日には、まさに次の使節団について話し合うために、二人の盟友トンマーゾ・チェントゥリオーネとジョヴァン・フランチェスコ・ブリニョーレが「彼らのチチスベアたちとともに」彼を訪問したと述べている。[12]つづいて十月十日には『報告書』よりも詳細にカルロ・エマヌエーレ・ドゥラッツォの性格について述べ、彼がブリニョーレ使節団の随行員となった経緯を説明する。

ステファノ・ドゥラッツォの息子（裕福ではなく、したがって独身）は、おじのひとりから生活資金として四千ドゥカートの贈与を受けました。背の高さにおいても容貌においても彼の見た目は好ましいものではありません。ですが、大変学識があり、我々のことばを不自由なく操りながらよく話し、礼儀正しく好ましい作法を心得ています。抜け目なく、有能で、見るもの聞くものすべてに注意を払い、非常に警戒心が強く、ジェノヴァ人であれば誰にでも自然に振舞います。小評議会のメンバーで、彼のチチスベアであるブリニョーレ夫人が説得するまでは、コルシカ島にフランス軍を入れる必要性を認めようとしませんでした。ブリニョーレ夫人がこの件に関して夫の意見と解決策を彼に受け入れさせたのです。彼のフランス行きにも同夫人は貢献しました。夫の通訳兼助言者として利用するためです。ドゥラッツォ氏が冷遇されることはないでしょう。彼が陥りやすいある種の過ちを避けることができれば。それについては、チェントゥリエーレ氏とブリニョーレ氏が私の目の前で彼に細心の注意を払って身を慎むようにと彼に警告しました。[13]

フランスに派遣された独身の外交官ドゥラッツォのチチスベアである「傲慢で意地悪な」バッティネッタは、つまりもう一人の派遣外交官ジョヴァン・フランチェスコ・ブリニョーレの妻だったが、さらにジョヴァン・フランチェスコ・ブリニョーレの弟ロドルフォのチチスベアでもあった。[14] 彼女はまたカンプルドンの書簡のおかげでフランス外務省ではよく知られた人物となっていた。一七三七年九月二十四日、カンプルドンのもとにジョヴァン・フランチェスコに妻を家に残す意志を確認するようにとの通達が届いたが、それにはそれなりの理由があった。「ブリニョーレ夫人の性格が貴殿の報告のとおりなら、夫君は彼女自身のためにも夫人を赴任先に伴わないほうがよい。当地において夫人は少しも満足を得ることがないだろう。彼女が交際できる範囲でジェノヴァの派遣外交官の妻の傲慢さに耐えられるような貴婦人はほとんどいないのだから」。[15]

ここで我々にとってより興味深く示唆的なことは、この事例において、チチスベイズモの政治的影響力に関するカンプルドンの見解に沿って、もっともらしい文脈と説得力のある枠組みを完璧に巡らすことができるのかどうかという点である。バッティネッタはチチスベイズモの主人公であるだけでなく、彼女もまた家族・

姻族関係の鎖の輪のひとつだった。全体として信頼に値するこのジェノヴァの貴族グループをめぐる記述を読む限り、『報告書』の発想のもとになった原則をある程度信用できるのではないかと思えてくる。だが、残念ながら、このような照合を政府高官と彼らの奉仕対象となる貴婦人の政府高官名鑑全体に拡大し、すべての関係者をひとつの鎖の中にまとめ上げることは不可能だ。そうするには他の家族や他の権力グループではあまりに多くの鎖の輪が途切れたままになっている。カンプルドンが見逃しているうかつな誤りも忘れてはならない。それらの中にはロドルフォ・ブリニョーレをバッティネッタの義理の弟ではなく従兄弟とするような些細な誤解に基づく場合あるが、すぐに見分けられるものばかりとは限らない。それでもなお、この説得力のある事例は貴婦人と騎士との関係の意義をより完全で複雑な展望の中に必然的に位置づける。そして、『報告書』におけるジェノヴァの支配階級のチチスベイズモに関する記述が我々の目に奇妙に映るのは、それが偽りだからではなく、家庭や私的生活という観点からも、極めて偏っているためだということを示唆する。

そう述べた上で、カンプルドンが描いた枠組みは別の意味でも偏っていることをすぐにも付け加えなければならない。彼の報告書が記録するのは実はジェノヴァのチチスベイズモではなく、むしろジェノヴァにおけるチチスベイズモの政治的重要性なのだ。彼の人物名鑑には要職保持者しか現われず、それさえも全員ではない。最高監査官たちに言及する際、彼はその中の五名のメンバーとそれぞれのチチスベアについては念入りに記した。だが、その他の四つの監査官職に関しては、その二十四名のメンバーのうち二名にしか触れておらず、その動機はこう説明されている。「厳密に言えば、これらは寄宿学校《コレージョ》を出たての若者たちに与えられ、彼らがより重要なポストを得るための踏み台とする最初の任務である」（六五八頁）。他の何十もの若い、あるいは周辺的な立場にある役人が同じく意図的に排除されている。カンプルドンは、こうすることによって大多数の付き添いの騎士《カヴァリエル・セルヴェンテ》を等閑にしたことを認識した最初の人物だった。彼自身「ジェノヴァ貴族たちの傾向と性格について」というセクションの中で「寄宿学校を出たばかりの〈若者たち〉*gioventù* の活動といえば、無為、チチスベオの奉仕、あらゆる種類の快楽である」（六八八頁）と明言している。つまり、彼の人物名鑑が半世紀あとに書かれたとしても、愛の苦悩の犠牲となりアルバロからチッケッタ夫人を訪れた二十歳のパティート、ジョヴァンニ・ベネデット・パレートの姿はそこには存在しないだろうということだ。それにしても、『報告書』で言及され、出生日や洗礼日をきちんと確認することのできる五十四名の付き添いの騎士《カヴァリエル・セルヴェンテ》の平均年齢が五十三・七歳であるのに対し、ふたりのフランス駐在外交官はかなり年少である。フランチェスコ・ブリニョーレは一七三七年の時点で四十二歳だったし、貧乏な独身者（原語では「若者」garçon）カルロ・エマニュエーレ・ドゥラッツォは四十四歳だった。(16)

『報告書』はバランスに欠けた、ただし、その目的に適った形で、チチスベイズモの公的な役割の二つの側面について証言しているといえる。最大限に、ただし捏造することなく強調されるのは、チチスベイズモの持つ狭い意味での政治的圧力であり、それと合わせて外交への影響にも明らかに特別な注意が向けられている。あまり強調されていないのは、チチスベイズモの持つ広い意味での政治的影響力、つまり、チチスベイズモによる包括的ネットワーク自体が、政府の権力中枢にある人々のサークルという枠組みを越え、都市の貴族社会内部の勢力バランスにおける重要な要素となっているという事実である。だが、本書で度々指摘してきたこの第二の重要な側面については、まさにカンプルドンのテクストの中に確かな証拠がある。事実、若いチチスベオたちの情報はほとんど欠けているが、『報告書』にはともかく年輩者に関する情報が網の目を張り巡らすのに十分なほど含まれており、それ以上の情報があったとしてもそのネットワークを強化する以上の役目を果たすことはない。

我々は義理の兄弟に奉仕される貴婦人を見たばかりだが、同じような状況にある別の女性たちのことも書きとめておかなければならない。おじの奉仕を受けた貴婦人がひとり、従兄弟の奉仕を受けた貴婦人が少なくとも四人いる。明白な親戚関係だけでは家族内の絆の強化のためにチチスベイズモが利用されるという現実（この現実は『報告書』の中で男性貴族の姓が繰り返されることからうっすらと浮かび上がる）を示すデータとしては著しく不十分であるという主張は重要ではない。さらに興味深いことに、チチスベイズモが婚姻やその他の手段を通じて様々な家族間に新たな関係を築いたり強化したりする仲介の役割を担っていた可能性についてはっきりとした証言を得ることもできる。チェーザレ・アドルノが奉仕する貴婦人レリア・クラヴェザーナについてカンプルドンは「善良かつ敬虔な、策略とは無縁の女性」と書いている。策略とは、つまり、まさに政治的策略のことである。さらに付け加えて「彼女が一度だけ多大な貢献をしたのは豊かな資産の唯一の相続人であるアドルノ嬢とジョヴァン・バッティスタ・スピノーラとの結婚である」と述べているが、ジョヴァン・バッティスタ・スピノーラのほうも大きな財産に恵まれている（六六八頁）。カテリーナ・パッラヴィチーニのチチスベオで、本書で既に紹介したトンマーゾ・チェントゥリオーネについては「彼の娘と夫人の息子との婚姻を通じて、最近、彼らの絆は強化された」（六六八頁）と述べる。現元首ニッコロ・カッターネオの妻に奉仕するアンブロージョ・ネグローニについてはネグローニの妻がカッターネオの従姉妹だという点でも彼との接点があるとの情報を提供している（六五三頁）。

二十世紀の構造主義的人類学が我々に残した教えは、女性の交換を社会的組織の形成と活動の基本単位と見なすことだった。『報告書』におけるジェノヴァの貴族社会の記述は、専ら婚姻の交換に起因する様々な出来事をチチスベイズモが増幅・統合する可能性が潜在んでいることを例証する。この点に関連して思い出さなければならないのは、ジェノヴァの貴族を「旧いポルティコ」と「新しいポルティコ」とに分ける歴史的区別である。このような区分は、十八世紀においては既に党派的闘争という内容をまったく欠いていたのだが、当時は役職の分配を適切に行うことに役立っており、したがって政治体制を構成するさまざまな要素の対立ではなくむしろ統合に貢献していた。貴族社会において「新」・「旧」の区別は幾分維持されていた。カンプルドンによれば、ジェノヴァで開かれる最も中心的な二つのサロンのうち、ひとつは「旧い」貴族専用で（六五二頁）、もうひとつは二つのグループが入り混じっていた（六七六頁）。それぞれの女主人、「旧」家のリヴィエッタ・パッラヴィチーニと「新」興のバッティネッタ・ドゥラッツォはどちらも「旧い」グリマルディ家のそれぞれ別のメンバーのチチスベアだった。したがって、異なるポルティコ出身の騎士に付き添われている女主人の主催するサロンはふたつのポルティコの交流の場でもあった。より広く見ると、『報告書』に記載されている約九十のチチスベイズモのカップルの四分の一が異なるポルティコの組み合わせから成る。既に述べたとおり、カンプルドンの人物名鑑は統計として利用するには偏りすぎている。それでもなお彼のデータは、新旧に分けられた貴族たちを統合する役割をチチスベイズモが担い、家族間の婚姻政策について我々の知る戦略を繰り返したと主張する根拠としては十分である。その戦略とは、即ち、所属するポルティコ内部の同盟を優先させながら、外部とも連係をとることだった。

『報告書』には愛情についての記載はほとんど見られず、政治的な影響のみが記されている。性愛について最も詳しく書かれているのは三十歳のアゴスティーノ・ロメッリーニと彼が奉仕するクレリエッタ・ドゥラッツォにまつわるものである（ついでながら、男性のほうが「旧」家に属し、女性は「新」興貴族に属する）。カンプルドンのことばを借りれば、彼女は彼をドゥラッツォ家に「結びつけ」、美しさよりも知性と文芸への情熱という資質によって彼を優しく魅了した。「貴婦人の楽しみは読書とチチスベイズモだった［…］結婚当日から、その知性と情愛のためにアゴスティーノ・ロメッリーニ氏と結ばれた。読書をするかと思えばため息をついているという具合に」（六五七頁）。全体として、『報告書』はチチスベイズモに含まれているかもしれない感情や性愛のもつれから生じる危険性については一言も触れていない。カンプルドンの発想はこうした要素を際立たせるようなものではない。彼のようにそれを完全に無視することはもちろん誤りである。ただし、だからといって、チチスベイズモの政治的影響力については直接的に、また、貴族階級を結びつけ、その基本的連帯を支える役割については間接的に伝えるカンプルドンの情報全体の本質的な有効性が根本的に損なわれることはない。

このような観点から、ここで一七九一年、啓蒙主義者コンパニョーニによって書かれたギャラントリーのサロンへの賛辞を再び取りあげたい。この賛辞は喜劇作者アルベルガーティの批判に対して付き添いの騎士《カヴァリエル・セルヴェンテ》を擁護する中で述べられたものである。既に述べたことに付け加えるならば、コンパニョーニはよりはっきりと、チチスベイズモが支配者階級に属する貴族たちを文明化させ、彼らの関係を良好に保たせる新たな力であるという持論を展開している。

> 彼らは互いにどの政党や派閥に属しているのかを知らなかった。裏切りや策略は日常茶飯事だった。結婚は［…］不幸にも溢れる災難を増幅するばかりだった［…］暴力、酩酊、抑えられない淫蕩、それがかつての習慣だった。野蛮な嫉妬が女性たちを隷属状態に置いていた。女たちは邸宅の最も奥まったところに閉じ込められていた。［だが、やがて］幸せな革命が訪れた［…］我々は確信する、女性たちは品行方正な喜びに対して我々男性が持つものと同じ権利を有するのだと。ゆえに我々は彼女らにあらゆるジャンルの劇、公の場に姿を現すこと、クラブ、カフェ、サロン、アカデミーへの入り口を開いたのだ［…］
>
> こうして君たちはもはや、かつてそうだったように、ほんのわずかな疑いが我々の間に生じるのを目

にすることはないし、血が流れたり、裏切り行為が仕組まれたり、混乱が引き起こされたりするのを目撃することはない［…］ギャラントリーの目的は、その本来の性質によって人々の心に融和と慈善を強固にする相互義務の推進にほかならない(17)。

コンパニョーニの話は一般論として提示されたものである。ジェノヴァの事例は、その最も適切な具体例となっている。既に述べたとおり、外交という観点からカンプルドンは貴族階級内のバランスという側面には明確に言及していない。だが、彼よりも約十年前にジェノヴァに来たもうひとりの外国人女性が、一七一八年の時点で既にコンパニョーニの考えを正確に先取りしながら、ジェノヴァ貴族の社交生活を描いている。それは有名なイギリス人旅行者メアリー・ワートレイ・モンタギュのことで、啓蒙主義的知性を備えた彼女は世間を鋭く観察する女性だった。八月十七日、ジェノヴァからモンタギュは姉妹に宛てて、当地で行われているチチスベオという習慣を発見したと書き送った。彼女はそれを「テティス・ベイス」Tetis beys と表記しているが、それはこの語の語源に関する想像力豊かな説明にもなっている。才気とアイロニーに溢れる文章はすべてを引用するにはいささか長過ぎる。この奉仕の特殊な点に関するお決まりの情報に入る前に、この最近の流行の習慣の起源と動機についてこう論じる。

女性たちはフランスのモードを気取っていますが、お手本よりもはるかに優雅です。チチスベオを伴う習慣が彼女らの振る舞いを一層洗練させたことは確かです。あなたはこの人たちのことを聞いたことがあるでしょうか。誓っていいますが、私はこの目で確かめて、この地上にそうした人種がいるということを納得しました。この流行はこの地で始まり、今ではイタリア中に広まっています。イタリアでは夫たちは私たちが考えているような酷い生き物ではありません。これほど定着し、確たる政治的基盤を伴う習慣に難癖をつけようとする野暮な人は彼らの中にひとりもいません。実際、当地で私が確かなこととして聞いたところによれば、当初この習慣は、家族内の不和に終止符を打ち、彼らの財産を分割するのを防ぎ、〈暇つぶしのために〉*pour passer le temps* 互いに喉を切り裂きかねない若者たちに役目を持たせるために元老院によって考案された方法でした。そして、大いに盛んになりチチスベオたちが制度化されて以来、平和と上機嫌だけがジェノヴァの人々を支配するようになったのです。(18)

チチスベイズモの習慣は、モンタギュの語るアドレナリンが充満した若者たちへの効果と少なくとも同じくらい、カンプルドンの五十七歳の付き添いの騎士たちの衝動を鈍化させたと考えることができるだろう。モンタギュの記述におけるピクチャレスク趣味とイタリア人の怒りっぽい性格について広まっていた偏見については、文字どおりに受け取るべきではない。しかしながら全体としてみれば、ジェノヴァに関する証言は、十八世紀の貴族の社会構造の中で機能し、男性による女性の監視という非常に微妙な問題さえも孕みながら、貴族階級を穏やかに結合させる力を秘めたチチスベイズモのイメージを改めて説得力のある形で提示する。こうして示された枠組みは、既に紹介したブリニョーレ／スピノーラの結婚裁判の焦点になっていた論争の根拠をより正しく評価することを可能にする。裁判では夫が社交サロンに参加しない妻を非難していたが、我々は今、その行為がどれほど深い意味で反社会的だと批判されるのかを完全に理解することができる。ジェノヴァの貴婦人にとって夫以外の騎士の付き添いを拒むことは、貴族階級の調和を目的とした交換の輪の中に加わることを拒否するのも同然である。要するに、すべて考え合わせると、カンプルドンの『報告書』で著しくその特徴が強調されたジェノヴァのチチスベイズモは、もはや一人の妄想家の気まぐれな思いつきなどではなかったのだ。

目下の課題として、あとに残された最終的な疑問は、このジェノヴァの例がどの程度一般的なのかという点である。これまで見てきた他の都市に関する証言は、より体系的という意味ではジェノヴァにしか当て嵌まらないが、同じような議論の展開をいくらか先取りしていた。前章で再現した実生活上の出来事――とくにヴェネツィアとルッカの三角関係のことだが――はチチスベイズモの関係の周囲に、厳格な、しっかりした資料的裏づけのある家族間同盟（都市の貴族階級の小さなグループに限定された特殊なものだったとしても）が存在することを示している。また、本章の冒頭で紹介したものの中でも最も充実した貴婦人と騎士のリスト――ヴェネツィアのカフェのリストがそうである――には、それを構成する個々の人物についてはいささか不明確なところがあるにせよ、少なくともそこから包括的なネットワークの広がりを窺い知ることができる。ジェノヴァ以外の都市の貴族を対象とした政治社会学的人類学におけるチチスベオの役割の確認する意味で、最後に二つの分析を提示したい。それらの分析は、『報告書』のような幅広い人物名鑑を再現しているわけではないが、そこから導き出された要点に触れている。

最初の分析の対象は、既に紹介したヤコポ・ケリーニの記述に基づくルッカである。ケリーニは一八〇四年、「貴族体制下のルッカの風俗習慣」*Le costumanze lucchesi nel tempo dell'aristocrazia* という短い論文でこの都市の貴族の社交生活の全体像を記した。サルディーニ家の司祭として一七九九年にフランスによって倒された寡頭政治体制下の古き良き共和国時代を懐かしむケリーニは、レクリエーション活動にまで発揮された貴族の優雅さと秩序を理想化する。「貴族階級は一年中、カメラータと呼ばれる交代制の華やかな社交クラブで活動していた」。カメラータの仕組みについての説明は過剰なほど詳細だが、興味深いのでその概要を紹介しておこう。ジェノヴァのポルティコ同様、ルッカのカメラータもふたつあり、それぞれの頂点に立つのはブォンヴィージ家とマンシ家の貴婦人である。「彼女たちはそれぞれのカメラータの担当の順番を記録していて、ある貴婦人が新規にカメラータに入会し、そこに出席しようという場合に頼りにするのも彼女たちだった」。カーニヴァルに期間中、ふたつのカメラータが共同で開催するパーティーがあり、それらは「小さなパーティー」と「カメラータの会合」とに区別された。小さなパーティーは「新婚花嫁のお披露目」と、その「答礼」のために特別に開かれた。ケリーニの詳しい説明によれば、「しばしば起こり得ることだが、A氏がかつてC夫人への友情のためにC夫人の令嬢の結婚を祝して小さなパーティーを開いたとする。今度はA氏の家に花嫁が来たら、C氏はたとえ親戚関係や親密な友情がなかったとしても、義務として答礼のための小さなパーティーを催さなくてはならない」。さらに、「共同開催のカメラータもまた交代制だった。ふたつのカメラータの長はどの家でカメラータが催されたのかを正確に記録しており、したがって翌年には当番にあたる家に早めに知らせることができた」。

ケリーニの説明の中で最も印象的なのは、社交生活の役割が貴族階級を組織化することであり、まさにそれこそが都市における社交の存在理由になっている点である。そのため、会合も自発的にあるいは偶然に開かれることはなく、規則によって強制的に開かれていた。強制力のある枠組みの中で義務的恩恵として交代で招いたり招かれたりするパーティーや会合の存在は文化人類学の熱心な研究対象となる習慣である。近代のイタリア貴族社会のような閉鎖的かつ同質の集団の社会的習慣にその痕跡を認めることに驚きを隠せないのは、ひとえにヨーロッパ中心主義的先入観によるものだろう。むしろ、ルッカの公的生活を規則化し、まとめ上げようとするカメラータの意義は全体としてははっきりしているが、その詳細や内部の仕組みの大部分は我々の目にも、そしてまたその熱狂的な支持者であるケリーニの目にも不明瞭である点を認めなければならない。だが、たしかに――そして、より重要なことに――「貴族体制下のルッカの風俗習慣」ではカメラータの仕組みのもとでのチチスベイズモの役割が詳しく明瞭に示されている。「夜会を主催する家の女主人は、それぞれ付き添いの騎士《カヴァリエル・セルヴェンテ》を伴った何人かの親戚と共に邸宅の最初の部屋の入り口に立ち、友人に付き添われ出席する貴婦人たちを出迎え、挨拶をする」(19)。

フィレンツェに関するもうひとつの分析にはさらに多くの紙幅を要するだろう。この分析は、すでに本書で何度か紹介した資料、一七三八年から一七八六年に亡くなるまでこの都市に滞在したイギリス人居住者ホレス・マンが友人ホレス・ウォルポールに宛てた書簡に基づいている。その書簡は政治的・文化的観点から大変興味深いものである。さらに――既に述べたとおり――ウォルポールもまた、マンの滞在期間の初めの頃、しばらくフィレンツェに留まって、貴族たちと交際し、とくにある貴婦人と親密だったため、マンはウォルポールに社交界の出来事を書き送っていた。マンは恋愛に関する噂を好み、彼の証言はとりわけフィレンツェの貴族社会におけるチチスベイズモのネットワークを探るのに役に立つ。ジェノヴァに関するカンプルドンの証言よりも価値があるのは、マンの証言にはとくにこれといった目的もなく、ただ情報を提供しているだけで、それが結果として数年分重なるうちに意図せず広範な組織図を描くことになるからである。

とにかくマンはイタリア人の社会生活における付き添いの騎士の重要性を認識していた。住民にあまり敵対心を持たず、イタリア語が流暢だったマンは同時に知的で偏見がなく、他の旅行者や外国人のように道徳的批判に陥ることもなかった。むしろ、イタリアの社交生活がヨーロッパ諸国よりも脆弱で未発達であると考え――このような意見は、関係者の中で最も有名で辛辣だったジャコモ・レオパルディに至るまで長らく共有され、本書でのちに扱うバイロン卿の手紙にも見られる――そうした欠点を一時的にしのぐための手段としてチチスベイズモをとらえていた。「私がチチスベオになる危険性はない」と一七四五年六月一日ウォルポールに宛てて書いている「この国ではそれ以外の方法で社交的な付き合いをすることができないとしても」。一七四六年九月二十七日には「イタリアが魅惑的な国であるという私の意見に君が同意してくれることは分かっている。だが、もう少し社交的なつきあいがありさえすればいいのにと思う。友達付き合いや大勢の集りはたくさんあるが、社交的な付き合いはまったくない。チチスベアがいなければ男はサロンで退屈するだけだ」。恋愛沙汰へのマンの関心には、このような確信が伴うことに留意しなければならない。貴婦人と貴族の交際について語ることはつまり、遠くにいる友人に、狭い意味での性的な領域に留まらない社会の重要な出来事を知らせる手段なのだ。

マンはこのテーマについて深く認識していたに違いない。というのもフィレンツェの貴族社会に通じていただけでなく、彼自身が自宅の庭園で夏のレセプションを主催するほど世間から認められていたのだから。そして、それが本当に退屈なものに終わるかどうかにかかわらず、大変念入りに費用をかけて準備し、しばしばウォルポールに書き送ったように、何十人もの貴婦人と騎士を歓待した。書簡からチチスベオに関する情報一切を集めることによって、ひとつの見取り図をつくることができる。それは幅広さという点ではカンプルドンの人物名鑑に適わないが、フィレンツェの貴族階級の相当な部分をカバーしている。したがって、彼の証言は貴族階級に広がるチチスベイズモが同階級を結合する要素となっていることを説得力のある形で裏づける。外交のための諜報活動という明確な目的のために貴族階級全体について言及しなければならなかったジェノヴァの駐在外交官とは異なり、マンは友人に気前よく情報を提供したが、その対象は彼らが知っている人々や家族に限られていた。一方で、彼の書簡では、騎士による貴婦人への奉仕は、結婚をはじめ常に別の関係と結び付けられていた。

というわけで、範囲を狭め、マンのフィレンツェでの交友関係に注意を向けたい。彼の手紙から浮かびあがる交友関係はカッポーニ家の姉妹、即ちピエトロ・グリフォーニの妻エリザベッタとヴィンチェンツォ・アンティノーリの妻テレーザを中心に広がっている。エリザベッタ――マンの意見に従えば「カブの頭」に嫁いだ「フィレンツェ随一の美女」――は一七四一年までウォルポールが付き従った貴婦人である。母方のおじアントニオ・コルシを通じて、姉妹はリッカルディ家と姻戚だった。本書で既に紹介したとおり、バンディーノ・パンチャティキと結婚し早世したジュリア・コルシは、従姉妹にあたる。親族関係は些か複雑な様相を呈しているが、残された情報に基づいて我々が知り得るよりも実際にはさらに複雑だった。したがって付き添いの騎士《カヴァリエル・セルヴェンテ》を紹介する前に、マンがもたらした情報と十九世紀の丹念な系図学研究の成果を参照しながら再現した一七四〇年代の状況を表す図〔次頁〕を示しておく。

　マンが記録するテレーザ・カッポーニ・アンティノーリの付き添いの騎士たちは、この家系図には入っていない。彼らはカッポーニ家とアンティノーリ家がフィレンツェの貴族社会の別の、彼らの近親者ではないグループにも社交的関係を広げていたことの明らかな証拠となる。一方、既存の絆の強化に役立っているのはエリザベッタ・カッポーニ・グリフォーニの騎士たちで、その二人とも彼女の親戚関係を示すこの図の中に記されている。一人目は、バンディーノ・パンチャティキの兄弟として既に本書にも登場した若いジョヴァンニ・グワルベルトで、エリザベッタの従姉妹の義理の兄弟である。二人目は、年長のベルナルディーノ・リッカルディで、エリザベッタの義理のおばの兄弟である。この図に欠かすことのできないカッポーニ姉妹の弟ジーノ・パスクワーレ――ちなみに彼は、十九世紀、統一国家イタリアの歴史と文化の中心人物となるジーノ・カッポーニの祖父である――が一七四九年にジュリア・マルテッリと結婚したことによって、この親族ネットワークは、その周辺に位置する人々までを結びつけ、より強固なものとなった。彼が結婚したのは自身の義理のおばの姪である。チチスベイズモがこの複雑な関係をさらに完璧なものにする。一七四九年十一月七日、マンがウォルポールに書き送った手紙には、近年、婚姻の際、新郎の「女性のチチスベア」の側から彼らに対して、結婚式の妨げにならない限りにおいて「数日後にもどる」即ち、長らく不在にしないという約束を要求する習慣が定着していたと記されている。[20] 男性貴族が結婚後も貴婦人への奉仕を継続することについては本書でも既に何度か指摘している。今ここで興味深いのは、マンが引用した事例の中にジーノ・パスクワーレの結婚、および、この問題に係わる彼のチチスベアとの取り決めが存在するという点にある。この貴婦人はマリア・マッダレーナ・ジェリーニといい、ヴィンチェンツォ・リッカルディの妻である。つまり、ジーノ・パスクワーレは独身時代から彼の義理のおばの、そのまた義理の姉妹の付き添いを務め、その義理のおばの姪との婚姻時にもその関係を続けていたことになる。複雑な関係は、本書の説明以前に、事実として存在しているのだ。ジーノ・パスクワーレは妻のおばのチチスベオ、あるいは彼のチチスベアの姪の夫というだけでは足らない。というのも二人の女性は、すでにジーノ・パスクワーレの親族関係に属していたのだから。

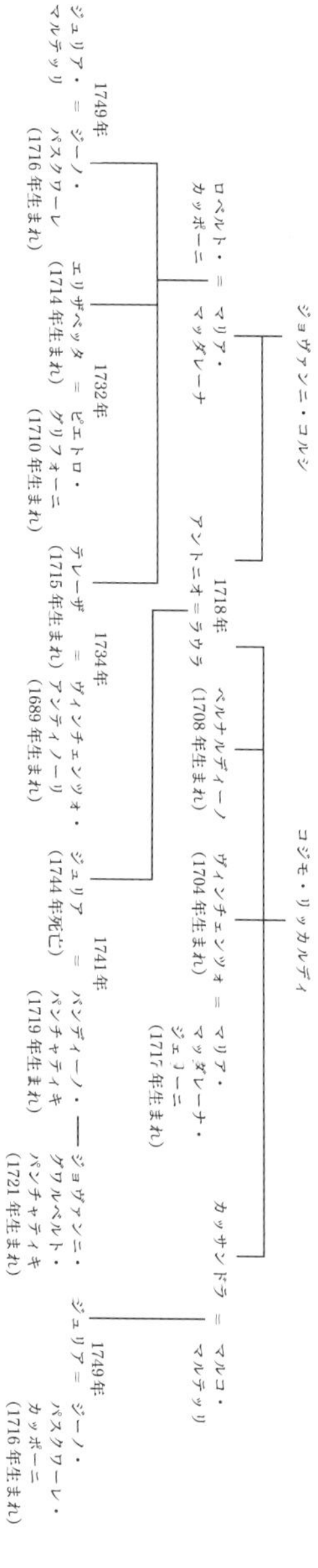

これとは別の人々を話題にしながら、マンはこの数年前にウォルポールに、何人かのチチスベオにとって「宿命的な」夜会の出来事を語っている。マンの解説は、本書でも既に指摘したとおり、閉鎖的で排他的な社交サークルの内部で、このプライヴェートな習慣が発端となって生じた友情や競争関係のもつれへの鋭い観察に基づく。それはチチスベイズモが都市の貴族社会の気密性の維持のために機能するという説への反論ではなく、それを追認するものである。その説をマンは、現代の社会文化人類学の専門用語では適わないほど自然に分かりやすく論じているのだ。男女の結びつきの二重化は、すでに十分もつれている相続関係、人間関係、そして政治的勢力関係を確実に一層複雑なものにする。だが、隣接と共有によって加速される複雑さは、最良の友人関係や家族関係においてそうなるのが常であるように、相互依存関係を堅固なものにするための最強の条件となる。

4・2　その他のチチスベオ

一七九〇年、女流画家エリザベト・ヴィジェ・ル・ブランがフランス革命から逃れ、「あこがれに身を焦がしていた」ヴェネツィアにたどり着いたとき、しばらく前からそこに滞在していた同国人で美術品収集家のドミニク・ヴィヴァン・デノンが彼女を訪問した。それは当時デノンが付き添っていた貴婦人イザベッラ・テオトーキ・マリンとの友好的な関係への第一歩だった。この貴婦人はのちに文学サロンの主催者として名を知られるようになるが、そのときには二番目の夫アルブリッツィ伯爵の姓を名乗っている。

翌日、デノンは私を彼の女友達マリーニ夫人に紹介した。彼女はのちにアルブリッツィ伯爵と結婚した。彼女は気さくで機知に富んだ人だった。その晩、私をカフェに誘ったが、当地の習慣を知らなかった私はそのことに些か驚いた。だが、さらに驚いたのは、彼女が私に「あなたには付き添いの男性がいないのですか？」と訊かれたときだった。私が連れてきたのは娘とその養育係だけだと返事をした。「分かりました」と彼女は答えた。「少なくとも付き添いがいるふりをしなくてはね。あなたの付き添いにデノンさんを譲って、わたしは他の人に付き添ってもらいます。世間の人は私が彼と仲違いしたと思うでしょうけど、あなたがここに滞在している間はずっとそうしておきましょう。男性の付き添いもなく一人で外出することはできませんから」。奇妙な方便だったが、私は気に入った。というのもマリーニ夫人がこうした形で最も魅惑的なフランス人男性のひとりを案内役として私に与えてくれたのだから。[23]

この逸話は、前節で扱った論点を今後の展開へと巧みに導いてくれる。ここまで、都市の貴族社会内部の結束を支えるというチチスベイズモの側面を際立たせるために、それ以外の要素からチチスベイズモを意識的に切り離してきた。本節ではその見過ごしてきた要素を取り上げたい。貴婦人と付き添いの騎士《カヴァリエル・セルヴェンテ》との組み合わせには、事実、そのどちらかが外国人で、その土地の事情とは係わりを持たない場合もあった。十八世紀にはグランド・ツアーに限らずイタリア貴族もヨーロッパ貴族も大いに旅をした。それによって人々の出会いの機会は増大したが、たった今紹介したばかりの事例（ヴェネツィアで実現したフランス人同士によるまったく新しいチチスベイズモの関係）に匹敵するさらに一歩進んだ複雑な関係は、恐らくそれほど頻繁には生じなかっただろう。一方で、その土地に属する者と属さない者を巻き込んだ奉仕関係は概して多く、そこから一時的なギャラントリーという特殊な文学的トポスが生まれたほどだった。

ゴルドーニ劇に見られる数多くの例の中でも特筆すべきは「田舎者たち」*I rusteghi* である。喜劇の主人公たちはまさにその名に相応しく、目新しいものや日常慣れ親しんだものから逸脱することを極端に嫌う人物として描かれている。フェリーチェ夫人が夫カンシアンとリッカルド伯爵に付き添われてマリーナの家を訪れた場面（第一幕、第九場）では、当然その場で方言を話せない唯一の人物であるリッカルド伯爵が周囲から浮いている様が喜劇的展開の前提となっている。はじめにマリーナが「誰かしら？　ああ、フェリーチェさんだ！　彼女と一緒にいるのは誰？　ひとりは彼女の夫のお馬鹿さんだわ。もう一人は一体誰だろう？　彼女にはいつも誰かが付き添っているのよね」と独白する。つづいて交わされる科白は巧みに配置されている。「（マリーナがフェリーチェに）ごきげんよう、こちらの人はどなた？　（フェリーチェ）伯爵で、外国からお見えになった騎士で、うちの夫の友人よ。そうでしょう、カンシアン？　（カンシアン）わしは何も知らん」。また、アルフィエーリの反チチスベイズモ喜劇「離縁」*Il divorzio* の登場人物一覧には、「母親に奉仕する三人の付き添いの騎士、そのうちの一人はこの家庭とこの国の習慣にうんざりしているイギリス人旅行者」と記載されている。デ・ロッシの喜劇「ローマのイギリス人靴職人」*Il calzolaio inglese in Roma* で滑稽に描かれるローマの伯爵夫人は、欲得ずくで一時的に彼女のチチスベオ、フロリンド騎士を退け、プスチュットという下品な名を名乗る偽りの英国貴族を付き添いの騎士《カヴァリエル・セルヴェンテ》にした。「すでに騎士の忍耐力は既に何度か試したわ。外国人を優遇するために彼が受けた裏切りにしばらくは怒っているけれど、彼らがいなくなってしまうと、戻ってきて不平を言い、最後には忘れてしまいます」(22)。

　このタイプの奉仕の主役となった旅行者たちの記録は個々の事例に富み、より広い観点からこの現象を評価する上で欠かせない資料となる。既に引用したジェローム・リシャールの記録は一七六〇年代のものだが、それによればトスカーナの貴婦人たちに付き添う外国人チチスベオたちの中でも「イギリス人が最も重要な地位を占めている」。イギリス人ネルソン・ブルックの意見もこの評価に追随する。彼は一七九四年、シエナから書き送った手紙の中で、イタリア人の習慣を目の当たりにし、「何人かのイギリス人居住者は易々とその習慣を取り入れている」と述べた。[23] この件に関して各国を順位付けすることは容易ではない。まして、フランス人が規則化された恋愛関係を受け付けないことはよく知られていたにもかかわらず、たった今紹介したばかりのヴェネツィアでのデノンや、既に本書で触れたとおり、ローマで恐らくそうであったと推測されるモンテスキューなどフランス人滞在者の間にも付き添いの騎士がいた。言うまでもなく別の地域からの旅行者や移住者たちの例も記録に残っている。アントニオ・グレッピの妻に付き添った監督官殿ことロレーヌ出身のロッティンジェルは、ハプスブルグ家の官僚機構におけるグレッピの協力者であり、彼自身、ミラノの貴族社会ではやや周辺的な地位に属していた。重要なのは、チチスベイズモが取り持つ地域的バランスに外国人の参加することによって、そこに無視できない要素が取り込まれ、より複雑で豊かなものになる、という事実に目を止めることである。それは、その地域の出身ではないイタリア人にも、また付き添いの騎士《カヴァリエル・セルヴェンテ》同様、付き添われる貴婦人の場合にも当てはまる。

フィレンツェの貴族社会と一時的な外国人滞在者との間で恰好の観察地点に立っていたホレス・マンは、チチスベイズモの持つこうした局面についても最良の証人であると思われる。彼はウォルポールとエリザベッタ・カッポーニ・グリフォーネの関係を常にチチスベイズモふうの表現で回顧した。そして彼自身のことについて語るときも同様だった。一七七一年五月十八日、すでに晩年にさしかかったマンはウォルポールに宛てた手紙の中でミネルベッティというある貴婦人を「私のチチスベア」と呼んでいる。彼はフィレンツェの社交生活を眺望しながら、立ち去ったり、新たに到着したりする人々によって引き起こされる出来事に注意を怠らなかった。一例を挙げると、一七五一年十一月二十六日、何人かのイギリス人の一時滞在者を巻き込んだ交際に関する詳細な報告の終わりに、「イギリス人旅行者はしばしばチチスベ゠シップの調和を危険に晒す」という結論を下している。[24]

　ゴルドーニの「陽気な騎士」*Il cavalier giocondo*（第五幕、第十一場）に登場する使い走りのチチスベオが義務として強いられる犠牲の中に、「ときにはライバルが傍にいることに耐えること」という項目がある。それというのも「ときには外国人に貴婦人への奉仕を譲らなければならない」のだから。既に見たとおり、デ・ロッシのイギリス人靴職人は伯爵夫人の付き添いの騎士《カヴァリエル・セルヴェンテ》の嫉妬を掻き立てている。その反対に既に紹介したフィレンツェの『ガゼッタ・ガランテ』には、一七七六年にフィレンツェの街で催された午餐について触れながら、「貴婦人たちは、自身より美しく素敵な外国人女性とこのような会合に出かけることを付き添いの騎士に入念に禁じている」と書かれている。[25] 一七九八年、ピサでポスキ騎士とロレンツァーニ夫人との間で交わされたチチスベイズモの契約では、夫人には「外国人か同国人かに関係なく彼女の好きな男性と交際すること」、騎士には「外国人女性か同国人女性かに関係なく付き添いの騎士となること」が相互に認められている。

　男女間の関係に、その地域の実情に不案内な者たちの登場によって、容易に変化がもたらされる。その変化は煩わしくもあれば、何かしら好ましい効果をもたらすこともある。チチスベイズモに関していえば、反対の視点から、つまり、女性の保護と監視を潜在的に兼ねたエスコート役を嫌悪する多くの旅行者たちの反応の中に、我々は同じことをすぐさま見出した。だが、個々の事例における性的あるいは感情的に微妙な揺らぎを別にすれば、外国人のチチスベイズモへの参加は、貴族階級を結束させる機能を修正するよりもむしろ拡大することにつながると思われる。そのことを強く示す手掛かりは、十八世紀の人々のことば遣いに大変頻繁に現われる動詞「付き添う《セルヴィーレ》」の用法である。一般的に誰かを社交場に導くこと、そして、訪問に同行することを意味するが、とくにその対象となる誰かが出身地でない都市に到着した訪問客を指すこともある。既に何度も参照したルッカのルイーザ・パルマのフランス語の日記はこのような〈付き添う〉*servir* で溢れている。一例を挙げると、「一七九二年九月十四日、聖十字架の祝日、バルバーニ夫人が亡くなり、私の甥のマンシに彼に代わってセレーゴ伯爵夫人に付き添う《セルヴィーレ》よう頼まれた。彼女を大聖堂に、政庁舎に、そしてマンシ氏のもとに連れて行った。彼女はそこでの夕食に招かれていて、私も招待を受けた」[26]。付き添いの騎士はまさに社交場への案内人として「付き添っていた《セルヴィーヴァ》」者なのだ。したがって、部外者に対するチチスベオの正真正銘のサーヴィスとは、ギャラントリーにとどまらず数多くの社交習慣のひとつとして、一時的にせよ形式に則って地元の貴族たちの閉鎖的な輪の中に同じ階級に属する人を参加させることを目的とする。所属する国も都市も異なる貴族たちを結びつける階級としての連帯感は「彼らが生まれつき負っている、人々の精神に融和と慈善を育む互恵的義務の基盤」が行政区域の境界を越え、ヨーロッパ全体に広がっていることを前提としていた。我々が既に見てきた限りでは、こうした行為はジュゼッペ・コンパニョーニによってチチスベイズモと同一視されているし、カンプルドンが描いたジェノヴァはまさにその模範的な実践の場だった。

　都市のあらゆる社交の場で並び合ったり重なり合ったりする関係性のネットワークの多重性に留意しなければならない。チチスベイズモの関係の場合、その多重性はより多くの人と交わる可能性をもたらすために貴婦人からも騎士からも支持される。これに関連して、別のタイプの潜在的求愛者の存在も指摘しなければならない。貴族と外国人の地位を兼ね備えたその恐るべき求愛者とは駐在軍人である。パリーニがその姿を若い貴族が嫉妬する外国人に重ねたのも偶然ではない。「もし、〔貴婦人が〕新しい外国人を瞳にとらえ、その顔にいつにも増して嬉しそうな様子が見て取れたなら〔…〕あるいは、〔貴婦人の〕あまりにも物欲しげな瞳が、御婦人方の羨望を浴びる用心深いアイドルとなった軍神マルスの従者の姿を開廊から開廊へと追いかけていたら」（「昼」*Mezzogiorno* 一一二四行—一一二六行、および一一二九行—一一三二行）。論争好きなデ・ロッシは軍人が登場する彼の喜劇「誠実な宮廷人」*Il Cortigiano onesto* の中で、このような関係の輪を愉快に想起させる軍人を登場させた（第二幕、第五場)。「私が少尉だったとき、ある貴婦人に奉仕していたのだが、私の上司にあたる大尉と中尉も同時にその貴婦人と親しくしていた。もし彼女が約束の時間を守れない士官候補生を四番目の友人に加えようなどと気まぐれを起こさなければ、我々三人は皆、互いのことを何も知らずに穏やかに過ごしていただろうに[27]」。

大胆な士官候補生は、まだ美しさの枯れない貴婦人に熱心に言い寄る者たちなかでも習慣に従わせるのが最も難しく、嫉妬深い夫にとっては心配の種だったに違いない。ピサの貴族で、サロンの糾弾者として本書で既に紹介したレオナルドの堕落した孫にあたるフィリッポ・ブラッチ・カンビーニは、若い軍人が妻に言い寄ったことに神経を尖らせていた。彼の書いた書簡の控え帳の中にこんな雄弁な手紙がある。

いとも令名高きマウロ・パオロッツォ少佐へフィリッポ・ブラッチ・カンビーニはこの上なく恭順なる御挨拶を送るとともに、ジョルジ中尉殿に家でも劇場でも他のいかなるところでも彼の妻につきまとわないようお命じ下さるよう懇願致します。また次のことも通告しておきます。筆者は今朝、これらのことを上記の人物に直接申し述べましたが、意図がきちんと伝わったかどうか疑念が残るため、あなた様の善意にお縋りし、上司として彼にこのことをお伝えくださるか、または、相互の熱い気質のためにどのような不都合や暴力も筆者のせいではないと御承知くださるよう願います。いとも令名高き云々閣下へ最大の敬意を捧げつつ　一七九四年一月二十一日　自邸[28]

軍人たちが間に入ることによって関係が熱を帯びるのは当然だった。そして、彼らの存在が何にも増してチチスベイズモにおける形式主義者たちを動揺させたことは疑いない。それでもなお、彼らの組織的介入はその範囲を広げ、ひいては、教養ある貴婦人との接触によって上流社会における最も粗野な要素が洗練されるという効果がもたらされた。直接の関連性はないが、大いに示唆に富むある資料が、そのことを想起させる。エレーナ・ミキエル（本書で既に紹介した、婚約者の選択に余計な希望を抱かず父親の選んだ相手と結婚する意志を示した賢明なヴェネツィアの少女）は、ヴェネツィア本土で過ごした避暑地での逸話――彼女はそれらを「短いおはなし」と呼んでいた――を書き送って父親を愉しませた。一七九五年六月九日の手紙に記されたある姦通者の逸話には、裏切られた軍神マルスが法律で禁じられている名誉回復を一度だけ実行することを願い出たと語られる。重要な情報は最後の部分で示されており、ヴィチェンツァに一般的なチチスベイズモと並んで軍人のチチスベイズモのネットワークが存在していたことが短く、しかしはっきりと述べられている。

昨晩聞いた話によれば、ヴィチェンツァのヴァッレ伯爵夫人の御子息がローマからお帰りになって、ある軍人がパレードに出席している間に、その妻と〈逢引〉*rendez-vous* をしました。そのパレードは予定よりもはやく終わり、夫は早く帰宅して二人を驚かせました。夫は怒り狂って若者を殺そうとしましたが、若者はなんとか逃げ出しました。夫は彼の災難を同僚たち全員に語り、彼らは自分自身が侮辱を受けたように感じました。そこで、夫からのみならず、若者はさらに十件の決闘の申し込みを受けることになったのです。彼は全員の挑戦を承諾しましたが、最初の相手、というのは夫ですが、との闘いに赴くため家を出ようとしたまさにそのとき、自宅拘禁の命令が出されました。したがって、決闘はもはや行われず、そのときからヴィチェンツァの人々と軍人たちとの完全な決裂が生じました。彼らは互いに挨拶さえ交わしませんし、女性たちは軍人の付き添いには暇を出しました。[29]

ここで、もうひとつの問題点を明示すべきだろう。ジェノヴァの社交性を典型とする軍人との係わりをもたない一般的なチチスベイズモのあり方は、基本的な形式ではあるが、だからといって貴族たちが受け入れる唯一の形式というわけではない。イタリアに数ある貴族の社会的・文化的多様性がこの点に関連している。また、ここで多々ある相違に過剰にこだわらないとしても、少なくともあるひとつ根本的な違いについては留意しておかなければならない。その名残は、十八世紀をとおして部分的には規格化への方向性が顕著だったが、完全に消されることはなかった。ヴェネツィア、ジェノヴァ、ルッカの貴族階級は共和国の政治的指導層を構成し、その層と完全に一体化していた。ミラノやとりわけフィレンツェの貴族は君主やその代理人と折り合いをつけることを余儀なくされたが、古くからの都市の寡頭政治体制の伝統をしっかりと守っていた。一方でトリノ、ローマ、ナポリ、そして南イタリアのほぼ全域では、貴族は宮廷や君主主導の官僚機構による中央集権体制下に置かれ、政治的主体としての性格は皆無か、あったとしても弱かった[30]。貴族たちに一体化と調和をもたらすチチスベイズモの役割が顕著に発揮されるのは、彼らがこのふたつのタイプのうちの前者に属するような社会においてだった。そうような社会では貴族たちが権力を行使するか、あるいは取り戻そうとしており、その動きと関連して、チチスベイズモを介した同盟関係が都市の政治体制を私的な側面から支え、広い意味で政治的な役割を果たしている。他の都市では、貴婦人に対する騎士の奉仕にはそのような意味合いが弱いか、またはまったく含まれない。この点についてはきちんとした分析が必要である。前章で軽く触れたローマとトリノの事例をここで再び取り上げたい。

ローマに関してはカンプルドンの『報告書』と同時期に同じような内容を持つ記録が資料として残っている。その膨大な記録は一七二六年に作成され、一七三七年まで少しずつ補足された。大変長いタイトルをここに引用する。「ベネディクト十三世猊下の教皇在位期間中、教皇庁に駐在していた枢機卿および高位聖職者の方々、その近しい高位聖職者の方々、ローマの最も由緒ある一門に属する主要な方々の一七二六年以降の行動と習慣に関する資料」。イタリア語で書かれたこの匿名の記録の作者は、いくつかの手掛かりからナポリ出身と推測される。『報告書』同様パリの外務省の文書館に保管されており、カンプルドンの場合と似たような任務、あるいは意図から生み出された成果のようだ。ただし、この記録の場合、ローマに派遣された外交官は集められた情報を自ら記録する代わりに、適当な人物に依頼して文書を作成させたのかもしれない。ある逸話の詳細な記録に作者が付したコメントから、そうした状況が透けて見える。「この話は皆に知れ渡っているものとしては詳し過ぎる。だが命じられたことに背かないためには、たとえ読者が退屈しようと逐一再現しなければならなかった」。その情報源として匿名作者が序文で挙げているのは「サロンや公的または私的な集まりでの会話、抜け目なく事情に通じた人々の打ち明け話、実力者たちへの接触、友人たちとのおしゃべり、秘密の手紙の盗み見、そして、金銭での情報買収」。

ローマに関しては、既に紹介した「ザニョーニ家のガッレリーア」*Galleria Zagnoni* の脆弱さに比べれば、約七〇〇ページの「資料」は噂話という芸術の堂々たるモニュメントである。その類のものとしては、より真面目で政治目的の意味合いの濃いジェノヴァの『報告書』よりも優れ、歴史、社会、経済など、より一般的な事柄には触れず、専ら政界に影響力のある人物たちの性格や欠点などプライヴェートな面の記録に傾注している。従って、ギャラントリーにも作者の関心が向けられており、枢機卿や高位聖職者たちの経歴を記した第一部ではいささか陰に隠れているが、ローマにおける大・小の貴族を対象とする第二部では表立って光を当てられている。第二部では、貴族たちの世襲財産や結婚や性愛にまつわる詳細が豊富に記録されると共に、それらの出来事に係わる聖職者たちの役割への言及もある。匿名作者が取りとめもない悪口に耽ることはなかった。むしろ、この人物には悪意を適切に示す能力があったようだ。

ガエターノ・スフォルツァ・チェザリーニ公爵は「いくつかの悪癖の中でもとくに色欲に浸り、そのために莫大な浪費をしている。ガッリ公爵夫人（彼女はピエトロ・オットボーニ枢機卿とも親しい）との継続的な交際によって彼は年間五〇〇〇スクードの出費を抱えている」。キージ公の弟でマルタ騎士団員のマリオ殿は「邪悪な性向を備え、若者特有の罪を犯すことに夢中になり、キリストの教えをまったく身につけていない。愉しむことしか頭になく、その愉しみとは貴婦人主催のサロンや、彼が四六時中に後を追いかけ回している女たちとの付き合うことだ。彼がとくに好きなのはムジニャーニ伯爵夫人で、昼も夜も彼女に付き従っている」。だが、ボルゲーゼ公の三男は、とくにスキャンダルもなく、「大人になると騎士道に傾倒し、サロンに通い、ベルニーニ騎士の妻である美しい貴婦人への尊敬と愛情に身を捧げている」。

女性たちについて「資料」は、明らかに恥ずべきものではないにせよ疑わしい関係に巻き込まれた者たちよりも、清廉なサロン活動にいそしんだ女性たちのほうを数多く挙げている。ラッジ公爵夫人は「夜は頻繁に賭博、レセプション、贅沢な宴会、舞踏会に通う。老いてもなく醜くもないが、きちんとした習慣を守り、神への畏敬の念と夫への忠誠を守っている。ラスポーニ家をしばしば訪れ、教皇庁控訴院のフランス人判事ガマシェ猊下と大変親しく、猊下も彼女を殊更ご贔屓である」。マッテイ・ディ・グァダニョーロ公爵の妻ヴィットリア・ルスポーリは「品行方正なサロンにしか出掛けないし、その際にはいつも夫の公爵に付き添われている」。それとは反対に、スピノーラ家に属するジェノヴァ出身のコロンナ公夫人は「故フランチェスコ・ジュディチェ枢機卿と大変親しかったが、今はその甥で新しく就任したジュディチェ枢機卿とあらゆる秘密を打ち明ける仲である。サロンでも、別荘地での滞在中も絶えず彼と共にいて、一年のうちの数ヶ月は一緒に過ごしている」。ファウスティーナ・マッテイ・ディ・パガニカは「一日のうちの多くの時間を鏡の前で過ごし、自宅で夜更けまで開かれるサロンでは、彼女に付き添いながらご機嫌を取る、若くてハンサムなポルトガル人の騎士といつも一緒にいる」。ボロニェッティ伯爵夫人は、「一家の保護者」であるオリーゴ枢機卿と親しくすることによって、その友好関係を取り持っている。「この枢機卿と上記フフーヴィア伯爵夫人との若い頃から続く深い交際と大変親密な関係は人々の知るところとなっている。そして、そのことが醜聞となっているのは、どのような役職に就こうとも、枢機卿が彼の勉学を彼女のサロンのために犠牲にしており、年老いてもなお彼女から解放されないためである」。最後に、慎重に名を伏せられた「ある貴婦人」を口説いたマリオ・ガブリエッリは、「彼女のために浪費した結果、家計が悪化した上、梅毒に罹ってしまった。同じ病が彼女と関係があったコッシャ枢機卿にも害をもたらした[31]」。

何百ページにもわたる「資料」からここで引用したのはほんの僅かに過ぎない。だが、ジェノヴァに関するカンプルドンの記録同様、ギャラントリーと権力の関係性への着目から作成された記録が、結果的にはイタリアでも都市によってかなり異なるチチスベイズモの様相を描き出していることを示すには十分である。これをもって、ローマの匿名作者が性的な話題をより詳らかにしていると述べるつもりはないし、また、サロンにおけるチチスベイズモの在り方をあるときは「付き添いの奉仕」という特別な呼称で、またあるときは「友情」というより不確かで曖昧なことばで表現し、その定義に一貫性が欠けている、などと言うつもりもない。重要なのはむしろ、匿名作者が記録し、少なくとも事実だと主張している数多くのギャラントリーの関係は、ジェノヴァやフィレンツェにはあったと推測される、そして部分的に再構築された緊密に絡み合うネットワークではない、ということだ。ローマでは、イタリア各地から教皇庁に召喚された貴族、多数の外国人居住者および短期滞在者、そして、それを数の上ではるかに凌ぐ聖職者がいた。彼らの社会生活への影響力は、これまで我々が見てきた、より簡潔で同質な貴族社会の中でチチスベイズモの原動力を統轄していた同盟・相互扶助・勢力均衡の論理を著しく複雑化・多様化した。もちろんローマでも聖俗にかかわらず騎士による貴婦人への奉仕が政治的介入やパトロンと庇護者との相互扶助の道を閉じたり開いたりする可能性はあった。だが、その場合は、大評議会や元老院での政治活動を私的に支える舞台裏の次元ではなく、教皇や教皇庁駐在の枢機卿たちのもとに形成された、いくつものグループを巻き込んだ陰謀だった。あらゆるイタリア人および外国人観察者にある程度知れわたり、そのひとりアレッサンドロ・ヴェッリが見事に定義したローマ独特の「女々しい高位聖職者の」社交性はここから生じた。(32)

だが、カトリック教会の首都ほど多種多様な人々が集まることのない都市におけるチチスベオたちの姿は、それぞれの都市の共和政の在り方に応じてはっきりとした違いを示している。デュナンの『仮面舞踏会』に描かれた、一七七四年のカーニヴァルのカリニャーノ劇場での舞踏会の通俗的なギャラントリーの裏には、宮廷及び王家がトリノの貴族社会に及ぼした決定的な影響力があった。カリニャーノ家の君主たちは、このトリノの王家の分家にあたる。フランス外交官ブロンデルは一七三〇年にアレッサンドリアで開かれた見本市でのパーティーについて述べながら、宮廷主導で騎士たちが列席の貴婦人たちに一時的に付き添うよう手配されたと説明している。似たようなことは前世紀の終わり頃からあった。一六七七年に行われたある儀式では、マダム・ロワイヤル、つまり摂政マリア・ジョヴァンナが「貴婦人のヴァレンティーノの任務を更新するよう命じた」との記録があり、続けて、その更新の過程が記されている。「名誉ある貴婦人と令嬢のリストが宮廷によって作成された。同様に騎士の名前が書かれた紙片が作成された〔…〕その紙片は運命の赴くままに引き抜かれ、すぐに開かれると、そこに名前が記された騎士が呼び出された。彼はそれを引き当てた貴婦人のヴァレンティーノとなり、花とリボンを贈らなければならなかった(33)」。

このヴァレンティーノを十八世紀のチチスベオと同一視することは無論誤りである。だが、十八世紀の半ばでも、ピエモンテ貴族のサロンは君主によってある程度管理されていた。小都市では、サロンが開かれる邸宅はひとつかふたつ程度だったが、政府高官が出席する場合にのみ許されていた。十八世紀後半のトリノにはいくつかの私的なサロンが存在した。その代表格はサン゠ジレ伯爵夫人主催によるまさに貴族的なサロンで、宮廷からの同意を得て、とりわけ王家に認められ厚遇された外国人が社交界にお目見えする場としての役割を担っていた。[34] こうした事情のせいで、外国人旅行者たちが報告するトリノの社交界がしばしば形式的で、堅苦しく、陰鬱な雰囲気を帯びているのではないかと思われる。加えて、トリノの人々が控えめで冷淡というステレオタイプが広まっていたことも理由に挙げられる。『ローマ帝国衰亡史』の執筆で知られるイギリス人の歴史家エドワード・キボンは一七六〇年代後半、サン゠ジレ夫人のサロンが「陰気で小ぢんまり」*triste et petite* しており、加えて「トリノの町には楽しみがない」と苦情を述べた。既に紹介したジュスティニアーナ・ウィンは立場上、ヴェネツィアとトリノを比べることができた。その彼女は、一七五七年、トリノの人々が「大変社交的」だが「礼儀作法に几帳面で、大変節度ある習慣を守っている」のはカルロ・エマヌエーレ三世の「最も厳粛な」宮廷によって押し付けられた形式主義のせいだと評した。そして、その結果、「貴婦人は付き添いの騎士《カヴァリエル・セルヴェンテ》とふたりだけで馬車に乗ることもできず」、ギャラントリーは「非常にぎこちなく行われている」と述べている。[35]

このような上からのサロンの監視がチチスベイズモを統制するだけでなく、その拡大をどれほど抑制しているのかを述べるのは難しい。トリノについても、ローマ同様、チチスベイズモの普及に関する証言には事欠かない。たった今紹介したギボンもそうだが、その友人シェフィールド伯爵ジョン・ベイカー・ホルロイドのはっきりとした評価もそこに含まれる。彼は一七六四年九月四日に母親に送った手紙の中で、「チチスベイズモはトリノで大流行している」と確信をもって断言する。[36] だが、残された資料全体から得られる仮説は、共和国体制を維持する都市（ヴェネツィア、ジェノヴァ、ルッカ）あるいは共和国体制時の記憶にアイデンティティを重ねる都市（フィレンツェ）と比べると、それ以外の都市におけるチチスベイズモは、都市の支配層に属する貴族たちどうしのネットワーク構築の手段として機能することができず、非計画的に、純粋に数の大きさという点でのみ普及した、というものである。この問題がとくに興味深いのはイタリア南部、つまり政治的・社会的特徴においても中央・北部イタリアの共和国から遠くにある地域の場合である。この地域では、啓蒙主義的・貴族的社交性が抵抗しなければならなかったのは、君主の宮廷だけでなく、スペイン的なものに代表される保守主義的モデル、そしてとくに未だ反宗教改革の影響が強く残る伝統主義的文化の重圧だった。本節の残りの部分で、チチスベイズモの歴史にとって重要な点についてより明らかにしたい。

この研究の妨げとなるのは、イタリア南部でのチチスベイズモに言及する一次資料（他の地域と比べた場合）の少なさである。その少なさがチチスベイズモの存在感や重要性の低さ、または、チチスベイズモに関する記録の欠乏にどれほど関連付けられるのかを見極めるのは難しい。そもそも記述の対象となること自体が少なかったのかもしれないし、記録された紙が散逸してしまったのかもしれず、記録の欠乏には様々な理由が考えられる。一方で、ここでは文学テクストが役に立つ。シチリアにおけるチチスベイズモ批判の代表は十八世紀後半の偉大な方言詩人ジョヴァンニ・メーリだった。彼はチチスベイズモをフランス哲学的ギャラントリーのシチリア版として嘲笑する。ここに挙げるのは「別荘生活」*La villeggiatura* という詩から引用した科白の応酬である。「ヴォルテール！　ルソー！　私が今名前を挙げた者たちの書を若い女性が理解できるだろうか？／／ああ、本当のフランス人女性である彼女は別だ。彼女には付き添いの騎士《カヴァリエル・セルヴェンテ》が森の中でそれを説明してくれるだろう」。こうしたテーマはより抑制された諷刺にも日常的に繰り返される。例えばフランチェスコ・サンポーロのテクストには「常に彼女が側から離さない／エスコート役の友人は／蟹のように彼女をしっかりとらえ／我が物としている」とある。シラクーザ出身のヴィンチェンツォ・ルッソ・パレスの喜劇「吝嗇と嫉妬」

L'Avarizia e la Gelosia では「どういうことだ、一日中家に／貴婦人に取り入ることに躍起になっている／あのチチスベオたちの集団を置いておくなんて？」[37]

ナポリに関しては、一七二八年よりも前にオペラ・ブッファにチチスベイズモが取り上げられている点に注目したい。その年、コスタンティーノ・ルベルトがトンマーゾ・マリアーニの台本「馬鹿にされたチチスベオ」*Cicisbeo coffeato* を作曲した。フィオレンティーニ劇場で上演されたこのオペラ・ブッファに続き、その後数十年間、からかわれた騎士が登場するいくつもの「滑稽な喜劇《コンメディア・レディコラ》」がイタリア語でも方言でも書かれ、各都市の劇場で上演され続けた。一七七七年にガエターノ・モンティによって作曲された『追放されたチチスベオ』*Cicisbeo discacciato* は既に紹介したが、さらにオペラ・ブッファ最大の台本作者で宮廷詩人でもあるジャンバッティスタ・ロレンツィの『漁夫の利』*Tra i due litiganti il terzo gode*（一七六六）に登場する、意気地なしで金銭欲の強いチチスベオもいる。[38]一七四〇年代から二十年ほどナポリで活躍した画家フィリッポ・ファルチャトーレは、同じ頃ヴェネツィアでピエトロ・ロンギが描いていたものと同じように、ナポリ貴族の社交界で起こったエピソードを念入りに、かつ巧みに再現することに長けていた。「庭園のコンサート」*Concerto in giardino*（図版11）および連作「ギャラントリーな散歩」*Passeggiata galante* と「ギャラントリーなサロン」*Conversazione galante*（図版12）には貴婦人に奉仕し、言い寄る騎士たちの姿が描かれている。したがって、彼らはヴェネツィアにおける同時代の同僚たちと同じ方法でチチスベオの役割を演じていると言えなくもない。[39]

文学と絵画は現実から題材を汲み取るだけでなく、その主題やモデルをこだまのように繰り返す傾向にある。したがって、ある社会習慣を個別に記録するだけにとどまらない。旅行記も文学ジャンルのひとつで、かならずしもリアリズムに徹しているとは限らないが、そこからより具体的な要素をいくつか拾い上げることはできる。その際、旅人たちが互いに情報を写しあっていたり、さらに腹立たしいことに旅人によって提供する情報が矛盾しあっていたりすることに耐えて読み進めなければならないのだが。

この点について恰好の目安となるのは、チチスベオの普及とも大いに関連しているが、南部の人々の嫉妬心に関して一般的に流布している言説である。一七三〇年代、ド・ブロスはナポリについて「他の地域と比べて女性たちの自由が著しく妨げられている」と書いている。三十年後、ジェローム・リシャールも同じ考えを示している。彼によれば「ナポリにはギャラントリーはほとんどない［…］というのも多くのナポリ人は旧い習慣に従い大変嫉妬深いからだ」。さらに三十年後、ゴラーニによってこの考えが支持されている。彼は女性を口説こうとする者たちに「ナポリでは夫たちはイタリアの他の地域ほど寛大ではないのだから」慎重であるよう助言した。だが一方で、一七六〇年代にはベレンジェ代理大使が彼の上司であるショワズール大臣に「夫たちに関しては、他の国々よりも、慇懃さでは勝っています」と保証している。[40] シチリアに関しては一七七三年、ドイツ人リートエーゼル男爵がアグリジェント（一七六七年頃、自身が訪れた）について「女性の美しさは類を見ない。だが、男たちが持つ悪魔のような嫉妬心のせいで、それを目することは大変稀である」と、もっともらしく断言した。だが、一七七〇年、スコットランド人科学者パトリック・ブライドンは反対の意見を述べている。「そのようなゴシックふうの習慣が残っているのは、今ではスペインぐらいのもの。愛すべきシチリア人は古の喜びを取り戻した」。一八二〇年の作者不詳のフランスのアルマナックには「嫉妬深さはもはやシチリア人の特徴ではない」と記されているが、そこから二十年も遡ることなく、オーギュスタン・クルーゼ・ド・レッサーがシチリア人の嫉妬心はしばしば「アフリカの習慣」を想起させるものだと断言している。矛盾した考えを抱いている人物もいる。先に紹介した美術商のヴィヴァン・デノンは、ヴェネツィアにたどり着く前にシチリアを訪れ、パレルモの社交界について、それぞれ別の機会から二つの正反対の印象を受けた。「彼らの嫉妬深さというのは、二百年も前に終わったのに惰性によって語り続けられている出来事と同じようなものだと私は考えるようになった」と書いた数ページあとで「そのとき私は発見したのは、シチリアの人々の嫉妬深さは一瞬たりとも隠せないということだった。そして、女性たちのみがフランスの習慣に習うことができるだろうということも」と記している。[41]

社会的にも心理的にも多種多様な根拠を持つカオスを整理するよりも、むしろ確実で重要な意味を持つ事柄を指摘するほうがいいだろう。パレルモに関して最も興味深く、どの証言も一致しているのは、貴族たちがサロンへの参加に大変熱心で、とくに夕方や夜に海辺を散歩しながら、というかなり特殊な方法で行われたことだった。このことは悪意のある推測が生じさせるきっかけとなった。いくつかの証言によれば、恋人たちの秘密の会話を邪魔するようなランタンをそこに持ち込むことは、直接禁止されているわけではないが、通常行われなかった。一方で、既存のテクストの中に、道徳的退廃が合法化され、まかり通る衝撃的な事実が書かれているのを読んで憤慨する人々もいた。だが、これらの──「貴族たちが海岸に沿って新鮮な空気を満喫しながらする有名な散歩」は「御婦人方を口説くのに役に立つ」と述べたゲーテも巻き込んだ──意見の衝突はさておき、さまざまな貴族のサロンに関する記録には、程度の差こそあれ人目を惹くパレルモの人々の「アフリカふう」嫉妬心と向かい合わせで、付き添いの騎士《カヴァリエル・セルヴェンテ》の姿が当然描かれる。概して旅行者たちは半島をシチリアまで南下し、その間に得た経験をもとに自説を述べた。デノンはチチスベオということば自体は書いていないが、それにまつわる事柄を二頁にわたって書いている。ドイツ人法学者ヨハン・ハインリッヒ・バルテルスは一七九〇年頃、「イタリアの他の地域と同様、ここにも付き添いの騎士《カヴァリエル・セルヴェンテ》がいることを黙ってはいられない」とはっきり比較して述べている。そして、既に紹介したブライドンは突飛でもないが思い切った考察を加えている。

実を言うと、ここでもイタリアと概ね変わらずギャラントリーが行われており、〈シジスベス〉*sigisbés* はイタリア半島ほど多くはないが珍しくもない。夫婦間の不実はもはや決定的な罪ではなく、告解師たちはそれを償うための手軽で簡単な方法を見つけている。夫たちは満足し、優れた将軍のごとく、別の要塞を手に入れることによって失われた要塞の埋め合わせをしている。(42)

これまで本書で利用してきた類の日記や書簡集がイタリア南部に存在しないため――見つかっていないだけかもしれないが――、現実の人生に照らすことによって、文学テクストや旅行記が示唆する存在に肉付けをすることができない。だが、南部の主要都市が啓蒙主義時代の社交性に巻き込まれ、それに付随してチチスベイズモが受容される、という一般的な印象は少なくとも間違っていないと考えることができる。新しい社交性を物質的側面から精査したある研究によれば、十八世紀のナポリの社交界はすでにヨーロッパに定着していた基準に完全に適応していた。だが、居間や応接室や劇場のボックス席の調度品をフランスの流行に従って設えるという分かりやすくありふれた特徴に加え、そこにはある特色があった。ヴェズヴィオ火山周辺で盛んになった発掘運動と収集熱は、ポルティチの王宮周辺およびヴェズヴィオ火山周辺のより広大な田園地帯に別荘《ヴィッラ》を増加させ、アンティーク家具や贅沢品に対する貴族の趣味の変化をもたらした。このように物質も人も洗練された環境の中に、話好きの伊達男たち、女性崇拝者たち、そしてチチスベオたちの姿を認めることができるのだ。(43)

ナポリについては、いささか漠然としているがまったく表面的でもない方法で、チチスベイズモの定着の歴史の概略をたどることができる。この件について間違いなく重要な指摘はトスカーナ人ヴィンチェンツィオ・マルティネッリによるものである。彼はブルボン王朝時代の初期にあたる一七三〇年代の終わりから一七四〇年代の中頃までナポリに滞在し、その後、約二十年後に二回目の滞在をする。既に引用した彼の『チチスベイズモの歴史』*Istoria del cicisbeismo*（一七七〇年）には、まず北イタリア諸都市における出来事がざっと述べられ、つづいて二回にわたる長期滞在中に彼の目で見たナポリの事情がより綿密に記される。

ナポリはもっとも頑固にこの習慣の受容を拒んできた。夫たちは妻たちを世間からしっかりと隔離し、そのため、家の中の彼らの私的な空間につながるすべての部屋は開け放たれ、広間と控えの間にも召使たちを置いて監視させていた。どの家にも、たとえそれがどんなに広い邸宅でも、人目を盗んで出入りできるような秘密の階段などなかった。さらに、それほど身分が高くなく裕福でもない貴婦人でさえ、教会や劇場や散歩に出掛けるときは、自身の馬車のうしろにもう一台の馬車を従えていた。そこには二人の紳士と小姓が乗っていた。さらに貴婦人の馬車のうしろにもお仕着せを着た召使がふたり控えており、彼らは皆、彼女の移動を監視する百眼の巨人《アルゴス》だった。女性たちは主に親戚たちが集まる夜の正式なサロン以外には訪問客をもてなすこともできなかった。女性たちがこのような一種のイスラムふう監視下に置かれているのを私は二十四年前に見ていたが、もはや六年前には状況が変わっていた。御付の馬車なども存在しない。サロン、外国人をもてなす豪華な会食、身支度をする貴婦人の化粧室への朝の訪問、ジェノヴァやボローニャと変わらなくなった。(44)

マルティネッリが示した対照性は、付き添いの騎士《カヴァリエル・セルヴェンテ》の起源を女性の外出を監視する役目を負った身分の高い使用人あるいは付添い人ブラッチェーレとする説――これについては本書で既に詳しく論じた――を想起させる。この点について興味深いことに、彼の書いた内容はイギリス紳士サシェヴェレル・スティーヴンズの証言とほぼ完全に一致する。「身分の高い貴婦人が王宮へ赴くとき［…］正面と背後に小窓のついた黄金の大きな馬車にひとりで乗って出掛ける。その後にもう一台優美な馬車が付き従う。そこには〈ブラチェイラ〉*bracceira* と呼ばれる洗練された身なりの紳士が乗っているが、彼の唯一の任務は貴婦人に手を差し伸べ、馬車の乗降を助けることである。さらに貴婦人の身分に応じて四人かそれ以上の小姓を乗せたもう一台の馬車が続く」[45]。このイギリス人旅行者がナポリに到着した一七三九年の終わり頃は、マルティネッリが最初に滞在した時期と重なる。ただし、マルティネッリが几帳面に示した時代区分についてはさらなる検証が必要である。他の観察者たちのさらに綿密な証言がそれを可能にしてくれるだろう。

一人目の証言者パオロ・マッティア・ドーリアはプラトン主義哲学者で、反フランス主義や反チチスベイズモを標榜する彼の対話については本書でも既に取り上げた。それより以前の一七〇九年に書かれたナポリにおけるスペイン政府に関する報告において、ドーリアは貴族の社交性について長く綿密な分析を行っている。その支柱となる考えを要約しておかなければならない。彼によれば一六八〇年代からカルピオ侯爵ガスパール・デ・アロが総督として統治した時代にスペインふうの厳格な習慣が徐々に弱まったのだという。「このとき大多数の貴族たちがフランスふうのお洒落を始め、貴婦人と騎士の間に会話する自由が生まれた」。このことから、とくに「ナポリの貴族たちの人付き合いは以前よりも目に見えて粗野なところが消えて、より礼儀正しくなった」。ヨーロッパやイタリアに幅広く普及した現象として度々言及されてきた文明化のプロセスがここにも見られる。だが、ドーリアによれば、ナポリではこうしたプロセスは保守的文化の抵抗に会い、妨げられてきた。保守勢力はいまだに相当根強く、女性たちに奔放すぎると評価されることへの懸念を植え付け、新しい習慣の出端をくじいてしまった。「そのような事情から、ナポリでサロンに出席した外国人は、サロンというよりも聖堂に出掛けたような気分になっていた」。ドーリアはこのように述べたあと、いまや他の地域には定着しているのにナポリにのみ伝統によって普及が阻まれているチチスベイズモにはっきりと言及し、ナポリの抑圧されたギャラントリーとその他の都市で合法化され、規則化されたギャラントリーを比較し、その違いを明らかにする。

サロンがスペインふうの旧習と現代ふうの自由を半分ずつ取り入れられた形で行われているのでなければ（実際はそうなのだが）、他の地域同様のギャラントリーが認められ、騎士が「私は誰某夫人を崇拝する誠実な僕です」と嘘偽りなく言えるようになるだろう。そして、このようにして中途半端から生じる弊害が止めば、隠し事や偽り事も止み、サロンはより愉しく害のないものになるだろう。[46]

それから数年後、ドーリアは男女間の平等に関する『省察』*Ragionamenti* を出版することになるが、それは彼が文化的指導者として認められたナポリの貴婦人たちによるサロンの成果である。そのため後に彼は、ぞんざいかつ不適切に、リマトーラ公爵夫人アウレリア・デステ・ガンバコルタ主催のサークルを代表する付き添いの騎士《カヴァリエル・セルヴェンテ》の資格を得た。[47] にもかかわらず、彼は人生の最期の段階でギャラントリーに関しては徐々に保守的な姿勢をとるようになり、既に紹介したとおり、啓蒙主義的哲学やプティ・メトル、ナチスベオに対する諷刺的作品集を出版した。だが、ここで重要なのは、この晩年の作品に含まれる年代に関する証言である。執筆されたのは一七四一年、つまり、サシェヴェレル・スティーヴンズやマルティネッリの最初の滞在の時期とほぼ重なる。ドーリアはヨーロッパ、とくにフランスからイタリア全土に広まった道徳的退廃を非難しつつ、相変わらずナポリの特殊な習慣だけは例外としているが、ただし、その姿勢は一七〇九年の報告のときのものとは異なる。

はっきりと正直に言って、私がごく若い頃から神の御加護で年老いた今に至るまでずっと暮らしてきたナポリでは、あのプティ・メトルという不道徳な輩を見たことがない。女性だけでなく男性の誠実さという点では、ナポリはヨーロッパの他の都市の模範になれると保証する。(48)

ナポリにおけるチチスベイズモの普及の遅れ――結局、ナポリでもチチスベイズモが広がったのだ――については、タヌッチ大臣の書簡にマルティネッリと同じくらい興味深く、内容的にはより充実した証言がある。タヌッチは一七三五年、三十七歳のときピサからナポリにやって来てほぼ半世紀にわたり滞在した。したがって、ナポリにおけるチチスベイズモの変遷を時間軸に沿ってとらえることができた。彼の初期の見解を評価するには、彼の置かれた状況を知っておかなければならない。ピサでタヌッチはリッチャルダ・カタンティと婚約した。彼女はタヌッチが出入りしていたサロンを主催するある伯爵夫人の若い令嬢だった。彼は貴族の同盟関係の第一歩を示す付き添いの騎士《カヴァリエル・セルヴェンテ》の資格で参加していたものと思われる。だが、ナポリへの出発後、婚約を後悔し、彼に義務を果たすよう促す伯爵夫人には言い逃れをしながら、令嬢に別の夫を探すことに躍起になっていた。数多くの手紙には、彼女の身分にふさわしい結婚相手を探すためにナポリでかかった莫大な費用への嘆きがこだまする。一七三七年五月七日には憚りもなくこう記した。「貴家で私が務めた奉仕への報いとして、あなた様が私に執拗に負わせようとしたこの結婚は何という重荷だろう！」。つづく五月十四日にはタヌッチはついに比較の手段に訴えた。

リッチャルダ嬢のことで申し上げておかなければなりませんが、ピサでの社交的な生活に慣れていらっしゃるのでしたら、いまだ旧習に従うナポリでの生活には耐えられないでしょう。当地では御婦人方は、日中はひとりで、夜は夫以外の者とは外出できません。夫と劇場に行き、そこにずっととどまります。マルシャンの妻はトスカーナふうの習慣を続けようとしたために名誉を失いました。この話が大袈裟だとお考えにならず、当地では当然のことと御理解ください。当地における女性へのさらに厳しい現状についてこれ以上申し上げるのは止めておきますが、ピサでの説教のように、当地のパーティーでは習慣として男女の居場所は区別されています。

少なくとも口調に関してはいささか大袈裟だが、何度も繰り返される警告の目的が婚約者を失望させるためだった点を考慮すれば納得できる。一方、同時代の三人の意見が一致して証言するとおり、ブルボン王朝統治下の初期までナポリでは付き添いの騎士《カヴァリエル・セルヴェンテ》の存在はほとんど知られていなかった。同じく一七三七年、建設中のサン・カルロ劇場の入場券に関して記録された行政文書は、ボックス席での「貴婦人のお供」として、マルティネッリやサシェヴェレル・スティーヴンズも言及した「貴顕紳士」や「小姓」を挙げているが、チチスベオには触れていない。[49] だが、タヌッチの別の手紙は、その後のチチスベイズモの浸透に関するマルティネッリの主張を裏づける重要な証拠となる。

一七四一年十一月六日、タヌッチ大臣は執務の合間に時間を見つけ、政府高官のひとりモンテアレグレ公爵宛に長い書簡を書いた。その話題は、ある貴族が他人の妻に対して犯した過ちを修復するための形式的手段としてのチチスベオの奉仕についてだった。このような名誉に係わる所見が、実際に起こった出来事への回答なのか、単なる一般的考察なのかは分からない。どちらにしても、これによってナポリにもチチスベイズモが登場したことが裏づけられる。その後数年間のタヌッチの評価は曖昧なままだった。一七四九年八月十二日には「誰の目にも明らかにチチスベオと分かる者は、まだここには足を踏み入れていない」と述べたが、一七五二年十一月七日には手短に、彼が目にした「夫たちばかりでなく、チチスベオたちにも」女性がしていることに触れている。彼の書き方は常に機知と創造性に富み、それゆえ、彼はしばしば故意に本来の意味とは異なることば遣いをする。ブルータスの母セルヴィーリャをジュリアス・シーザーの「チチスベア」、イギリスのジョージ三世の大臣であるビュート卿を「スコットランド人チチスベオ」と呼ぶこともあれば、あるときには「老年という名の全人類のチチスベア」について話すこともあった。だが、これらを除けば、彼が問題を正確に説明するために用いたことば遣いや社会学的概念は適切である。

その最大の例は、一七六二年の六月に書かれた国王カルロ宛の複数にわたる書簡である。カルロ王は三年前からナポリを出てスペインに移住しており、ロサーダ公爵も彼に従っていた。これらの書簡は、彼らに摂政議会でなお継続中の係争の状況を知らせるために書かれた。問題となっていたのは女性たちの陰謀で、とくにチェントラ公の妻で、マリア・スピネッリディ・フスカルドとテルモリ公爵の妻で、サン・ニカンドロ公の嫁にあたるマリアンナ・ボンコンパーニ・ルドヴィージの仕業だった。二人の貴婦人はそれぞれ二人の若い紳士マッテオ侯爵の息子ニコロ・フェッランテとカッサーノ・アラゴーナ家のひとりのパトロンになっていた。タヌッチはこの辺りの事情に通じており、くり返し報告を行っているが、とくに六月八日付けのロサーダ宛の手紙には以下のとおり率直に記している。

> 我々の摂政の一人が深刻な面持ちでやって来て、テルモリ公爵夫人のチチスベオであるカッサーノ・アラゴーナ家の子息のひとりが「週ぎめの家令《マッジョールドーモ・ディ・セッティマーナ》」の役に就いたと私に不満を述べました。さらに、今回の出来事を摂政政府による二度目の追従行為とする悪い噂が立っていることも付け加えました。最初

の例はチェントラ公夫人のチチスベオだったフェッランテ家の子息にまつわる出来事でした。夫人は父君アラージオ氏を介してお人好しの夫に彼女の意志を押し付けてきましたが、その夫はサン・ニカンドロと結託して長い間闘いました。サン・ニカンドロも妻に気圧されがちで、彼女はどんなことにも首を突っ込んでいるので、人々から大層不興を買っています。

実際にはチェントラ公とサン・ニカンドロ公は宮廷でタヌッチと敵対する派閥に属しているので、彼のことばをあまり信じ過ぎてもいけないが、彼は悪意のある噂を利用して、王やロザーダのような重要な相手を誤解させるようなことはしなかった。政治的な性格の書簡でチチスベイズモが話題になる場合、その定義の適切さに疑念が生じることもあるが、よりくだけた文脈で伝えられる情報には、この点についていかなる疑いも残らないだろう。タヌッチは当初、結婚に抵抗していたが、その後、間もなく彼の義務に向き合う決意をしただけでなく、一七四〇年代にはリッチャルダのためにトスカーナの習慣と変わらない男女の交わるサロンを開くことに尽力した。このことを少なくとも示唆するのは一七四九年七月十五日の手紙である。タヌッチはコラファ伯爵が「私の妻の熱心なチチスベオで、我が家の古くからの友人であるから」彼の支持を得るのは容易だと通信相手に保証している。この手紙以外に外部からの証言も得られる。博識の高い聖職者ジャコモ・マルトレッリは一七六六年の秋、ポルティチに滞在した折、友人に何通か手紙を書き送った。ポルティチにはタヌッチ侯爵夫人が若いシチリア貴族「ベルモンティーノ」と滞在し、華やかな別荘生活に対する周囲の期待に応えるべく当地の社交界を活気付けていた。「この大いに賞賛の的となっている侯爵夫人は風邪のため外出せず、多くの訪問を受けていて、夜には邸宅の前に馬車が大行列を成しています［…］ここでの人々の話題は、正餐、賭け事、貴婦人や淑女に近づくこと、などと流行にまつわることに限られています」[50]。

ナポリにおけるチチスベイズモの進展状況の観察者となるだけでなく、タヌッチはピサ出身の若い妻に引きずられ、気が進まないながらも間接的にチチスベイズモの推進役となっていたのだろうか。いずれにせよ、十八世紀の後半にはその習慣はもはや定着したようだった。一七六五年から一七六六年の二年間についてフランス人旅行者ラ・ランドは「ナポリには〈シジスベアトゥール〉*sigisbéature* はほとんど見られない」と断言しているが、まさにこの頃から正反対の証言が始まっていた。同じ一七六五年、イギリス人医師サミュエル・シャープはナポリで彼自身「きちんとした市民の夫妻が示すような平静さを装って、チチスベオに伴われ知人宅の訪問に出掛ける公妃や公爵夫人」を目撃したと書き送った。一七七四年には、アイルランドにルーツを持つイギリス人で、フェルディナンド四世らの愛人だった女性サラ・グーダーは「ナポリのカーニヴァル」に関する話題の中で「フランス語で愛人というのと変わらない、チチスベオと呼ばれるもの」に触れている。一七八二年、イギリス大使ウィリアム・ハミルトンはナポリからの書簡に「上流社会の夫人は付き添いの騎士《カヴァリエル・セルヴェンテ》なしには動けない」と記した。一七九四年、また別のイギリス人紳士で、既に紹介した商務官ネルソン・ブルックにいたっては、「ドンナ・マリア」とその夫が貴婦人のチチスベオの死に際し「厳格に喪に服している」のを見た、といういささか疑わしい話を詳細に語っている。[51]

だが、もうひとりのトスカーナ人、二十歳のパオロ・ガルゾーニがもたらす情報は、その具体的な背景と自然な語り口に信頼感を抱くことができ、それゆえ最も説得力がある。既に紹介したとおり、一七八一年、彼はナポリを旅した。この旅行は彼の母親のチチスベオだったフランチェスコ・マッツァローザが企画したもので、ローマでの長い寄宿学校生活からパオロを解放し、都会での社交生活を経験させることが目的だった。彼のもたらす情報は単なる旅行記以上の価値がある。パオロは母親に訪問先や出会った人について詳細に書き送ったが、彼の感想はどれもルッカとの比較に基づいている。興奮しながら見るものすべてに注意を怠らない青年の目に、ナポリは「驚異的な都市」と映り、「建物と不潔さに目をつむれば、残りはすべて驚くほど素晴らし」かった。ナポリの貴族たちは「壮大な君主たち」で、「騎士たちのアカデミーと呼ばれている、ルッカでいえばクラブにあたる会」は約七〇〇名の会員を擁する。「馬車、従者、服装、照明の贅沢さはローマをはるかに凌いで」いた。カゼルタ王宮での謁見の儀式のきらびやかさは彼を「仰天させ」、熱狂させた。「これほど豊かな贅沢や富、驚くほどの光景はどんな犠牲を払ってでも見ておくべきです」。ルッカとはこれほど異なる状況でもパオロは騎士が貴婦人に奉仕する習慣があることを発見した。注意しておきたいのは、そのことについて、あたかも特に言及するまでもないかのように母親にはさっと報告しただけだった、という点である。その情報が含まれているのは、十月五日の手紙に書かれたトレッラ公カラッチョロ夫妻から受けた厚遇に関する話題である。パオロをナポリ社交界へ導き入れる役目はこの夫妻に委ねられていた。

この御夫妻は二日間にわたって、彼らの親戚か庇護者であるかのように私を扱い、私が様々な場面で、どのように身なりを整え、どのように歩き、どのように振舞うべきか、またマナーに反するような発言や服装がないかどうか注意して下さいました。最初の日、御夫妻は私の気分を害すると思ったのか、それらのことをクリストファニ神父にお伝えになりましたが、私が教えてもらったことをありがたく思っていることを知って、自ら私に注意して下さるようになりました。奥様にお仕えする立派な騎士が、奥様の計らいで、目で合図したり、耳元で囁いたりしながら、昨晩ずっと私に必要なことを教えてくれました。[52]

これらのことすべてを考え合わせると、チチスベイズモに関しては、まさにマルティィネッリが評したように、ナポリが「もうひとつのジェノヴァ」になったと信じるのは難しくない。そうした現象がどの程度の規模だったのかは不明瞭だとしても、存在していたことは確実である。ただし、ナポリのチチスベイズモには、北部・中央イタリアの共和政都市におけるチチスベイズモの形式や意義と対比される社会学的特徴があることを強調しておかなければならない。ナポリではチチスベイズモはとくに一七三〇年代と四〇年代からその存在感を増してきたが、それはちょうど王朝と宮廷の確立の歩みと重なる。こうした事実が──本書で紹介してきたいくつもの証言に影を落としている──、政治権力を握る貴族たちの派閥的連帯の力学を反映したチチスベイズモと比較した場合、ナポリのチチスベイズモの特殊性を際立たせる。

残念ながら、この主張を十分論証するにはあまりにも貧弱な記録しか利用できない。この点について、小さな、だが役に立たなくもない手掛かりを提供してくれるのは、ナポリの重要な経済学者フェルディナンド・ガリアーニの風変わりなテクストである。それは、タイトルが示すところによれば、「一七五九年の新年会におけるチチスベオとチチスベアの組み合わせをくじ引きで決める際に」行われた『演説』*Orazione* である。陽気で軽快な文体で書かれた『演説』には、実際のところあまり有益な情報は含まれない(ギャラントリーの起源をドイツとする逆説的な冗談は別として)。唯一興味を惹かれる点は、そのテクストのきっかけとなった催し、即ち、くじ引きによってチチスベイズモのカップルを決めることを示した表題そのものにあり、無名の編集者が補足した短い説明のおかげでそのような催しが現実にあったと見なすことができる。さらに、「くじで選ばれたチチスベアには頻繁に数多くのプレゼントが贈られること」という「基本的な規則」への言及も興味深い[53]。トリノの宮廷の習慣を思い出して欲しい。くじ引きで指名されたヴァレンティーノは、組み合わせが決まった貴婦人に「花やリボンの贈り物をする」ことが義務付けられていた。残された記録は僅かしかないが、これまでに出てきた証拠をすべて考え合わせると、共和政寡頭政治体制下のチチスベイズモには社会政治的な意味合いが強く、それに比べて、君主が貴族社会を支配する都市では宮廷における遊戯としての側面が強く印象付けられる。

したがって――ジェノヴァ、ヴェネツィア、トスカーナの場合と比べて――、ナポリやトリノやローマでは確かにチチスベオという名称で呼ばれているが、別のタイプが存在する。だが、こう結論づけるためには、一方でイタリア中のチチスベイズモのヴァリエーションを結びつける点を明らかにする必要がある。イタリアのどの領域にまでチチスベイズモは浸透したのだろうか。一七九二年、もうひとりの重要な南イタリアの経済学者ジュゼッペ・マリア・ガランティはカラブリアを公式訪問する任務を負った。一七八三年に深刻な被害をもたらした地震の後、政府は被災地の再整備を行なおうとしていたのである。彼の旅行記には興味深い記述が多々あるが、何よりも目に付くのはカラブリア人の「無作法な風習」が執拗に強調されている点である。ただし、彼の見解は大雑把なものではない。「カラブリアの風習は村の数だけ異なる。社交生活の存在が見受けられるのは主にカタンザーロ、モンテレオーネ、マイダ、トロペア、ダヴォリ、レッジョである。これらの都市でのみ女性はサロンや外国人との会食への参加が認められる」。ガランティは付き添いの騎士《カヴァリエル・セルヴェンテ》については語っていないが、彼の観察から分かることは、今挙げた中心都市を含め、その近郊の田園地帯でもチチスベイズモが浸透することの難しさである。その少し先で彼が「独特の気性の激しさと凶暴性がいまだに残る山沿いの村」と呼ぶ地域については言うまでもない[54]。

カラブリア人や南イタリアの人々の中でも例外的な「気性の激しさと凶暴性」のみを以て、ギャラントリーな社交生活への田園地域の適応性を見限るのは間違いであろう。これはイタリア全体に係わる問題なのだ。南部とは無関係で、ガランティの旅行記とはまったく性格の異なる、そして、もっぱらこのテーマに的を絞ったあるテクストが――必要とあれば――そのことを思い出させてくれる。ゴルドーニの喜劇「慎み深い貴婦人」*La dama prudente* の初演はヴェネツィアで一七五一年のことだった。この喜劇には数多くの人物が登場するが、その中心となるのはチチスベイズモと二つの生活様式を具現化した場所、即ち匿名の「大都市」とカステルブォーノと呼ばれる「小さな村」である。ゴルドーニがシチリアのマドニエをモデルとしてカステルブォーノを描いたという考えはきっぱりと排除されるべきだ。彼は不特定の田舎の村落をイタリアのある都市と対置させただけである。だが、その都市は、慎重に、ごく一般的な都市の典型として描かれ、ヴェネツィアやその方言と重ね合わされることはない。賢明なドンナ・エウラリアは義務感からやむなく二人の騎士の付き添いを受け入れている。この二人、伯爵と侯爵を彼女に押し付けたのは夫ドン・ロベルトだった。彼は大変嫉妬深いが、都市で流行中のギャラントリーなサロンの習慣に適応することを余儀なくされていた。この二人のチチスベオは互いにライバル心を抱き、ドンナ・エウラリアは決してそれを煽らず、むしろ沈めようとあらゆる手立てを講じてきたが、彼らが無分別にも決闘に至るという大変腹立たしい事態となった。そこへ幸運にもカステルブォーノ在住のドンナ・エミリアが町に立ち寄った。エウラリアはその機会を素早くとらえ、彼女の勧めに応じて田舎への移住に同意し、迷惑な事態から永久に身を引くことにした。ドン・ロベルトは田舎暮らしを嫌々我慢するふりをしているが、心の中では、そうなったことに安心している（第三幕、第二十場）。

ロベルト――では、その祝福された村に行こう（神の御加護だ。嫉妬深さを隠すという苦労がやっと終わる。妻が自分自身のために村での生活を選んだのだから、町での悪習に惑わされていない証拠だろう）。

エミリア――行きましょう、ドンナ・エウラリア。行きましょう。カステルブォーノでは、夫とのサロ

ンがより愉しく思えるでしょう［…］

エウラリア――私はそこで平穏で満ち足りた幸せな隠居生活が送れることを期待しています［…］カステルブォーノに行きましょう。多くの人がカステルブォーノは理想的な村だと思うでしょう。ですが私は、カステルブォーノが慎み深い貴婦人が住まいに選ぶ場所だと申しましょう。

この「慎み深い貴婦人」の上演からしばらく後、当世ふう社交生活に背を向けた粗野な人々への反感を映し出す喜劇が次々と世に送り出される時期が到来するのだが――そのことについては既に触れた――、ここでのゴルドーニは都市での節度ある社交生活よりも田舎の素朴な生活の長所を評価していたものと思われる。前の場面（第一幕、第十場）では、ドンナ・エミリアがもうひとりの貴婦人からカステルブォーノについて問われて、こんなふうに答える。

ロデゴンダ――あなたの村では皆どのように暮らしているのですか？　サロンは開かれますか？

エミリア――サロンは開かれますが、大変窮屈なものです。ある男性がある女性のもとを二回以上訪れようものなら、村中がそれを知って、噂で持切りになるでしょう。また、知的な女性が人を迎えてもてなそうものなら、他の女性たちは彼女との交際を止めてしまうでしょう。サロンは醜聞と不名誉の根源だと信じているからです。

ロデゴンダ――まあ、あなたの村の女性たちは何て善良なのでしょう！

エミリア――善良ですって？　あの女性たちを支配する善良さがどのようなものか御存知でしたら！世間体を保つ、ただそれだけですよ。人前では皆模範的に振舞っていますが、家では抜け目なくしたい放題。

ロデゴンダ――まあ、都会で暮らすほうがいいわ！　ここでは少なくともサロンがあるし、堂々とおもてなしできるし、醜聞を避けるために危険を冒す心配もないし。あなたの村では男性たちはきっと嫉妬深いのでしょう。

エミリア――獣のようにね。

チチスベイズモの実践に最適な環境と困難な環境がはっきりと対立項として示される中で（第一幕、第十二場）、ゴルドーニが内心どちらを支持していたのかはあまり重要ではない。

ロベルト――カステルブォーノには付き添いの騎士《カヴァリエル・セルヴェンテ》はいないとの事ですが、本当ですか、ドンナ・エミリア？

エミリア――本当ですとも、いません［…］

伯爵――気の毒な女性たち！　世間から隔離され、無視され、無知の状態に置かれたままだというのですか？

ロベルト――ドンナ・エミリアさん、あなたの村では女性たちはどのように過ごしていますか？

エミリア――私たちは少数ですが、隠遁生活をしています。付き添いの騎士《カヴァリエル・セルヴェンテ》などおりませんし……

ロベルト――お聞きになりましたか？　カステルブォーノには付き添いの騎士《カヴァリエル・セルヴェンテ》はいないのですよ。

エミリア――私たちもサロンは開きますが、夫は妻を伴い出席します。もし女性が夫や兄弟や親戚以外の男性に付き添われて出席したら大騒ぎになるでしょう。(55)

ゴルドーニが観客——ヴェネツィアの観客であって、シチリアやナポリの観客ではない——に思い出させようとしているのは、イタリア全体に係わる明白な事実である。チチスベオは避暑のために田舎の村に行くことはあっても、彼らの本来の居場所は啓蒙主義的文化に開かれた都市の社交生活である。つまり、それぞれ特殊な事情があるにせよヴェネツィア、パレルモ、ナポリであって、それぞれの都市にとってのカステルフォーノではない。

4・3　コンパーレとチチスベオ

一八三七年三月二日付けのソネット「悠長な夫」*Er marito pascioccone* に、ジュゼッペ・ジョアキーノ・ベッリはローマのある庶民階級の女性を登場させた。彼女は話し相手——ここでは引用していないが、二番目の三行詩節《テルツィーナ》に出てくる「ヴィンチェンツァさん」——に向かって自分の言い成りになる夫の従順さをこう褒め称える。

あの人が私を好きかって？　可哀相なカミッロ！
あの人の顔に卵を投げつけてみようかしら、
なんて、そんなこと私には言えない
だって、あんなにいい夫は他にいないのだから七年間連れ添っているけど、怒鳴ったことは一度もないのよ！
あっちへ行け！　もなかったわ
ローマに何か新しいものが現われると、それはすべて私のもの
私のどんな気まぐれも、あの人は満たしてくれるか、実現しようとしてくれる

夕方になると、可哀想に、あの人は疲れきってしまう
私を楽しませることに、休日であろうとなかろうと
私をコンパーレに委ねて、あの人は寝床にもぐり込む(56)

既婚夫人の娯楽を担う、この庶民的なコンパーレによって、ベッリは我々の注意をある存在に惹きつける。その存在と付き添いの騎士《カヴァリエル・セルヴェンテ》との関連は明らかだ。チチスベイズモの拡大に関する研究を完成させるためには、地政学を軸にこれまで行ってきた分析と並行して、他の社会学的切り口からの分析も必要である。チチスベイズモはまったく独自の習慣なのか、それとも何らかの習慣と比較可能なのか。貴族以外の階層や十八世紀以外の時期にも、これと類似する、あるいは影響関係にある、似たような習慣があったのか。こうした分析は、様々な状況が抱える特徴を混同したり平均化したりするのではなく、偶発的な接触も含め、それぞれが影響を与え合う範囲をより明確にすることにつながるだろう。

コンパラティコ〔名付け親と名付け子の関係〕は、洗礼式や堅信式での代父と代母の間に、そして彼らと洗礼を受けた子とその両親と間に築かれる精神的親族の結びつきである。キリスト教では早くから教会法によって規則化されていた。夫婦や家族のまわりに築かれるこのような関係は、血縁に基づく関係と比べると意図的に選択されたもの

であり、同質な人々や集団の結束を強化する手段となることも、パトロンと庇護者の序列を形成することも可能である。したがって、文化社会人類学研究の重要なテーマのひとつに位置づけられる。[57] この大きなテーマの中で我々の問題と関係があるのは、コンパラティコが婚姻関係にない男女の結びつきや交際を可能にするという点である。ただし、それが行き過ぎて、教会によって制度的に認められた精神的親族のまわりに、教会権力の支配が届かない大衆的な習慣があまた生じることになった。トレント公会議以降、司教たちがそのような習慣を抑制し監視するため攻勢を強めた事実から、それらの習慣が民俗学者たちの好奇心の対象となる二、三世紀前には既に根付いていたことが分かる。

我々にとっても最も興味深い事例は――さしあたってすぐ頭に浮かぶ「指輪のコンパーレ〔結婚立会人〕」よりも――いわゆる、聖ヨハネのコンパラティコである。その形式の細部には様々なヴァリエーションがあるが、基本的には六月二十四日の洗礼者ヨハネの祝日に行われるもので、カップルを成立させるという点で一致する。それは、ほぼ常に異性間によって成り立ち、どちらかというと若者か少年少女によるものだった。一五六六年に開かれたアレスとテッラルバの教会会議によれば、この教区も含めサルデニア各地で六月二十四日の夜、聖ヨハネのかがり火の前でキスを交わし、彼らが「花のコンパーレ」になったと宣言した。リエーティの田舎では、同じ日に互いに花を贈りあうことが義務付けられ、その贈答はのちに聖ペテロの日にも繰り返された。マルケ州では、一八八二年のある証言によれば、花にはカードが添えられ、そこには二行にわたって「花束は小さいが、愛情は大きい／私を聖ヨハネのコンパーレ（コマーレ〔コンパーレの女性形〕）として受け入れてください」と書かれていた。バジリカータ州のバリーレでは、一八八九年の証言によると、少年少女たちが布の切れ端でできた人形を使って洗礼の儀式を真似る遊びの最中に互いのパートナーを選び、その最後に「聖ヨハネの人形よ／この布に洗礼を与えてください。／この布は洗礼を受け／我々は皆コンパーレと呼ばれます」という決まり文句

を唱える。(58)

　事例はこのくらいにして、肝心なことに注意を向けなければならない。このように築かれた関係は一定期間、場合によっては永続的に続くよう定められていた。さらに重要なのはカップルのどちらか一方、あるいは両方が別の人と婚約しても続いていたことである。ナポレオン支配下のイタリア王国で行われた民族誌調査の中でも最も綿密なもののひとつ、ルビコーネ県の調査では、そのことがはっきりと報告されている。「聖ヨハネの祭りには、恋人は若い娘にリボンで飾った花束を贈る。娘は聖ペテロの祝日に同じものを返礼として贈る。彼らは互いを聖ヨハネのコンパーレとコマーレと呼び合い、結婚の意志はなくとも互いを親族同然とみなす」(59)。コルシカ島の農夫の語りから、一九三〇年の状況について、より充実した体験談が採集されている。彼の島では少年と少女の友情がそれぞれの結婚式でも維持され、人々に認められることが珍しくなかった。例えばダンスのとき、最初にコンパーレがコマーレに踊りの相手を申し込んでも、彼女の夫はそのことに嫌悪を示さなかった。

> 彼らは互いを兄妹のように見なしていた。それは翌朝には忘れられてしまうような小さな儀式ではなかった。彼らは一生涯、このことに忠実だった［中略］それは一種の誓約だった。〈あれ〉（性的な関係）のためではなかった。それに、この地域では聖ヨハネの〈クンマ〉*cummà*〔コマーレ〕と〈クンパ〉*cumpà*〔コンパーレ〕の結婚は決してなかったと思う！　彼らは互いを兄妹のように見なしていたのだから。(60)

　教会法への適合の是非はともかく、コンパラティコの純潔さに関するこのような素朴な考えが世間一般に広く共有されていたかどうかには疑念を抱かざるを得ない。ボッカッチョは『デカメロン』で「コンパラティコの隠れ蓑のもとで」実現した性的交渉というテーマを余すところなく取り上げている（第七日、第三話）。ふたりのシエナ人の話では（第七日、第十話）、自らのコマーレと姦通した男にあの世で下された罪の許しが語られる。この裁きのおかげで、まだ生きている友人のほうは、それまで姦通を犯さないよう身を慎んできた「愚かさ」から解放された。司教区会議の規定の起草者たちも疑いを抱いていた。一六五一年、ジェラーチェで開かれたカラブリア司教区会議では「いとも汚らわしい罪を犯す目的で交際する許しを得るため、互いを偽ってコンパーレ、コマーレと呼び合う者たちによる呼称の悪用」が激しく非難された。一六九二年ビトントで開かれたプーリア司教区会議でも「コンパーレとコマーレを隠れ蓑にして世間を欺き、より安易に色欲を満たすため、実際には洗礼式や堅信式で代父《コンパーレ》や代母《コマーレ》を務めていないのに、そのように互いを呼び合う者たち」に対して非難が繰り返された。[61] これらの脅しに呼応するような民間の諺もある。シチリアの諺は怒った聖ヨハネの仕返しを避けるための心得である。「親戚には何もするな、隣人は棘であるかのように接しろ、コマーレには触れるな」。だが、その反対の心得を示す「愉しめ、恐れるな、ヨハネは眠っている」という聖ヨハネの眠りの三日黙想への信仰に因んだ諺も流布していた。この諺は、コンパラティコに伴う性的禁忌への違反の慣例化の名残として解釈されている。[62]

しかしながら、既婚女性とその夫以外の男性との関係が公然と認められる複雑な社会習慣において、そこに潜む不義は、重大ではあるが、その特殊な一面に過ぎない。このような習慣が教会の秘跡に由来しているとはいえ、それだけでは聖ヨハネのコンパラティコのように教義を越えて発展した理由の説明としては不十分だ。鍵を握るのは常に婚姻モデルである。貴族間の婚姻では双方に選択の余地がほとんどなかったのと同様、都市にせよ田舎にせよ庶民の婚姻にも個人が相手を選ぶ自由は一般的に考えられているよりも制限されていた。僅かな金銭、収入の乏しさ、小さな家あるいは家畜の所有、隣人あるいは同郷人どうしの人間関係といった些細な要素でも、家長たる老人が若者たちの個人的感情を抑圧し、利益の論理に従わせる理由としては十分だった。それは場合によっては、生存のための初歩的論理と変わらなかったのだ。貧しい人々の間でも条件付きで婚姻外の関係の継続が認められることによって、広い意味で性的な意味合いを持つ欲求がその捌け口を失うことなく、完全ではなくとも抑制された形で満たされていた、という仮説が大胆すぎることはないだろう。加えて、家族やその中心となる夫婦との関係性が認められるコンパーレの存在は、都市でも田舎でも人々との共生の中で互いに築き上げた有効なネットワークをさらに強化するものに他ならない。

つまり、コンパラティコには重要な点でチチスベイズモとの相似性が認められるため、更なる比較が必要である。本書の別の個所で既に触れたように、ルッカのルイーザ・パルマ・マンシはコスタンティーノ・デ・ノービリの付き添いを受ける以前に彼の兄のコマーレになっていた。興味深いことに、コスタンティーノの付き添いを受けていた一七九一年から一七九八年の間に、彼と共に新生児の洗礼式に少なくとも四回立ち会っている[63]。残念ながら、貴族階級におけるコンパラティコをチチスベイズモの関係の強化あるいは構築の手段と一致させるような要素は他にはない。だが、ともかくカンプルドンの一般的な見解は書きとめておく価値がある。ジェノヴァに関する『報告書』の中で、三十年前からチチスベオはコンパーレ——と修道士、とカンプルドンは悪意を以て付け加えている——と共に「貴婦人のもとに自由に出入りできる」と明言し、両者の類似を当然のものと見なしている[64]。

トリノの宮廷においてくじ引きで決められる一年限りの交際相手として既に紹介したヴァレンティーノもまた、似たような特徴を備え、同じ名前で庶民文化の中に姿を現す。中世にはじまりヨーロッパ中に広まった鳥の交尾の信仰にちなんで、村落では二月十四日に若い男女のカップルをくじで決める習慣があった。彼らは翌年の聖ヴァレンタインの祝日まで、小さな贈り物、招待、パーティーへの付き添いを含め、交際関係を維持することが課されると同時に認められた。ヴァレンティーノには、象徴的な意味においてさえも、聖ヨハネのコンパーレのように交際相手との結婚が妨げられることはないが、彼らの関係もまた婚約関係とははっきりと区別される。(65) くじ引きが操作されていたのか、そうであればどの程度だったのか判断は難しいが、これが婚姻以外のカップルを成立させる習慣における庶民と貴族の接点だった。トリノの宮廷のヴァレンティーノの外に、ガリアーニが『演説』で、ナポリでもくじ引きによるチチスベオとチチスベアのカップルの成立言及していることは既に本書でも取り上げた。聖ヨハネのコンパーレとコマーレがくじ引きで決まるという事例が少なくとも一件、シチリアのカッカモにあるが、この場合、大人を対象に聖人の祝日前夜の夕食会の最中に行われる。(66) このような記録全体から——民族誌研究の成果の中に見出せる、ごく一部に過ぎないが——、男性の領域への既婚女性の接し方を管理するという課題の解決策として築き上げられた習慣の重要性と多様性を十分理解することができるだろう。

　当然のことながら、ここまで挙げた比較事例のすべてを以てしても、チチスベイズモの特殊性が失われるわけではない。より庶民的な形態であるコンパラティコはもちろんのこと、ヴァレンティーノやそれと似たような者たちと比べてもチチスベオの存在は際立っている。忘れてはならないが、コンパラティコが教会法からより遠ざかった形で機能した社会的背景は、付き添いの騎士《カヴァリエル・セルヴェンテ》の登場の枠組みとなった文明化の過程とは本質的に相容れないものだった。ここでは、最もアルカイックな伝統主義的価値観への帰属という共通認識によって区切られる「地中海地域」が存在するか否かという終わりのない疑問には立ち入らない。だが、明白な事実として認識しておかなければならないのは、コンパラティコの歴史の大半が啓蒙主義的な新しい文化と社交生活の発信地から——ベッリの描くローマからさえも——ひたすら遠ざかった、とりわけ農村的な文脈の中で広がってきたことである。すなわち——ここでもう一度、前節の終わりに述べたことを繰り返すが——ゴルドーニの描いたカステルブォーノ、あるいはガランティの「凶暴な」カラブリアのような場所で。

このような環境によくある、女性たちの社交サロンへの頑固な敵愾心にとって、聖ヨハネのコンパラティコは矛盾でも否定でもなくメダルの裏側である。まさにその根強い伝統こそが、女性の社交生活を実現し管理するための手段としてのコンパラティコの成功を保証した。花の贈呈や詩的なことばの交換と前後して始まる交際は肉体的衝動に屈することもあったかもしれないが、そこには貴族のあつまりで付き添いの騎士《カヴァリエル・セルヴェンテ》が行ったような熱心な求愛や親密さはなかった。この点については、それぞれの習慣の年代的な違いも参考になる。チチスベイズモの時期は啓蒙主義、つまり概ね十八世紀と一致する。一方、コンパラティコに関する証言は——今しがた確認したとおり——その前後の数世紀間にもわたって続くが、ヨーロッパの民衆文化の長い歴史に深く根をおろした習慣は概ねそのようなものと考えられる。


まさにこの差が一方で、興味深い疑問を生む。今、ここで取り組もうとするその疑問とは、チチスベイズモが定着した時代に、ギャラントリーなサロンと庶民階級における婚外関係（コンパラティコに限らず）との間に浸透性があったのかどうか、というものだ。つまり、これまで検討してきた類似現象以外に、より限定された期間の中で、貴族が庶民の習慣に影響を与えたのかどうか、ということである。ここでの庶民とは、イタリア各地のカステルブォーノに住み、そうした影響を頑なに拒もうとする田舎の庶民、そして、貴族の生活様式の誘惑に晒され安易に貴族の模倣に陥りがちな都市の庶民である。

この点に関して、抵抗と猿真似のどちらの例も文学テクストに見られる。例えば、コンパニョーニの文通相手だったボローニャのフランチェスコ・アルベルガーティは、一七八四年以前に書いた二つの一幕劇に両方の姿を脚色している。「ああ、何たる状況だ！」*Oh! Che bel caso!* では、嫌いな男と結婚することを余儀なくされ、恋人をチチスベオとすることで満足する女主人に、忠実な召使が同情する。「驚くことはない。これが上の方々の習慣なのだから。私は妻のメンギーナと一年付き合ってから結婚した。我々庶民は先に恋愛、そして結婚」（第五場）。「発作」*Le convulsioni* では虚栄心の強い女中のドメニカが女主人のチチスベオの召使を自身の「付き添い」とし、女主人同様、誰かあるいは何かが彼女の邪魔をしようとすると気を失ったふりをする。「付き添いの騎士《カヴァリエル・セルヴェンテ》［…］付き添いの騎士《カヴァリエル・セルヴェンテ》。奥様がお望みなのはそれね。高貴な方々の間では皆そうしているもの。だから、それは高貴なことで、したがって罪のないことなのね。というわけで、私も付き添い役を持ちたいわ」（第三場）。だが、その考えは夫には歓迎されない。夫もまた召使で、ドメニカの発作を目の当たりにすると、「太い棒」を振り回しながら他の女中たちを押しのけて叫ぶ。「どけ、どけ、おしゃべりな女たち、介抱するから場所を空けろ」（第十七場）[67]。誤ってロドヴィゴ・セルガルディ作とされている、一七六〇年頃に書かれた諷刺詩「ローマの貴婦人のサロン」については聖職者のチチスベオに関する個所で言及したが、この詩も貴族の生活様式の受容をめぐる庶民の両義的な態度を裏づける。揶揄の対象となるのは、付き添いの騎士《カヴァリエル・セルヴェンテ》の流行を受け容れることに抵抗し、マルフォリオに「お前の胸の中で煮えたぎっているのは／卑しい豚飼いの古い血だ」と非難されるパスクィーノの素朴さだけではない。チチスベイズモという貴族的モデルに最終的に屈服する庶民の姿も揶揄される。「人々が何と言うか私は気にしない／／なぜなら結局のところ安心できるからだ／まちがいなく私には仲間ができて／寝取られ夫になっても、ひとりじゃないってことに」[68]。

既に紹介したとおり、チチスベイズモの中心都市のひとつだったヴェネツィアで女性ジャーナリストとして『洗練された教養ある女性』*Donna galante ed erudita* を出版したコルノルド・カミネールは、書き方としてはそれほど詳しくはないが、より真剣に、庶民への普及の可能性を否定する。一七八六年、様々な記事のひとつ「付き添いの騎士《カヴァリエル・セルヴェンテ》について」の中で、彼女は大変率直なことば遣いによって自身の主張をこう展開している。

「この仕組みは庶民にはまったく縁がない。貧しい女たちは概してより多産で、子供たちと貧困に押しつぶされ、男たちの気を惹くように着飾る時間も手立てもない。おまけに、かつてはイタリア人の特徴のひとつだった嫉妬が、庶民の間ではいまだに支配的なのだ」[69]。だが、カトリックの教えを守るモラリストたちは、これまで本書でも見てきたとおり、チチスベイズモの登場と普及を激しく非難したのと同様、信者の群れの中でも最も弱く無防備な者たちに悪影響が及ぶことへの懸念を最も鮮明に表明した。

一七二〇年、コスタンティーノ・ロンカーリアは、いまや当然となった「職人」の男女の関係について述べながら、最悪の結果が生じることを危惧する。「チチスベオたちのサロンの流行が身分の低い者たちの中にも見出されるとしたら、どのような混乱をも恐れずにいられるだろうか？　かたや、ここでは多くの場合、自らを貶めることへの不安さえも、すでに馴染んでしまった親しい交際に歯止めをかけることができないのに」。一七五一年、『性別の異なる者どうしの愛』*Amori tra le persone di sesso diverso* を執筆した酷評家のジローラモ・ダル・ポルティコは、「当世ふう恋愛と求愛」の「濫用」が「庶民や都市周辺の農民の間にはまだあまり広がっていない」と悦ばしげに記したあと、「不幸なことに、高貴な人々の悪い手本が、ひそかに恐れられていたとおり、またいくつかの場所では既に見つかっているとおり、彼らの階級以外の者たちにも広がっている」という事実への注意喚起とともに自らの発言を修正した。十八世紀の終わり、もしくは十九世紀のはじめ、ベルガモの説教師フィリッポ・ドナドーニは、付き添いの騎士《カヴァリエル・セルヴェンテ》による自称「プラトニックな恋愛」の余波を懸念しながら、それが最下層の人々の間に広がることを警告した。「皆さん、本日の私の話が、恐らくどちらかというと裕福な人々の階級にまつわることであり、身分の低い人々にまで広がることはなく、したがって、貧困がそのような交際に道を譲らないと信じるほど私が浅はかだとお考えになりませんように」[70]。

これらの不安に満ちた曖昧な意見は、「サロン」、および、その庶民への普及を阻止しようとする教会側の道徳的教化のキャンペーンの一部である。この運動は、十七世紀が終わる数十年前から始まった。この点に関しては、本書の別の個所でイエズス会士パオロ・セニェーリによる『法のもとに教えを受けるキリスト教徒』*Il Cristiano istruito nella sua legge* が何度も再版され世間に大きな影響を与えたことを既に紹介している。一六八六年初版のこの冊子は、社交好きな女性たちのもたらす危険を脅迫的かつ視覚的に訴えた説教集である。セニェーリとその追随者たちにとって最大の懸念は、若者たちの婚前交渉、その結果として、私生児の誕生、子供の認知をめぐるトラブル、女性の名誉喪失、男性の側からの婚約不履行だった。これらは即ち当時の裁判記録の束に溢れていた問題である。(71) だが、チチスベオたちのサロンに関する発言をより詳しく精査すると、貴族の社交生活を席巻した啓蒙主義文化が、同時に庶民の世界にも、既婚女性への求愛を潜在的に可能にする世俗的習慣をもたらしたことが窺える。

こうした観点から庶民の風俗の洗練化というテーマに取り組むのに最も有用な資料となるのは、その信頼性と情報の多さから見て、ナポリに関するものである。一七八九年、「笑いたい者、そして行儀作法を身につけたい者のために」方言で書かれた『文化の鏡、あるいは道徳的冗談』*Lo Specchio de la cevertà o siano schirze morale* という題の作法書が出版された。作者ニコラ・ヴォッティエーロは一七五〇年頃に生まれ、動物の臓物の小売商人だったが、教養があり、文士たちとの交流もあった。友人たちから捧げられた献辞やソネットだけでなく、洗練された快活さと教訓的意図が巧みに反映された二〇二の逸話や小話からなるテクスト自体がそのことを示している。ヴォッティエーロが対象とする世界は都市の庶民階級、つまり彼の本にひしめく職人たちや商人たちである。本書が「貧しい人々」を対象に、彼らが良き行儀作法に転じることを意図したものであると序文に明記されている。そうした助言は、作者が遺伝学の理論を皮肉に仄めかして付け加えているように、「母親の肉体をとおしてそれを習得した」「高貴な」人々には不要だった。

このような独自の特徴を備えた『鏡』はデッラ・カーザの『ガラテーオ』*Galateo*から続く行儀作法指南書の長い教育的伝統の中に連なる。先に述べた賛辞のソネットのなかには『ガラテーオ』に言及したものもある。『鏡』に影響を与えたもうひとつのモデルはカトリックの教訓集だった。ただし、ヴォッティエーロは素朴で寛容で分かち合おうとする宗教心によってそれを信奉していたが、そのような態度は本書でしばしば参照してきた聖職者たちのテクストにはあまり見られない。『鏡』もまた、結婚前に両親に知られないように恋愛する若者たちへ非難を向ける。「婚姻契約を結ぶにも作法がなければならない。というのも多くの若者たちが両親の知らぬところで付き合い始めるのだから。それは良くないことである」。この本には他にも様々な禁止事項が挙げられているが、だからといって、作者が彼をとりまく現実に向けるユーモアと穏やかな善意にあふれた眼差しを曇らせることはない。そうした眼差しのおかげで彼は、最も熱狂的なモラリストたちがときに陥りがちなカリカチュアを避けて現実を描くことができた。したがって、もっとも貧しい階層に属する人々にも必要とされる様々な「礼儀」作法を奨励しながら、ヴォッティエーロは（彼の主張をとおして「真の礼儀」つまり品行方正さがあると確信していたにもかかわらず）「貧しい人々」の文明化が、貴族たちの社交生活における洗練された放縦な習慣と場合によっては隣り合わせになる状況を、挑発的な曲解に陥ることなく、また、しばしば効果的に描き出している。

『鏡』の中の短い絵画的叙述によって次々描かれる習慣には、大層格別のこととして――「もし四頭立て馬車か一頭立て馬車を誰かが貸してくれたら」――大通りの散歩、「別荘あるいはクラブにいる友人の訪問」のための外出、「メヌエット」のような優雅な「ダンス」の習得、そして、当然のことながらサロンも含まれる。たとえ土地のことばで「コンヴェルタツェイヨーネ」convertazejoneと表現されているとしても、そこに参観するには服装や振舞いに格別の品位が要求される。「あなたがサロンに出席し、人々と歓談するときは、尋ねられてもいないのに、答えてはなりません。また、話すときは礼儀正しくはなすこと［…］あなたの家に訪問を受けるときは、寝具を整え、外出するときのように身なりをきちんとすること。というのも、私は断言しますが、狩猟靴を履いて、上着も鬘も着用せず、家を散らかしたまま訪問客を迎える人もいるのですから」。付き添いの騎士《カヴァリエル・セルヴェンテ》のような他人の妻への奉仕には直接言及していないが、「付き添い」というタイトルの短い章に掲げた注意・禁止事項の中で、ヴォッティエーロは通常チチスベイズモの礼儀作法に含まれる行為に軽く触れている。

> 付き添いにも礼儀作法が必要です［…］付き添うのが聖職者なら、気取って歩いたり、のぞき穴のついた窓を気に掛けたり、他人の妻と腕を組んだりしてはなりません。[72]

下層階級では洗練されたギャラントリーな性愛の実現が実質的に困難であるとして、その可能性を完全に排除しようとした人々がいる一方、こうした階級により近い立場から、その中に貴族の社交性の模倣のしるしを巧みに拾い上げた人々もいる。このような対立において、わずかに残された実際の証拠は後者の主張に有利である。ことば遣いが重要な鍵となるだろう。一七三七年のピエモンテの裁判記録で農家の娘が言及した「恋愛の奉仕」という表現は、洗練された宮廷ふう恋愛の表現体系への文化的依存を示すという意味で興味深い。ただし、この表現が指しているのは、その娘が「毎晩他の若い娘たちや若者たちと一緒に夜更かしするために行く」家畜小屋での独身男女の交際である。[73] トスカーナ地方の二つの事例は我々の議論にさらに関連づけられる。

最初の事例は、一七六二年、縁なし帽の刺繍職人マリア・マッダレーナ・マッフィが提訴した裁判の関係書類に記されたものである。彼女はパヴィア出身だがリヴォルノ在住で、夫ヴィンチェンツォ・ブラスキとの別居を求めていた。この夫は「愛情のかけらもなく、手に負えない放埓な」人物で、教会判事の前で証言するために呼ばれた夫婦の知人たちも口々に乱暴者の女たらしと評した。「ある農婦との性交によって」感染した性病を妻に移したり、「いつか喉を掻き切ってやる」と彼女を脅したりしただけでなく、「狂った取り持ち女」という文言で始まる一七六二年一月一日付けの誹謗中傷の貼紙」を掲げ、町中に彼女の悪口を言いふらした。社会階層としては無論そう高くはない背景を持つこの事件で目を惹くのは、マッフィを支持する二十名ほどの知人や親戚たちが彼女の道徳的な人柄について証言する際のことば遣いである。「これまでも今も常に大変優しく誠実で、その行いは申し分なく模範的なカトリック信者であり、馬鹿げた振る舞いやチチスベアトゥーラや恋愛とは無縁である」(74)。チチスベイズモとの関連が明白な語彙は「チチスベア」という形で第二の事例にも登場する。このことばは、ある独身の少女を指して使われた。彼女は自身の兄とふたりの恋人たちとの諍いのもととなっていた。恋人たちのうち年長のほうは彼女に拒絶されていた。彼女が選んだ年少の恋人のほうはアルトパッショの農夫ディアチント・パナットーニという。彼はヴァルディニエーヴォレ刑事裁判官の前でこう証言した。「一七六九年十二月二十五日、私のチチスベアであるマリア・カテリーナ・デル・サルトに付き添って夜の祈りのためにアルトパッショへ行くところだった」。このことばの使用が不適切なのは明らかだが、それでもなお、チチスベイズモの世界への言及は、田舎の小道で生じた激しい口論の挙句、棒での殴り合いにまでエスカレートした、あまりにも写実的な話の中でいくらかの意味を持つ。事件の登場人物であり犠牲者でもあった彼らは当時の状況を髣髴とさせる巧みな言語能力を駆使してこの殴り合いをより正確に「カロッキア」、すなわちブドウの樹を支える杭の殴り合いと呼んでいる(75)。

十八世紀のトスカーナ地方の裁判記録をざっと手当たり次第に見るだけで、都市だけでなく田舎の庶民もチチスベイズモに関する語彙に親しんでいたことが分かる。おそらくイタリアの他の地域ではこれほど無意識に言語の吸収が行われなかったにせよ、これは無視できない事実である。だが、付き添いの騎士《カヴァリエル・セルヴェンテ》が庶民――正確には都市在住の人々――の間に実質的に根付いていたことを示す真の証拠は、ことば遣いの一致ではなく、さらに確かな根拠に基づいたものである。ここでまた取り上げるリヴォルノは、これから見てゆくとおり、ことば遣いの一致とは無関係だが、他の多くのイタリアの都市よりも確かな証拠を示す。十八世紀のリヴォルノは都市としては比較的新しく、その指導層は貴族としてはまだあまり定着していなかったし、その生活様式についても他の都市、例えばボローニャと比べて経験が浅く、確固とした形が定まっていなかった。リヴォルノで実際にあったエピソードを正しく理解するには、庶民的なチチスベオについて最も率直な文学テクストを先に紹介するほうがいいだろう。まさにボローニャに適例がある。一七三〇年に亡くなった教養豊かな聖職者アントニオ・フランチェスコ・ギゼッリによって集められ、『ボローニャの手稿古文書集』*Memorie antiche manuscritte di Bologna* に収録された、無名作者の「一七一二年に世に出た当世ふうサロンについての教え」*Instruzione sopra le conversationi moderne uscite fuori nell'anno 1712* に次のような記述がある。

どんなに素朴な女職人でも、たとえ結婚していたとしても、彼女を貴婦人のように扱ってくれる愛人を望むだろう。彼女はサロンに集まるすべての市民たちの中から最も好みに合う者を選び、彼にひとりで彼女のもとを訪れることを認めるだろう。そうした光景を見たければ、それほど待つ必要はない。あいにく目の前にあるのだから。それが高じて最近こんなことがあった。ある貧しい女職人が馬丁と婚約し、その結婚契約書に、まさに貴婦人がそうするように彼女が名誉と恋愛の下僕を持つことを正式に記すようにと平然と夫に迫ったが、夫が譲歩しなかったので、女は耐え難いほど粗野であることが判明した男

と結婚することを拒んだ。これが貴族の真似の最悪の例である。(76)

婚姻契約の条項という具体的資料や、「当世ふうサロン」が「世に出た」のがまさに「一七一二年」だったことが、どの程度の重みを持つのかは承知の上だが、全体としてはこのページが全く意味を成さないわけでもない。ともかく、一七八六年八月のリヴォルノでマットレス製造業者アレッサンドロ・フォレーナの妻ディオニジア・グロンキは政府裁判所に赴いた。使用人のことばを借りれば「再三の抗議にもかかわらず、一撃で彼女を打ち殺してしまいそうなほど致命的になりかねない夫の殴打から身を守るため、その夫と」「別居すること」を決意し、それを法的にはっきりさせるのが目的である。事実、女は既に二人が住んでいた家を出ていたが、扶養料と残してきた家具の所有権の保証を求めていた。彼女の言い分では、その家具の大半は三年前に彼女が持参した嫁資に含まれているものだった。当然、夫は異を唱えた。裁判記録に残された彼のことばを分かりやすく言い換えると「訴えた夫人は単なる気まぐれと浅はかな思慮のため、もっともな動機もなく出頭人の家を出ることを勝手に決め、戦利品を手にし、家を空っぽにした上で彼と別れようとしている」。

ふたりが互いに発した事実確認の質疑の比較から、夫婦間の不和を大きくしているのは経済的要素だけではないことが分かる。それぞれの答えはほとんど単なる肯定や否定——「そう思う」、「そう思わない」——だが、質問のほうは、公証人の書き写しとはいえ、実体験に即した雄弁さを備えている。妻の質問からは暴力的で冷たく気難しい男の肖像が浮かび上がる。

第十一項　同じ晩に夕食の席で同じ侮辱を続け、ナイフを手にし、それを質問者の胸につきつけ、それを喉に突き刺したいくらいだと言った［…］第十六項　回答者が様々な機会に何度も質問者に対して、彼女を見ることも彼女の態度に我慢することもできないほど彼女に腹を立てていると抗議し宣言した。第十七項　彼女を不誠実な豚とか野卑な女などと隣人に聞こえるほど声高に呼びながら、ことばで虐待した。第十八項　実家に帰れ、そのほうがましだと質問者に言った［…］第二十四項　回答者が質問者と同じベッドで眠ることを何度も嫌がった。また、ベッドに入ったとしてもことばや行為で彼女を虐げ、彼女が幾晩も妊娠中や授乳中も泣きながら過ごした［…］第二十六項　先の七月、回答者が家にいて、理容師に髪を整えさせていたとき、質問者はフランチェスカ・モリーニ・スタッキーニと笑い声をあげたので、彼は自分のことが笑われたのだと疑い、怒って立ち上がり、彼女を激しく平手打ちをし、襲い掛かって腕を掴み、手の小指をねじった。そのことは、止めに入った上述のスタッキーニが認めている。

フォレーナは当然、否認を続け、自己弁護しているが、ふたつの事項については半ば認める形となり、この結婚が諍いの絶えない不幸な状態に陥ってしまったことを裏づけている。「第十八項　そう思わない。回答者がひとこと言うと、質問者が侮辱的なことばを十倍にして返すというもっともな理由によって、よほど激昂したのでない限り［…］第二十六項　質問で言及された平手打ちについては、質問者がしばしば調髪中の彼を馬鹿にしたり、手や腕を引掻いたりしたため、かっとなってやった、と述べている」。だが、夫の言い分も最後まで聞き届けなければならない。夫の質問には有無をいわさず第三者が引き合いに出される。この人物については、あいにく裁判記録に尋問がない。だが、彼の役割は我々にはすぐに親しみの湧くものだった。

第二項　質問者と回答者の結婚から約一年間、彼らの関係は人がうらやむほど仲が好く穏やかで、ほんの小さな諍いや嫌悪すら生じなかった。第三項　上述の期間のあと、質問者と回答者の家庭の周囲をニコラ某氏がうろつき始めた。ちなみに氏の姓名と出身地は回答者である彼女もよく承知している。第四項　上述のニコラ氏は回答者である彼女のもてなしを受け、質問者の家に通うようになった。ちなみにニコラ氏は質問者とも面識がある。第五項　質問者はニコラ氏の頻繁な来訪を目にし、回答者である彼女に彼らの平和を掻き乱しかねないこの男性の来訪を歓迎しないと言い始めた。第六項　回答者である彼女はこの件に関する質問者の希望の実現に反対した。そして彼らの交際は無害なものであり、彼女にはこの男性とひとときサロンで過ごすことが必要であると質問者を説得するのが常だった。

「サロン」というキーワードの出現したところで、このエピソードの信憑性を評価するために立ち止まってみよう。これらの最後のいくつかの疑問にディオニジアは「そう思わない」と常に判で押したように答えているが、この男性の存在と彼との関係までは否定することができなかった。「第三項　そのことについては何も知らない。質問で言及された人物は夫の友人のひとりで、夫とともに家に来ていたが、何のために来ていたのかも知らなかったとしか証言できない。第四項　彼に愛想好くしたが、とくに優しく好意的に接したわけではない。彼が来たのは質問者である彼の友人としてで、それ以外ではなかった」。フォレーナ夫妻との関係で難しい立場にあるこの第三の「人物」について、あとに続く夫の質問が、さらなる情報を提示してくれるが、それらは当てこすりと言ったほうがいいかも知れない。ひたすら素っ気なく否認し続けるディオニジアだけを信用するのであれば。彼女とニコラの関係は短い「不和」の期間をまたいで「約二年間」続いた。彼らカップルは「カード」にメッセージを書いて「やりとりしていた」。彼女の母親はニコラが品行方正であると主張し、婿に妻の交際を認めるよう説得につとめた。「彼女は彼が良心的な若者で、その義務に背くことなどできないと強調しながら、質問者をなだめ、件の交友関係を受け入れるよう促した」。

しかし、とくにフォレーナからの質問のひとつが一際目をひく。というのもこれらの質問事項全体がすでにそれとなく示してきたことをすっかり明るみに出してしまうものだからだ。つまり、ディオニジアが「ひととき」を過ごす「サロン」は付き添いの騎士《カヴァリエル・セルヴェンテ》が付き添う類のものだったということである。この質問にも彼女は「そう思わない」と答えることになる。だが、ここで重要な意味を持つのは、彼女の夫となったリヴォルノのマットレス製造業者は、貧しいというほどでなくとも身分の低い男だが、チチスベイズモの最も正統な規範に従って婚姻相手以外の付き添いを望む妻の欲求をきちんと表現しているという点である。

第十二項　このことについて質問者が頑固で、回答者である彼女は彼が譲歩しそうもないのを見ると、件のニコラ氏とは別れるが、ともかく外出の際に彼女に付き添う人物が欲しい、常に夫と外出するのは礼儀に反するのだから、と質問者に言った[77]。

この分厚い裁判記録の中で、ニコラ氏（もちろん彼も貴族ではない）はフォレーナ夫人のコンパーレだったとはどこにも記載されておらず、そうだった可能性はきわめて低い。それに、おそらく貴族のチチスベイズモからの影響を受けたと思われる庶民の習慣がコンパラティコの範囲でしか実現しないと考える理由もない。一方で、チチスベイズモの側にコンパラティコの習慣を取り込んだ可能性を示す、かなりはっきりした証拠が少なくともひとつある。そのような（注目に値すると思われる）取り込みの可能性があったことを明らかにして、本件の締めくくりとしたい。その証拠は、コンパーレ――この場合は「指輪のコンパーレ」――が最も典型的な付き添いの騎士《カヴァリエル・セルヴェンテ》に変質することに対して、一七九三年のウルビーノの司教区会議の教令の中に見出される。この教令はもちろん貴族階級のみに向けられたものではないことも補足しておかなければならない。

結婚式が終わるやいなや、本物の夫にもうひとりの夫（コンパーレ）が加わる。彼は義務として――と一般に言われている――、家の内でも外でも、女性が着替えたり、身体を洗ったり、髪をとかしたりしている間も、そして、劇場、舞踏会、パーティーだけでなく教会でも、常に彼女の側で奉仕する。(78)

ここまでの論述で散らばった手掛かりを集め、できるだけ体系的に提示するよう試みたが、そこから分かるのは、庶民階級においてチチスベイズモが確立したということではなく、貴族のギャラントリーの中でも最も人目を惹く習慣の形式的模倣が相当広まっていたということである。庶民階級については、貴族ほど既婚女性と男性的世界との関係の多様性についての調査が十分でないが、こうした特徴は看過できない。ともかく、このような文化的模倣は、チチスベイズモの社会的境界をめぐってさらなる問題を投げかける。それはチチスベイズモの存続と終焉との関連を含んでいるため解決しておかなければならない。ここからはその点について論じたい。問題は、チチスベイズモが（庶民の習慣において類似点を見出したり、影響を与えたりする以外に）異なる階層に属する男女間の婚外関係を組織し、規則化する役割を果たしたのかどうか、言い換えれば、社会的流動性を促す要素、あるいは少なくともその一助になったのかどうか、という点にある。

大前提として、ギャラントリーな関係に社会的不均衡があったかどうかという問題には、まだ議論の余地が残る。この問題はとくにモラリストたちによって取り上げられ、人を欺く退廃の元凶として常に非難されてきた。ドナドーニの例が役に立つだろう。既に紹介した「プラトニックな恋愛」に関する説教において、身分の低い者たちへのチチスベイズモの拡大について話したあと、コルノルディとは正反対の視点から、貧困を裕福な求愛者による女性の堕落の原因ととらえた。「ああ、知らない人はいないだろう、あいにくこれほど知れ渡っているのだから、今日では貧窮が金で動く助言役として不正を勧めていることを！　あの放縦な愛は、立派な邸宅の入り口では名声と品位に守られ乗り越えられない防壁をまだ時折見つけることがあるが、金で光り輝いた姿で庶民のあばら家の敷居に現われれば、最も気楽に入り込める」。実際には、付き添いの騎士《カヴァリエル・セルヴェンテ》の役割に結び付けられた敬意と付き添いの規則が（高貴な誘惑者が庶民の女性にアプローチするとき）ピカピカ光る硬貨を見せびらかすという素朴な行為と並んで重要な意味を持つ、といういささか楽観的な考えには多くの疑問が残る。カサノヴァの回顧録の膨大なページに耐えることができる読者なら、庶民の女性の身体に対する純粋に経済的な考えがどれほど繰り返し執拗に実行に移されたか、よく分かるだろう。そして、全体として、彼の同時代の貴族たちがこれらの女性たちにカサノヴァ以上の敬意を捧げたとは考えにくい。

　道徳的評価は別として、庶民の女性への貴族のチチスベオの奉仕を示すいかなる事例もない。反対に、こうした身分が不釣合いな関係を助長するのはコンパラティコであることは資料によって裏づけられる。とてもはっきりした例がまさにカサノヴァの回顧録にある。彼は一七六三年、ミラノで洗濯女ザノービアと関係を持ち、金銭を与えたのみならず、より強い拘束力を持つ取り決めを彼女に提案した。「将来の夫に、私をコンパーレ――［ここでは結婚に立ち会う指輪のコンパーレを意味する］――にすれば、結婚式の費用は私が払うと言いなさい」。この話は結婚式の話題で几帳面に繰り返される。カサノヴァは彼女を祝してこう言った。「私の大事なコマーレ、お前がきちんとしたところに身を落ち着けたのを見て私は嬉しい」[79]。洗濯女への多大な配慮（と言ってよければ）は実のところ極めて珍しいのだが、コンパラティコの形式的枠組みが恐らく散発的でない関係性は他にも存在する。一時的に成り立つカップルではなく、貴族やともかく地位のある男性と舞台に立つ女性との持続的な関係である。この場合、女性は正真正銘の庶民とは限らないが、その職業のために社会階層においては低い立場に置かれている。舞台に立つ女性に庇護者がいるのはよくあることだったが、ここで考慮すべきは、このような庇護関係において、その男性がコンパーレの役を引き受けるのが珍しくなかったという事実である。特殊な状況には違いないが、このような関係性については事実、かなりの証言が残っているので、目配りする価値があるだろう。

妻のラウラとロッティンジェル総監督官殿との三角関係の一員だったアントニオ・グレッピは、劇場と俳優たちに熱中していた。とくに振付師ガスパレ・アンジョリーニの妻テレーザ・フォリアッツィを贔屓にしていた。彼女はカウニッツ長官にも引き立てられており、ウィーン滞在中のグレッピに貴重な援助と情報をもたらしていた。グレッピは一七六二年、テレーザの息子の洗礼式に立ち会った。テレーザはその後数年間、彼に宛てた手紙の中で常に「いとも尊敬すべきコンパーレ伯爵様」あるいは「親愛なるコンパーレ様」と書いていた[80]。グレッピは彼の富と影響力を使って女優たちのキャリアを支えたので、彼の立場は同じ業界の男性たち、つまり俳優や興行師たちとほとんど変わらなかった。こうした人々の中にいたゴルドーニは品良く抑制されたスタイルで書かれた『回想録』*Mémoires* を残しているが、その中で、ある女性との関係を合法化するためのコンパラティコの利用について、かなりあからさまに述べている。ここで話題となっているのはアンジェラ・ボナルディという女優で、一七四三年、ゴルドーニはリミニで彼女の娘の洗礼式に立ち会っていた。老年になったゴルドーニは、無邪気な楽しみに耽った青年時代を振り返り、妻を懐かしく思い出している。「私は彼女と私の愉しみを共有していた。どこに行くのも一緒だった、コマーレのところだけは別にして。私がそこへ行くのを妨げなかったが、この女優のことは気に入らなかった。だが、他人の好みについてとやかく言うことはできない」[81]。

劇場のコンパラティコに関する最もつまびらかな証言はゴルドーニのライバルのひとりで保守派の貴族カルロ・ゴッツィによるものだった。一七八〇年に書かれた『徒なる回想録』*Memorie inutili* の約半分は女優テオドーラ・リッチのキャリアの――当然、純粋な、利益とは無関係の――支援に関する話題で占められている。彼女の夫は元本屋で、結核症で、研究熱心な俳優だった。彼らの結婚についてゴッツィ自身は「この上なく不釣合いで矛盾している」との評価を隠さなかった。テオドーラの他の愛人たち、また、その中のひとりピエラントニオ・グラタロルがヴェネツィアで引き起こした有名なスキャンダルについてはここでは取り上げない。注目したいのは、ゴッツィとの関係は、彼がリッチの娘の洗礼式に立ち会ったことにより、当初からコンパラティコの形をとっており、彼のコンパーレとしての役割が長く委曲を尽くした叙述において常に強調されていたという点である。例えば、若いライヴァルへの隠しきれない嫉妬を語るときには、

あの者は私にとっては何の価値もない、たとえすべての男がリッチと付き合ったとしても〔…〕なぜなら私は彼女に請われてコンパーレになったのだし、彼女が私の訪問や援助を得ようとしたのは、ひたすら劇団の中にいる彼女の多くの敵への防御壁と築くためだったのだから〔…〕私は彼女のコンパーレであり、友人であり、訪問者であり続けるだろう、彼女が欲深く人を欺くような浮気女にでも姿を変えないかぎり〔…〕そうなったときには、私は彼女の親しい友人であることもコンパーレであることも止め、彼女との付き合いから完全に遠ざかるつもりだ。

『徒なる回想録』では「サロン」とコンパラティコの関係は大層分かちがたいものだった。そのためゴッツィは、秘跡における代父《コンパーレ》として従わなければならないはずの教会法の定めに明らかに矛盾するのだが、ふたつの関係の結末が同時にもたらされることをいかにも当然の成り行きとして記している。「私が彼女の友人であり、コンパーレであり、親しい補佐役であり、仲間だった五年間で私は彼女が頭の軽い女だということを知

るにいたった」。そして、さらにあとで、テオドーラがしばらくのちに彼を咎める手紙を寄越し、そこに「コンパーレの称号」を用いていることに大げさに驚きを示した。あたかも洗礼式のときには強かった精神的親近感が愛情の終わりとともに消滅してしまったかのようだ。とはいえ、『回想録』では、リッチとの関係は「私の女友達との関係、および、その喜劇女優とのコンパラティコに関する話」というタイトルがついている。(82)

しかし、本来の意味でのチチスベオの奉仕が貴族階級以外に存在したかどうかという問題は、貴族よりわずかでも、はるかに離れている場合はもちろんのこと、下位の階級に属する女性を相手にする場合にのみ論じることができる。例えば裕福な実業家、有力市民、自由業、著名人など、やや時代を先取りして簡潔にいうならばブルジョワ階級と呼ぶことのできる環境である。その反対の例はなかった。貴婦人にとって社会的地位の低いチチスベオとの交際は身分の降格をもたらすものだった。たしかに長男ではない若いチチスベオとか司祭のチチスベオはいたが、前者の場合は貴族であることに変わりなく、後者の場合は少なくとも聖職者階級に属し、第三階級ではなかった。反対に男性貴族にとってブルジョワ階級の女性との交際は自らの名誉にとって深刻な懸念にはならなかった。しかし、その場合でも、チチスベイズモにつきもののギャラントリーな献身は障害にぶつかったり、人々の困惑を引き起こしたりした。

そのような関係の事例に不足はない。一七九五年——既に見たとおり——ルッカでフェルローニ神父からクレメンティーナ・ドゥッチーニに提示された非常に特殊な「チチスベアトゥーラに関する条文」を挙げるまでもなく。既に紹介したとおり、ヴェネツィア政府の異端諮問官に宛てた一七八一年のカサノヴァの密告には、一般市民アンドレア・サンフェルモの妻への「奉仕」をめぐるふたりの騎士、ミニオとレニエールのライヴァル関係が報告されている。その夫に向かってミニオは「お前と私の間にある違い」を思い出させた。これも既に紹介した事例だが、一七七七年、ミラノでピエトロ・ヴェッリの弟のひとりカルロがある「夫人」の「型どおりの奉仕」を始めたのだが、その夫人、エリザベッタ・ヴェダーニの夫は政府の官僚にすぎなかった。要するに、社会的障壁を乗り越えることが完全に排除されているわけではなかった。だが、いくつかの事例において男性貴族と女性市民との間でのチチスベイズモの言語・行動規範が受け入れられることが支持される一方、少なくとも同じくらい多くの事例が、そのような事態に対する無言の抵抗や露骨な嫌悪の存在を示唆する。

一七六〇年代後半、キエーティで文人侯爵ロムアルド・デ・スターリッヒと後に男爵となる豪商の妻ロザリア・ペトリーニを結びつけた「友情」は騎士が貴婦人に提供した奉仕に近いものだったようだ。だが、当時、友人に宛てた手紙の中でスターリッヒは彼女を「私のコマーレ」と呼んでいる。ミラノでは一七七〇年から十五年もの間、これと同じような性質のものに見える友情が貴族のピエール・セッコ・コンメーノと資産家市民の妻カロリーナ・ベルナガとの間で継続した。アントニオ・グレッピに宛てた何通もの手紙の中で、セッコは自身のことを付き添いの騎士《カヴァリエル・セルヴェンテ》とは言わなかった。一度だけ例外はあったが、それはカロリーナと別れたあと皮肉に混じりにそう言ったに過ぎない。むろん、彼の場合はまったく「型どおりの」奉仕ではなかった。セッコ自身が証言している――このことについては既に見てきたが――ように、ロッティンジェル監督官殿がオッリゴーニ公爵夫人に提供したようなものではなかったのである。ごくふつうの市民女性との関係にチチスベイズモの慇懃な、女性を喜ばせる作法を取り入れることの難しさは、一七八八年、やはりミラノでアントニオ・ヴィッラーニ侯爵と事務官ジョヴァンニ・レッタッジの間で争われた債務をめぐる裁判記録におけることば遣いの揺れからも垣間見える。前者がレッタッジの妻テレーザ・リッチの魅力に惑わされ騙されたと主張した裁判記録には彼らの関係が記されているが、そのことば遣いがきちんと統一されていないため、結果的にその関係は曖昧なままだった。あるときは「チチスベオの奉仕に基づく友情と表現され、またあるときは「アマジアート」amasiato〔恋愛〕と表現されたが、より頻繁に使われた「アマジアート」という古めかしいことばはプラウトゥスのラテン語にその起源があり、むろん、男性側の恭しい態度を示すものではない(83)。

マントヴァでは社会的不均衡があからさまに問題となった。一七八〇年代、カザーレ・モンフェッラート出身の若い侯爵レリオ・ダッラ・ヴァッレはマントヴァにいながら、故郷にいるかつての彼の教師で、教養豊かな司教座聖堂参事会員イニャツィオ・デ・ジョヴァンニとの手紙のやりとりを続けていた。レリオはマントヴァの貴族ではない女性ルイージャ・マランゴーニの付き添いの騎士《カヴァリエル・セルヴェンテ》をつとめていた。この関係によって、彼に非難が向けられるようになったことがデ・ジョヴァンニ宛ての手紙から窺える。一七八四年七月十七日の手紙にそうした非難に対する不満がまさに吐き出されている。

　マッツェッティ伯爵夫人は私の振る舞いを誤解したか、あるいは白々しい嘘をついています（その両方かもしれません）。私は市民女性のもとに通っていますが、それはこの辺りでは珍しいことではありませんし、同様に我々貴族階級の女神たちが市民や公証人や書記はおろか馬丁や御者とさえ恋愛しているところを目にすることもあります。ジョヴァンニ・アッリヴァベーネ伯爵は礼儀正しい若者ですが、市民女性と交際しています。宮廷侍従を勤め、皆に好意的に思われているゴルドーニ伯爵も同様です。聖バルバラの長で、貴族全員から敬愛されている騎士のソルディ猊下も市民女性に奉仕しています。賞賛には値しないその他大勢についても言うまでもありません。

これまで述べてきたことを明らかに否定するこの手紙は、レリオの弁明である点を考慮して理解されなければならない。彼は同じ手紙で続けてこう述べる。「私の交際相手の出自は旧家で、多くの貴族よりも由緒正しい家柄です。その夫は比較的新しい家柄の出身ですが、彼らは立派な家と馬を持ち、然るべききちんとした生活をし、いかなる汚れた行為にも染まっていません」。レリオは父親の死後、その態度がすっかり変わってしまったことで非難を受けていた。彼自身の弁解から推測できるのは、マッツェッティ伯爵夫人をはじめとする人々の叱責の焦点が、ブルジョワ階級の女性への奉仕によって、通常の義務とされるマントヴァ貴族の社交生活から遠ざかっていることに向けられていた、という事態である。

私が貴族の集まりに決して顔を出さないというのも同様に偽りです。私が他人の家々を訪問して歩くより、常にひとりでいるほうを好んでいたとはいえ、どうか信じて頂きたいのですが、この交際をはじめてから、社交上の義務と呼ばれる厄介事をすべて勤勉に果たそうと努力してきました。それも、私が生まれた階級にとどまることを放棄したと見なされないようするためにです。

このように、彼と市民女性とのチチスベイズモの関係を貴族階級への裏切りとして大げさにとらえる人々の非難に対し、若い侯爵は彼と似たような事例を申し立てるだけでなく、庶民と貴族女性との接触という禁忌《タブー》さえ諷刺している。事実、この手紙とそこに記された出来事は、チチスベイズモの軽やかで社交的なのびやかさとは正反対の性格を示している。ダッラ・ヴァッレは十年後、同じ文通相手に同じ話題について論じた。マランゴーニ夫人への奉仕の継続のために、貴婦人と結婚しようとする彼の目論見が困難になってしまい、少なからず意気消沈している。一七九五年十二月十日の手紙では、冒頭、以前からの彼の主張を繰り返し、やがてフランス革命がもたらした結果ついての言及に至る。「先生やカザーレの人々にとって衝撃だったことのひとつは、その関係者が貴婦人ではなかったということでもあるでしょう。それはここでは特別なことではありません。貴族と市民がともにサロンに集うことは我々のところよりも頻繁にあるのですから。それに偶然にも、近頃では大して悪いことではなくなりました。というのもほとんどの貴族のほとんどはそれほど威張らなくなったので」。だが、そのあとで、彼の交際の重みや解消不可能であるという印象をできるだけ抑え、ひいては世間的に認知されることすら最小限に止めようと躍起になっている。

この特殊な話題について話しているところですから、先生にとっても私にとっても納得の行くようにもう少しこの話題を続けるほうがいいでしょう。今年のカーニヴァルに私はいつもの夫人をあまり頻繁にではありませんが劇場にお連れする予定です。昨年のカーニヴァルのすぐあと、例年のごとく礼儀に従って、私のボックス席を彼女ともう一人の御婦人に譲ったのでなおさらです。この奉仕はずいぶん前から行っているもので、人々はそれをごく普通の好意としか見なさないでしょう。そうこうするうちに他の事情も生じ、劇場シーズンが終われば、公の場で会う必要はなくなるでしょう。まして、私が結婚すればそうしなければならないのだとすればですが、夫となればなおさら私は妻のものであり、他の女性のものではなくなるでしょう。ですから、私が言ったとおり、誰もそのことで私について不満を言うことはできないでしょう。[84]

ダッラ・ヴァッレ侯爵は彼と同じ階級の人々の意見を尊重しなければならなかった。一方で、貴族の軽蔑的排他主義を映す鏡として、ブルジョワ階級に属する男性たちが（そして彼らの妻たちも）こぞって、高貴で熱心な付き添いの騎士《カヴァリエル・セルヴェンテ》の威信によって自らの家に箔をつけようとする欲望にとらわれていたと考えるべきではない。いずれにせよ、その貴族が礼儀になかった任務のすべてを以て、件の称号を得ようとしたことには変わりないが。先ほど紹介した夫婦の間にも、抑制のない自由はなかった。セッコ・コンネーノはかつて、彼の女友達の夫であるカルロ・ロンツォーニについてこう記した。「十年経っても、彼の仲介なく妻が男友達と一緒に外出することにいまだ納得していない」[85]。チチスベイズモの観察者たちによる数多くの見解からブルジョワ階級に関して明らかに一貫して読み取れる事実は、結局のところ、彼らがチチスベイズモの実践に巻き込まれることも、また、庶民に比べ、それを模倣することもあまりなかったということである。すでに紹介した旅行者たちの中でもラ・ランドはヴェネツィアについて「身分の高い女性たちに認められていた自由は［…］中級階級には広まっていなかった。というのもヴェネツィアの市民階級の女性たちは専ら家の中で過ごし、チチスベオともクラブとも無縁だったから」と書いている。リシャールもジェノヴァ、ナポリ、ローマに関して同じ意見を繰り返しているが、その中でブルジョワ階級特有の倫理観を髣髴とさせる古風な表現を用いて彼らを「道徳的慎み、知性、勤勉さがより深く根付いている」階級と定義する[86]。

ゴルドーニの芝居の大半はブルジョワ的慎みを確たる土台としてつくられたものだったが、その慎みと貴族的サロンの習慣との相互作用をテーマにした喜劇がひとつある。一七五〇年初演の「意固地な女たち」*Le femmine puntigliose* では、実業家フロリンドの妻で野心的なロザウラは、商業都市カステッラマーレに帰る前に、パレルモ貴族のサロンに入ることを許されたいと願っていた（初演時には、舞台はより現実的にリヴォルノとフィレンツェに設定されていた）。その願いの実現のために、お金を多く使うだけでなく、貴婦人たちのチチスベオに助力を願い、貴婦人に様々な耐え難いほどの恭順を示すことを余儀なくされた。賢明なパンタローネが介入し、ブルジョワ夫婦に節度をもって振舞い、故郷の同じ階級の人々の中に戻るよう説得しなかったら、事態は一層悪くなっていたかもしれない。パンタローネの中心的役割、そして彼が騎士のひとりに向けた反フェミニズム・反チチスベイズモ的説教（第二幕、第十四場）は、サロンに批判的だった初期の、より保守的なゴルドーニの態度を反映している。とはいえ、貴族や商人のそれぞれ異なる生活様式の描写は御座なりではない。喜劇の終わりには倫理的・社会的秩序の回復が示される。そしてパンタローネの相方オッターヴィオ伯爵が階級の分離について明快な理論を述べる。「誰もが互いに尊敬し合える相手と交際すべきである。だが、自身の分際を乗り越えようと野心を抱くべきではない[87]」。ゴルドーニは彼の観客の中でももっとも有力な人々の心を宥めようとする一方、異なる階級における習慣の違いを提示した。その違いは形式化されていたが、現実のものとして訴えかける力を持っていた。そのうえゴルドーニは、ブルジョワ的態度の尊厳への認識を隠そうとはしなかった。

　このことは、これまで行ってきた分析に対する確かな裏づけとなるだろう。チチスベイズモは自らの領域の外側にまったく影響を与えなかったわけではないが、純粋に貴族的な現象に留まり、アンシャン・レジームの比較的堅固な社会構造から分かち難いものだった。よって当然、他の階層との融合がチチスベイズモの危機の決定的要因となり得る。そのことについては最終章で取り上げる。だが、その前に、付き添いの騎士《カヴァリエル・セルヴェンテ》によって生じた三角関係（あるいは多角関係）のモデルに潜む性愛の問題についても詳しく取り組みたい。

V　性愛

5・1　チチスベオと愛人

この椅子（図版13）を注意深く観察してみよう。この〈セッティー〉*settee* を十八世紀はじめにつくられたウィンザーチェアのヴァリエーションだと指摘したのはホレス・マンの手紙の注釈者たちだった。この椅子についてマンは二度、友人のウォルポールに語っている。一七四三年十一月十二日には、「私はウィンザーチェアの見本を注文する手紙をイギリスに送った。幅が二倍で仕切りの肘掛がないものを頼んだ。というのも、知ってのとおり、真ん中に肘掛があると、〈チチスベアトゥーラ〉*cicisbeatura* の規則の妨げになるのだから。私はそれらの椅子を庭において客人のもてなしに使うつもりだ」。一七四四年七月二日、「絡まる植物の蔓と葉っぱで覆われた杭にぶら下げられたランプの評判、そして、ここでは〈チチスベアトーイ〉*cicisbeatoji* と呼ばれている新しいダブルチェアのおかげで、私は話題の人物となった[1]」。〈セッティー〉を敢えて訳せばソファーということになる。だが、小さな肘掛椅子、安楽椅子、ソファー、その他、性的な行為に適したあらゆる家具をとり揃えていた最も放縦な十八世紀のフランス文学の作者たちや愛好者たちは、このような固くて座り心地の悪い現場に失笑したことだろう。我々のテーマのもっともきわどい局面に取り組む前に再確認しよう。真ん中の肘掛を外すというマンの悪意ある指摘にもかかわらず、付き添いの騎士《カヴァリエル・セルヴェンテ》が加わったサロンは本来、礼儀正しく落ち着いた雰囲気の中で開かれ、男女がそれぞれ〈セッティー〉の両端に腕を動かさず背筋を伸ばして座っているイメージのほうがむしろ相応しいものだった。

　このようにチチスベイズモが本来、節度ある習慣だと言えるのは、前章の結論として挙げたとおり、チチスベイズモには排他的傾向が認められるからだ。付き添いの騎士《カヴァリエル・セルヴェンテ》は貴族だけがなることができ、その役割に相応しい振舞いができるのは貴族だけだった。十七世紀から十八世紀にかけて、文学では貴族に特徴的な振る舞いとして自己抑制という概念が発展した。その明らかな証拠のひとつとして挙げられるのは――既に本書でも見てきたとおり――貴族の生活に欠かせない危険な賭博への抗いがたい情熱だった。賭博では彼らだけが勇敢な祖先から受け継いだ不動の平常心と勇気ある態度で莫大な損失を受け入れることができた。[2] 同じように彼らだけが、英雄たちや伝説の騎士たちのごとく、彼らの名誉に相応しい、汚れなく恭順な態度をもって純粋に貴婦人に奉仕することができた。チチスベイズモの実践にはそのようなイデオロギー的枠組みがあったことを無視してはならない。庶民のコンパーレたちの世界では色欲へのいかなる抑制も期待できなかったとしても、騎士と貴婦人の至高の道徳的社交生活では、最も下等な動物的衝動をコントロールする姿勢が排除されないどころか、むしろ期待されていた。この問題は根本的な重要性を抱えている。本書ではこれまで、女性を夫以外の男性の付き添いに委ねる習慣を助長する文化的・社会的・政治的理由を研究してきた。だが、そのような習慣が招きうる結果を見逃すリスクを冒してはならない。したがって、本章ではチチスベイズモに関する論述全体から仄めかされ続けてきた側面に真っ向から取り組む。つまり、チチスベオたちの性的な行為に関する理論と、できる限り、その現実について検証を試みる。
チチスベイズモの祖先、あるいは直接の先輩として、宮廷ふう恋愛における由緒ある騎士道の伝統に言及した例は、文人ジュゼッペ・バレッティの『イタリアのマナーと習慣に関する報告』*An account of manners and customs of Italy* に見られる。この書は、あるイギリス人作家に反駁するため、一七六八年、ロンドンで出版された。バレッティはひとつの章を丸ごとこの話題に捧げている。彼の説明によれば、チチスベイズモは完全に純粋なもので、ギャラントリーで放縦な新しい世俗性とは全く結びつかないものだった。

貴婦人に敬愛の情を示す習慣はイタリアではかなり古くから存在した。ごく最近我々の生活に入ってきたものではない［…］このような精神は、騎士道の時代にまで遡ることができ、プラトン哲学の復活によって十三世紀に至高のレヴェルに押し上げられた。さらに我々の大学や文学アカデミーにおいて洗練され、長い間、人々の習慣の一部となり、ある種の上品さを自らの誇りとする人々は皆、とくに南イタリアでは、その習慣に従っている。フランチェスコ・ペトラルカの有名な詩からもその一例が挙げられる。ペトラルカは美しいラウラに抱いた優しく純粋な感情によって、数世紀にわたってイタリア人に最も愛される詩人であり続けている［…］チチスベオ、チチスベアという語彙は侮辱的ではない。貴婦人に対して無礼ではなかろうかと懸念することなく、いつだって彼女のチチスベオの様子を尋ねることができる。男性に対して彼のチチスベアについて尋ねることも同様である。「奥様、あなたのチチスベオはどうしていますか？」とか「あなたのチチスベアとはいかがですか？」という具合に。これらの呼称が侮辱の響きを持っていたとしたら、イタリア人がかくも頻繁にそれを使うことなど想像もできないだろう。(3)

遠ざかっているために鋭くなった祖国愛のせいで、バレッティの歴史的・言語的記述はいささか混乱しており、反宗教改革がイタリア人の道徳観に影響を与えた二世紀については大雑把に省略してしまっている。実際には中世の騎士と十八世紀のチチスベオの間には、後者を単純に前者の後継者とするにはあまりにも多くのことがあり過ぎた。だが、チチスベイズモの精神と規範としてプラトニックな恋愛を想定すること自体はまったくばかげたことでもない。ただし、はるか遠い中世の騎士道ではなく、近代ヨーロッパ貴族の文明化の過程から生じた結果として見るならば、ということだが。貴族たちは、少なくとも部分的には、彼らの君主に従い、暴力的衝動を静め、宮廷や社会に相応しい礼儀作法を身につけること、要するに本能の抑圧の成果として好ましい立居振舞を実践せざるを得なかった。性的な禁欲——いうまでもないが、等しい階級間での——はこのようなプロセスの中で最優先の項目だった。本書で既に何度も引用しているジュゼッペ・コンパニョーニは、男女間の社交生活に基づく風俗の洗練化の立役者としてチチスベオを擁護していたが、その彼が貴婦人と騎士との関係がプラトニックな性質のものであると主張するのももっともだった。彼は「我々ふたりが一緒に散歩に出掛けるときは」と自身の貴婦人に説明するふりをしながらこう述べる。「皆、私があなたのご機嫌を取っているとしか言わないでしょう。あなたの夫は誰かがあなたを愛することを許さないでしょう。だが、あなたの夫は誠実な男性があなたに奉仕することまでは拒まないでしょう。ですから、私が思うに、ギャラントリーとは、野心と同じように、洗練された社会から人為的に生まれた情熱ではないでしょうか。そして、この愛の亡霊と関連付けて、人々が勝手に節操や不誠実さについて語ることなどできるのでしょうか」(4)。

この付き添いの騎士《カヴァリエル・セルヴェンテ》の罪のない純粋さのイメージには、さほど敬意が込められていない場合もある。最も望ましい喜びを最初から諦めなければならないことが常に賞賛されるわけでも、また賞賛だけを呼ぶわけでもなかったのだから。プラトニックな恋愛理論にはコンパニョーニやバレッティとは異なる動機を持った追随者たちがいた。何人かの外国人旅行者たちによれば、チチスベイズモは性的交わりのない現象だった。だがそれは貴族たちが欲望を抑えるという例外的な資質に恵まれていたからではなく、チチスベオが具体的なことは何もできないからだった。本書で既に見たとおり、ボッロメーオ伯爵夫人への奉仕に従事したモンテスキューにとって、チチスベオたちは事実あまりにも愚かだった。「私はチチスベオたちについて語っていなかった。それは愚かな人々が考え得る最も滑稽なものである。彼らは希望の持てない恋人たちであり、彼らの選んだ貴婦人のために自由を捧げる犠牲者たちである。要するに遍歴の騎士以降、チチスベオ以上に愚かな者はない」。イギリス人ジョン・ムーアから見れば、チチスベオたちは軟弱すぎた。「私の人生で、身体においても精神においてもこれほどぴったり作られた男性たちを見たことがない。彼らが親密に付き添う女性たちの名誉を守るという目的に」。ドイツ人ペルニッツによれば彼らは疲れ過ぎていた。「彼らは貴婦人を決して放っておかず、なんとか彼女らのご機嫌を取ろうとしている。彼らの愛する女性の乗った輿の脇で忙しなく馬を駆けさせなければならず、そうした懸命の努力の見返りとして、やっと恋人に眼差しを向けてもらうことができる」(5)。

こうしてみると、チチスベイズモをプラトニックな関係と考える多種多様な流派が、正反対の意見で一致団結した流派とどれほど対立していたかを知っても誰も驚かないだろう。後者の流派を指揮するのは、色欲に関して、貴族と庶民の区別がきちんとできていないカトリックのモラリストたちだった。貴族たちはより優れた家柄に属しているにもかかわらず、彼らとて人類の原罪から免れているわけではなく、その中でも色欲への抗いがたさは最も矯正しにくいものだった。この点については、本書では既にギャラントリー一般をめぐる宗教家たちの立場に触れながらざっと指摘した。ここでは彼らが不義を予見して抱く強迫観念について述べておくべきだろう。ダル・ポルティコは貴族について「彼らの血管を流れる血と立派な教育が、ある種の汚らわしさに対する恐れを彼らに吹き込み、それ故、彼らがそれらの汚らわしさに屈することは有り得ないどころか不可能である」と考えていた。しかし、彼は十四世紀の偉大な法学者バルドゥス・デ・ウバルディスが別の文脈で表明した推定有罪の原則を引用している。「バルドゥスの次のようなことばは大変よく知られている［…］vir alloquens mulierem solam, non praesumitur dicere Pater Noster」。このことばをロンカーリアは「若い既婚女性が親しい異性と二人だけで部屋にいる」事態を例に挙げ、「ある男性とある女性がそのようにしていると、人々は彼らが主の祈りを捧げているとは思わない」と説明を交えて訳した(6)。

すでに紹介したモラリストのひとりコスタンティーニは、あるチチスベオに朝の化粧室から始まる貴婦人との親しい交際に潜む危険を思い出させるという設定で、その詳細を語り、未熟な者たちに有益な助言を与えた。

彼女の着替えに手を貸しなさい。そのときあなたが何も見ないように眼を閉じるところが私には想像できます［…］つづいて彼女が髪を整えるときには、鏡を差し出し支えなさい。その間、彼女の瞳があなたの鏡となるでしょう。あなたが目を伏せているところが私には想像できます、彼女の顔立ちがあなたの想像の中に刻まれないように［…］胴が十分締められていません。小間使いの手伝いが必要です。彼女が紐を縛る間、手で貴婦人の腰を締め付けておかなければなりません。別の状況だったら、この動作は貴婦人を抱きしめることになりますが、この場合は純粋な奉仕のひとつです。履物がきちんと整えられていません。騎士たるもの靴職人の役目も果たせなくてはなりません。床に方膝をついて、もう一方の膝には貴婦人の脚をのせ、太腿の上で彼女の胴を支え、脇腹とひじで彼女を抱きしめ、ほら、そうすると目的に上手く行きます(7)。

これ以上、引用しなくてもいいだろう。有罪支持派はカトリックの保守主義者だけに留まらない。外国人旅行者によって表明された無罪支持の見解の中でも、その趣旨はまったく異なるものがいくつもある。序論で取り上げた十九世紀はじめのシスモンディによる大変厳しい見解の背後には、チチスベイズモによってイタリア貴族の間に広まった放埒に関する一世紀分の証言（あるものはそれを歓迎したが、多くの場合、その習慣に憤慨していた）があった。これらについても必要以上に立ち止まらないように、イギリス人医師サミュエル・シャープの見解を挙げるに止める。この見解は、とくにプラトニックな恋愛に関するバレッティの弁明のきっかけとなった。シャープは一七六五年から一七六六年にかけてイタリアを旅行し、そこから少なくともネガティヴな印象を受けた。彼の『イタリアからの手紙』*Letters from Italy* はイタリア人（および都市、宗教、モラル、文化と社交生活）について外国人が書いたものとしては最も敵対的なテクストである。付き添いの騎士《カヴァリエル・セルヴェンテ》の習慣に関する最も詳細な論述は一七六五年十一月のナポリで書かれた。これについては南イタリアにおけるチチスベイズモについて論じた個所で既に触れたが、論述全体はイタリア全土に係わるものなので、ここで再び、より長く引用する価値がある。

> イギリスでは多くの人々がチチスベオのことを一般に無垢でドン・ジョヴァンニのようなものだと信じていますが、それは完全に間違っています。見たところ、女性たちが彼女らのチチスベオたちとの関係において保つ純潔は夫婦間の場合に比べて大きいとはいえないようです。それどころか、一般的には、純潔は保たれません。女性たちのうちの半数のみがこの習慣に従っているとすれば、残りの半数の女性たちは自身にそれを軽蔑する資格があると思っています。だが、実のところ、他の女性の悪い振舞いを非難できる女性はほとんどいません。もし、非難できるとすれば、その女性にはチチスベオがいないか、

チチスベオといても潔白であるかのどちらかですが、そのような女性たちはあの世で然るべく報われるでしょうし、あるいは彼女らの徳こそがその報いなのでしょう。というのも、ここでは誰も彼女らの貞節を信じておりませんし、それが可能だとも思っていないからです。むしろ、人々がそれを滑稽とすら見なすほど、その類の不道徳は罪のない、礼儀に適ったものだと考えられているのです。(8)

ご覧のとおり、極端から極端への移動は容易である。シャープの辛辣な批判はバレッティの反応を引き起こしただけではなかった。シャープと同時期の二年間をイタリアで過ごしたフランス人ラ・ランドは、シャープの批判を恨みのこもった誇張だと見なして抗議した。「これらの誇張、というよりも罵詈雑言はすべて、イギリスの外に足を踏み出すや否や何も良いことにめぐり遭えずに病んだ男の黒い妬みから生じたものだ」。これに続く記述によってラ・ランドは無罪支持派と見なされる。だが、長い旅行記の別の個所で、彼はどちらかというと寛大であることを自認しつつ、より詳しい考察を展開する。

ここではチチスベオたちのサロンに大層な慎ましさがあるといわれている。彼らの変わらぬ熱心さ――人々の言うところによれば――は礼儀上、そして社交上の習慣でしかなく、彼らがそれ以上の要求を申し立てることはない〔…〕一方、絶えず交際を続けていれば、いずれ必然的に誘惑につながると外国人たちは思い込んでいる。彼らは、様々な国の風俗に根ざした習慣の違いの大きさを考慮していない。たしかなのは、イタリアでは儀礼的なチチスベオと恋愛対象のチチスベオはしっかりと区別されているということだ。後者はしばしば夫の反感を買う。何か問題を起こせば、その振る舞いが注視され、その役割は最小限に制限される。(9)

二つのタイプのチチスベオの区別がはっきりと認められていたという点は別にしても、ラ・ランドの考察は、風俗習慣の実態や性格の多様性について良識ある慎重な態度をとるにはまだ至らないが、その必要性を示唆しているという点で優れている。ここまで集めてきたいくつもの観察をまとめると、個人的にチチスベイズモとは係わりを持たなかった多くの旅行者たち（文学者たちは言うまでもなく）がその性的な要素に多いに好奇心、場合によっては妄想を抱いていたのは不思議ではない。彼らが、その定義からして不完全で疑わしい答えしか想定できないデリケートな問い、即ち、誰が誰と、いつ、どのように、なぜ恋愛しているのかという問いに対する唯一絶対の答えを知っていると自惚れるのは奇妙である。実際には、チチスベオとチチスベアの関係に性愛が絡んでいるかどうかという問いに対して唯一可能な答えは、シャープとバレッティの見解の間にある。

しかし、この問題の含意とその余波の持つ重要性ゆえに、慎重な不可知論を以て解決とするだけでは不十分だ。チチスベイズモの公的な理由が社交生活での付き添いだったとはいえ、その奉仕が貴婦人と騎士の間に互いへの「共感」を生む可能性——この点はチチスベオの選択方法について考察しながら既に見てきたが——は無言のうちに軽視されてきた。このような事態がいつも起こったわけではないだろうが、少なくとも何度か、そう頻繁でないとしても起こっていたのは確かだ。どのような共感が芽生えたのか？　直接そうした現象に巻き込まれた男女が我々に残した記録、チチスベイズモが性的な要素以上に十八世紀のイタリアの社会や生活の様々な側面に関わっていたことを我々に示してくれた記録の数々が、秘められた情報を開示してくれる。それらの記録が我々にこれほどデリケートなことを打ち明ける意図を以て書かれたのではないという事実を慎重に考慮するならば。

したがって、マンやカンプルドンがもたらした一連の情報を除いて——これらは性的関係についての情報が過多あるいは過少なので——、これまで紹介した貴婦人と騎士のカップルの間で最もしっかり記録されたテクストを恋愛に関する要素に的を絞って再点検するしかない。これらの事例の大部分において既に話題にした出来事を繰り返すのは控えたい。この件に関する私の判断材料を多かれ少なかれそのまま読者が利用することによって、その自発的な反応が影響を受けることを避けるためである。このような方針のもと、これから取り上げるのは、ファッレッティ・ディ・プリエーロ公爵夫人へのヴィットリオ・アルフィエーリによる反抗的だが熱心な奉仕、バーニ・ディ・ルッカからジェノヴァへ帰るチッケッタ・ブリニョーレに関する噂にいささか動揺している若く憔悴したパレート、そして、手紙を通して当事者たちの関係性の詳細な再構築を試みた三組、即ち、ラウラ・グレッピに対する心気症のロッティンジェルの奉仕、カッティーナから敬意を受けたジュスティニアンの奉仕、キアラ・ガルツォーニがその援助を大いに頼みにしていたフランチェスコ・マッツァローザの奉仕である。さらに、本書でも度々触れてきたが、まだ読者には調査結果をすべて紹介していないふたつの事例、ミラノのピエトロ・ヴェッリとマッダレーナ・ベッカリーア・イジンバルディの関係、およびルッカのコスタンティーノ・デ・ノービリとルイーザ・パルマ・マンシの関係についてもここで詳細に検証したい。

マッダレーナ・ベッカリーアとの関係について、ピエトロ・ヴェッリはローマにいる弟のアレッサンドロとの往復書簡で、親しい男性同士が示し得る限りの率直さで伝えている。時代や階級的因習の名残と文学的脚色に彩られた文体に透けて見える彼らの率直さから真っ先に伝わってくるのは、チチスベイズモのギャラントリーの舞台の上に溢れる愛情である。ヴェッリ兄弟の数多くの長い手紙（残念ながら、本書では最小限しか引用できないが）の調査から確認できた最も重要な点は、騎士と貴婦人の絆は、実に一般の男女間の物語に見られる豊かで複雑な展開のすべてを併せ持つという事実である。だが、あらゆることが背景から切り離され、性的な関係性の有無に対する好奇心へと転換されてしまえば、この点についてはほとんど理解されないだろう。まだ独身だった三十八歳のピエトロが、二十五歳のジュリオ・チェーザレ・イジンバルディと結婚したばかりで既に妊娠中だった二十歳のマッダレーナに奉仕を始めたのは一七六六年の終わり頃だった。奉仕はすぐに、世慣れた大人の男性がしばしば率直に愛という名で定義するのをためらう互いの感情に満たされる。一七六七年六月十三日、自らを三人称でこう記している。「ピエトロが八ヶ月後には、たった一つの対象に身を捧げ、後ろめたさを感じるほど誠実で、すっかり恋をしていると信じられるだろうか？」。八月二十二日、「すべては眠り、たった一つの感情だけが支配する、それというのも、その感情は二人を同じように支配するからだ」。九月十六日、「親愛なるアレッサンドロ、私は人生でかつてないほどの愛を抱いている」。愛情が芽生え、大きくなっていたこの段階で、マッダレーナもまたあふれるような感情を吐露した。その感情には、とりわけ激しく、過去にまで遡る独占欲が含まれていた。要するに、双方向の愛の情熱を燃え上がらせるのに何も不足はなかった。一七六七年九月十九日、

> 私はさまざまな性格の女性を知り、愛したが、私の幸福、即ちC〔イタリア語で「若い伯爵夫人」を意味するContessinaの頭文字〕ほど激しい人を見たことがない。彼女の前で、私のかつての女友達の名前を口にするだけで憤り、軽蔑し、不機嫌になり、激しい口論となる〔…〕今晩は私も不機嫌なのだが、なぜだか分かるだろうか？　今日、彼女と散歩に出掛けたとき、ブリオスキ夫人が通りかかり、私に挨拶をしたので、私もそれに答えた。それだけのことだった。すると嫉妬の嵐が襲ってきて、私は最悪の晩を過ごした。だが、あの愛すべき人が私に与える良いことの数々が、彼女によって私にもたらされた焼付くような苦しみを忘れさせる。私は愛され

ている、私の心がそれを必要とするように、つまり、熱烈に愛されている。私は激しく愛する。心、精神、徳、寛大さ、魂の力、すべてがあの私の慰めの中にある。彼女は感情をごまかさず、虚栄心を持たない珍しい人物だ。

それ自体不穏な関係は、マッダレーナの夫の振舞い——このことも既に触れたとおり——によってさらに複雑になる。ピエトロは手紙の中でこの夫を「愚か者」と称し、精神的に不安定で、その行動は予測不能、そして獣のように嫉妬深い若者と記した。一年半の間、このことが恋人たちの交際にとって最も重要な問題だった。一七六九年のはじめには、イジンバルディはより穏やかな態度をとるようになり、恐らく、そのおかげで妻と付き添いの騎士《カヴァリエル・セルヴェンテ》の関係が比較的習慣的なものに落ち着いていた。一月二十八日、「愚か者の様子が変わって、もはや一年前の彼とは別人のようだ」。二月二十二日、「私は三日前から風邪で少し具合が悪いが、愛しいマッダレーナに会わずにはいられないので外出する。私は彼女に益々惹かれている。これまでの人生でこのような気持ちを味わったことは一度もない」。しかし間もなく、寛容で激しい——「善良で愛すべき野生的な」——マッダレーナの気性を婚姻外の枠組みにおいてコントロールすることのむずかしさが、愛のほとぼりが自然に冷めてゆくのと並行して、ピエトロの情熱を消耗させた。一七六九年五月二十四日、「最もくだらない妄想が不機嫌と苦悩の嵐を呼ぶ。ほとんどいつも証言者がいて、それは愚か者か、父上か、母上なのだ。最も感じやすい部分を痛めつけられた私は、他人の怒りの衝動が当然のことであるよう見せかけるために、息をひそめるか、言い訳を考えることしかない。苦すぎる口論とまともに話せない状況にはもう耐えられない！」。一七六九年九月二十三日、「状況が変わらず、私という存在に対する遠慮や思いやりが生まれないなら、私の感情は少しずつ弱っていくだろう。本当にもう耐えられないのだ」。

一年後、彼の苛立ちから関係解消の意志だけでなく、愛する女性への不満がはじめて透けて見える。一七七〇年八月一日、「私のマッダレーナはいまだにストラデッラにいる［…］私はこの孤独の中でほっとしているようだ。彼女が帰ってくれれば、恐らくこのようには思わないだろう。だが、お前には私の心の内をそのまま説明しよう。私は彼女ほど軽薄さから程遠く、人に媚びず、誠実で自由な心の持ち主を知らない。だが、彼女はほとんどいつもその時々の感情に応じて振舞う。これは恐ろしいことなのだ。私はここ数年、彼女がより教養を身につけることを願っていたのだが、ことば遣いに至るまで、私の望む方向とは異なる態度を保ったままだ」。それは間違いなく終わりの兆しだった。愛の関係がさらに五年間、下降線を描きながら続くのだとしても。彼の恋人が全力で反対したウィーン旅行から帰ってくると、一七七一年十月二日、ピエトロは弟に「マッダレーナの傍にいられることにこの上ない喜び」を感じると書き送った。翌年、一七七二年六月十七日、彼らの結びつきが「続く」ことを確信すると述べている。一七七三年の春、マッダレーナの母親が生死にかかわる病に倒れたときにはまだ、彼女が示した子としての絶対的な献身に対して率直な賞賛を表明する余裕があった。だが、その年の終わりには関係は危機的状況を迎え、もはや修復しがたい様相を呈していた。両者の側にそれをはっきりと示すような兆候が現われ始めていたせいもある。一七七三年十二月二十五日、「Mに対する私の気持ちはいささか冷めてしまった。七年経って、我々は振り出しに戻った。彼女が穏やかで威厳に満ちた方法に決して従わなかったこと、夫とともに愚かさや辛辣な態度を極限までエスカレートさせたこと、彼の面前でも誤解に基づく嫉妬の衝動を抑えられないこと、これらのことが惨めで不安定な人生を永続させる［…］別のところから、私は彼女の気持ちが別の人物に傾いていることを知った。彼女はそれを知られていないと信じている。というのも、とくに目を惹くような人物ではないので。私は無関心を装っているが、少しずつ手の内を明かすつもりだ」。

こう書いたときにはピエトロは既に別の女性への新たな愛を育んでいた。その愛は――あとで見るとおり――生活を一新し、結婚への決断に彼を導くことになる。だが、マッダレーナとの関係の解消は、もはやその呼び方ひとつとってもほぼ明白だったが、長引く困難なものだった。一七七四年一月十二日、「イジンバルディ夫人のことだが、私が彼女に対していかなる説明をせずとも、彼女は私を理解し、不誠実な糸をすべて断ち切ったようだ。私にはもはや情熱は残っていなかったが、習慣、無気力、噂話の種になることを避けたいという気持ちが私を元の場所に留めさせていた」。さらに一七七五年八月九日、彼をしばしば独り町に「見捨て」て彼女が別荘に長逗留するという新たな不愉快に言及している。「今では私の情熱は失せ、心が空っぽなのを感じる。時々、結婚したらどうかと考えている。イジンバルディ夫人は二ヶ月まえから別荘に滞在しており、帰ってくる様子はない」。つづく八月三十日にはとうとう「穏やかな伴侶」を必要としていることを弟に告白したあと、結論として、「だが、このことは女友達の別荘滞在から生じたのだと思わないで欲しい。彼女にはもう何の感情も残っておらず、あるのはただ習慣のみだ。彼女を尊敬しており、そのことに何の悔いもない。だが、彼女の徳そのものが、他の何よりも彼女の身分に相応しい義務を優先させるよう彼女を仕向け、私たちの関係を徐々に穏やかな友情へと変えたのだ」。

ピエトロの結婚計画の知らせに、マッダレーナが彼女らしく激しい調子で反応し、一時だけ情熱の息吹が甦ったときには、彼らの関係にはまだ最後の炎が残っていた。一七七五年十一月二十二日、

私は彼女に書いた、結婚しようと考えていること、そうした状況に迫られていること、そして、最も鮮やかな彼女の美徳の思い出と、最も深い友情をどのようなときでも失うことはないだろう、と。昨日、私は心が引き裂かれるような六枚の返信を受け取った〔…〕彼女は私の手紙を送り返したが、その理由は、

彼女のもとに彼女の死の理由を説明するものを残しておかないようにするため、ということだった。彼女は私の花嫁（彼女はそれが誰なのかは知らない）の侍女になることさえ望んだ。結局、私の心はきつく締め付けられた［…］もし私が自由ならば、私がかつて愛し、今も愛している人に辛い思いをさせることに耐えられなかっただろう。私の心を確かめると、生まれつつある情熱よりも、すでに形のある情熱のほうが勝っていた。そして考えてみた。イジンバルディ夫人に私への情熱が残っていたら、わざとこんなふうに私を見捨てたりしなかったはずだ。計画は一年前からなされるものなのだから。彼女の想像力が燃え上がり、恐らく一時的にありもしない感情を声高に叫ばせるのだろうと私は考えた［…］私はこのことすべてを自分に言い聞かせたが、親愛なるサンドリーノ〔アレッサンドロの愛称〕、私の心は血を流し、私は苦しんでいる。

しかし、三ヶ月後、ピエトロは結婚した。一七七六年の終わり十二月四日、マッダレーナの田舎への転居の話題に触れ、その頃には既に落ち着いて綴っていたと思われる手紙の内容は、弟アレッサンドロの目には「イジンバルディ関連事項」の貸借対照表《バランスシート》のように映ったことだろう。

彼女は恐らく腹いせにあのような決断をしたのだろう。私に代わる付き添いが見つからないせいもあるだろうし、既に別荘地で一年の三分の一も過ごし、小さな女王のように振舞っていたから、あちらのほうが気に入ったのだろう。大体、あの人は想像力が豊かで、その代わり機知に乏しかった。字を書くにしても、それなりに正しい綴り方さえできなかった。時に意味を成さない文の中に、類稀な発想が閃いていることもあった。欺瞞や卑劣なことはできず、彼女には女性にありがちな欠点はなかったが、優しさも欠けていた。傲慢で、無遠慮なほど活発で、人を苦しめたり、不快にさせたりすることに無頓着だった。恐らく、当初は私に積極的な感情を抱いていただろうが、あとはすべて習慣と儀礼の延長だったと思う。

本書の終盤に、諷刺文学によって広められた貴婦人とその崇拝者、というチチスベイズモのカリカチュア的イメージへの反証を掲げる必要があるとすれば、この非常に人間味あふれる愛の物語だけで十分だろう。ここにその概略を示した感情的な出来事の変遷は彼らの心理状態を表しており、それによってピエトロとマッダレーナの関係が到達した身体的な親しさの度合いも測られるべきである。この点に関して尊重すべきは——遠慮からではなく、まじめな分析と慎重な判断のために——ヴェッリが弟への手紙の中で保っていた暗黙の表現である。一七六七年一月二十五日、関係が始まったばかりの頃、「私にパンを与えない人に忠実である」と弟に書くことで、当然期待している満足を暗示している。それからほぼ三年後の一七六九年十一月二十三日、たとえ他の人が一緒でも彼女に会うことができるためなら、「身体的なものはすべて放棄すると契約してもいい」と宣言している。その間にも、また、その後にも、性的な事柄にまつわる主要な話題のひとつは、彼女の夫の嫉妬や両親のでしゃばりを押し退けてマッダレーナと二人きりになるために、ピエトロが払った大小様々な苦労に関する報告である。

一七六八年一月二十日付けの、イジンバルディの「ハレムの宦官」のような態度について既に引用した手紙では、「もう一月半ほど、彼女と二人きりでいられたことがない」。三月二日、「毎日、習慣的に六時間以上会っているが、我々の意見を交わすのは手紙の中だけだ」。六月八日、「愚か者」はもはや嫉妬深くないが、いつも周りをうろついており、「十二月のはじめから今日にいたるまで、ほんの数分の休みもなく、そのような状況が続いている」。六月二十二日、「事態は良くなりつつある」。十月十二日、「三十五日間彼女のもとにいたが、昨年よりましだ。愚か者は、慎みともてなしの態度を少し身につけた」。一七六九年四月二十六日、「夫は多少洗練されてきた。ほとんどいつも彼に見張られているが、私たちは以前よりも自由を享受している」。八月三十日、「私は愛しいマッダレーナと共にいるが、見張りは昨日と今日、パヴィアにいる」。このことについて九月六日付けの弟の返信がある。「今回、短い手紙を受け取ってとても嬉しい。とうとうマッダレーナとふたりだけで二日間いられる幸せのため忙しいのだろう」[10]。これ以上の詳細についてはここで終わりにしたい。結局、無遠慮な夫に踏み込まれる関係でも、騎士と貴婦人は打ち解ける機会を得ることができた。それを肉体的な結びつきに利用するにせよ、抑制された愛情表現で満足するにせよ、ともかく彼らがその時間を主の祈りの朗唱に充てたのではないことは確かだ。

注目に値するもうひとつのエピソード、「手記」の作者ルイーザ・パルマ・マンシの事例では、彼女の夫の態度はピエトロ・ヴェッリの粗野な敵とはまったく異なる。本書の序論でパルマ・マンシの日記を紹介する際述べたとおり、一七九一年、二十八歳の騎士コスタンティーノ・デ・ノービリが奉仕を始めたとき、子供のいない三十歳の貴婦人は夫の性格と多忙のため、相当な自由を満喫していた。夫レリオ・マンシは、彼女のよりも十八歳年長で、ルッカの共和政貴族社会における重要人物のひとりだった。ルイーザとコスタンティーノの関係の最も表面的で世俗的な面について既に述べたことは繰り返さない。ルイーザにはコスタンティーノほど熱心にではないが度々付き添い役をつとめる若いトレンタ兄弟がいたが、ルッカの貴族の社交生活に飽きることなく参加する彼女の真の同伴者としては、コスタンティーノの存在のほうがはるかに大きかった。ここで、彼らの関係のもっともプライヴェートな点について情報源を精査したい。

思い出さなければならないのは、「手記」は我々の持つロマン主義的かつ個人主義的な意味での日記ではない。一個人の感情の捌け口としての役割はない。むしろ、ルッカの町の社交生活におけるルイーザの活動記録を公証人のような几帳面さで綴った年代記である。このテクストで感情的な事柄がどのように扱われているのかを把握するには、母親の死のような最も悲劇的な情報について見ればよい。そのような世俗的な活動を低下させる原因となるこれらの出来事は形式的かつ抑制された文体で記録されているが、恐らく外国語の使用のせいもあって一層冷淡な調子を帯びている。テクストに見られるこうした特徴は必ずしも作者の感情の乏しさのせいではない。彼女の心情を吐露することがその目的ではないのだ。まして我々に残された手書きのテクストはきちんと整えられ、きれいに書かれた文字には消された跡もないことから、これが書き写されたものではないかと思わせるほどだ。これらの点をすべて考慮すると、貴婦人が彼の騎士との関係がどのようなものだったのかを漏洩する——もちろん暗黙のうちに——記述は、一層興味深く驚きに満ちたものとなる。

既に序論では、ほぼ十年間続いた関係のうち、協調と娯楽に彩られた愉快な時期のルイーザとコスタンティーノの親しさを示すいくつかの個所を「手記」から引用した。しかし、性的な事柄に関する最も重要な情報は、両者の危機と別れの時期に属する。最初の兆しは一七九六年に遡る。そのとき貴婦人は騎士を伴わずに過ごした別荘生活からルッカに戻り、彼に関する不愉快な報告を受けたに違いない。

私がシリヴァーノから帰ったとき、彼が私にした約束を無視して、私の留守中に規則に背くような振舞いをしたということを聞き、大層心を痛めた。それはとてもデリケートなことなので、すぐさま私は彼と分かれる決意をしたほどだった。我々の共通の友人であるケッリ氏がノービリ氏自身の代理として和解の仲裁に入った。何度も要求されて、私はその和解に同意したが、新たに彼が私に少しでも苦痛の原因を与えたら、彼に暇を出し、誰が彼を弁護しようとも耳を貸さないという条件をつけた。

まだ落ち着き払ってはいるが、コスタンティーノの「規則に背くような振る舞い」conduite peu reguliere によってもたらされた「苦痛」chagrin への言及は、表面的な関係に対するもはや耐え難い不安を示唆している。だが、ルイーザがいつもの公証人のような文体を保ったまま、彼女が自身を支配していた感情の高ぶりを抑え切れないことを明らかにしたのは、それから三年後、決定的な別れの時だった。日記の中で「コスタンティーノ・デ・ノービリ氏と私の別れ」と題されたそのエピソードを完全に理解するために、そこにはプライヴェートな失望と政治的憤りが混じり合っていることを知っておかなければならない。一七九九年一月、フランス軍の到来によってルッカの貴族共和政は終焉し、ブルジョワ階級に属するドメニコ・ピエーリとその妻（彼らの名前が挙げられているのが後で確認できるだろう）をはじめとする民主主義的思想を掲げる数名の男女が幅を利かせる政治体制が発足した。だが、ルイーザがそのエピソードの次第を要約しながら書いたのは、一七九九年の夏、オーストリア軍のおかげで貴族体制が束の間復活したときだった。ある貴婦人が彼女のチチスベオについて述べたものとしては、今日残されている記録の中でも最も詳細かつ情熱的な証言である。長くなるが、同種のものとしては異例ともいえるこの記録を読むことは読者の関心にもつながるだろう。

コスタンティーノ・デ・ノービリ氏と私の別離。それは一月半ばから二月半ばにかけて胆汁症とリューマチを患っていたときのこと、ここに記録するのを忘れていたのだが、ノービリ氏の配慮と友情があまり私に向けられていないことに気付いた。上級行政府の一員として多忙を極めていることを口実に、私の病状が深刻になり胸の痛みがひどくなるまで、ほとんど姿を見せなかった。このような振る舞い、そして私の非常事態に示した関心の薄さは、私に漠然とある疑いを抱かせ、事実まもなくそれが暴かれることとなる。しばらく前から彼がピエーリ夫人と交際を始めていたことを私は知った（彼自身、軽率にもそれを私に認めたのだが）。彼女は人に媚を売り、自堕落で、あらゆる意味で、彼女と係わりを持つ人々の名誉を傷つけるような女性である。私はこの選択に神経質にならざるを得なかった。なぜなら、彼に心から友情を感じていたのだから。私は遠慮なく彼とそのことについて話し合い、彼の忘恩に不満を言おうとした。だが、すべてが無駄であることに気付き、苦々しく思った。フランス人との接触によってこの国に蔓延し始め、この女性が彼に吹き込んだ有害な思想にとらわれた彼の情熱が、すぐにも彼を自滅させてしまうだろうと思われた。事実、やがて彼とトレンタ氏とミヌートリ氏が、執政府のメンバーだったにもかかわらず、政府をそのとき既にルッカにいたフランス人たちの手に渡すことに同意していたという話が伝わってきた。続いて、フランス人たちが政府を解散させ、国を民主化させると、愛国者たちは皆仮面を投げ捨てた。彼らはいくつかの邸宅で開かれるクラブに集い、陰謀を図り、元貴族たちに謀反を企てるようになった。ピエーリ氏とその妻はこの機に乗じて頭角を現し、自邸で主要な愛国者たちの会合を度々開いた。ノービリ氏は公には活動しなかったが、これらの集まりにはいつも顔を出し、その思想を少しずつ吸収していたようだ。私のもとへも相変わらず来ていたが、何の配慮もなく、彼の都合の良い時だけだった。このような奇妙な振舞い、さらには彼の考え方にそって皆に吹き込み始めた酷い意見は、私を彼から遠ざけ、彼の付き添いを恥ずかしく思うようにさせた。私は彼にもう私の家に来ないように何度も要請した。だが、悪意によるものか、しばらくすれば彼の無作法を許すほど私がお人好しだとでも思ったのか、聞く耳を持たず、同じように私のもとに通い続けた。こんなふうに数ヶ月経ち、その間、私は絶縁よりも我慢するほうがましだと思っていた。このような状況で絶縁すれば、ノービリ氏がそのメンバーのひとりと見なされていたフランス派支持者全員から悪く思われかねないだろうから。とうとう六月の終わり、彼はピエーリ夫人と田舎へ行き、そこに一月以上滞在した。彼が恋人と一緒に戻ってきたとき、ルッカの町からフランス軍は逃げ出し、オーストリア軍に占領されていた。一月の断交の後、もう彼が私の前に現れないようにと願っていたが無駄だった。私のもとに来たのである。儀礼上の訪問だと思ったが、彼は何も言わなかった。だが、以前と変わらぬ振舞いを続けようとしていることを見て、私は彼と話すのはこれで最後にしようと決意した。政治的情勢の変化によって、もはや私のほうにも遠慮はなかったし、むしろ背中を後押しされた。そこで、彼と公の場に出ることを私の自尊心がもはや許さないのだと率直に言い、今後は以前のように私の家に来ることがないようにと彼にきっぱりとした口調で要請した。告白すると、国中がピエーリ夫妻に軽蔑を示したこと、彼らが自宅で暴力行為を計画していたことから、彼が夫妻について考えを改めるのではないかと淡い期待を抱いていた。率直に言って、彼がこれまでの行いを悔いて、それを改めようとしているなら、彼を許してもいいと思っていた。だが、彼のせいでそうした譲歩は無用となった。彼がこの後に及んでまだ示した無遠慮や強情さが、私の躊躇を一切取り払って背中を押した。今は彼とはほとんど会っていない。こうして九年か十年続いた関係は終わった。その間、私も私の家の者たちも彼に最も誠実な友情を示すことを止めなかったし、あらゆる意味で最大の関心を彼に向けることも止めなかった。偽らずにいえば、彼のせいで別離を嘆かずに済むのだが、それでもなお彼の忘恩は私の心を奥底まで貫いた。私に厳格な信念と誇りがなければ、彼の最も汚れた忘恩の態度に傷つかずにいることは当然不可能だろう。(11)

公私にわたる様々な問題のもつれによって、この記述は大変興味深く複雑な様相を呈している。イタリア貴族の社交生活に及ぼした革命の衝撃の影響については、のちに再び取り上げる予定だが、ひとまず、嫉妬心を抱いて失望したこの女性の感情の発露から性的意味合いを読み取らなければならない。彼女の付き添いの騎士《カヴァリエル・セルヴェンテ》が恋敵と田舎で一月過ごして戻ってきたあとも続けようとした「以前と変わらぬ振る舞い」con-duite ordinaire がまさにサミュエル・シャープの追随者たちによって想像されるようなものだったとは考えにくい。一七九三年五月二十四日、間違いなくこうした事情に長けているテレーザ・ミケーリもルッカから彼女のかつてのチチスベオ、パオロ・ガルツォーニに宛てて、レリオ・マンシの妻が「ノービリとの関係」を続けていると書き送っているが、この表現はさまざまに解釈できる。(12) 疑いのない事実は、ピエトロとマッダレーナのように、コスタンティーノとルイーザの事例においてもまた、一組の男女がある関係のもとに結ばれていたが、その関係のあらゆる側面、あらゆるニュアンスを我々は知ることができないということである。しかしながら、ひとつだけ確信を持っていえることがある。その関係は、社会的に付与された責務の遂行にのみ係わるものではなかった。

5・2　啓蒙主義的結婚

この二つの事例は決してチチスベイズモの性的領域に関する平均的内容と見なされるべきではない。貴婦人と騎士との関係が予定された役割の限界を超えなかった事例も——本書で検証された例も含め——あったはずだ。予定された役割とは社交界における付き添いと家同士の同盟の強化であり、それらはマッダレーナ・ベッカリーア・イジンバルディとピエトロ・ヴェッツリ、およびルイーザ・パルマ・マンシとコスタンティーノ・デ・ノービリの関係にもあった。だが、重要な点は、愛が常にチチスベオの奉仕を過熱させたのかどうかではなく、そのような事態が程度の差こそあれ因習的な形式主義のヴェールに隠れ、間違いなく度々生じていたということだ。ここで、十八世紀のイタリアに三名から成る婚姻モデルを普及させた、ある習慣の不思議というテーマに立ち返ろう。この婚姻モデルは、老人ヴェネの婚姻世帯に若い〈ヒーラ〉*Hiila*、チュオンの存在を認めるガーナのシサラ人のものとはまったく異なっている。不思議という感覚は相対的なものだ。我々は我々と類似点がないものを不思議と考える。ある時代の日常的モラル、例えば啓蒙主義は様々な点で我々に近いが、我々の感性や文化と相容れない要素も含んでいる。その要素とは——歴史的観点、つまり十八世紀以降の観点に立てば——女性の姦通にとりわけ激しく敵対的ということである。だが、まさにそれ以外の点では我々に近い時代が、結婚のような間違いなく重要な制度においては我々から遠く隔たっているように見えるため、ここで立ち止まって、これまでに見てきた様々な手掛かりを拾い集めながら、この点について体系的に検証する価値がある。ほとんど義務として第三者の存在を受け入れることを強いられる結婚とはどのようなものだったのか？

　分析に当たって、その背景に留意しなければならない。チチスベイズモとは、ギャラントリーという漠然とした雰囲気のようなものが公然と制度化され、正確に目に見える形を備えて現われたものである。放縦な十八世紀という既に知れ渡ったイメージは同時代の風刺的表象の起源となっているが、そこには現実的な根拠がある。数ある中から一例を挙げるとすれば、カサノヴァの『我が人生の回想録』が十八世紀の特徴を最も反映したテクストの一つである事はもちろん否定できない。何ページにもわたって誇らしげに綴られた彼の性的遍歴は数十年に及び、そこに登場する無数の男女、貴族、平民はほぼヨーロッパ中に跨る。さらに興味深いことに、カサノヴァ自身、一七八〇年代にヴェネツィア政府のために諜報活動を行い、『回想録』とは正反対の調子で、苦々しげな批判的姿勢を誇示するかのように、「サロンにおける極端な放縦、女性たちの厚かましさ、男たちの怠惰」を激しく罵りながら、同時代の風俗（とくに女性の）と結婚生活によってもたらされた退廃への証言を欠かさなかった[13]。

カサノヴァを当てにならない日和見主義者と考える人は、彼よりも真面目な観察者の意見を参照するとよい。アレッサンドロ・ヴェッリは本書ではこれまでチチスベオだった兄の恋愛の打ち明け話を聞く役回りだったが、彼こそまさに啓蒙主義およびロマン主義文学の重要人物だった。ピエトロの結婚計画の報せに、アレッサンドロは一七七四年一月一日と二十六日の二度にわたって以下のような荒々しい感情を吐露する返事を出した。

我々の風俗習慣には身震いする［…］今日の生活の作法上、妻に無関心な友情以外のものを要求することが可能だろうか。彼女が愛らしく美しければ彼女の周りには最も輝かしい若者たちが集まり、各自が彼女の心を夫から奪おうとするだろう。誠実な夫婦関係への果てしない嘲りが感情に影響を及ぼさないことは有り得ない。結局、女性は胸に秘めた夫と法律上の夫を持つことになり、後者に対しては必然的に巧妙な嘘つきとならざるを得ない［…］夫は然るべきときに自室に引き下がり、若い妻が若い友人と夜の闇を馬車にのって（夫の費用で）ひそかに出掛けることを見逃してやり、大変愛しい気まぐれな配偶者にそうすることが許されたときには、彼の望みを消すことに満足する。彼女を世間の荒波に漂わせておくことは義務である。彼女はそこで誠実さはもちろんのこと、心も恥じらいも失う。妻が夫に関心を向けるとすれば、それは家庭内を平和に保つために彼を眠りへと誘うこと。社交界のいたるところで放縦な生活が推奨され、我々は他人と共に笑うことを余儀なくされる。妻の頭が少しもおかしくないとすれば、それこそが紳士が期待する幸運である[14]。

道徳主義が鋭い判断力を曇らせることのないよう、より穏やかな分析へと論述を導くためには、十八世紀に著された不誠実な婚姻関係の普及に関する最も明快で具体的な解説が参考になる。著者のチェーザレ・ベッカリーアは、ピエトロ・ヴェッリが奉仕した貴婦人の兄だった。『犯罪と刑罰』*Dei delitti e delle pene* の中で姦通について論じた個所で、ベッカリーアは誠実な公平さとわざと科学的な切り口で、この件に関する合理主義的視点を提示した。

> 姦通は、政治的に考えると、二つの原因からその力と方向性がもたらされる犯罪である。その二つの原因とは、人々の法が変わりやすいこと、そして異性を惹きつける力が大変強いことにある。異性を惹きつける力は、様々なものを動かす宇宙の重力に多くの点で似ている。というのも重力同様、距離が遠くなるとその力が小さくなるからだ。重力が体の動き全体に作用するのだとすれば、異性を惹きつける力のほうは、その力が続く限り、精神の動きに作用する。両者が異なるのは、重力のほうは障害との均衡を保つが、異性を惹きつける力は障害自体が大きくなるにつれ増大し活性化する［…］夫婦間の誠実な関係は、婚姻の数が増大し、より自由になれば、それに比例して常に大きくなる。婚姻が代々続く固定観念によって支配されたり、親の力によって成立させられたり解消させられたりするところでは、ギャラントリーが通俗的な道徳主義など顧みず、婚姻の絆をひそかに断ち切ってしまう。だが、姦通という結果に非難の声を上げる側も、その原因については見逃したままなのだ。(15)

言い換えれば、性的衝動は、もはや反宗教改革時代に闘いの武器となった厳格さによって踏み躙られることなく、啓蒙主義的サロン文化によって整えられた環境に後押しされ、その自然の力のままに結婚によって引かれた境界を越えて拡張するよりほかなかった。おまけに、結婚は経済的・政治的打算によって当事者の好みとは別にまとめられ、押し付けられるものだった。アレッサンドロ・ヴェッリの刺々しい非難に比べ、ベッカリーアの解釈は姦通問題をより広い観点から扱っているところが優れている。両者ともはっきりとチチスベイズモについて話しているわけではないが、ヴェッリのほうが絶えずそれを示唆しているのに比べ、ベッカリーアは秘密の違反行為について記しながら、チチスベイズモが婚姻における美徳の退廃の原因として人々の関心を集めることのないよう留意している。むしろ、それはある状況を全体として捉えた場合、ある意味では、その原因というよりも結果における重要な特徴のひとつであり、また――すでに指摘したとおり――管理と監視が形として現われたものだった。

　現実の人生に目を移すと、あまりに明白なために却って付き添いの騎士《カヴァリエル・セルヴェンテ》の研究において見過ごされてしまうかもしれない事実を示す事例が豊富にある。その事実とは、付き添いの騎士《カヴァリエル・セルヴェンテ》の習慣だけがアンシャン・レジーム期の貴族階級の既婚女性に密通の機会を与えるどころではなかったということだ。ここでは当時の最もふしだらな女性有名人たちの偉業を列挙しない。それらの偉業は度々同時代の詩の題材となっているばかりでなく、頑なに酷評する者たちや賞賛の意図を隠しきれない者たちによって様々な形で繰り返されている。既に紹介したある貴婦人を思い出してみよう。チッケッタ・パッラヴィチーニ・ブリニョーレとパオロ・ガルツォーニの婚姻外交際は間違いなくチチスベオとの絆を越え、それを無視したものだった。ここではっきりと宣言するのはこれが最後だが、彼らの間には婚姻外の性的な領域において貴婦人とチチスベオの間に起こり得る以上のことがいくつもあった。

　他方、これもまた真実だったが、チチスベイズモには十八世紀のギャラントリーに含まれる最もデリケートな含みを明るみに出すという特権があった。日の光の下で、その中身がどのようなものであれ、とにかく夫以外の男性と関係を維持する女性の権利を批准し誇示していた。そして、既に述べたとおり、その習慣につきものの自由と監視の弁証法的関係は、夫の傍らに第二の男性が存在するという現実を打ち消しようがなかった。おまけにその第二の男性は常に傍にいることを許され、非合法的な愛人をしばしば阻んだ危険や障壁とは無縁だった。ここでチチズベイズモの持つもうひとつの重要な側面に向かい合うべきだろう。チチスベイズモはひとつの役割の規準の中に収まり切らない漠たる傾向が制度化され、はっきりと顕在化されたものだった。そして、さらに影響力を拡大し、公式にはあるいは少なくとも我々の目から見ればチチスベイズモには属さないものの、三者による婚姻関係という点で実質的には類似する状況においても規範的モデルとなった。この点についてはさらに掘り下げる必要がある。そうすることによって、アンシャン・レジーム期の貴族の結婚を理解する上でのチチスベイズモが重要である理由が一層はっきりするだろう。

　先例として役に立つのは、ロヴェレートで証言されたある出来事である。文人貴族クレメンティーノ・ヴァンネッティは一七八〇年代に貴婦人マリアンナ・デ・ジヴァンニ・ペデモンテと大変親しくしていた。彼女の夫フランチェスコ・キウゾーレは彼女より四十二歳年上だった。独身のヴァンネッティは貴婦人の付き添いの騎士《カヴァリエル・セルヴェンテ》として認識されることを懸念していた。そこで、敢えてその習慣を冗談めかした名称で呼ぶことを躊躇わなかった（「一体どうやって、これらの人々に、チチスベイズモのない饗宴を叙述するのだろうか？」）。この名称は、滑稽でいささか侮蔑的であるという理由から、通常、貴族たちが使うのを避けていたのだ。にもかかわらず、いつも彼女の傍にいて、彼女とため息をつき、彼女に愛の詩を捧げ、キウゾーレ老人に彼が若い妻に与えている積極的な作用に満足するよう働きかけるのを欠かさなかった。ヴァンネッティは自身をチチスベオではないと主張していた。だが、彼とキウゾーレ夫人との関係を奉仕とは無関係の文脈でとらえることは難しい(16)。

この場合、チチスベイズモは明らかに、たとえ言い訳としてだとしても、否認されている。だが、性的な様相を帯びた三角関係で、なおかつ社会的位置づけがはっきりしない——それ自体が事実曖昧であるというだけでなく、それに関する記録が乏しいということからも——関係は他にも数多くある。とくに騎士の奉仕を特徴付ける要素については正確な証言が不足している。それらの関係には騎士の奉仕との係わりを確実に示す証拠はないが、どこから見てもチチスベイズモ的な三角関係との類似性が十分強く、それ故、ここで扱うことが適切だと思われる。取り上げるのは、本書で既に登場した人物に関する事例に限定する。予め言っておくと、必要に応じて多少の差はあれ急ぎ足でたどるこれらの事例には、ヴェッリ兄弟の往復書簡で詳しく語られたアレッサンドロとマルゲリータ・スパラパーニの関係は含まれない。ローマに暮らす彼女は夫ボッカパドゥーリ侯爵と別れていたため、こうした三角関係の見本としては不完全である。[17]

ピエトロ・ヴェッリはマッダレーナ・ベッカリーアの付き添いの騎士《カヴァリエル・セルヴェンテ》になる十年前、バルバラ・コルベッリの——いうなれば——求愛者だった。彼女は彼とほぼ同年代の友人フランチェスコ・ダッダ伯爵の妻だった。一七五八年の半ば頃に始まったと思われるその求愛は、翌年ピエトロが対ペルシャ戦争でオーストリア軍に入隊したあとも手紙を通して続いた。恋人たちの交わした手紙は失われてしまったが、ピエトロが別の通信相手に宛てた手紙が残っており、ふたりの関係の親密さと一七五九年八月、初産の結果、バルバラが二十一歳で亡くなったときのピエトロの深い嘆きを間接的に証言している。若い妻が夫の友人と何からの関係を維持していることは、間違いなくその通信相手、親族、彼らのサロンに出入りする人々に知られていた。ピエトロはバルバラの母親に丁寧に哀悼の意を綴った手紙を書いた。一七六〇年二月、妻を失ったダッダはウィーンに赴き、二人の男性はほぼ丸一日共に過ごした。「私が何を思い、どのような感情が私を支配したか想像してほしい」とそのときのことをピエトロは文通相手に書き送った。[18]

個人的な関係が密接に絡み合ったミラノの啓蒙主義の環境の中で、ヴェッリ家のもうひとりの男子、ジョヴァンニ――不安なデビューのあと、社交界の熟練になっていた――はチェーザレ・ベッカリーアの娘ジュリアとのよく知られた関係を続けた。ジュリアは一七八二年、二十歳のときレッコのあまり面白みのない小貴族だったピエトロ・マンゾーニ伯と結婚することを余儀なくされた。夫はそのとき四十六歳で、若い妻との生活を楽しいものにするため、独身の信心深い義理の姉妹たちを家に呼んだ。その中のひとりはヨーゼフ二世の改革のおかげで修道院を出た修道女だった。一七八二年の時点で既に三十七歳とはいえ、できる限りの自由を満喫しようとしていたジョヴァンニ・ヴェッリが付き添いの騎士《カヴァリエル・セルヴェンテ》という形式的義務を負うことを受け入れたのかどうかははっきりしない。ただ、たしかに数年間、彼は公然と夫よりもはるかに華々しくジュリアの付き添い役をつとめた[19]。

カッティーナの夫、ジョヴァンニ・クェリーニ、あるいはザネットは一七六八年の春、外交官としてスペインに発った。のちにスペインで彼は気まぐれな恋愛遍歴を重ねることになるが、出発時にはヴェネツィアに恋人のアンドリアンナ・ペーザロを残してきた。彼女はジョヴァンニ・フランチェスコ・コッレールの妻だった。ザネットは手紙を介して妻と強い絆を維持する傍ら、アンドリアンナとも同様に関係を保っていた。アンドリアンナとの手紙は失われてしまったが、友人フランチェスコ・ペーザロからマドリッドにいるザネットに宛てた手紙のいくつかにその形跡が残っている。フランチェスコ・ペーザロは共和国の最後の局面における不幸な中心人物として後に有名になる。彼はアンドリアンナの兄弟だった。アンドリアンナは一七六八年九月、男の子を出産した。そのような重要な事態の中、彼女の様子をその恋人に知らせ、手紙に書いていなかったことを弁解したのは彼女の兄弟だった。一年後、一七六九年八月二十六日、ある貴婦人（文脈からカッティーナではなくアンドリアンナであると推察される）の振舞いについて第三者として証言する必要性から、次のように書いたのもペーザロだった。

私のこの手紙によって君の動揺した心が完全な落ち着きを取り戻せるかどうか分からない。君の精神を混乱させるものがすべて妄想である以上、いくら事実を示したところで、それが適切な解決策になりうるとは思えない。だが、君が疑いを抱いている人は、君に示した義務にいつも忠実であるばかりか、その明らかで反論しようのない証拠として、何千マイルも遠くにいる人に貞節を捧げ続け、国全体を驚かせていることは確かだ。我々は会えば必ず君のことを話している。我々の唯一の嘆きは、君が君自身の苦悩を我々に打ち明けてくれるのに、その理由までは同じように親密に教えてくれないことだ。(20)

この引用から見逃してはならない事実は、ザネットとコッレール夫人の関係が「国全体」つまりヴェネツィアの貴族社会に知れ渡っているということである。おまけに――今、舞台に登場したばかりの新しい人物について短い情報を加えると――フランチェスコ・ペーザロのほうも長く重要な三角関係に参加していた。二十歳のとき他の男性と結婚したエレーナ・ドルフィンとの関係は、ほぼ間違いなく世間に知られていた。彼らの関係は一七七〇年代後半、エレーナが外交官としてスペインに赴任したフランチェスコに宛てて書いた手紙に記録されている。(21)

最も問題を孕む三角関係は――実のところ、極端に慎重でないかぎり、この関係をチチスベイズモに分類しても差し支えないのだが――やはりミラノの啓蒙主義の最先端のグループに属するものだった。一七六〇年代のミラノでは知的なグループの交流はある程度、個人的な人間関係と絡み合っていた。チェーザレ・ベッカリーアは、その結婚を不利と見なす父親の猛反対を押し切って一七六一年のはじめ、自身が二十三歳のとき、十六歳のテレーザ・ブラスコと結婚した。彼女は、大変魅力的で機知に溢れた女性だったようだ。数年後、若いカップルは、彼らよりさらに若い一七四七年生まれのミラノの貴族バルトロメオ・カルデラーラ（あるいはカルデラーリ）との強固な〈三角関係〉*ménage à trois* を築いた。ミラノの貴族ジュゼッペ・ヴィスコンティ、カルデラーラの家を定宿とするアブルッツォの文人トロヤーノ・オンダッツィなど、他の友人たちもしばしばそこに加わった。だが、ベッカリーア夫妻ないしはテレーザにとって主たる実質的な付き添いはカルデラーラだった。彼らの関係は、すべて開放的でまったく自由な雰囲気のもとで維持された。この場合――既に述べたように――私が参照した情報源は彼らの役割の定義について明確ではないが、『犯罪と刑罰』の作者を取り巻く状況は、他の関係にも見られるような貴婦人と複数の付き添いの騎士たち、および、そのうちの最も重要で貴婦人に近い騎士と同じものである。

この事例は、これまで列挙したいくつもの事例の総仕上げとして、チチスベイズモが十八世紀のイタリア貴族の婚姻習慣にはっきりと足跡を残したという事実に対するあらゆる疑念を払拭する。この事実については十分な注意が向けられ、強調されるべきである。その影響の大きさは、当時の最も有力な貴族たちも含め、資料に照らして慎重に確認された公然たる奉仕の数が示す以上のものだった。このような男女の私生活における異国ふうの（と呼ぶこともできる）習慣が要するに当時としては一般的だったのだ。今日、我々にとって、正確にいえば、我々の大多数が受け入れる婚姻上の性的モラルと比べれば、奇妙で困惑させられるようなものなのだが。しかし、まさにベッカリーア／ブラスコ／カルデラーラの三角関係は、これを冷笑的に黙認する、あるいは、憤慨して拒絶する、という正反対の、そしてどちらも不適切な反応に基づく誤解から免れ、この現象を人類学的に理解するための出発点として最適である。ここで、その三角関係に関する情報をいくつか提示し、これまで見てきた事例との比較を試みたい。

ベッカリーアの事例はいくらか慎重に扱わなければならない。というのも、その証言者のひとり、ピエトロ・ヴェッリがそれを滑稽な見世物として敵対心を露にしながら記述しているからだ。一七六六年の秋、ヨーロッパの啓蒙主義の都にイタリアの啓蒙主義の精鋭を紹介するためにチェーザレはアレッサンドロ・ヴェッリとパリを訪れていた。その間、ピエトロ・ヴェッリは、チェーザレとは仲違いして距離をとっていた。パリのサロンでベッカリーアは『犯罪と刑罰』の着想に関してヴェッリ兄弟が自負していた貢献を蔑ろにし、彼らの不興を買った。さらにヴェッリ兄弟は、予定を繰り上げてミラノに帰りたがるベッカリーアの様子を滑稽に思い、早期の帰国が彼らのためにならないと考えていたが、ベッカリーアは若い妻の傍にできるだけ早く戻れるよう、それを実行してしまった。ピエトロは、十一月三日、アレッサンドロ宛にカルデラーラがロンバルディアの田舎に所有する別荘を行ったり来たりする若い妻の気晴らしの様子を書き送り、その手紙の中で妻に対するベッカリーアの情熱を揶揄した。

これほど意気地なく出発した滑稽な我らの友人は、一体どんな姿を晒すことになるだろうか？　そして、それは誰のせいか？　コスタやトゥラーノで気の合う仲間たちと楽しんでいる妻のためだ！　彼女は夫の出発当日さえ陽気にはしゃいでいた［…］彼女はとても元気で、今年の秋はかつてないほど愉快に過ごしている。父上の侯爵殿は彼女がそんな様子では夫に然るべき愛のしるしを与えられないことがお見通しだ。だが、彼は彼女に無関心を装っているし、今後もそうし続けるだろう。彼が私に語ってくれたのだが、君たちの出発後、彼女の部屋を訪れると、彼女が涙を流していたので、慰めようとして、彼女の夫は何事もなく、すぐに戻ってくるだろうと話しかけたところ、彼女が何と答えたと思う？「そんなことを心配して泣いているのではありません。私がパリに行けないのが残念で泣いているのです」。

カルデラーラがテレーザによく尽くしていることはベッカリーアも十分承知していただけでなく、妻との往復書簡でも頻繁に話題に上った。彼女は夫とカルデーラの間に入って両者が挨拶や互いの消息を伝え合う仲介役をつとめていたし、彼らのサロンに出入りする他の男性たちとの関係のかなめにもなっていた。彼女にあまり好意的でないピエトロ・ヴェッリの話と対比を成すのは、ピエトロの手紙の前日にテレーザからチェーザレに宛てた手紙である。トスカーナとミラノの影響が入り乱れた生き生きとしたことば遣いで書かれた手紙には、より正確に多くの詳細が記され、彼らの三角関係の第三のメンバーとの間に面倒を引き起こさないようにとの忠告で締め括られている。

私はコスタ山麓のエッロとコモ湖畔のドマーゾ、そしてグリッジョーネまで足を伸ばし、今日は一日ミラノに滞在し、そのあとピッツィッジェトーネとトゥラーノに行きます。ですが、大切なあなただから言いますが私は何をしても楽しめません。すべてが私を悲しませ、私の顔にまで憂鬱が現われています。その上、カラデーラが度々、私の神経に障るような無礼な返答で私を苛立たせ、私が涙とともに感情を吐露するのを妨げます。ですが、私は我慢して、そのようなことを打ち消す彼の長所を思い出すようにしています。親愛なる侯爵、このカルデラーラことについては返信に何も書かないでください。彼はあなたの手紙をすべて読みたがるのですが、私は〈厄介事〉*scarpiatola* を起こしたくありません。

ベッカリーアのほうでは、妻の付き添い人に友情と信頼を示していた。テレーザ以外に唯一、帰宅を急ぐ理由を理解してくれる人物であるという期待が十月十二日のテレーザ宛の手紙に記されている。「私はあなたにすべてのことを打ち明け、あなたとはすべてを分かち合うだろう、我々の間に秘密などあってはならないのだから。だが、それをカルデラーラ以外の者に言ってはならない」。十一月十六日、妻の移動の報せに対する返信で、彼女の疲れを知らない滞在先の変更に同意しながら、再会の日は予定を入れないようにとだけ要求している。「大切な愛すべき妻よ、お前の手紙はすべて受け取った。私への愛情に感謝する。お前が楽しんで遠出ができて良かった。私も気晴らしをしようとしたが、むだだった。私の憂鬱はどうしようもない。その原因のすべてが、私をミラノに呼び寄せる［…］愛しい人、私を愛しているのなら、私を迎えるためにミラノにいてくれ。その幸せな瞬間にお前が他のところにいたら、私には大層残念でならない」。

カルデラーラの存在は夫婦間の強固な絆の持続と共存していた。チェーザレの側から見れば、その絆は愛情、ないし少なくとも感情的な愛着と呼べるものだった。三年前、ある友人宛の手紙で、妻への情熱が「誠実な敬意、真実の友情、そして言いようのない慈しみに変化」したと告白したあと、妻を伴わずパリに出発するやいなや、情熱の炎が甦るのを感じた。旅先からの彼の手紙は依然として、カルデラーラへの好意的な言及が溢れているが、それらは同時に夫婦間の愛情を示す手紙の模範にもなっている。

私の愛しい人、私の魂、私はまだお前からの知らせを受け取っていない。私は最も深い憂鬱に陥っている。私が永遠に笑いものになる懸念なければ、パリに着く前に大至急後戻りして、お前の腕の中に飛び込みたかった［…］お前をこんなに愛しているとは思っていなかった。私にはお前が本当に必要だと分かった［…］愛しい妻よ、お前への私の愛がどれほど大きいか考えて欲しい。私は崇拝と追従的な賞賛の真只中にいる。ヨーロッパの偉大な人々の仲間であり同僚であると見なされ、感嘆と好奇心の目で見られ、昼食に、夕食にと次々と招かれる。ここは歓楽の首都であり、三つの劇場を擁し、そのうちのひとつ（つまりコメディー・フランセーズ）では世界で最も興味深い公演などを観ることができる。まだ、それだけではない。だが、私は不幸で憂鬱だ、お前から離れているために。

テレーザの手紙は、自身のことだけを話題にしている。チェーザレとの間に生まれた二人の娘たちのことにさえ触れていない（チェーザレのほうは、ほとんどいつも気にかけていた）。それらの手紙を見れば、彼女の性格を「頭の軽い女性」と表現したピエトロ・ヴェッリの辛辣な評価を否定することはできない。だが、娯楽と楽しみを追い求めるその軽薄さゆえに、夫に対して冷淡で無関心だったというわけではない。夫はむしろ――先に引用した「厄介事」の手紙がはっきりと示しているように――彼女の人生における最も親密なパートナーだった。彼が唯一のパートナーだったどうかは検討されるべき問題だが、それについては、ベッカリーアのミラノへの帰還後、テレーザの付き添い人たちの再結集に関する話題の中で、ヴェッリが弟アレッサンドロに仄めかした露骨な偏見は避けなければならない。例えば一七六七年四月二十九日には、「ベッカリーアは、もはや人々の話題にのぼらない。彼は妻の社交サークルの仲間であるカルデラーリ、ヴィスコンティとその二人の兄弟、オダッツィとしか付き合わない。気の合うこの六名と共に彼はどれほど楽しんでいることだろう！」と記されている。ピエトロ・ヴェッリの道徳主義は――同時代の習慣に「身震い」したアレッサンドロの場合と同じく、断続的に現れることを忘れてはならない――かつての友人への敵意だけでなく、恐らくある新しい感性に影響を受けていると思われるが、その点については後ほど取り上げる。だが、妻の浮気に満足しているにせよ、諦めているにせよ、そのような夫たちへの諷刺や非難は、とりわけベッカリーアの事例のようなこの上なく複雑な事態に対する正しい評価にはつながらない。異性を惹きつける力を物理学的専門用語で表現した人物は、その影響が自分自身や若く活発な妻にも及ぶことを認識していただろうし、そこに道を開くことがどれほど難しいかは、彼の賢明な寛容さを以てすれば十分理解できたはずだった。たとえそれが「親の力によって成立させられた」のではなく、互いに相手を選んで結婚した彼らのような例外的な事例においてさえも。

とはいえ、正直に付け加えなければならないが、チェーザレとテレーザの矛盾した試みの結末は我々を当惑させるものだった。一七七四年三月、テレーザはまだ三十歳で性病のために死んだ。死の直前、チェーザレの情熱は益々深まり、友人たちのグループの絶望の中心にいたが、彼女の死から一月後に再婚した。ピエトロからアレッサンドロ宛に送った四月二十七日付けの手紙は、ベッカリーア家の財政的困難に触れている。再婚のおかげで都合よく(緊急に必要とされているわけではなかったが)一家に援助がもたらされた。手紙には、再婚に仰天した人々による当然予期された非難の理由も記されている。

一七七四年三月十四日、チェーザレ・ベッカリーア侯爵は妻を亡くし、一七七四年二月二十五日には既に我々の従姉妹アンナ・バルボ嬢との婚姻契約を結んでいた。彼は最初の妻をこの上なく愛していたように見えた。彼女から離れているとき、例えば秋に彼女が数マイル離れた別荘に滞在している間、彼が一日中町に留まらなければならない場合など、夕方になると二、三名の男たちが馬で使いに出され、毎時間ごとに彼女の様子を尋ねに行かされた。彼は彼女を失うことに耐えられないだろうと思われた。二日後、彼は家に入り、宝石箱を開け、個人の身の回りのものを検分し、男子を得る必要性を屈託なく話した。埋葬から四十日後にはもう新しい婚姻契約を結んでいた。まだ死者を愛していたカルデラーラは立腹した。ベッカリーアに対する人々の意見は、ベッカリーアはどこからどこまでも途方もない弱さの塊である、という点で一致している。

ただひとつ付け加えなければならないのは、カルデラーラが友人への怒りを乗り越え、彼とその妻との三角関係を再開したらしいということである。一七七五年八月二十三日、ある外国の文通相手がベッカリーアに「私からの最大の敬意を侯爵夫人に、カルデラーラ侯爵にもご挨拶を送ります。お二人によろしくお伝えください」と書き送っている。(22)

ベッカリーアの三角関係への「身震い」の反応を見直すために行った考察のいくつかは、ルッカのルイーザ・パルマを取り巻く（明らかにチチスベイズモに属する）三角関係についても有効である。彼女とレリオ・マンシの結婚はまさに家族間交渉の成果として実現し、一七八三年、女性の側が二十三歳、男性の側が四十一歳のふたつの大資産家どうしが結びついた。一七九九年の夏、既に四十歳を迎えたルイーザが、精神的痛手と共にコスタンティーノ・デ・ノービリとの関係を断ったその数日後、レリオは彼女への気遣いから、信頼できる侍女だけを伴ってバーニ・ディ・ルッカの別荘に滞在するよう勧めた。ルイーザは「長いこと多くの苦しみに疲弊した心と身体のために」と書き留めた。「手記」に描かれた夫のプロフィールは、輪郭がいささかぼやけているとはいえ、スマートで妻への配慮を怠らず、恐らくあまり強い性格ではなく、いくらか心気症的傾向のある男性の姿だった。ほぼ二十歳も年長の人生の伴侶への情熱をルイーザの側から示すことばはひとつもない。彼のほうも女性を誘惑するタイプからいささかかけ離れた人物だったに違いない。誘惑者としての男性像は付き添いの騎士《カヴァリエル・セルヴェンテ》のノービリが体現していた。若く、活発で無責任で、世俗的な集まりに倦むことなく参加するノービリは、もちろん賭け事の悪癖にも喜んで浸っていた。だが日記には、夫妻の仲がこの上なく良好であったことが、二人の間で心を込めて交わされた個人的な贈り物の記述をとおして何度となく繰り返される。

また、政治的領域に係わることすべてにおいて、ルイーザが夫に従い、彼に協力するために彼女なりの役割を果たしていたことが、間接的にとはいえ間違いなく読み取れる。

レリオは彼らの結婚に満足していた。一八〇六年五月二日の遺言状で、妻の豪勢な暮らしを保証するために格段の配慮を示した。その意図は、自らの決定を披瀝し、説明する文言の冒頭において詳しく述べられている。

ルイーザが愛情と思いやりを常に私に示してきたこと、いつでも私の最高の伴侶であり続けたことに対し、私が生前から彼女に示していた謝意が私の死後も継続されなければならない。そして、これまで私が彼女に報いてきた愛情と思いやり、また、これからも決して称賛し尽くすことなどできない彼女の美質に相応しい最高の敬意をこのような形で改めて彼女に捧げたい。

レリオの謝意は一八〇五年十一月の脳卒中の深刻な発作から死までのおよそ二年にわたる妻の献身的な支えに報いたものだった。一七九七年一月、つまり、まだノービリの奉仕が続いていた時期に、既に一度、夫の呼吸困難によって「極度に動揺した」あと、ルイーザは何日間にもわたって社交的な集まりのルーティーンを中断していた。レリオの最晩年の二年間は自身の日常生活を改め、彼の補佐に完全に集中した。「手記」にもその影響があった。というのも、書き記す題材が少なくなったことに加え、それを書く物理的時間すらなくなっていたのだから。「このところ、この日記をきちんと書き続ける時間がない」。しかし、「手記」は、夫の死に直面したルイーザの感情を独自の方法で雄弁に証言している。コスタンティーノ・デ・ノービリとの断絶のときは感情が四頁に埋め尽くされたが、その感情も絶え間ない流れに消え、すぐに都市の社交生活の記録に取って代わられた。レリオの死は簡潔に記された。「一八〇七年十月十二日、夫が息を引き取った」。あとには空白の一頁と五年間の沈黙が続いた。(23)

十八世紀の婚姻におけるチチスベイズモの存在意義について、いくつかの結論を引き出すか、あるいは、少なくともいくつかの仮説を立てるとしよう。ルッカの三角関係から察するに、少なくとも広い意味で性的関係と捉えられるチチスベイズモの領域は、利益を共有しながら一定の親しみと穏やかで安定した愛情を維持する結婚生活の領域からはっきりと区別される。だが、これまで見てきたことのすべてにおいて、このような単純化された対比が認められるわけではない。恐らく、レリオとコスタンティーノの間に立つ、というよりレリオとコスタンティーノ、それぞれに対するルイーザの態度についても、もちろんチチスベイズモ一般についても。少し前に言及した、少なくとも実質的にはチチスベイズモの関係にあったチェーザレ・ベッカリーアの事例、そして形式的にもチチスベイズモの関係と認められる彼の妹マッダレーナの事例にもあてはまるだろう。彼女の場合、ジュリオ・チェーザレ・イジンバルディに嫁し、ピエトロ・ヴェッリから名実ともに奉仕を受けていた。

風変わりな若者で、ヴェッリの手紙に頻繁に登場するイジンバルディには年輩のレリオ・マンシのように控えめに愛想の良く振舞う分別が欠けていた。妻に示した愛情は彼女を保護することも、彼女に安心感を与えることもまったくなかった。ただし、彼らの関係に実質的な愛情が伴わなかったわけではないということに留意しなければならない。男性の側からだけでなく、マッダレーナの側からも。彼女は成熟した付き添い人との関係を維持しつつ、もう一人の猜疑心の強い若者に対する愛情表現を隠さなかった。そのような意思表示はヴェッリには気に入らなかったに違いない。彼はそのことを弟に語りながら、皮肉な無関心を装うという手段に頼った。次の引用は一七六八年十二月三十一日、つまりピエトロとマッダレーナの愛情の炎がまだかなり熱い時期に書かれたものである。

私はイジンバルディ騎士をローディに伴った。彼のために美味しい食べ物とブルゴーニュ産ワインを用意した。彼のために馬車を走らせ、彼は上機嫌だった。私が彼を家に連れ帰ったとき、マッダレーナは彼の首に腕を回して抱きつき、彼を愛撫した。彼は自身の類稀な美しさからすれば当然のこととしてすべてを受け止め、口やかましい男になった。彼は自分を重要人物だと思い込み、私に彼の家で居心地の悪い、とても退屈な晩を過ごさせた。

その愛情の終わりから数年後、彼らの騒然とした結婚生活の変遷の中でマッダレーナはどのような気持ちを夫に対して抱いていたのか、とピエトロは自問した。それは一七七八年六月のこれもまた早過ぎるジュリオ・チェーザレの死のときだった。

イジンバルディ騎士が亡くなったという報せを君は予想もしていなかっただろう。だが、まだ確かなことははっきりしていないが、どうもそのようだ。彼は二年前からストラデッラで奇妙な生活を送っていた。数日間、両膝に大きな痛みを覚えたあと、高熱を発し、聞くところによれば、昨晩、亡くなったらしい。もし、そのとおりなら、彼女の振舞いが愛のせいだったのか、恐れのせいだったのか、あるいは性格が似ていたためだったのかが分かるだろう。(24)

狭義の、そしてより広い影響力を持つモデルとしてのチチスベイズモがアンシャン・レジーム期の結婚にもたらした感情の複雑さは、決して簡単に読み解くことはできない。その複雑さは我々を困惑させたり不快にさせたりすることもあるが、恥知らずで悲惨な堕落という完全にネガティヴなイメージにとらわれたままになっているわけではない。ときにはこの現象の当事者自身がそのように描き出すことがあったとしても。まして――敢えて言う必要もないが――カップルが互いに人間的な弱さを許容し合うことは今も昔もある。この習慣とはまったく無関係な環境においてさえそうだ。だが、十八世紀のイタリアにおいて、複合的な文化的・社会的要因――これらについては、すでに各章で再現してきた――が寛容な習慣を組織化し、それをある歴史的に限定された状況に閉じ込めたこと、したがって、その習慣がこうした文脈の中で説明されなければならないことは間違いない。その組織の中では、自然の性質に合理的に立ち向かおうとする意志が決定的な役割を果たした。いつの時代でもそうであるように、性的領域における男性たちの行動の自由が考慮された。一方、啓蒙主義的モラルにおいては、試みとして制限つきではあったが、女性の自由にも配慮がなされた。ただし、勇気と寛容を以てしても、恋愛の楽しみと家族の絆の脆いバランスを保つには多少の矛盾は避けられなかったし、その先には永遠の愛と完全な従属を謳うロマン主義の亡霊が待っているのだが。

このような抑制された相対的自由の選択――それを利用した女性は多かったのかどうか――は、世間から隔離された従順な妻たちの結婚モデルには（少なくとも理論的には）ない。二つの問題を提示する。そのひとつは、大きな問題に見えるかもしれないが、実際には恐らくそうでもなく、長い議論を必要としないだろう。周知の三角関係では、かつてないほど嫉妬が発散されたが、チチスベオに対する夫の嫉妬のように予想できる方向にだけではなかった。ピエトロ・ヴェッリとイジンバルディがそのことを我々に示している。我々の予想に対しどれほどの割合と広がりを持つのかを統計として示すことは難しいが、嫉妬は確かにあらゆる点でチチスペイズモと長らく歩みを共にしてきた。しかし、全体として見れば明らかに、十八世紀のイタリア貴族の結婚生活がチチスベイズモによって征服される状況が嫉妬のせいで妨げられることはなかった。そのことは本書全体が証明している。イタリアの各地域、各都市における嫉妬について、作家や旅行者たちの様々な評価を我々は既に見てきたが、しっかりしたものもあれば怪しげなものもあり、また、それぞれが甚だしく食い違うこともあった。したがって、更なる補足によって結論の出ない論争を誘うことは避けたい。むしろ、世間の習慣の観察に基づいた老ゴルドーニの意見に耳を傾けるほうが道を誤る危険を減らしてくれるだろう。『回想録』でチチスベイズモを描いたある喜劇の筋を思い出しながら語るところによれば、「イタリアには彼らの妻の付き添いの騎士《カヴァリエル・セルヴェンテ》をかなりの段階まで許容する夫たちがいる。彼らはむしろ友人同士として打ち解けている。だが中には、これら特異な者たちを反りの合わない結婚生活における副司令官として嫌々我慢する嫉妬深い者たちもいる[25]」。もうひとつの問題はより難しく、改めて別に論じる必要がある。

5・3　高貴な生まれ

不誠実な妻たちは貴族にあるリスクをもたらしていたが、そのリスクとは、自分のものと思っている女性の心や身体が他の男性に所有されているという見通しに直面したときの苦しみ以上に深刻な、あるいは少なくともより大きな問題だった。それはつまり、子供たちの父親が誰かという疑いである。この点をよく理解するには、単に我々の類似の経験と置き換えてみるだけでは不十分である。十八世紀の貴族にとって、父親が誰であるかということが文化的にも物質的にもどれほどの重みを持つのか説明しなければならない。彼らの多くは、社会における自らの卓越した独占的な地位が高貴な祖先から途切れることなく続いた家系の子孫であることに負っている、という考えにいまだ支配されていた。その家系がかなり高名な始祖によってかなり遠い昔に築かれたからこそ彼らの特権と優越が歴史の中で正当化されてきたのだ。貴族の風俗習慣を諷刺し、我々の関心とも関連する偉大なテクスト、つまり『一日』*Il giorno* の冒頭の呼びかけに、まさにこうした考えが皮肉に含まれているのは当然だが、パリーニは立て続けに辛辣な機知を以て新興貴族たちが出自の卑しさを金銭で洗浄する当然の成り行きにも言及する。「若様、あなたの身体に流れる血は、何世代にもわたる高貴な生まれの祖先たちを経て伝えられた、まことに純粋で尊いものかもしれません。あるいは、買い取った爵位、および強欲な先代が陸でも海でも恥ずべき手段でかき集めた富があなたの内なる血統の欠点を正しているのかもしれません」(「朝」*Mattino* 第一行—第四行[26])。

とくに「高貴な生まれ」という表現は、動物の〈血統〉*pedigree* を示唆しながら、家系への誇りを遺伝的要素と重ね合わせようとする貴族たちの傾向を巧みに拾い上げている。彼らは父から息子へ庶民よりも優れた生来の性質が継承されると信じていた。この確信にはっきりと認められる男性優位主義は医学理論にも由来する。出産において女性は受動的な役割しか果たさず、男性の種は人類の繁殖における唯一の主体であるとするアリストテレス学派に基づく理論は、近代ではまだ一般的に受け入れられていた[27]。そのようなメンタリティーは家系図と家族史における完全な男性中心の枠組みに表れ、社会の仕組みもそれに対応している。財産相続方式や政略結婚は、何世代にもわたって権威、純粋な血統、一族の富が損なわれることなく男性の手によって維持されるための手段だった。代々、家長となる男性は必ずしもというわけではないが、結果からみれば長男であることが多かった。

この点についてはチチスベイズモの背景にある人口統計学的条件について論じた際に既に指摘したとおりである。チチスベイズモが広まった理由には様々な要因があるが、そのひとつは相続財産の分割を防ぐため、貴族階級に独身男性が増えたことだった。だが、チチスベイズモの誘因のひとつとなったその家族文化そのものが、別の観点からそれを重大なリスクと見なす深刻な理由を抱えていた。事実、啓蒙主義的サロン文化において、もはや貴族の名誉が強迫的に女性の貞操にこだわらなかったとしても、まして、夫たちが皆たやすく嫉妬の餌食にならなかったとしても、一族の家名と未来と繁栄をどこの誰とも分からない者の息子に委ねる可能性を受け入れるだろうか？　これはあらゆるタイプの女性の姦通によって浮上する問題だが、女性たちと付き添いの騎士《カヴァリエル・セルヴェンテ》との継続的な交際と打ち解けた親しさは、何の差し障りもなく公に見せびらかすことができるだけでなく、油断のならない状況をつくりだしていた。この特殊な不都合がチチスベイズモに関する数々の見解の中で長く広く取り沙汰されていたことも、まして、酷評家のシャープがナポリからの手紙でこれについて最も厳しい評価（一部は既に引用した）を下していることも驚くには当たらない。

子供たちは夫婦間の愛情と睦まじさを維持するのに少しも役に立たない。我々のもとでは、父親と母親の特徴を恐らく混ぜ合わせて宿した子供たちに両親が共に関心を向けることによって、彼らの不調和が少なからず解消されることがある。あるいは、そのことによって妻と夫が少なくともうわべだけは良い関係を保つことが強いられる。一方、イタリアでは、妻が愛人への愛情をはっきり示すため、夫が彼女や子供たちに抱くはずの愛情は完全に消されてしまう。夫が自分の子供だと確信できるのは長男だけである。そのような確信が得られるには、息子が結婚後一年以内に生まれていなければならない。女性たちがチチスベオの付き添いを一年以上も我慢することは稀だからである。(28)

このような一般論は侮辱的だし、滑稽すぎて信用できない。だが、示された数値の是非はさておき、シャープの乱暴な指摘はかなりやっかいな問題であり、注意深い分析が必要である。既に何度も指摘してきたとおり、不特定多数のチチスベイズモの奉仕は性的領域とは無関係なままだったと推測される。だが、やはり不特定多数の奉仕が確かにその領域に踏み込み、完全無欠な血統の上に築かれた文化にとって無関心ではいられない事態を引き起こす可能性があった。この急所を突くようなテーマを様々な観点から取り上げてゆきたい。それには、既に扱ったいくつかの事例――完全にチチスベイズモの関係としての体裁を整えているかどうかの区別なく――をこの新たな視点から検証すると共に、さらなる事例も付け加えることになる。前もって断っておくが、これから振り返ってみる事例の中には――読者は気づくだろうが――性的な要素の存在を捉える手掛かりがまったく見当たらないものもいくつかある。だが、それらの事例もまた偶発的な性的誘惑とその結果への対応に関するいくつかの情報を提供する。

シャープの見解に関しては、彼と同意見もあることを記録しておかなければならない。それが全く異なる口調で、どちらかというとチチスベイズモの不道徳に寛大な文脈において表明されたものだとしても。ドイツ人文学者クリスチャン・ヨセフ・ヤーゲマンは一七七八年に刊行が始まった書簡集『イタリアについての手紙』という書簡集の中で、チチスベイズモは言うまでもなく無害な習慣だが、そうはいっても多少の警戒を以て実践されてきたと述べている。結婚生活の「最初の数ヶ月」は――彼の説明によれば――貴族の夫婦は田舎の別荘で暮らし、女性は近親者のみとしか会わなかった。

多くの者たちが私に断言したところによれば、それは父親が長男の出生にほんの僅かでも疑いを抱くことがないようにするための措置だった。その長男に家族の繁殖とすべての相続財産が委ねられるのだから。妻たちは田舎の保有地から妊娠して帰ってきて、その後、初めてチチスベオたちとの関係を持つようになる。[29]

本書では既に婚姻契約書に付き添いの騎士《カヴァリエル・セルヴェンテ》が記載されているという伝説を否定しつつ、その伝説の裏に付き添い役の選択が家族間協定の性格を帯びている現実がその裏に隠されていることを見てきた。このような性格が重視された事例として、ルッカのマンシ家やブルラマッキ家では、結婚したばかりの若い花嫁にチチスベオが付けられた。その情報はキアーラ・シニバルディが息子パオロ・ガルゾーニに宛てた手紙によってもたらされたものである。ヤーゲマンとシャープの仮説は、このような確認された事実によって必ずしも否定されるわけではない。チチスベオの人選が婚姻契約の成立と同時に決まり、だが奉仕が始まるのはずっと後だった、という可能性もある。ヤーゲマンの発言はこのような意味として捉えることができるし、結婚成立時から数年隔てて（その間に夫婦が子宝に恵まれたあとで）始まったチチスベイズモの関係についても当て嵌まる。いずれにせよ、我々に必要な検証は、利用可能な資料の調査を通して、妊娠時期と付き添いの開始時期との間に時間的隔たりがあるかどうかを確認する作業ということになる。情報は少ないがどれも重要で、しかも多種多様である。

ラウラ・コッタ・グレッピはロッティンジェ監督官殿による奉仕が始まったとき、既に五人の息子がいて、皆十分大人だった。ジュスティニアンの奉仕を受けていたカテリーナ・コンタリーニ・クェリーニの子供たちは小さかったが、四人とも男子だった。パオロの誕生の前年、キアーラ・シニバルディ・ガルゾーニの傍らにマッツァローザ氏がいたかどうかは不明なままだ。マッダレーナ・ベッカリーア・イジンバルディがピエトロ・ヴェッリとの関係を始めたとき、彼女は最初で唯一の息子を妊娠中だった。彼女の義理の姉、テレーザ・ブラスコ・ベッカリーアはバルトロメオ・カルデラーラとの三角関係の開始以前に長女を妊娠し、関係開始後に次女と息子を妊娠した。姪のジュリア・ベッカリーア・マンゾーニが一人息子を妊娠したのは、ジョヴァンニ・ヴェッリが彼女に付き添っていた間のことだった。バルバラ・コルベッリ・ダッダはピエトロ・ヴェッリとの密接な関係を持った一年後、最初の出産の後遺症で亡くなった。アドリアンナ・ペーザロ・コッレールはジョヴァンニ・クェリーニがスペインに発った五ヶ月後に男児を出産した。ルイーザ・パルマ・マンシがコスタンティーノ・デ・ノービリの奉仕を受け始めたときは既に結婚から八年が経過していたが、子供はなく、当時のならわしとして、女性の側に不妊の原因があると考えられていた。

全体として、ここで挙げた小さなサンプルによって、時期的配慮という仮説が正しいと認めることはできない。とくに、チチスベイズモの関係が形式的であるほど子供たちの正当性が確実に保証されるという印象はすぐさま払拭される。そう見えるとすれば、それは単なる偶然の一致に過ぎないが、それが否定されるようなセンセーショナルな事態を間もなく紹介することになる。結果として生じたデータを一般化すると、チチスベイズモの奉仕が始まるのは確実に子孫を得たあとのみとする考えには、いくらかの根拠はあるが、それを正しいとする絶対的な保証はない。

ラウラ・コッタとカテリーナ・コンタリーニの夫たちの血統はしっかり守られたように見える。付き添いの騎士たちが登場したとき、彼女たちにはすでに多くの息子たちがいたことは見てきたとおりだ。妊娠中のラウラには他に奉仕する者がいた可能性はなく、同じくカテリーナにもいなかったと思われる。だが、マッダレーナ・ベッカリーアの事例は疑わしい。彼女はピエトロ・ヴェッリとの交際前に妊娠したが、生まれてくる子供がイジンバルディ家の存続に欠かせない男子であるとは誰も予め保証できなかったはずだ。いずれにせよ、当時の子供の死亡率は貴族の間でさえ大変高く、男子一人が生まれたからといって家系の存続について安心できたわけではない。もちろん、長男の死後、チチスベオに暇を出し、懸念なく義務を再会することもできたが、そのような事例は今のところ見つかっていない。まして、バルバラ・コルベッリとジュリア・ベッカリーアが最初に妊娠したときは三角関係にある最中だった。二回目以降の妊娠が夫によるものではないと思われていたと仄めかすシャープの見解は愚かだが、最初の妊娠よりも注意を払われていたとはもちろん期待できない。ジュスティニアンが傍にいた三十歳のカッティーナは、実際にはそれ以上出産しなかったが、妊娠可能な年齢だった。テレーザ・ブラスコはカルデラーラとの三角関係の開始後にも、そしてアンドリアンナ・ペーザロは――我々の知るその息子が長子でなければ――はザネットとの三角関係の期間中に出産した。

要するに、田舎に引きこもっているかどうかに関係なく、ヤーゲマンの仮説はいくらかの真実を含んでいるが、問題をすべて解決するには程遠い。まして、時期的予防措置は頼るべき唯一の手段ではない。その効果とは別に、常に実行可能な予防措置、いわば方法論的予防措置の効果についても考えなければならない。この点については、実生活からの情報収集は期待できないが、同時代の観察者たちは彼らの記録の中でも人々の好奇心をそそりそうなページを空白にしておくことはなかった。貴婦人と騎士のプラトニックな関係について懐疑的なコスタンティーニは、このような場面の目撃者になったところを思い描いている。

> あるサロンで、貴婦人たちがそれぞれの騎士に授ける恩恵が話題になった。そこでは数多の素晴らしいことが語られた。ある貴婦人は身震いもせず、彼女もいくらかの恩恵を彼女のお気に入りの騎士に与えたが、帯から上で、と語った。年輩の騎士がそれに対して率直に、多くの女性たちがアルレッキーノ〔イタリアの伝統喜劇コンメディア・デッラルテの登場人物〕のような帯を巻いている、と答えた。(30)

フランス人旅行者ド・ブロスは、もう少しはっきりした証言を残している。既に引用したヴェネツィアからの手紙には、チチスベオの選定に際し、関係する家族が政治的条件を考慮したことが説明されていたが、その後には性に関する話題が続く。

これらの条件が整うと、女性は自由を得た。しかし、真実に正義を与えなければならない。我々の大使が先日私に語ったのだが、彼の知るところによれば、彼らの愛人と寝た貴婦人は五十人にも上らない。それ以外の女性たちは信仰心から自制している。聴罪司祭たちが彼女らと交渉し、彼女たちに核心部分を控えるよう仕向けた。それさえ守られれば、司祭たちはどれほど逸脱した行為でも認めた。思いのまま振舞ってもよいという許可を含めて。(31)

これらの逸話にレトリックとして挿入される大雑把な数字はさておき、この情報はそれほど常軌を逸したものではない。聴罪司祭の巻き添えは決して考えられなくもない。ひょっとすると、方法論的予防措置の本質的な手段を看過したド・ブロスを咎める人がいるかもしれない。イタリア貴族はもちろん避妊術をめぐる国際的な知の進歩について知っていた。彼らの中でも最も大胆で情熱的な者たちは、もちろんド・ブロスのことばが仄めかす満足に甘んじなかっただろう。

時期と方法を組み合わせることで、要するに、かなり信頼できるレヴェルで、夫以外の者の子供が生まれるリスクの回避を保証することができる。だが、完全には回避できないという課題が残る。事実、時折そのシステムが綻び、災難を生み出すことがあった。その災難は、巻き込まれた夫婦や家族がそのために既に消耗していた度合いに応じて、多かれ少なかれ関係者を苦しめることになる。一七八六年、クレモナの貴族ルイージ・フェッラーリとファウスティーナ・サロモーニ夫妻の間に、係争にまで発展したある出来事が生じた。

ふたりは一七七〇年頃に結婚した。女性は二十歳で、夫は三十歳をわずかに超えていた。十年間ふたりは穏やかに暮らし、男女合わせて五人の子供が生まれた。彼らの不和が始まったのは一七八〇年代のはじめ、まだ若いファウスティーナの人生にチチスベイズモが登場した時期と一致している。弁護士間で交わされた手紙によると、一七八三年、フェッラーリは、「彼が付き添いの騎士《カヴァリエル・セルヴェンテ》と呼んでいるガッディ侯爵令息殿とフランチェスコ・マーキ殿が妻のもとから去るよう正式に書面で要求した」。だが、その要求には耳は傾けられず、ふたりの貴族のチチスベオにまもなく第三の軍人チチスベオが加わった。夫婦間の緊張は、家族全体に共通する喧嘩好きの性質が醸しだす雰囲気の中で悪化した。ファウスティーナの両親も互いに不和で、父は婿と、母はファウスティーナともう一人の娘（彼女の意見では同様に不道徳だった）と敵対していた。姑は婿宛に精神的支援を送る手紙を書いた。「私の二人の娘のどちらにも多少の長所は認めますが、彼女たちの父親には一筋の信義もなく、付き添いの習慣が彼女たちの破滅と名誉失墜につながるということを理解できません」。さらに「私は同時にあなたの節度ある振舞いに感じ入っております。あなたは徳と穏やかな精神に満たされています［…］どうか毅然とした行いを続けてください。あなたは天国に迎えられ、地上でもお幸せになるでしょう」。

フェッラーリはその間、永遠の報いを待ち侘びながら穏やかな月日を過ごすことはなかった。一七八二年から続く彼の苦悩の報告が、カステッレオーネの田舎の住まいから姑宛に送られたのは一七八六年の終わりのことだった。


ひとつの奈落からもうひとつの奈落へと妻は沈みました。彼女はかつてないほど遊びや賭け事に興じ、すっかり詐欺師になりました。彼女は私が彼女のサロンに迎えることを認めた共通の友人たちは寄せ付けず、フィレンツェ出身の貧しい家の長男ではない若者を引き入れ、彼の困窮に救いの手を差し伸べるよう要求し、巧妙な手口で私が彼に同情し、食卓に招くよう仕向けました。私は私の決めた範囲内で受け入れていましたが、結婚当初彼女に与えた忠告を繰り返すことを控えませんでした。それは、軍人とは係わり合いになるな、ということです。この忠告には耳は傾けられませんでした。一七八三年、彼女に受け入れられなかった付き添い人とフィレンツェ出身の新しい候補者の間で挑発行為が起こり、家の中で互いを殺そうとしました［…］私は訴訟を口実にミラノに滞在したり、所有地での仕事のため田舎に留まったりして、哲学者のように妻を町に残し、付き添いたちの腕に委ねました。彼女は秋なると友人たちやって来て数日滞在し、その後、同じ身分ではない者の別荘に移って行きました。私はそのことについてきっぱりと遺憾の意を彼女に示すことを忘れませんでした。彼女は私を思うままに操り、弁説で私をやり込めることができると信じていました。このように私は三年間、つまり一七八六年まで我慢しました。

だが、まさにこの間の最後の数ヶ月、事態は急転した。ある出来事のせいで、成熟した夫が、それまで無理やり我慢してきた態度を捨てたのだ。

八月、彼女は田舎に来て、数日間滞在しました。彼女は妊娠していました。彼女は町に戻って、そこからカステッレオーネに戻るはずでしたが、実際には九月のはじめにピアデーナに赴き、そこで出産直後まで滞在しました。彼女のこうした考えが私には甚だ遺憾でした。九月の終わり、ピアデーナから私のもとに男子の誕生の知らせが届きました。洗礼式でどのような名前をつけたらいいかと尋ねられ、すぐにフランチェスコとするよう彼女に書き送り、その理由として、私の三人のフランチェスコは死んだので、恐らく私の息子たちを泥棒から守ることができるだろうと述べました。私は多くを語りませんでしたが、一七八六年［正しくは一七八五年］の十二月、一月、二月、三月、四月はずっと節制していました。

怒りに駆られ新生児に呪われた名前をつけたフェッラーリだったが、見てのとおり、正確な計算に基づいている。妻について自己弁明するため、彼は十二月二十五日にある友人に繰り返した。「私が彼女に触れなくなってから十二ヶ月後に彼女から生まれた子供の洗礼式に立ち会わなかったことで」「彼女はおそらく私が妻の浮気を許していると信じているのだろうが、それは間違っている。私が町から遠ざかっていたことをもっと真面目に考慮すべきだった。町の居酒屋で彼女の男友だちが自慢していたことをすべて私は知っていた［…］彼女は一体、私が日付も時も気にしていないと思っていたのだろうか？　私のほうは自分の子供たちとそうではない子供たちの区別がつくように絶えずそうしたことを意識していたのだ」。姑は、いつものように、彼の味方だった。「この度の私の娘の目に余る振舞い、あなたの妻と彼女に言い寄る付き添い人との関係、そして、残念ながら私も承知するところとなったわけですが、彼らのせいであなたの家が見舞われた状況を鑑み、私はあなたに今後、一月以降、ファウスティーナがピアデーナで産んだ息子の養育についてはお考えにならないようにとお知らせしなければなりません」。

この子供の誕生は、両親の結婚を決定的に座礁させた。彼らは別居し、長い裁判を経て、女性と子供たちの扶養に関する詳細な取り決めに至った。小さなフランチェスコは母親のもとで成長した。しかし、事実として指摘しておかなければならないが、フェッラーリが彼を全く無視したわけではなく、妻との関係も完全に断ち切ったわけではなかった。彼の書類の中にそれぞれファウスティーナと十三歳の少年から彼に宛てられた二通の手紙がある。「クレモナ、一七九九年九月二十八日。親愛なるあなた、ケッキーノ〔フランチェスコの愛称〕が今晩カステッレオーネに行くとあなたに約束したと言っているのですが、彼がそちらに行けないことを悪くお考えにならないでください。理由は昨晩、微熱があったからなのです〔…〕彼をここに置いても構わないのでしたら、私の馬車の用意ができ次第、あとで私が彼を連れて行きます」。「クレモナ、一七九九年十月三日。親愛なる父上様、僕の健康が回復したことをお知らせしなければなりません。ママの手紙から御承知のとおり、少し熱があっただけでした。ママがそちらに行くとき、僕も行きます[32]」。

　正式な夫のものではない子供の誕生に、人々は各自の性格と知力が許容する限りの寛容性と機転に基づいた反応を示す。田舎の小貴族が明らかに自分の血を引いていない子供の誕生によって受けた精神的打撃を最終的に少しは和らげることができたとすれば、チェーザレ・ベッカリーアはかつて、疑わしい重大局面における最も感嘆すべき落ち着きの模範を直に示した。一七六七年八月二十日、女児が誕生した。それは、その前年の十二月十二日、彼がパリからミラノへ戻ってきてから九ヶ月が経過する数週間前の出来事だった。このとき、もはや怒りの収まらないピエトロ・ヴェッリが弟のアレッサンドロにテレーザ・ブラスコの妊娠の経過を報告しながら、月日を計算したのには悪意が感じられなくもない。一七六七年三月三十日の最初の報せは、若いバルトロメオ・カルデラーラの勿体ぶった仲間たちの焦燥にも言及している。

　若侯爵若夫人の妊娠は人目につくほど明らかである。計算すると彼女の夫の帰りから三ヶ月半以上は経っていないはずだが、彼女のお腹の大きさはそれ以上に見える。リッタとカルデラーラの仲間たち、ならびに彼女の態度、驕り、行儀の悪さ、資質をよく思わない者たちがこぞって暦を手に、出産の時期を計算している。彼女の夫の帰りが十二月十二日だったので、九月半ば頃になるはずだが、八月のはじめになると予想されている。

八月八日に新たに出された手紙には、フランス旅行中にアレッサンドロとチェーザレの間で交わされたプレゼントへの皮肉が述べられている。

早くベッカリーアに彼の時計を返却するほうがいいだろう。彼と妻は子供が八ヶ月で生まれることを予想し、そのことについて話し合い、それを計算どおりの事実とする手はずを整えている。この救世主は今月中に現われることが期待されている。

ついに、八月二十六日には同じ調子で出産の知らせが届いたが、パリからの帰還の日付には小さな間違いがあり、新生児の性別には重大な間違いがあった。ヴェッリの喜劇ふう情景描写に登場する「侯爵夫人」はチェーザレの母親で、ジュリエッタは彼の長女である。

前回の手紙に、今月二十日にベッカリーアに男子が誕生したことを書くのを忘れていた。これで彼が予言者だったかどうか分かるだろう、出産は八月に予定されていたのだから！　知ってのとおり、彼は十二月十三日に帰ってきた。彼がその知らせを父上に言上したところ、お父上は彼に「あなたの慶事を嬉しく思う」と返事した。さらに、この冷淡なお祝いにつづけて、若侯爵夫人が出産の時期を随分早く繰り上げたと付け加えた。「とても」と侯爵夫人が応じ、その場は終わった。カルデラーリがすぐに来て、侯爵に祝辞を述べた。このことだけでも彼の性格を推し量るのに十分である。恋人の名誉を貶め、友人に汚辱を与え、ジュリエッタから財産を奪った犯人である彼は、その瞬間、良心の呵責を黙らせることも、それに対して無頓着でいることもできるのだ。私にはこのことが彼の性格をよく表しているように思える[33]。

ベッカリーアは並外れた人物だったが、親子関係に対する姿勢は普通の人と変わらなかった。一七九三年、シエナで、マルタ騎士団員ダニエッロ・ベルリンギエーリは、友人アントニオ・リニエーリ・デ・ロッキの妻アンナ・マルティーニの付き添いの騎士《カヴァリエル・セルヴェンテ》になった。一八二四年のアンナの死まで、良いときも悪いときも含め、三十年にわたって続く、もちろん性的な意味も含めた関係の始まりだった。チチスベイズモが危機に陥ったときも——この点については後で述べる——奉仕の形式や名称が維持されていたのかどうかは分からない。リニエーリ夫妻の七人の子供のうち、一八〇一年に生まれたジュリアはベルリンギエーリに格別可愛がられ、一八二六年、つまり母親の死の二年後、トスカーナの弁理公使としてパリに招かれたとき、彼女を姪として連れて行ったほどだった。ちなみに、ジュリアは文学史における有名人となった。フランスでスタンダールを魅了し、スタンダールは一八三〇年、「おじ」に彼女を妻として願い出たが、聞き入れられなかった。ベルリンギエーリと少女の関係のパリからフィレンツェへもっぱらの噂となって広がり、アントニオ・リニエーリは大公国首相に、彼らの関係に性的な意味で不純なものは一切ないと保証する手紙を書くことを余儀なくされた。ベルリンギエーリがジュリアに向けるのは「父性に近い愛情」であり、ジュリアのほうは娘のように「第二の父親、そして師」として彼の愛情に応えている、と。

だが、その噂が一層周知されていたシエナでは、ほとんど父親同然という点が非難の対象となり、しばらく前から事態は本当の弱点を突かれていた。パリから戻ったベルリンギエーリが正式にジュリアを養女とし、一八三三年、リニエーリと共に彼女の結婚を発表するに及んで、それは公然と嘲笑の対象となった。シエナの市立図書館には、誰の手によるものかは分からないが、猥褻な冗談が書き加えられた招待状の写しが保管されている。リニエーリはつねに妻とその友人の関係を進んで承認し、「永遠に記憶されるべきアンナ・リニエーリ旧姓マルティィーニの徳に捧げる賛辞」の内容どおりの状態を受け入れた。これは彼女の死に際してベルリンギエーリによって書かれ印刷された追悼の詩である。

ごらん、アントニオ、君が胸から
魂を吐き出そうとしてつく深いため息に
同じため息で私が応えるのを。
我々は同じではない。あの天国の人と
君は聖なる結婚の鎖で結ばれ、
私は温かい友情と誠実な愛情で結ばれている。
君はそのことに同意した。そして、そのおかげで
君が完全に享受していた光の一筋が
実に三十年間も私の人生を穏やかなものにしてくれた。
その純粋な徳の光は、浅瀬の中で
真の港を目指す私の旅の道標となり

私に勇気を与えてくれた。

一八三八年、ベルリンギエーリが亡くなったとき、シエナのアカデミーで彼の追悼文を読み、出版したのは、アントニオの息子アルベルト・リニエーリ・デ・ロッキだった。その賛辞には騎士の人生における母親への言及も含まれていた。「マルタから帰還後、この町の貴婦人であり、私がその息子であることを誇りとするアンナ・マルティーニ・リニエーリと良家に生まれた魂に相応しい親交を結んだ[34]」。

このような話が悪ふざけ好きな者たちにインスピレーションを与えたようだ。語られたのは十九世紀半ばのことだが、マラスピーナ侯爵の逸話のように、こともあろうに関係者自身にさえも。マラスピーナ侯爵は一七九九年、カラブリアでルッフォ枢機卿が指揮するサンフェディスタの軍隊に入隊したが、戦場で敵のひとり、ジャコバン派のマチェドニオ騎士に出合い喜びを露にしたために叱責された。そのことに対して「侯爵は弁解するために笑いながら「猊下、あなた様は世故に長け、機知に溢れる方ですから、どうかお怒りになりませんように。周知のようにマチェドニオ騎士は何年もの間、私の母の付き添いの騎士《カヴァリエル・セルヴェンテ》だったのです。ですから、私が彼の息子でないと誰が保証できるでしょうか？[35]」」。実際のところ、気の利いた科白で解決するにはデリケート過ぎる問題だが、軽く扱うことは無意味でもなかった。チェーザレ・ベッカリーア、アントニオ・リニエーリ、そして恐らくマラスピーナ侯爵の父はとくに寛大な夫たちだった。だが、彼らの鷹揚さが同時代において特別だったわけではない点は考慮すべきだ。彼らの事例は、誤りにせよ必然にせよ、明らかに父親との血の繋がりがない親子関係があったことを示しているが、その危険はひっそりと広まっていた。チチスベイズモと高貴な血統文化の両立は、何人かの個人における開放的精神あるいは従順な性格という心理的要素によってのみ説明することは不可能である。より一般的かつ構造的な理由がそこにはあったに違いない。

だが、それを説明する前に、断っておきたい。我々が目下、話題にしている現象は、その現象がある程度普及していたから重要なのではなく、自制心の欠如や予防措置の失敗のせいで起こってしまう可能性があったために重要である。つまり、今ここで話題にしているのは、確率としてはそれほど高くないリスクである。だからこそ、チチスベイズモの実践を通してイタリア貴族全体に広がるそのリスクは、何よりもまず、チチスベイズモの発展の温床となった啓蒙主義自体によって受け入れられやすくなった。啓蒙主義は、数多くの優れた論述によって、誕生に基づく法律的・物質的特権と道徳的・社会的優越性の主張を根本から否定した。だが、貴族文化への異議申し立てというより結果そのものに見えるまた別の要素が、もう少し曲がりくねったコースをたどって、恐らくそこに加わった。財産・家名・称号を一人の後継者に託すために婚姻数を減らす傾向にある家族戦略は、独身者を増やしただけでなく、死亡率の高い時代には多くの一族の完全消滅の原因となった。つまり、過剰な努力が、望んでいたことと正反対の結果をもたらしたのである。十八世紀の多くのイタリア貴族が、庶民に対する過剰な閉鎖政策と自身の階級の先細りへの警戒という矛盾を抱えているのにはそれなりの理由があった。

当然、付き添いの騎士《カヴァリエル・セルヴェンテ》を観察する様々な人たちの中には、はっきりとこの習慣を生殖不足解消のための意図的な解決手段と解釈した者もいないわけではなかった。スコットランドの小説家トビアス・スモレット（彼はイタリア人に好意的になれないイギリス人旅行者のひとりだった）は彼の『フランス・イタリア旅行』*Travels through France and Italy* に収められたフレンツェについての一七六五年の手紙で、イタリア人の伝統的な嫉妬の解消について「一般的に、チチスベオを選ぶ習慣は、家の消滅を防ぐために考案された手段と見なされている。さもないと、しばしば家系が途絶えてしまうのだ。結婚が利益に基づいて契約され、当事者どうしにまったく愛情の形跡がないまま執り行われるからには」と説明している。[36] ホレス・マンは友人ウォルポールに直接、具体例を示した。一七五〇年二月十三日の手紙で、ニューカッスルの公爵家の出身で、フィレンツェのある貴婦人の付き添い役だった若者トーマス・ペラムが、イギリスで彼と婚約していた花嫁に会うのに遅刻した理由を次のように報せている。

そのような申し出を彼が等閑にするなんて気違い沙汰だが、彼に対するアッチャィォーロ伯爵夫人の影響力はあまりにも強く、常に彼の出発予定日を延期させた。ペラムは彼女の別荘への滞在に数日間付き添う準備をしていた。そのことは家族全体の同意を得ていた。夫に対する伯爵夫人の嫌悪感を埋め合わせるような何かが起こるかもしれないという期待が隠されていることは疑いなかった。一家はとりわけ古い家柄で、アテネの公爵家の直系であることを誇りにしており、遺産が教会に譲渡されることを避けるため、相続人を望んでいた。だが、私は毎日、若者に繰り返した。アテネの公爵家よりもニューカッスルの公爵家の跡継ぎをつくるほうが急務である、と。[37]

冗談はさておき、家族の人口統計学上の危機は現実問題だった。その目に見える兆候として、近代にますますその数を増加させていた複合姓が挙げられる。通常、複合姓は結婚を介した同盟によって生じた。それによって男子の跡継ぎのない家の最後の相続人となった女子が資産と家名を別の家に持ち込んだのである。このこと自体、男性による遺伝上の親子関係を基調とする文化を大幅に見直す必要性を示している。だが、人々の目にほとんど直接触れないまま、高貴な血統の一貫性を相対化する行為も広がっていた。それはつまり養子である。家族やその資産の相続人を保障する手段として、血縁に限らず政治的・社会的関係に基づく養子に頼るという現象は、文化人類学研究が様々な文脈で特定し、研究対象としてきた。[38] 十八世紀のイタリア貴族によって制度化された事態もこれに連なる。本書の登場人物によって示された例をひとつ挙げるに止めよう。部分的には既に紹介しているが、養子と女性による継承の二つの要素が組み合わされた、恰好の例である。

ルッカでキアーラ・シニバルディ・ガルゾーニの付き添いだったフランチェスコ・マッツァローザはトンマーゾという人物の息子で旧姓はニエーリだったがマッツァローザ家の女性と結婚し、この場合、唯一残った人物としてマッツァローザ姓を名乗るようになった。子供がいなかった彼は死ぬ前にルッカの大貴族の分家の長男ではない男子、アントニオ・マンシを養子とし、彼に財産の半分を託した。[39] その意図は、資産運営における貴族の連帯という議論の余地のない論理に基づいていた。継承者のない資産が、長子でない男子を資産のない後継者として見出したのである。しかし、その結果、トンマーゾとフランチェスコ、フランチェスコとアントニオ・マッツァローザの関係は三世代にわたって二度とも男子による遺伝的継承の条件を満たしていなかったことになる。全体像を把握するために、フランチェスコ氏は彼の財産のもう半分を彼が奉仕した貴婦人の息子パオロ・ガルゾーニに残したことを思い出して欲しい。この人物については、彼の息子であると主張する根拠は何もないのだが。

結婚し、自身の子供を持つ男性は明らかにマッツァローザとは異なる境遇にある、と述べるにとどまるのは、たった今再現した文化的・社会的文脈を忘れてしまうことになるだろう。全体として見れば、チチスベオの子供の妊娠という周辺リスクを受け入れることも十分理解できる。父から子への血縁による継承への理論的強迫観念は、姦通を考慮せずとも既に実践的に回避されてきたことは明らかなのだから。感情的なロマン主義から解放され、ある疑問を提示してみよう。ある男性にとって、遠い親戚か友人の、恐らく若い男児を養子にするとすれば、その息子は妻のチチスベオの息子とどれほどの違いがあるだろうか？　それは、つまり――

本書全体にわたって証明してきたとおり――ともに親戚・同盟者の仲間を代表する男女の息子、ということになるのだ。続く最終章では、この問題に関して、我々と十八世紀的感性を隔てるものが何であるかを論じるつもりだが、その前に、たった今提示した質問に対する同時代の返答を紹介しよう。そのような返答は、当然、存在した。既に引用したイギリス人旅行者ブルックが、一七九四年、ローマで交わした対話の記録には付き添いの騎士《カヴァリエル・セルヴェンテ》に関する話題の他、いくつかの考察が含まれているが、我々にとって特に目新しいものではない。

ある教養豊かな婦人とこの習慣について話したとき、彼女が私に語ったところによると、ローマではチチスベイズモが広まったあと殺人はほとんどなくなり、この習慣は教会の儀式によって聖別されたものではないにもかかわらず、神父はそれを無視することなく、廃止するためにいかなる手段もとらなかった。また、チチスベオは実際、第二の夫以上でも以下でもない、ということだった。私は彼女に訊いた「奥様、夫は子供が自分の子供だとどうやって分かるのですか?」。「彼らにとっては」を彼女は私に答えた「妻の子供であることが分かれば十分なのです」[40]。

世襲制の継承は、各貴族にとって何よりも重い課題だったが、歴史が貴族階級全体に与えた運命でもあった。彼ら特権的エリートたちは、外部に対して極度に閉鎖的で、内部では関係性の網によってつながりを強化していた。この連帯の理論が資産継承の問題解決に効力を発揮したことを我々は見てきた。それ故、この連帯性が、結束力の強い、厳選されたグループの集団的生殖における偶発的な役割の交換という展開に完全に無関係だったとは考えにくい。貴族各人の血筋が高貴であるというだけでなく、貴族階級全体の血筋もそうなのだ。

チチスベイズモに対する数々の非難のひとつとして、ヴェネツィアについてシャープはこう書いている。父親たちは「他の国の父親たちに比べて、彼らの子供たちにほとんど愛情を示さない。共和国の子供たち、と彼らはきっぱり言うが、その同じ信念を以て、彼らの正式な父親の子供たち、とは言わない」[41]。論争的攻撃性とは無縁のこの発言を、逆説的な意味ではなく我々の分析に資するものとして解釈してみよう。我々は既に、チチスベイズモの持つ純粋に貴族的な性質、そして共和政都市国家の貴族のもとでの大きな浸透力を明らかにしてきた。共和政都市国家では、チチスベイズモが結婚による結びつきを倍増させ、家族に新たなつながりを提供することによって、結束を図るためのさらなる要素として機能した。「共和国の子供たち」にはシャープが意図した軽蔑的な意味、即ち父親の分からない子供たち、という意味だけが込められているのではない。そこには、いわば、階級的親子関係を考慮した、鋭く包括的な意味が込められている。それは、それなりに正当な親子関係だった。血統や出自を誇りとすることができない人々に対して貴族階級が閉鎖的であり続ける限りは。

VI　追放されたチチスベオ

6・1 「滑稽な称号」

アレッサンドロ・マンゾーニは一八〇八年、二十五歳のとき、十七歳のエンリケッタ・ブロンデルと結婚した。彼女はスイス人のカルヴァン主義者で貴族ではなかった。アレッサンドロが彼女の中に見出した資質、それは結婚の数ヶ月前、ある友人宛の手紙の中に書き記されていたが（「家族的愛情に完全に満たされた」「この上なく素晴らしい心」）、彼らの結婚生活によって完全に裏づけられた。彼らの結婚は相互の信頼と献身に支えられた非の打ち所のないモデルであり、その家庭的雰囲気には世俗性やギャラントリー、ましてやチチスベオなど入り込む余地はなかった。厳かな結婚にまつわる領域では、マンゾーニに最も近い祖先たちの振る舞いは大層異なっていた。これまで見てきたことをざっと復習しよう。アレッサンドロはピエトロ・マンゾーニ伯爵とジュリア・ベッカリーアの不幸な結婚によって一七八三年に生まれた息子だった。祖父のチェーザレ・ベッカリーアは祖母テレーザ・ブラスコを大変自由気儘にさせていたので、彼女はそれに厚かましくつけ込んだ結果、三十歳にもならないうちに性病によって死んだ。テレーザはピエトロ・ヴェッリの愛人だったが、その交際はジュリアを妊娠した時期とは重ならない。ジュリアは敬虔な老女となり、ひとり息子と従順な嫁、そして数多くの孫たちにとっては圧迫感のある存在だったが、若い頃は活発で、日頃から彼女に付き添っていたピエトロ・ヴェッリの弟のひとり、ジョヴァンニとの自由な交際を楽しんでいた。既に述べたとおり、この交際期間中に妊娠し、ここでついに言い添えておくと、アレッサンドロの父親はピエトロ・マンゾーニではなく、ジョヴァンニ・ヴェッリだということはもはや常識である。アレッサンドロ・マンゾーニはつまりチェーザレ・ベッカリーアの孫にしてピエトロ・ヴェッリの甥ということになる。[1]

十九世紀のイタリア最大の知識人とミラノおよびイタリアの名立たる啓蒙主義者たちとの間には、決定的な文化的遺産と厄介な生物学的親子関係、そして私生活上のモラルの差異がある。その差は、たった二世代の間とはいえ根本から覆されるほどの、といっても大袈裟ではなかった。マンゾーニ、そして苦悩と共にカトリックに改宗したエンリケッタの宗教心だけではヨーロッパ全体にこれほど大きな影響を持つ現象を十分説明することができない。今ここで、その現象に注意を向ける理由は、その最中にイタリアでチチスベイズモが急速に衰退したためである。ちょうど啓蒙主義的社交性がその普及を加速させたのと対照的に。[2]

ヨーロッパの知識階級に生じた道徳的感性の変化が現実のものとなったとき、その観察者たちにとって新旧の世界の比較の提示に最も適した形は、ドラスティックな対立だった。この点を最も分かりやすく示すテクストはモーパッサンの短編小説『かつて』（一八八〇）である。この小説では十八世紀と十九世紀の性的概念がそれぞれ老貴婦人とその若い孫娘によって体現される。前者は恋愛にまつわる流血事件の新聞記事を読み、うんざりする。少女がそれを嫉妬の正しいあり方として弁護すると（「お婆さま、結婚とは神聖なものです！」）、祖母は反論のため、彼女の時代の偏見のない習慣のほうがより自然だと彼女に説く。

「お聞きなさい、お嬢ちゃん、男女の仲についてなら、三世代にもわたって見てきて、とてもよく知っている老女の話を。結婚と恋愛の間には何の脈絡もないの。結婚の目的は家族を築くこと。そして、いくつもの家族によって社会がつくられるの〔…〕二人が結婚すれば、利益を分かち合い、相続財産を共有し、互いの親族と付き合い、財産や子供たちに関する共通の利害のために働かなければならない。結婚は一度だけのことなの、私のお嬢ちゃん、世間がそう命じているから。でも、私たちは人生で二十回でも恋愛することができる。自然がそう定めているから。結婚は、そうね、法で、恋愛は本能なの」〔…〕驚愕したベルトは目を見開いた。「まあ、お婆さま！」彼女はつぶやいた「恋愛は一回さりです」。祖母は失われたギャラントリーの神を呼び覚ますように震える両手を空に向けて挙げ、憤慨して叫んだ。「あなたたちは粗野な人間になってしまったのね、俗人に。革命からこのかた世間は一変してしまった。あなたたちはあらゆる行為を大袈裟に言い表し、物事のあらゆる隅々にまでうんざりするような義務を見出す。そして平等と永遠の情熱を信じている〔…〕私の時代には、ある紳士が気に入れば、私のお嬢ちゃん、彼のもとに使いの者を送ったものだった。そして、新しい想いが芽生えると、そのときお付き合いしていた愛人に急いで暇を出すか…少なくとも二人とも確保しておこうとしたものだった」〔…〕すっかり蒼白になった少女はどもりながら言った。「その当時、女性には名誉というものがなかったのですね(3)」。

当然、現実の人生はこれほどはっきりとした形で放縦と義務に区別されていたわけではなかった。だが、比較の対象となる文化的・政治的局面がモーパッサンによって余すところなく示されている。彼はこの場面に続いて、相反するふたつの傾向のそれぞれ主要な代表者であり擁護者でもあるヴォルテールとルソーの名を挙げ、その比較を完璧なものにした。広い意味でのロマン主義に限らず、文学史上のロマン主義との関連からも我々がそう呼ぶことができる最新の傾向がフランスおよびヨーロッパの読者に受容された決定的要因は、ルソーの巨大な影響力だった。とくに書簡体小説『新エロイーズ』（一七六一）と教育論『エミール』（一七六二）の影響は大きい。この二冊には、私生活と家庭にまつわる新しい道徳を確立するための理念が込められている。放縦な軽率さとは相容れない、情熱的で全身全霊を傾けた愛。誠実な一心同体の結婚生活。家庭的親密さと子供たちへの愛情に満ちた養育。サロンから妻として母としての義務への女性の関心の移行。おそらく、こうした理念と実践のすべてが容易に一致するわけではなかっただろうが、もちろんどれもが十八世紀の習慣とは対立するものだった。

十八世紀の習慣と比べてあまりにも大きな変化だったために、実現するまでの半世紀、あるいは二世代が非常に短期間に見えたほどだった。しかし、それは十八世紀の後半に様々な傾向が重なり合う雰囲気を作り出すには十分だった。いまだギャラントリーが花開く一方、厳粛な感情が急速に広まり始めていた。この点について、先進国はイギリスだった。かの地ではその運動は清教徒主義と道徳的ナショナリズム、そしてブルジョワ的メンタリティーと社会の早期発展と結びつき、新しい結婚モデルの採用を後押しした。十八世紀の最後の数十年、イギリス貴族は確かに放埓の例を数多く示したが、ルソーの影響のもと、もはや〈家庭的であること〉*domesticity* にすっかり賛同する家族もいた。この国で姦通への態度がひどく変わっていったのも無理はない。十八世紀前半には――文明化について論じた個所で見たとおり――〈当世ふう〉*à la mode* 求愛における裏切り（女性の側からも含め）は好意的に許容されていた。一七七〇年以降、姦通の法律的責任を直接的に問うための様々な試みがなされた。それらの試みが当初の目的を達せられなかったとしても、結婚への背信行為を果敢に拒絶しようとする姿勢の増加を示していることに変わりない。その背信行為はもはや倫理的に許容され

ず、社会を転覆させるものとして警戒された。(4)

イタリアは、チチスベイズモという仮想的で規則化された放縦の特殊形態による独自の方法で、似たような年代的変遷をたどった。チチスベイズモが十八世紀の前半、最も無関心な都市や地域までをも襲い、あるいは少なくともかすめ、十八世紀半ばには完全に普及し、つづく数十年間、支配的な習慣であり続けたことについては既に論じたとおりである。本書で取り上げた事例の記録には一八九〇年代に関するものも少なくない。だが、同時に多くのイタリア貴族がルソーのテクストに感動して思いを巡らせたか、あるいはルソーが代弁者となった道徳的感性を共有し始めていた。付き添いの騎士《カヴァリエル・セルヴェンテ》の習慣にとって、それは終わりの始まりを意味していた。何よりまず、ロマン主義的恋愛の自発性は、奉仕によるギャラントリーのほぼ制度化された形式主義に耐えられなくなっていたし、その情熱はカップルの間に第三者が介入する余地を全く残さなかった。第二に、チチスベイズモは密接な結婚生活とは相容れなかった。そのような生活の性的温度は別にしても。

イタリアにおけるこの新しい性的・家庭的モラルの進歩は、過小評価されるべきではない。ただし、イタリアでは、その最も著しい感情的要素が、他のヨーロッパの国々に比べて長らく息を潜め、その最も典型的な文学様式としてのロマン主義の登場はかなり遅く、ときに古典的伝統や啓蒙的合理主義との妥協の産物として台頭した。そうした妥協の代表例として最も傑出した作家が他ならぬマンゾーニだった。何よりも、ルソーの影響を受けた反放縦論は、古くからの批判の残響としばしば見分けがつかない。そうした批判は完全に過去を顧みる文化的・宗教的保守主義の表明として、チチスベイズモが始まった当初から共に歩み、その当時は――本書でも見てきたとおり――啓蒙主義的社交性の進展に対して本質的には無力であることを露呈していた。だからといって、これらの影響がないわけではない。

この点に関して興味深いのは、既に度々引用したフランチェスコ・アルベルガーティ・カパチェッリである。この人物は、社交と貴族階級を文明化し、規律をもたらす手段としてチチスベオのサロンを擁護したコンパニョーニの『喜ばしき手紙』*Lettere piacevoli* で対話者となる喜劇作者だった。一七二八年生まれのボローニャの貴族にして元老院議員だったアルベルガーティは、そのいささか活発な私的生活において、常にチチスベイズモから遠ざかっていたわけではない。だが、彼の作品全体をとおして見ると、チチスベイズモは彼の最も執拗な非難が向けられる対象のひとつだった。いくつかの喜劇において、その批判はしばしばまさに古き良き時代の称賛者の調子を帯びている。たとえば、一幕劇「痙攣」*Le convulsioni*（一七八四）に登場する夫ベルナルディーノのように。アルベルガーティがこの人物に委ねた役割は、付き添いの習慣が家計に及ぼす最悪の結果、即ち「正気とは思えない贅沢、再現のない賭け事、絶え間ない昼夜逆転、盲目的な憤怒に駆られた自己放棄」（第十四場）を批判することだった。しかし、別のテクストでは、チチスベオの拒絶が、当事者どうしの選択と愛情に基づく誠実な結婚への要求という近代的姿勢を帯びる。このような姿勢が注目に値するのは、穏やかな啓蒙主義者であり秩序を重んじたアルベルガーティがフランス哲学者たちの、なかでもとりわけ革新的なルソーの政治的・宗教的思想に敵対する姿勢を鮮明にしていたからだった。一七九〇年のコンパニョーニとの論争におけるチチスベイズモ賛美への反論は、伝統的な節約志向の主婦という女性像への愛惜だけでなく、既婚女性に男性とのサロンへ自由に臆面もなく出席することを認めながら、一方で、そのような場において将来の花婿候補を見定めるべき結婚前の少女たち（「独身女性《ジテッラ》」たち）をそこから排除するという不条理をめぐるルソー的で「イギリスふう」の議論を踏まえている。

さまざまな流儀で、さまざまな場所で男女が交際することの優美さ、利点、輝かしい効果について、教養溢れることば遣いで走り書きする君たちに問いたい。サロン、カフェ、リドット、劇場、陽気な宴会、舞踏会から少女たちを隔てて遠ざける、例のほとんど一般的なものとなった習慣はどこから来たのか？［…］ほぼ一般的なものとなった習慣に、熱心な求愛者たちに取り囲まれた妻が入り込み、その求愛者たちのひとりを選んで常にそばに侍らせ、少女は多くの場合、両親の望みどおり祭壇に生贄として捧げられ、知り合ったばかりの男に愛を誓わなければならないのは何故か？　すべての女性が我々との甘美な交際に参加できるようになるべきだ。ただし、その交際が、君たちが推奨するとおり清らかなものならば、ということだが。そしてもし、その交際が醜聞、放縦、不品行によって支配されるものならば、すべての女性が家に閉じ込められるべきだ。[5]

次節では、実体験に基づいたエピソードをたどる。その中で、チチスベイズモの拒絶が愛の鼓動を語ることばによって表明されている。そのことばは、十八世紀後半、ヨーロッパのロマン主義文学の数多くのテクストにおいて主人公や女主人公《ヒロイン》が自身の気持ちを表すために使ったものと似ていなくもない。イタリア貴族の婚姻の三角関係からの乖離の最初の兆候は、どちらかというとルソーの提案の感情的というよりも思想的側面を理性的に支持する姿勢——アルベルガーティの論述にも見られるように——が成熟したことを示す。そこで支持されたのは、固い絆で結ばれた結婚の選択であり、それは人間本来の自然の状態として、つまり、人格形成に不可欠で、従って放棄することのできないものとして真面目にとらえられなければならなかった。三つの事例を通して、こうした選択を様々な側面から例証してゆきたい。三つの事例は、時間的にはいささか早い時期に属するもので、それぞれ、長子ではない男性、長男、女性の現実の人生である。

最初の人物は一七四九年、ピサ生まれのルッソリオ・ブラッチ・カンビーニ。彼の家族については、既に本書で度々触れている。彼の祖父は十八世紀のはじめ、チチスベオのサロンの普及に対して腹を立てた、かのレオナルドだった。彼のおじアントニオ・マリアは当世ふう伊達男だったが、慎重な人物で、自身の世俗的な装備のための出費を書き留めていた。彼の兄フィリッポは妻に言い寄る若い将校に嫉妬している夫で、その妻は遊ぶことに夢中だった。フィリッポとルッソリオの前の世代、ブラッチ・カンビーニ家では、貴族の家系の男子の兄弟の間では習慣的だった合意が形成されていた。それは、既に見てきたとおり、一七四〇年代のフレンツェで実際にあったバンディーノとジョヴァンニ・グワルベルト・パンチャティキの合意と同じもの、つまり、兄弟のうちのひとり、通常、年長者が家系の維持のために結婚し、もうひとりは独身のままでいる、ということだった。したがって後者はギャラントリーな関係においてより自由に振舞うことができるが、それが前者に閉ざされているわけではない。おじアントニオ・マリアは社交生活に身を捧げた長子ではない男子だった。彼は一七四〇年代、パンチャティキ家の場合のように、フィリッポとルッソリオの父と世襲財産を分割しないことを保証する相続方式ついて合意した。老年、結婚したが、相手は同年代の女性だったので、家族間の合意を脅かす危険はもちろんなかった。その間、フィリッポは妻を娶り、男女の子供ができた。ルッソリオの将来が独身で、その埋め合わせとなるかどうかは別として、彼の好みに応じた貴婦人に付き添い、多少なりとも義務的な関係を持つことになるのは明白だった。

おじが兄よりも彼のほうを気に入っていたのは明らかだったが、敢えて死ぬ前にはっきりとルッソリオが上述の運命をたどることを示した。一七八七年の彼の遺言状には、莫大な定期収入が彼に約束されていたが、それには少なくとも三万スクードの持参金をもたらさない女性との結婚は予め放棄するという条件がついていた。その条件は偶然につけられたものではなかった。その頃、三十八歳だったルッソリオは若いテレーザ・コージ・デル・ヴォーリャに目を付けていたが、彼女はとてもそれほどの持参金を用意することはできなかった。

誤解を避けるために、甥にきちんと伝わるよう、おじは遺言状で寛大だが条件付きの遺産の理由を繰り返している。「決して、彼に妻を娶らせるためではない。度々彼に助言してきたが、妻を娶らないよう今また新たに助言する。そのもっともな理由は、兄フィリッポ騎士殿がすでに妻を娶り、五人以上の子供がいるからである」。このエピソードは円滑な結末を迎えなかった。ルッソリオは抵抗し、問題の金銭が兄の手に渡ることを受け入れ、二年後、テレーザとの結婚を実現した。

その結果、彼の愛の夢がどの程度実現されたのかは分からない。この出来事に関する資料は公証人記録である。ルッソリオに関して残された他の書類も、彼らの結婚をめぐるロマンティックな物語を紡ぐ手掛かりにならない。もちろん、彼は独身を拒むことをきっぱりと決意し、家庭を持つという選択を追求した。分かっている限りでは、彼はチチスベオにはならなかったし、付き添い役を持たなかった妻を常に実質的な人生の伴侶とした。一八一六年、遺言状を作成し、彼は彼女への敬意と愛情を込め、長く心のこもった賛辞を捧げた。この事例を評価するために、ルッソリオは有名人ではないが、並々ならぬ長所を持っていたことを述べておかなければならない。彼はパリーニの描く無為な貴族とは程遠く、医師であり、秀でたアマチュア画家であり、聖堂工事の監督官であり、ピサの救護院の誠実な管理者として尊敬された人物だった。それでもなお、彼が家庭生活を好む傾向を例外的と見なす理由はなかった。叔父アントニオ自身、年老いてからそれを求めたのだから。両者の違いは、ルッソリオがまだ子供の持てる年齢で結婚し、新しい家族のために訴訟を通じてブラッチ・カンビーニ家の世襲財産の相続分を兄と分割することに成功したことにある。このことがとりわけ叔父の特別な遺産を放棄することを可能にした。十八世紀後半、信託贈与や長子の権利に対する啓蒙主義者たちの批判は、イタリアの他の各国と同じくトスカーナでも、統治者によって度々発布された改正法において現実のものとなり始めていた。革命と共にようやく兄弟は平等になるが、それ以前にはこうした調整的な介入が、独身から逃れようとする長子以外の男子の意識を制度的な面から支援していた(6)。
結婚の選択にまつわる二つめの物語は、ミラノの出来事で、文化的・感情的側面においてより詳しく証言されている。その主人公はピエトロ・ヴェッリだが、ここでちょうど新しいメンタリティーの潜伏段階の代表例として再び彼を登場させよう。マッダレーナ・ベッカリーアへの彼の奉仕の終わりは彼の結婚計画と一致していた。事実、彼は一七七六年のはじめ、四十七歳のとき、マリア・カスティリョーニと結婚した。この結婚はかなり特殊だったと直ちに言わねばならない。マリアは単に夫より二十五歳若いというだけではなかった。同時に彼の姉妹のひとりの娘であり、さらに四年前からヴェッリ家に居候していた。したがって、ピエトロの歩みは、チチスベイズモからの離脱(それは彼の側から決然となされたことだった)が必ずしも情熱的な恋愛に起因するのではなく、穏やかで家庭的な感情に満ちた雰囲気と落ち着いた生活を合理的に希求する中で固まった可能性を示している。一七七五年十二月六日、弟のアレッサンドロに彼の意図を伝えた手紙にはイギリスの風俗習慣への言及が見られるが、その意図は文中から読み取れるだろう。

私はこの度、つぎのような覚悟を決めた。姪に情熱は抱いていないが、親愛の情はあり、彼女の幸せに心を砕くことができると思う。彼女の慎ましさ、しぐさや感情の気高さ、貞淑な恥じらい、赤面しやすさ、良識、すべてが私に彼女が良き伴侶であることを約束する。私は妻の友人であり恋人であることを揺るぎなく決意する。私には放埒ではなく、家族的な生活が好ましい。昼食後は共に散歩し、晩は劇場の自家用ボックス席で一緒に観劇するような。私はもはやギャラントリーには興味がない。ロンドンの夫婦はこのように生活しているので幸せである。私は妻を愛することも妻の世話を焼くことも恥じない。

「貞淑な恥じらい」のような女性の美徳に関する全く新しい、そして十九世紀に多くの影響を与えることになる評価については、あとで再び取り上げるつもりだ。そのような美徳は、本書を占領した社交サロンの女主人の中でも最も真面目で貞節な女性にさえあり得なかった。だが、さしあたって、今ここではヴェッリが彼の決意を貫いたことを記しておく。彼はその決意を弟に示したときと同じ言葉で当事者にも直接伝え、こう締め括った。「つまり、私はあなたの恋人、そして最高の友人としてあなたに認められるに相応しい人間になりたい。私がひたすらあなたのことに心を砕き、私の力の及ぶ限り、あなたのためにできることのすべてを行うことによって」。一七八一年、ヴェッリはルソーの教育論に従って育てた愛娘テレーザに宛て、その年、早すぎる死を迎えた彼女の母親の思い出を綴った。そこで彼が強調したのは彼らの結婚生活における愛情に満ちた家庭的な親密さだったが、それは当時の習慣となっていた二重関係とは大いに異なっていた。

一緒に暮らすのが長くなるほど互いの愛情は深まった。そして、喜び、奉仕、最も配慮の行き届いた友情によって益々互いに愛されるよう努力するようになった〔…〕夕方は劇場へ、昼食後は散歩へと常に一緒だったし、常に一緒にいることに満足していた。私はしばしばマリアに言ったものだった。結婚式の当初は今ほど彼女を愛しておらず、今では昨年よりも、昨年は一昨年よりも彼女への愛が深まっていると。

そのイメージは若いマリアの文学趣味によって完成された。彼女は小説を好んだが、ヴォルテールの『カンディード』のような性的シニシズムに触発された類のものではなく、『新エロイーズ』はもちろんのこと、サミュエル・リチャードソンの『クラリッサ』のようなイギリスの感傷小説を愛読した。

読書についていえば、彼女はルソーの『新エロイーズ』と『クラリッサ』をその長さを厭わず好んでいた。彼女は感情と善意が描かれた本を読むことを好んでいたようだった。ルソーを愛読し、ヴォルテールの書いたものについては、作者がすべてのものをからかい、嘲笑するためだけに書いているような先入観を持っていた。そうしたものは、純粋で率直で感じやすく虚栄心のない彼女には、まったく好まれなかった。(7)

三つめの結婚の物語はある裁判記録によってたどられる。一七八一年、ヴェネツィアの総大司教法廷で、ルクレツィア・ジュスティニアンが夫ジュリオ・アントニオ・ムッサッティとの「煩わしい同居」の解消のための訴訟を起こした。妻の説明によると、四年前、ヴェネツィアの街中の修道院で教育を受けていたとき、周囲から説得されて、この結婚相手を受け入れることになった。彼となら――家族の話では――「彼女はいい暮らしができる」はずだったが、当時から彼女は婚約者の奇妙な性格に疑いを抱いていた。事実、その男はパドヴァにいながら、彼女に稀にしか手紙を寄越さず、それも「花嫁に宛てたものとは思えないような」冷淡なものだった。さらに「ヴェネツィアに用があると彼女のもとを訪れたが、必ずしも毎回ではなく、訪れたとしても酷い態度で、とくに深く黙り込んでしまうことがあり、彼女に何の興味も関心もないかのように振舞った」。一緒に暮らすと、他にも問題点が出てきた。持参金の支払いをことのほか急がせたあと、ムッサッティは妻の親族に共和国のある官職に就任するための支援を要求した。それには彼より身分の高い競争者がいて、夫がその競争に敗れると、妻に対する彼の態度は手に負えないものとなった。事実、昼も夜も彼女を避け、――訴えによれば――「ベッドが温められなければならないので、彼らが揃ってそうする時間の都合が折り合わなかったという口実で」同じベッドに入るのを拒んだ。

この最後の点については、裁判でのある質問（「結びつきにおいて採られた方法、およびそれらの方法が妻である貴婦人に喜ばれたのか、あるいは嫌悪されたのか」について）と何人かの証人の答えによって、ジュリオ・アントニオの夫としての義務の不履行に先例があった可能性を示唆している。中でも最もはっきりした証言は、ただし、他に同様のものはないのだが、ルクレツィアのおばによるものである。彼女は妻から告白されたエピソードに言及している。「貴人ジュリオは彼女をとらえ、立ったまま彼女と交わろうとしたが、彼女はそれを極度に嫌った。そのような方法での結びつきが上手く行かなかったので、貴人ジュリオはその責任を彼女に負わせ、怒りと嫌悪で彼女をソファーに倒し、非難と侮辱のことばを投げつけた」。我々にとってより興味深い事実は、夫の冷淡さが夫婦の義務を彼が果たせなかったときに顕わになるだけでなく、結婚前の無愛想で黙りこくった訪問においても、またルクレツィアが批判と失望と共に思い出す結婚後すぐのある要求においても既に示されていたということだ。

そのような面会で、件の貴人が上述の花嫁たる貴婦人との間にわずかに交わした話の中で、彼は彼女に彼の妻になったら、彼は彼女の傍らにいることを望まず、むしろ彼女が付き添いの騎士《カヴァリエル・セルヴェンテ》を用意しなくてはならないとまで述べた［…］数日後、貴婦人ルクレツィアは夫たる貴人とその兄弟たちに付き添われパドヴァを訪れた。彼は彼女に、結婚の前後に言ったことに従って、付き添いの騎士《カヴァリエル・セルヴェンテ》を決めるよう強く命じた。彼女はそれに抵抗し、新婚の夫の付き添いを望んだ。彼は変わらぬ考えを繰り返し、彼女の傍にいることは断固として望まなかった。彼女がこのような執拗さにまったく取り合わなかったので、彼自身がある貴族を選んで彼女に付き添わせた。

書類ではこの裁判の結果は明らかにされない。だが、ともかく重要なのは、女性が別居を願い出るために、司法手続きにおいて有効と認められる動機を申し立てなければならなかったという事実である。だから、ルクレッツィアの代理人から提示された愁訴は必ずしも彼女のありのままの感情に一致しているとは限らない。しかしながら、このような間接的な形でも、この第三の事例は、先の二つの事例によって示されたことを補完する重要な材料となる。いまだ支配的な習慣に憤りを示すようなことば遣いで、チチスベオという「煩わしい点」について「までも」固執する風変わりな夫への幻滅を宣言することによって、ルクレッツィアが結婚の神聖さへの教会の後ろ盾を要求していることは明らかだ。そうすることによって自分の考えを誠実に表明しているわけではないが、少なくとも結婚生活に関する新しい感性を暗示的に訴えている。それは、ルッソリオ・ブラッチ・カンビーニやピエトロ・ヴェッリによって育まれたのと同じ感性であり、それによれば、結婚に向かいながら「新婚の花婿の付き添いを望んだ」若い貴婦人の期待は当然のことだったに違いない(8)。

同じくヴェネツィアでルクレッツィア・ジュスティニアンの不幸な結婚と同じ頃、あるいはほんの少し後、アンシャン・レジームの貴族階級の家族システムが個人に押し付けていた私生活への不満が他にもいくつか生じていた。その様子を振り返って再構築できるのは一八〇四年に遡る記録のおかげである。共和国崩壊後、ナポレオンのイタリア王国に併合される前の当時のヴェネツィアに駐屯としていたオーストリア軍は「結婚に関する訴訟を審議する臨時委員会」の設置を余儀なくされた。つまり、それほど役所に対する別居や婚姻取り消しの要求が多かったのである。通常の組織ではその仕事量の多さに対応し切れなかった。強調すべき新事実は、女性の側からの通常の伝統的な要求――ルクレッツィアのように不当な扱いや不満に対する訴え――だけではなく、夫たちからの要求も増えていたことだ。夫たちは家族の権威によって経済的・政治的都合のために同身分だが個人的には気に入らない女性と結ばれることを余儀なくされていた。したがって、これらの男性たちは、貴族政治体制の終焉を好機と捉え、妻よりも受け入れやすい貴婦人に奉仕するという方策とも異なる、より満足感を得られる方法で、自らの人生を再設計しようとした[9]。

その印象は、ついに蓋を取られた沸騰した鍋といったところだが、ここで立ち止まってこの新たなテーマの前提となるいくつかの考察が必要である。本書では、チチスベイズモにかけられていた外来性の疑いを晴らし、その理由を具体的に十八世紀文明を支配する文化や社会制度と結びつけることだけに取り組んできたわけではない。同時に、退廃的軽薄さという単純で批判的なレッテルのもとには分類できない様々な事実から浮かび上がる複雑な人間的要素にも光を当てようとしてきた。そうすることで、チチスベイズモの組織的実践に付随する抑圧、二重性、そしてある意味、偽善といった現実を曖昧にしなかったことを願う。これらの現実が既婚婦人、独身男性、そして、妻以外の女性に奉仕するという意味で既婚男性をも支配していた。ヴェネツィアの臨時委員会の書類は、私的生活の成就を、制度上、結婚以外に求めるしかないことに不満を抱く貴族の男女の割合を敢えて明らかにはしない。だが、そのような男女が多かろうと少なかろうと――おそらく十八世紀の終わりの数十年間のルソー支持の雰囲気の中で増加したと推測されるが――アンシャン・レジームの終わりと共に、結婚モデルの改革を待望する意思が決定的圧力となったのはもちろんのことだった。

イタリアをよく知り、イタリアとイタリア女性とナポレオンを大いに賞賛したスタンダールは、倦むことなくこう主張していた。付き添いの騎士《カヴァリエル・セルヴェンテ》はフランス支配によって廃止された。なぜならナポレオンが「秩序を愛するため、そして彼の独裁体制に好都合になるようにイタリアに新たなモラルを授けたから」。彼のこの確信は、通常、逸話形式で語られるのだが――あるときには、チチスベオの廃止の年を一八〇九年と確定までしている――文字通りに受け止められるべきではない。チチスベイズモの習慣は一年では廃止されなかった。

だが、そこには重要な真実が含まれている。[10] フランス占領時代——地域によって中断されたり様々な出来事があったりしたが、大体一七九六年から一八一四年の間——革命の原理原則がもたらされたことによって、その影響として、チチスベイズモに致命的な一撃が与えられ、イタリアの私生活が修正される事態となった。この点についてはのちほど触れるが、その前に、そのような変化の始まりに生じた、一見奇妙に見える出来事について説明したい。

　イタリア貴族とフランス占領軍との最初の接触において、それぞれの文化の性的モラルはやや逆説的な対照性を示した。旧支配階級の代表者たちの中でも最も保守的な人々は、革命による侵略者たちを、良き風俗習慣を破壊する堕落者たちであり、宗教と至高の権威の法に反逆する邪悪な者たちであると避難した。要するに彼らはリベルティーノたちと見なされたのだが、そこには宗教改革のとき最も過激な派閥のメンバーの不服従と好色を非難する二重の意味が込められていた〔「リベルティーノ」libertino には「放蕩者」「自由主義思想家」の二つの意味がある〕。この点に関して、ルイーザ・パルマ・マンシが彼女の記録の中で、彼女の付き添いの騎士《カヴァリエル・セルヴェンテ》に暇を出したとき、デモクラティックな思想を持ったブルジョワ階級の「婀娜っぽい、不身持ちの」ライバルを責めていたことを思い出すとよい。何年ものち、同じくルッカの貴族アントニオ・マンシ（本書では、彼がフランチェスコ・マッツァローザの養子となり名前を変えたことを紹介した）は、嫉妬に駆られたわけでもなく、フランス軍の中でも最も乱暴な敵に挟まれているわけでもなかったが、彼らが一七九九年に到着したときのルッカの状況をこんなふうに描いた。「秩序と信仰と風俗習慣に関して厳格だった都市が、今では放縦と際限のない自由によって支配される売春宿に変わってしまった[11]」。

　しかし、イタリアを進みながら様々な都市の有力者たちやその妻らと出会い、交流していたフランス軍将校たちのほうは目に見えて満足し、妻たちが恋愛にまったく気後れしないと判断していた。オーギュスト・

ド・マルモン元帥は中年になってから、一七九八年のローマでの若き日の滞在の思い出に喜びと共に浸る。「社交場はこの上なく活気と快楽に満ちていた。ローマ女性の気安さは、当時は夫から承認されていたが、想像を上回るほどだった。夫は妻の愛人たちについて憚りなく不機嫌な様子も見せずに話していた〔…〕私は若い外国人だったので〔…〕喜んで事の成り行きに身を任せた」。彼の同僚のひとりドュレ・ド・タヴェルは一八〇八年、まさにガランティが「凶暴」と述べたカラブリアで「生まれつき横暴で嫉妬深い」好ましからざる夫たちと「我々の作法に魅了され、大変近づきやすくなった」妻たちに出会うことになる。最も興味深いのは、三番目の将校ミョット・ド・メリトによるフィレンツェに関する証言である。フランス軍による直接占領統治の前、大公国の全権大使として彼は当地で二十ヶ月を過ごした。

女性に関しては、ここでもイタリア全土と同じく、敬虔とギャラントリーが交じり合い、彼女らの性格の主な特徴を形づくっていた。風俗習慣は極端に弛んでいるが、この弛緩はどこにでも広がっていて、珍しいことに、一般に認められた社会的因習の結果なので、いかなる批判の余地もない〔…〕だからフランス人の家庭習慣はむしろ滑稽と見なされた。革命開始以降、我々のマナーの退廃と恥じらいのなさに関する噂が――フィレンツェでは我々の到着前に広まっていた――我々に対する人々の印象を悪くしていたので、我が国の女性たちが耐え難いほど上品ぶっていたことに皆驚いた。そして、夫たちのほうは妻と共に公の場に出ることは許されなかった。それは国の習慣に反することだった。(12)

アンシャン・レジーム期の旅行者たちの非難、そしてナポレオン軍の同僚たちの占領記録と比べてもミョットの考察の長所は、当事者のそれぞれを丁寧に見分け、鋭く比較している点にある。思い込みに従って侵入者たちをひたすら淫欲な堕落者として描こうとするイタリア貴族たちは、明らかな事実を否定していた。十八世紀をとおしてフランスは性に関しては極端にリベラルな国だったとしても、革命によって風俗習慣は根底から変わった。革命が掲げた節度ある厳格な私生活という理想はスパルタ、古代ローマ、そしてルソーを伝説化したモデルという意味で「共和国的」理想生活だった。このことは貴族的退廃の烙印を押された前時代の性の放縦への明確な批判においても、またマリー・アントワネット王妃のスキャンダルな振舞いについての乱暴な報道キャンペーンにおいても同様だった。ナポレオン支配下の権威的で家父長主義的な雰囲気の中で、真面目な家庭生活、夫婦間の義務、革命の傷が癒えたばかりの社会を再構築するための基盤としての家庭の中心的役割などの価値の称揚は最大に達する。だが、こうした家族倫理の価値を高めるプロセスは、すでに帝国時代よりはるか以前から高まっており、一七九五年の憲法には「何人もよき息子、よき父、よき夫でなければよき市民にあらず」という原則がはっきりと明記されている(13)。

この新たなモラルの台頭によって非常識とされたのはイタリア貴族だった。無論、ギャラントリー自体が廃止されるなど誰も夢にも思わなかった。だが、チチスベイズモに代表される公の制度としての――付け加えておかなければならないが、とくに貴族階級に属するものとしての――三角関係は明らかに受け入れられなかった。よって、フランスの支配者たちの中には、気後れしない貴婦人との恋愛の機会を素早く捉えようとする、あるいは少なくともそれを自慢の種にしようとする誘惑者たちもいたが、彼らはイタリアで責任ある結婚の普及を図った。そのような結婚生活では、姦通の過ちは、男性が犯した場合のみ、よき市民が私生活にも厳格な熱意を向けていることが確認されれば、例外とされた。ヴィンチェンツォ・モンティが一七九七年に兄弟に送った手紙によれば、そのとき既に彼がこの点をよく理解していたことを示している。彼には大変美しく、よく口説かれる妻がいた。

> 私の妻はまもなくボローニャに到着する。彼女をフェッラーラには送らない。私には彼女の付き添いという慰めと娘の存在が必要だからだ。彼女を私のそばにおいておかなければならない別の理由もある。新しい法律では、よき父親であり夫であることがとくに重視される。したがって、人々にその目でそれぞれの称号に相応しい義務を私がしっかり果たしているところを見てもらわなければならないので、娘と妻が私には必要だ。[14]

革命がもたらしたモラルへの影響は、この手紙でも一目瞭然である。フランス共和制の三年間〔フランス革命軍のイタリア侵攻により各地に共和制政府が樹立された一七九六年から一七九九年にかけての三年間〕で最も有名な作品、フォスコロの『ヤコポ・オルティスの最後の手紙』（最初のテクストが書かれたのは一七九八年だった）は、アンシャン・レジーム期の放縦に反発し、ロマン主義的感情と共和制の厳格なイデオロギーを統合した新時代の感性を完璧に表している。小説全体が愛国主義の称揚と情熱的な愛の絶望によって織り上げられているが、それは十八世紀的放縦からあまりにも遠く、最終的に主人公を自殺へと導く。小説の中に、まさに貴族の性生活の批判が込められたエピソードがある。十二月十一日付けのパドヴァからの手紙で、ヤコポはある貴婦人との出会いを綴っている。彼女は「女性らしい人を惹きつける術に過剰なほど長け」、危うく彼は彼女の魅惑の渦に巻きこまれそうになったが、天使のような恋人への思いが深淵の縁で彼を辛うじて引き止めた。[15]

『ヤコポ・オルティスの最後の手紙』のように文学的価値の認められた作品のほかに、プロパガンダ、政治思想的論争、新聞記事などモラル改革のテーマを意図的に扱うテクストが多数存在していたが、その多くはとくに女性の再教育に注意を向けていた。徳の概念を執拗に政治化しようとする枠組みの中で、女性の徳は何よりもまず性に関するものでなければならないのは明らかだった。それが端的に現われたのは、オーストリアとのカンポフォルミオの協定以前、一七九七年、フランス支配下の無名のヴェネツィア市民のことば、「女性たちの私生活における禁欲はデモクラシーを支える原理原則のひとつ」である。つまるところ──同じ年、同じ都市で、ある「自由市民」の女性が同輩の女性たちに向かって話しているとおり──スパルタやローマの英雄たちの母や妻の模範に従っていれば、「あなたたちは最早女々しくもなく脆弱ではない有用な市民を祖国に与えるだろう」[16]。

上流婦人たち、とくに元貴族階級の婦人たちは民主主義的プロパガンダの第一の標的になった。チチスベイズモは風俗習慣の再生のための闘いの中心に置かれた。トリノでは、自由、（友愛の代わりに）徳、平等の見出しと共に日付のないチラシが出回った。それは弁護士ルドヴィーコ・リチャルディが作成したもので、政治の本質についての想像上の短い対話が掲載されているが、その対話が「あまり美しくない年輩の」貴婦人と彼女に奉仕する「愛しのチチスベオであるチッコ男爵」との間で交わされているのは偶然ではない。男爵がフランス軍によって、「我々貴族の横暴に疲弊し、貧困に陥った人々」の救済を意図した政府の樹立という「不吉極まりない報せ」をもって息せき切って不意に訪れたとき、貴婦人は「そのような不幸の中に」彼女を見捨てないよう彼に請うた。チチスベオの口から出た答えには、当時の貴族の習慣を代表する存在への道徳的軽蔑が凝縮されている。「私はむしろここからすぐ出発したい。御存知のとおり、私は貴族だが貧しく、私が見るにあなたはもう私に与えるお金もないでしょう。あなたもまた貧しくなるでしょうから。私が聞き及んだところでは、貴族には戦争のために国家への義務が課せられ、それを負担しなければならないそうです。私は出発します。さようなら」[17]。

もう少しきちんと考えられたいくつかのテクストは論争に訓戒を結びつけ、提案の形をとって変化の必要性を表明していた。一七九六年、モデナのある「公共教育」のための新聞紙上で、ひとりの「共和制支持者」がモンテスキューにそれとなく言及しながらチチスベイズモ批判を行っている。付き添いの騎士《カヴァリエル セルヴェンテ》時代のピエトロ・ヴェッリもモンテスキューに依拠していたことは既に見てきたとおりだが、ここでは夫に批判を向けたヴェッリとは反対の意味でモンテスキューが取り上げられている。「自由な男性の境遇に相応しからぬことは、女性を神のように崇めること、彼女のもとで相応しくない役目に自身を貶めること、そしてハレムの宦官のように彼女の傍で日々を徒にすることである。我々の最近の時代のこの不名誉な習慣は、どの程度の堕落と退廃に我々が達したかを立証する」。ゆえに、この「共和制支持者」は、女性たちに付き添いを伴わず、自らの「慎み深い振舞い」とチザルピーナ共和国の正しい政府の法によって堂々と守られて外出するよう促す。

一七九八年、ジェノヴァでは、医師のジュゼッペ・ポデスタが革命前の思想家マブリーの著書を翻訳し、そこにチチスベイズモの拒否――「スパルタ人なら宣言するだろう、妻の傍らに永遠に居続けるチチスベオに耐える夫は市民の権利を奪われたと」――を結婚増加のためのキャンペーンの序として付け加え、彼自身を「若い独身女性たち」の守護者とした。彼によれば、こうした女性たちは、独身の若いチチスベオを持つことに夢中な母親たちのせいで夫を見つけることができずにいたのだ。ボローニャでは、一七九九年のアルマナックの「当世風結婚」に関する匿名の記事の中で、「無遠慮で不誠実で羞恥心のない女たち」を「自由に賛美する人々の群れの中で」「付き添い《セルヴェンテ》の称号を持つ」者たちへの非難に先立って、当事者どうしの選択に基づき誠実さの上に成り立つ革命的かつルソー的な結婚への支持が訴えられた。「傲慢さと利益がこれまで心を結びつけ、その結びつきを規制してきた。もはや無垢な娘たちが気まぐれや利益や出自の犠牲になることはない。今では真の感情と決定的な意思、そして自発的な好意が愛情の確立と結婚の意志の基準となる」(18)。

最も真剣で意欲的にチチスベイズモから距離を置こうとしたのは、女性向けの新聞『真の女性共和主義者』*La vera repubblicana* だった。同紙はトリノの書籍販売業ミケル・アンジェロ・モラーノの未亡人ヴィットリアの印刷所より一七九八年十二月から一七九九年一月にかけて出された。たった四号しか出ていないが、そのテーマに関する豊富で詳細な情報をもとに、革命がもたらした新しい社交界で活躍することのでき女性の特徴を描き出すことに成功している。改革の理論的支柱は明らかにルソーである。『真の女性共和主義者』は彼の『新エロイーズ』を翻訳する意向を表明していたが、実現する時間はなかった。多くの記事が必要に応じてルソーの理論の中でもとくに私生活におけるモラルと女性の在り方に関する個所を取り上げている。「自然の定めと国家の利益に反する」独身男性への非難。「娘たちが全く知らない男性の腕の中へ、その人物をよく確かめることも叶わないまま投げ込まれる」元凶となる押し付けられた結婚の拒絶。「夫婦間の不誠実が取るに足らぬことと見なされる腐敗国家で確立された奇妙な原理原則」への懸念。妻たちが古代ローマの上流婦人たちの「すばらしい模範」にしたがって子供を養い育てる義務。当然と見なされたのは、女性たちが「とくに家政に従事するよう定められている」ことだったが、これは復活した社交からの排除を意味するものではない。その方針は第一号の冒頭に置かれた「一般原則」の中で直接明示された。「我々はあなたがたが公の場に出ることを禁じ、永遠に家に閉じ込めておくことを意図しているのではない。いいや、女性たちよ、それは徳ではない。あなた方も社会の一部であり、それ故、ギリシャのプルタルコスは女性の徳は、その優れた資質を多くの人々の前で発揮することにあると述べている」。

女性たちが徳を公の場で発揮するための前提として、結婚関係にない付添い人の排除は不可欠だった。新聞が早くも序文から女性たちに示したそのプロジェクトは、衛生上の緊急事態を示すかのごとく「社会に病菌を広める伊達男たちと忌むべきチチスベオたちの改革」と名づけられた。創刊号の「怠惰」*L'ozio* と題した最初の記事には「市民女性N・Nへの手紙」という形式で、奉仕される貴婦人の一日の描写が掲載されている。その結論部分でのデモクラティックな見解は、女性の視点から模倣されたパリーニの詩の奉仕者の一日だけでなく、ここで再び登場する古い保守的批評に新たな光を当てる。テクストは長いので、抜粋して引用する。

私はあなたが一日中退屈そうにして、ただ着飾ること以外他にすることがない様子を眺めるのに飽きました。あなたの人生は絶え間ない無為の堆積なのです〔…〕朝、あなたは目覚めると、それはかなり遅い時間ですが、ベッドの中で季節に応じてコーヒーかココアを飲むよう用意させます〔…〕胸元がなかばあらわになったままベッドから起き出し、淫らなヴィーナスでさえ憤慨しそうな仕草で愛の使いを迎え、化粧室へ行くときはチチスベオの付き添いを望みます〔…〕偽者か本物の髪を嵩高く盛り上げて整えたら、次は服装について思い巡らす番ですが、これが果てしなく続きます〔…〕小間使いはうんざりし、伊達男は待ちつづけます。昼が近くなりました。外出しなければなりません。どこに？できれば、散歩に〔…〕散歩のあとは昼食に。昼食のあとは、夏なら、あなたのアドニスが戻ってくるまで昼寝も悪くありません。半ば眠りに浸るあなたを見ることができるなんて、彼は幸せ者です！　そのとき、あなたは気づかぬふりをしています。そして彼はあなたの儚げな魅力をずっと見続けます〔…〕お金がなければ、賭け事をしなければなりません。伊達男が賭け事を口実に、あなたの贅沢に必要な分を差し出すことができるまで。賭け事のあとは散歩に。散歩のあとは劇場に。劇場のあとは夕食に。夕食のあとはベッドに〔…〕教えてください。夫はいないのですか？　もちろん、とあなたはお答えになるでしょう。では、なぜ社交界に大きな醜聞を巻き起こして、夫婦の義務をなおざりにするのでしょう？　お子さんはいないのですか？　もちろん、とあなたはお答えになるでしょう。では何故、教育というこの上なく神聖な義務を気にかけないのですか？　あなたの役に立つ人に報酬を出して雇わないのですか？　もちろん、とあなたはお答えになるでしょう。では何故、彼らの振舞いに注意しないのですか？〔…〕夫も子供たちの召使たちもあなたのことを悪く言っていますが、あなたはそれを御存知ない。彼らが言うには、あなたは気取っているが、老け込んだ老女です。傍らに伊達男を侍らせ、ソファーにあまりも長く座り込んでいます。あまりにも頻繁に彼をベッドでも迎えています。彼は本来指図する人以上に指図します。要するに……これが共和制を支持する女性、つまり徳の高い女性の生活でしょうか？　そこには恐ろしいジレンマがある。あなたが心を入れ替えるか、私があなたの名前を公表するかのどちらかです。あなたは赤面している……その赤面は徳の成果です。したがって、あなたは生き方を変えなければなりません。(19)

このような要求がいかに脅迫めいた、少なくとも象徴的な意味で恐喝めいたものだとしても、すべての貴婦人や夫やチチスベオが自ら進んで従うとはもちろん思えない。一方で我々の知る限り、既に十八世紀の最後の数十年に広まった新たな感性の影響のもと、「生き方を変え」ようとする者たちもいた。その新たな感性は、十八世紀はじめの保守主義者たちや宗教家たちの説教とは比較にならないほど影響力を持つことを示しつつあった。さらに忘れてはならない最も明白かつ重要な事実がある。『真の女性共和主義者』のような批判の背後では、アンシャン・レジームの貴族社会を一掃する強力かつ攻撃的な力が作用していた。それらの作用について確認しておく必要があるだろう。

革命が廃止したものの中には信託遺贈があるが、これによってすべての息子、娘たちへの平等な遺産分配が奨励されるようになり、十九世紀のはじめには既に貴族の独身男性が減少するという明らかな効果があった。このことは生まれによる特権を無効にし、理論上、公的な性格を持っていた家族やチチスベオのネットワークの重要性を失わせた。それらのネットワークは、これまで本書で見てきたカンプルドンのジェノヴァをはじめ、多くの都市貴族をその内部に閉じ込め活性化していた。より正確にいえば、そのネットワークは完全に世俗的社交界を包囲しており、その政治的重要性や貴族階級の連帯への有効性は我々の知るとおりである。イタリアでフランス軍が革命の三年間に開始し、一七九九年から一八〇〇年までのオーストリア・ロシア支配に続くナポレオン支配の間ずっと継続したのは、旧体制下の貴族とブルジョワ階級の名士たちの中でも最も有力な富裕層が融合する新たな社交界の促進だった。革命の三年間の後のデモクラシー熱の消滅も重なり、旧体制を根底から覆すような事態は何も起こらなかったが、結果として貴族的サロン、ひいてはチチスベイズモの存在が自ら立脚するところのアイデンティティの根幹が改めて問われるほどの影響力があった。

　制度的レベルでは、イタリアの多くの都市で貴族専用のクラブが廃止され、新しい社交組織に代えられたが、そこに出入りが許されるのはもはや出自によって決められた会員ではなく、社会で傑出し、個人的に相応しいと認められた人物だった。社交生活のルーティンにおいてフランス人支配者たちは元貴族にパーティやレセプションに参加する、あるいは直接それらを開催することを課したが、その招待リストは同じ階級意識への所属という古い基準ではなく、ブルジョワ階級との交わりという新たな原則に一致していなければならなかった。世俗的マナーに関するこの改革政策は、一八〇二年にミラノで出版された経済学者メルキオッレ・ジョイアによる、そのタイトルもまさに『新ガラテーオ』*Nuovo galateo* という著書において理論化された。[20] 古い特権階級の側は各人の思想や気性に従って多かれ少なかれ協力的だったり敵対的だったりしたが、反フランス強硬派ですら順応するより他なかった。この強硬派に属していたのはルッカの社交界を記録したルイーザ・パルマ・マンシだった。ルッカでは、彼女の付き添いの騎士《カヴァリエル・セルヴェンテ》だったコスタンティーノを含め、多くの貴族たちが彼女の意に反して新しい習慣に順応しつつあった。ある者たちはクラブの代わりに開かれた市民ホール協会に加入すらした。まさにこのアンシャン・レジーム期の世俗生活を代表するような人物の見解は、他のどの証言よりもチチスベイズモの危機の最も深い理由を説明している。

いつも粋で機知に富んだフランス人将校たちが彼女に夫――もちろんチチスベオではない――を伴うよう無理強いする夕食会や舞踏会から戻ると、ルイーザは彼女の「手記」にこのような強制的な集まりへの嫌悪を記した。一七九九年二月七日、ミョリス将軍の帰還に際し、ルイーザの家に宿泊していたガスティーヌ将軍の要請を受け、彼女自身が彼の同僚のための歓迎の夜会を催さなければならなくなった。「彼は私が夫によって招かれるようにした。私は半分病み上がりで体調が優れないことを理由に何とか免れようとしたが、彼はまったく意に介さず、私が夫と共に出席するよう要求した。夕食の出席者は二十六人だった。愛国者たちが一団となって窓の下にやって来て、狂人のように叫んだり怒鳴ったりしながらミョリス将軍の帰還のためにに過剰なほど歓喜の声を上げた」。

さらに重要なのは、一八〇二年一月十九日の市民ホールで催されたパーティに関する記述である。この催しもまたルイーザにとっては、夫が請けようとしていた公職のため避けられないものだった。「招待客はとても幅広く、色々な人が入り混じっていた。招待された女性の多くは来なかったので、三十一名の女性出席者のうち貴婦人は十八名だった。全体としてパーティは礼儀にかなったものだった。ただし、男性よりも女性に関してだが(21)」。

「入り混じって」というのは、十三名のブルジョワ階級の女性とそれを上回る同階級の男性のそばで過ごした数時間を指すにはかなり強い表現である。だからこそ、そこにルイーザ・パルマの感覚が端的に現われている。それは貴族文化が本来、自らとは異質なものと思っていた階級に属する人類との接触がもたらす汚染のイメージに他ならない。このような大いに差別的な態度と、前章の終わりに論じた付き添いの騎士《カヴァリエル・セルヴェンテ》の子供の「階級的」正当化の可能性を考え合わせれば、社交範囲の拡大によってもたらされるダメージがどれほどのものか理解できるだろう。チチスベオたちの交換による政治的同盟と貴族階級における彼らの接着剤としての役割が革命によって失われたことが決定的な問題だったが、そこには革命がその交換に本来備わっていた純粋さを故意に汚したという側面もある。チチスベイズモの危機の理由はいくつかあるが、貴族自身がそれを、ブルジョワ階級にも開かれたサロンという文脈に即した形で受け入れられなかったことも一因だった。もっとも、ブルジョワ階級のほうは——既に述べたとおり——貴族的恋愛の真似事にはあまり関心がなく、ルソー的道徳観の教えを守ることのほうに積極的だったのだが。

本書でこれまで説明してきた様々な原因によってイタリア貴族の生活の深いところまで貫いたある風俗習慣が、新たな逆風に煽られながらも、一瞬では消えなかったことが分かるだろう。十八世紀の終わり以降もその現象が惰性によってしばらくは継続されたこと、少なくとも、シエナのダニエッロ・ベルリンギエーリとアンナ・リニエーリの事例のように、それ以前に開始された関係が続いていたことは考慮されなければならない。より若いカップルがこの習慣の名残をわずかに経験したことも無視できない。次節で取り上げる革命から王政復古期にかけての結婚事例はより興味深い。というのも、この事例では、既に規範となっていたチチスベイズモからの乖離が、第三者の付き添いの習慣をまだ引きずっていたスタート地点から完成の状態へと達するからだ。だが、ともかく、ロマン主義と革命の時代におけるチチスベオの危機的状況は明らかで、様々な立場からの意見を喚起した。

貴族階級の外側から表明されたものの中で最も注目に値するのは、ヴィンチェンツォ・モンティの見解である。彼はイタリアの詩人たちについて論じたスタール夫人との往復書簡の中で、一八〇五年二月九日、パリーニの長所と欠点に触れながら、付き添いの騎士《カヴァリエル・セルヴェンテ》が現状に合わないという見解を暗に、だがはっきりと示している。

> 私の意見では、彼の最大の欠点は、その叙述よりもテーマの選び方にあります。同時代の状況から長所と光を引き出した作品はすべて欲望の変化と共に興味が失われます。いつの時代にも通用する画家は、一時的な気まぐれの渦からではなく、真実という永遠の源泉から移した色彩を画布の上に載せる者だけです。人の服装は変わりますが、人格は変わりません。人為的につくられた人は消えますが、自然からつくられた人は消えません。プラウトゥスの描いた吝嗇な男は十九世紀もの時を経てなおモリエールやゴルドーニの描く吝嗇な男と同じ姿をしていますが、パリーニの描いた伊達男と今日の伊達男は最早同じものではありません。(22)

チチスベイズモに実際かかわった経験に基づく最も重要で説得力のある証言として、やはりここでもルイーザ・パルマ・マンシを取り上げなければならない。反動的な彼女は革命を憎み、ロマン主義をまったく顧みなかったが、聡明な彼女は自身の青春を過ごした世界が終わったことを十分理解していた。デモクラティックなブルジョワ階級の婦人の後を追うことに没頭し、コスタンティーノ・デ・ノービリが彼女のもとから遠ざかった象徴的ないきさつについては既に知ってのとおりだが、ルイーザにはさらにトレンタ兄弟というふたりの補助的チチスベオがいた。兄のロレンツォは一七九七年に彼女の都合で彼女のもとを去ったが、一七九九年の時点で弟のチェーザレのほうはまだ彼女に付き添っていた。四十歳の貴婦人によって決然と忍耐強く遂行された解雇に関する一八〇一年四月二日付けの記録は啓蒙的である。その結びでは彼女の心理的煩わしさが強調されている。「様々な理由から私はこうすることを決めた。とくに私たちの性格が著しく合わないため、彼との関係を続けることが苦痛だった」。だが、そこには政治的・社会的現実との関連が明らかな二つの要素が含まれていた。ひとつは、ルッカにおけるアンシャン・レジームの終わりと重なる別れの要請の時期。「二年以上前から私自身、彼にそのことを言い続け、理解させようとしてきたが、彼が聞く耳をもたず、ますます私を困らせるものだから、母から彼に話してもらうことにした」。そして、もうひとつは、訣別の挨拶のように響くチチスベイズモの定義。「一八〇一年四月二日　私からの依頼を受け、母がチェーザレ・トレンタ氏に頼んだ。もはやこれまでのように私の家に足繁く通わないように、そして〈付き添いの騎士《カヴァリエル・セルヴェンテ》〉などという滑稽な称号は捨てるようにと(23)」。

6・2　拒まれた三角関係——テレーザとフェデリーコ

テレーザ・カザーティは一七八七年、ミラノの貴族の家に生まれた。革命による政治的大変動の試練に晒された世代に属し、個人的にもドラマティックな人生を送った。その家柄と教養によって彼女は自らの出自を誇りとする貴族だった。彼女の人生の不幸は、そのことによって最終的に彼女をイタリア国家統一運動《リソルジメント》のヒロインにした。彼女の人生の変遷は一八〇六年、十九歳で結婚した男性の人生に左右されることになる。彼はミラノの貴族フェデリーコ・コンファロニエーリで、当時、二十歳だった。一九二〇年代、シュピールベルクの殉教者たちの中で最も名を知られるようになる夫も彼の階級の歴史的権利と遺産に意識的な貴族で、フランス支配にもオーストリア支配にも反対する自由主義的愛国者だった。彼の目から見れば、どちらの支配も強力な官僚体制をつくりあげようと目論んでいたが、それはイタリアの支配階級の特権を損なうものだった(24)。したがって、テレーザとフェデリーコは伝統の連続性にしっかりと根ざしたカップルであり、それ故、変化の段階を示す指標となりやすい。目下の我々の関心に即して言えば、夫妻の物語はとくにチチスベイズモの危機の時期とその様相に関する最良の証言となる。事実、ルイーザ・パルマが外部からの新しい社交モデルの押し付けがもたらす結果を甘受し、彼女の最後のチチスベオに暇を出したのだとすれば、テレーザ・カザーティが最終的に心から進んで適応したのは、既婚女性がもはやチチスベオを持つことのできない生活様式だった。

テレーザとフェデリーコの結婚は周囲によって周到にお膳立てされたものだった。年齢が釣り合う夫妻は互いを見て気に入った。すぐに息子のフランチェスコが生まれたが、彼はあいにく健康に恵まれず、一八一三年、六歳で亡くなった。夫と妻の関係は彼らの往復書簡に直接記録されている。最初は二人でフランス旅したときのものだが、彼らはそのとき常に一緒にいられなかったため。それから、フェデリーコが頻繁に家を留守にし、テレーザは病気の子供のために家に引き止められていたため。おそらくこうした状況のせいで妻の手紙には情熱が際立つのだろう。とにかく、手紙にはどれも愛情が込められており、ときにはまさにラブレターの様相を呈していた。ふたつ例を挙げると、一八一〇年五月二十一日には、「あなたの肖像画を数枚取りに使いを送ります。私の手元に置いておけたらどんなに嬉しいでしょう。一枚は私の胸元に飾り、私はそれを眺めるのを真の喜びとするでしょう。そこには私の生きる糧となるものが描かれているのですから」。一八一〇年一月二日、「信じてください、愛しいフェデリーコ、私が今あなたを愛している以上にあなたを愛することなんてできません。できることなら、私の愛を隅々まで見せたいくらいです。私の愛が報われていると思い込ませてください。そうすれば私は幸せなのですから」。テレーザのことば遣いには、あらゆる厳格なマナーに対する耐え難い思いが現われている。一八一二年九月十五日の手紙で、夫に向かって彼の手紙の形式主義的作法を非難するのも無理はなかった。「あなたの手紙はもう私に親しみを感じさせません。手紙に冷たい印象を与えるvoi〔人称代名詞二人称複数形だが、当時は敬意を込めて相手を指すときに使われた〕を止めてくれたら私はもっと嬉しいのに。そうすることで私を喜ばせるのはあなたにとって難しくはないはず。そうすればあなたは私に真の喜びを与えてくれるでしょう」。

このvoiについて、本書では十八世紀に広く最も息の合った夫婦間でも使われるのを見てきた。これを使い続けるのは表面的なことに過ぎないが、フェデリーコの側の関心の低さを示しているという点で重要でないこともない。フェデリーコはアンシャン・レジーム期の男性として、結婚に対しては些か無関心で屈託のない態度を示しており、結婚生活と私生活全体を一致させようという気がなかった。ともかく、十八世紀の数多くの若い貴族たちと同様、彼の数年間に及ぶヨーロッパ放浪は、妻の置かれた現実や感情との間に齟齬をきたしていた。妻は過剰なほど雄弁なメタファーでそのことを夫に思い出させた。「チェキーノ〔フランチェスコの愛称〕が大事なパパに挨拶を送ります」と一八一二年十月十四日の手紙に記されている。「どうか、家に帰って、あなたの小さな家族を腕に抱き寄せてください。病人が医師を待ち侘びるように、家族はあなたを待ち侘びています」。

そのような心理状態にありながら、テレーザはミラノ貴族の最上位に位置する貴婦人として当然のことながら家に閉じこもることは不可能だった。実際、彼女は閉じこもっていなかった。交際を絶つことはできない自身や夫の親族ネットワークを彼女自身、十八世紀的用語で「私たちのサロン」と定義していた。フェデリーコの長期不在は、彼女のサロンでの社交的な会合や義務のために、一人ないしそれ以上の付き添い役に活動の余地を残した。表面的には付き添いの騎士《カヴァリエル・セルヴェンテ》と同類だが、本質的には異なる性格の男性たちの登場は、その役割の変化、ひいては消滅の最終段階に達したことを示している。

チチスベイズモはその惰性の力によって語彙として存続していた。一八一二年九月十八日、テレーザはフェデリーコに最近別荘に行ったことを報らせた。「この数日間ずっと私はラ・サンタに行っていました。そこに歩いて行き、帰りは馬車を使いました。馬を二重に走らせないようにするためです。フランジパーニが私の付き添い《セルヴェンテ》です。あなたの賛同を得られると思います。彼は私に同行しようと大層丁重な申し出をし、私は断れませんでした」。つづいて十一月十一日、「昨晩は劇場に行きました。ピルロが私の付き添い《セルヴェンテ》をつとめてくれました」。同伴者は他にも数名いて、しばしば、必ずではないが伝統的な用語で呼ばれていた。一八一二年十月十二日、「昨晩、劇場に行きました〔…〕カルデラーリ・カルリーノが馬車へ導いてくれました」。一八一四年五月八日、「今のところ私はいつも劇場に行っています。大部分はラジーニに伴われています。彼が言うには、彼には私にそうする権利があって、それはあなたが出発に前に彼に与えたのだそうです。もちろん、彼は私にとても良くしてくださるのですけど。カルデラーラも何度か私の供をしてくださいます」。一八一四年六月二十日、「何度か小さな馬車でラジーニとカルデラーラとフェルベールと共に外出しています。この数日間、暑さを感じるようになりました。夜、この同じ付き添い《セルヴェンテ》の方々に伴われて劇場へ行きます」。一八一四年七月一日、「ラジーニは一週間コモ湖へ行き、その後、彼の姉妹のパルヴェーリ夫人と共にトスカーナに行きます。私の付き添い《セルヴェンテ》はひとり減りました。いないと不便でしょうね。彼はとても良くしてくれますし、とても配慮の行き届いた人ですから」。一八一四年七月九日、「夜はカルデラーラと劇場へ行きます。今はラジーニがいないので、その代わりに。ファニャーニはしばらく前から見かけません。新しい関係ができたのだと思います」。一八一四年七月十四日、「劇場へ行くときはほとんどいつもカルデラーラと一緒です。彼は私のもとに唯一残った付き添い《セルヴェンテ》です。ラジーニはトスカーナ旅行のために残酷にも私を見捨てました」。一八一四年九月九日、「カルロ神父はほぼいつも私の付き添い《セルヴェンテ》をつとめています。彼は見事に時間を使い分け、私のほかにアンノーニ夫人の付き添いもしています」。

　同伴者の列挙と共に付き添い《セルヴェンテ》という特殊な名称があからさまに気楽に使われているという事実は、長らく慣れ親しまれてきた風俗習慣がその最も核心となる社会的・心理的中身が空洞化の過程にあることを示す。カルロ・カルデラーラ、カルロ・ルイジ・ラジーニ、アルベリコ・デ・フェルベール、フェデリコ・ファニャーニ、年輩のチンツィオ・フランジパーネ、身元不明のピルロ、忘れてはならない神父――カルロ・ロズミーニ、彼らはコンファロニエーリ家の友人たちで、そのサークルやサロンのメンバーとして、夫の不在中、テレーザの社交生活を手助けする人々だった。だが、彼らは実に多過ぎるし、あまりにも無作為に入れ替わるため、少なくとも彼らの一人が重要な役を引き受け、ただの同伴者の立場からパートナー（十八世紀の多くのチチスベオたちがそうだったように）に変わることはできない。別荘や劇場への移動に言及した上記の情報には、一世紀の間、チチスベイズモを特徴付けていた複雑な含意が欠けている。むしろ、付き添いの騎士《カヴァリエル・セルヴェンテ》の前身だったシンプルな原型、つまり貴婦人の外出を手助けする介添え役《ブラッチエーレ》が再び最盛期を迎えているかのようだ。とはいえ、そのような復活には未来はない。

　ここまで、いくつかの例外的な事例において、夫以外の男性に付き添われる貴婦人の側が習慣に対して抱く不満を見てきたが、テレーザはフェデリーコと離れて暮らすことに不幸に近いくらいの深い失望を抱き、それを率直に表明している。周囲にたくさんの男性がいたことも彼女をそれほど満足させなかった。一人ぼっちの若い花嫁の保護を頼まれたのか、それともそうあることを自負しているのか、おせっかい焼きのラジーニは一八一二年十月二十二日、コンファロニエーリに「君の出発後、彼女が周囲に引き寄せた求愛者は数限りない」と書いている。だが、このことばから想像できるほどにはテレーザの取り巻きは多くなかったようだ。ある手紙には「カルデラーラは大変熱心ですが、あなたも知ってのとおり少し煩わしく、私には全く助けになりません」。また別の手紙で、ロズミーニについては「親切に見せかけて私に付きまといます。時間が経つにつれ、彼のことが煩わしく感じられます」。さらに別の手紙で、様々な付き添い役に言及したあと、全体的に「仲間が楽しくないことがお分かりになるでしょう」。ラジーニの指摘は、取り巻きの者たちの危険性を妻が最小化しようとしているという疑いを明らかに示唆しているが、フェデリーコの泰然自若な態度や夫に対する妻の望みが明らかであることを考慮すれば的外れといえる。

そして、この最後の点が肝心である。我々が追いかけてきた文化的プロセスから、既婚女性の恋愛の戯れや不倫の痕跡を消し去ることは無論できない。このテーマに立ち戻ろう。女性の姦通は、そのスキャンダラスでセンセーショナルな出来事の持つドラマチックな性質のおかげで十九世紀のヨーロッパの小説における大きなテーマのひとつになった。テレーザ・カザーティを見る限り、ラジーニの当てこすりや、のちにコンファロニエーリの政敵によって誇張された悪意ある噂にもかかわらず、この方面においても彼女は模範的な妻だった。だが、ここではそれだけが問題なのではない。風俗習慣の転換を真のしるしは、彼女に裏切りの可能性がないことがほぼ確実だったこととは別に、テレーザが夫以外の男性たちと時間を過ごしたり娯楽に興じたりすることを少しも望まなかったということである。「新婚の夫の付き添いを熱望した」ヴェネツィアの貴婦人ルクレツィア・ジュスティニアンの裁判で委任状によって表明された姿勢が、テレーザ・カザーティの感情的な人生を支配していた。結婚当初のフェデリーコ不在の数年間、積もり積もった情熱と共に。

この教養豊かで知的な女性が文学と執筆に親しんでいたことは、ルソー主義と新しい情緒がいまや不可欠なものとしてイタリア女性の生活様式と道徳に入り込んでいたという事実を証明する恰好の材料となる。ここに多くの文章の中から、一八一四年七月十四日、息子の死のあとに綴られた手紙の一節を引用する。

あなたがウィーンにいたとき、私にはチェッキーノがいました。あなたの留守中、私は愛情を共有していたこの可愛らしい幼子に胸の内を打ち明けることができましたし、彼の中に父親の面影を見つけることは私にとってある種の慰めとなっていました。でも今は私の想いとたった一人で向き合っています。

それは悲しい想いです。私の心の重荷を涙で軽くすることができれば幸いです。私は涙をたくさん流し、この手紙もその涙で濡れてしまいました。愛しいあなた、私のことを気配りのできない人間だと思わないで。確かに、あなたが楽しむことを私も喜んでいるし、あまりにもあなたの負担になりたくないのですが、それでも本当に強く愛している人と離れて暮らすことは私にはできません。私は愛すること、そして、それを私の愛する人に伝えること、さらに、私も同様に愛されているのだとくり返し感じることを心の底から必要としています。あなたが私を本当に愛していて、本当に私のものだと言ってください。そうすることで、あなたは私の苦しみを和らげることができるのです。

このような精神状態と表現形式は、もはや優雅な性的放縦や遠くにいる夫が犯すかもしれない気晴らしへの受忍を否定する。一八一三年七月二十七日の手紙でテレーザからフェデリーコへあからさまに提示された所有欲は、嫉妬をめぐる十八世紀の夫婦間の意見の衝突とは異なる全く新しい調子を帯びる。「私はここでこの世で愛するもののすべてから引き離されています。あなたは各地に赴きますが、私はあなたがその地であなたの可哀相なテレジーナ〔テレーザの愛称〕を忘れることがないよう願っています。考えただけで私の心は爆発しそうです。どうか私のことを忘れないでください。私を恐れさせるようなどんな小さなことでも、それを私が見つければ、私の命はないだろうということを覚えていてください。私の命があなたの気掛かりになるのでしたら、あなたにはそれを幸せにする手立てがあります」。この手紙を書いた当時、チェッキーノの死から二ヶ月が経っていたが、そのことだけがフェデリーコに向けたテレーザの過敏な感情の理由ではなかった。十八世紀に付き添い役の奉仕を受けた貴婦人たちにも子供を失う悲劇が生じることはあったが、そのために彼女たちが必ずしも妻としての振舞いを改めたり、社交生活と切り離せない習慣を放棄したりするわけではなかった。子供の死から間もない時期のテレーザの手紙にはこれ以上ないほど人の心を打つ率直さがある。だが、その前にも後にも、若い彼女は常に結婚生活に対して高い期待を抱いており、チチスベオのもたらす慰めや気晴らしは何の手立てにもならなかった。

その後数年間、帰宅しても愛情を示すことには無関心なまま、自由を愛し、当然不誠実だったフェデリーコの熱意のなさはまだ若い妻の態度を翻すには至らなかったが、その間にも夫の振舞いは彼女を幻滅させ落胆させていた。ところが、ミラノでのオーストリア政府に対する陰謀の首謀者として一八二一年に逮捕されたコンファロニエーリの政治的不運が夫婦間の愛の炎を再び燃え上がらせ、ついにこの夫妻を十九世紀のイタリアの新たなモラルのモデルに仕立て上げた。逮捕の数ヶ月前から既に、フェデリーコの重篤な肺の病という緊急事態に直面し、テレーザはリハーサルとして献身的で勇敢な妻の役割を果たす機会を得たが、のちにそのような妻であり続けなければならなくなるのだった。「一体誰が最良の若い伯爵夫人の苦悩を表すことができるだろうか？」と当時の愛国者シジスモンド・トレーキはジーノ・カポーニに書いた。「どこから見ても彼女の振舞いは天使のようだ。優しさと勇気を同時に併せ持ち、隣の部屋では絶望していても、最愛の重病人の傍らでは落ち着いている」。危機と病の再発を乗り越えると、フェデリーコの司法上の不運が夫の救済のために全力で闘うテレーザの能力を最大限に際立たせた。ウィーンへ行き、彼女の縁故の力と同時に不屈の妻の情熱を誇示することによって、死罪から服役刑への変更を女帝から得ることに成功した。一八二四年のはじめ、シュピールベルクへの投獄の前に、夫との最後の面会を果たした。そこで、当局の許可なく、モラヴィアに移住しようとした。決して成功することのない脱獄の試みに夢中になった数年間を過ごし、一八三〇年、四十三歳の若さで努力と苦しみに打ちひしがれ亡くなった。

テレーザ・カザーティの物語が特別だったのは、フランス統治時代の終わりから王政復古開始後の数年間のイタリアでフェデリーコ・コンファロニエーリが担った非常に重要な政治的役割のためだった。だが、まさにこのような妻の献身が、新たな時代のモラルによって女性たちに模範として示された。その女性たちの中には貴婦人も含まれるが、その母親や祖母たちはモーパッサンの小説に登場する祖母のように考えながら生きていたに違いない。テレーザの死後、その兄弟のガブリオ・カザーティは息子たちに『我が姉妹の不幸についての回顧録』を書き送った。そこで意図的に理想化されていたのは、優しさと謙遜のバランスを完璧に保ち、ひたすらひとりの男性に尽くした純粋な女性だった。「皆が最大限の賛辞を贈った彼女は、言いようもないほどの賢明さを以て女性特有の優しさと内気な少女ではなく貴婦人に相応しい慎しみを調和させ、それでいて威厳に満ちた堂々たる態度を示していた」。そして、病身の夫への看護について。「私が見た彼はほぼ墓に足を踏み入れんばかりで、私は善良なテレーザの目から溢れ出る苦しみの涙を拭ってやった。天から稀に見る美しさを授けられ、ようやく三十三歳になったばかりの若い彼女がフェデリーコに忠誠を誓ってから十五年が経っていたが、彼女はその誓いを乙女のような純真さで守っていた。彼女の心は彼にのみ捧げられ、彼だけがそれを支配した」。

女性たちは同じように尽力し、多くの者たちがそれを望みさえした。だが、忘れてはならないのは、わずか数十年前まで支配的だったチチスベイズモ的恋愛からかけ離れた厳格で品行方正な新しい行動基準の規格化に、父親や祖父たちとは全く異なる考えや感覚を持っていた男性たちの側からの働きかけでもあったということだ。最終的にはこの物語のフェデリーコ・コンファロニエーリもそれに順応した。妻の犠牲的な死が彼に影響を与えたのだ。出獄してから数年後に再婚するが、一方で模範的な妻の列聖運動に貢献した。一八三七年一月二十一日、アメリカ合衆国行きの船上からジーノ・カッポーニにこう書き送った。

君の近況に加え、友情の名において君にある神聖な任務を頼みたい。テレーザが苦しんだ長く残酷な年月における君と彼女の関係や二人の間にあったことのすべてをできるだけ詳しく私に聞かせて欲しいのだ。君との関係だけではなく、君の耳に偶然入った他の人たちとの関係も。夫婦愛の犠牲になったあの聖なる女性の情報を誰か他の人たちが持っているのを知っていたら、私のために頼んで欲しい、どうか不幸な夫を失望させないように。その過酷な運命は、彼の心にとって最も貴重で神聖な家族の思い出を他人に求めることを余儀なくさせるのだ！　友よ、そうすることによって君は友人が最も熱望する望みを叶えるだけではない。彼女に捧げる記念碑の建立に君自身が協力することになるのだ。その記念碑はさらに健全さの手本として、君が人生において善意のすべてを以って愛し賞賛したあの優れた女性を模し、その記憶を留めるものとなるだろう。

付け加えておくと、テレーザの記念碑建立の協力者の中には、その役割に――レトリカルな意味ではなく、道徳的な意味で――相応しいアレッサンドロ・マンゾーニがいた。一八三〇年のはじめ、瀕死の彼女が夫の解放を望む最後の請願書を皇帝に宛てて書いたのは彼だったし、数ヶ月後に墓碑銘を書いたのも彼だった。それを読む前に知っておかなければならないのは、約半世紀後、ナポレオン三世のための銘の依頼を断ったとき（その「糸口」が見つからないという理由で）、マンゾーニは「幸薄い優れたコンファロニエーリ夫人の銘」は簡単に無理なく書けたと説明することになる。「投獄された夫の解放か減刑を叶えること以外は何もせず、何も考えなかった妻という簡潔なテーマだったから」。ただし、その銘の内容は決して中立的なものではなく、むしろ女性の生きる意味を夫の伴侶としての役割に重ねているという点では間違いなく意図的なものだった。

一七八七年九月十八日、ガスパレ・カザーティとマリア・オッリゴーニのもとに生まれ、
一八〇六年十月十四日、フェデリーコ・コンファロニエーリに嫁したテレーザは、
彼の順調な繁栄を慎ましく支え、
人間に与えられ得る限りの力と勇気を尽くして
逆境にある彼を救い、その不運を分かちあった。
悲嘆にやつれ、だがそれに屈することなく
苦しむ人々の主を信じながら
一八三〇年九月二十六日、亡くなった。[25]

6・3 国家のための家族

短時間で急速に変転したテレーザ・カザーティの人生の趨勢の先にはリソルジメントの時代があり、それはチチスベオたちの習慣の消滅がおよそすべてにわたり決定的となる時代だった。そのような結末は、十八世紀の終わりからすでに整えられた既存の諸条件に、あらたに発生した他の諸条件が加わってもたらされた。本節ではそれらの諸条件を検証し、本研究の結びとする。

消滅の過程はおそらく完璧に線でつながるものではないだろう。一八一五年にはナポレオンによって奪われた権力を取り戻した王政復古体制が確立されたが、それによってチチスベイズモをはじめとするアンシャン・レジーム期特有の風俗習慣がいくらか活気を取り戻すことができたのだろうか。少なくとも世間の人々の忘却を遅らせることができたのだろうか。事実、そのような兆候がいくつか見られるが、一八二六年にフォス

コロがイタリア女性についてイギリスで書いた記事は別である。というのも、その記事は——既に見たとおり——社会構造と人々のモラルの関連性を鋭く洞察しているが、歴史的観点からの考察である上、フォスコロは執筆時、イタリアを離れて十年も経っていたのだから。ゴルドーニを追随する喜劇作者ジョヴァンニ・ジラウドの興味深い証言がある。彼は一幕劇「付き添いの騎士《カヴァリエル・セルヴェンテ》」においてチチスベオを「流行の若者」と定義する。そして、夫の伝統主義にうんざりしたヒロインに、一八一六年二月五日——おそらく初演の日付だろう——の時点で「新しい」習慣に抵抗することはもはや感傷的に見えると喋らせた。[26] 一八一六年が新しい政治体制のはじまりだったとしも、ジラウドの年代記は奇妙で挑発的にさえ見える。一七七六年にローマに生まれた彼が、三十歳を越えた観客たちと同様、今や縮小段階にある現象の過去の栄光を知らないはずはなかった。まして、その現象は最後の衝撃を受けるところだったのだから。フランス人旅行者フレデリック・マーシーによれば一八三〇年頃ボルツァーノでは「チチスベイズモがかなり頻繁に見られるようになった」のだが、このような情報も——正真正銘、別の習慣と勘違いしているのでなければ——辛うじて形を留める習慣の名残を単純に誤解しているに違いない。[27]

　一八二〇年代、二人の外国人観察者がシチリアの上流社会の女性の周囲にいる男性たちをチチスベオだと認識している。ドイツ人ウェストファールは、一八二二年、ユストゥス・トンマジーニを名乗り、パレルモで「優雅に着飾った貴婦人がチチスベオたち、あるいは付き添いの騎士《カヴァリエル・セルヴェンテ》を供に連れ、流行の店に入る。彼女らの関心は商品を検分して、パリの最新のお洒落を知ることだった」と述べている。フランス人オーギュスト・ドゥ・セイヴ伯爵は一八二〇年から一八二一年にかけてシチリアに滞在したあと、パレルモ、カターニャ、メッシーナでは「かつて以上に若い女性たちが結婚契約書に付き添いの騎士《カヴァリエル・セルヴェンテ》あるいはチチスベオの名前が記されることを要求する事態が生じ、花婿たちはそれに同意している」[28]と明言している。このようにチチスベイズモをめぐる当てにならない証言がなお現われる点は別にしても、王政復古期に、チチスベイズモにとっての周辺地域で、同習慣が遅まきながら出現すると同時に終焉を迎えつつあったことは否定できない。とくに、シチリアの事例のように、フランス軍が革命期のモラルをもたらすことができなかった場合にはなおさらだった。

十八世紀にチチスベイズモが盛んだった各都市を含めたイタリア全土に関しては、旅行者たちの印象は、一層混乱し、互いに矛盾したものになっていた。それぞれのテクストの間に矛盾が生じるだけでなく、同一の年代記や日記の内部においてさえそうだった。一八一六年、フランス人古美術商オーバン＝ルイ・ミランが確かなこととして述べたのは、チチスベイズモは「イタリアというよりフランスふうの」土地柄のニースで「革命後には完全に姿を消した」一方、半島の残りの地域では残っていた。その発祥の地であるトリノや「より組織的」に行われていたジェノヴァよりも、ヴェネツィアやトスカーナでその完全な姿をとどめたまま繁栄していた。そう述べたあと、ミランは正直にそれが他人の意見であることを認め、この習慣に関する「幅広い知識」に基づく個人の経験として話すことはできないと告白している。一八二四年、フランス、イギリスに続いてイタリアの習慣を幅広く収集した四巻の書籍が出版され、そこには北部および中部イタリア諸都市での付き添いの騎士《カヴァリエル・セルヴェンテ》の存在と活動が詳細かつもっともらしく（ひどく愚かな誤りも交えながら）記されていが、そのあとで著者らは「調査」記録には数十年以前のものであることを率直に認めている。(29)

本質的には、チチスベイズモに損害を与えた大きな不意打ちの猛打撃のあと、王政復古の文化的雰囲気はその衰退のスピードを緩めはしたが、自己認識と判断の方向性を見失わせる結果を招いたことは十分考えられる。その最大の証拠があるとすれば、現実であると同時に文学として当時最もよく知られたある愛の物語に求めることができるだろう。その愛は部分的にはチチスベオの奉仕に分類できるが、そうすることに必ずしも説得力があるとはいえない。一八一九年四月、当時三十一歳だった英国詩人ジョージ・バイロンはヴェネツィアで二十歳のテレーザ・ガンバと知り合った。彼女はラヴェンナの貴族で同郷のアレッサンドロ・グィッチョリ伯爵と結婚したが、夫は三度目の再婚で、バイロン自身がある手紙で彼を「保存状態がよい」と評していたとしても、彼女より三十二歳年長だった。すぐさま若い二人の間に衝動的な情熱が生じ、それは早くも隠し切れなくなった。浮き沈みの激しいロマンティックな二年間を過ごしたあと、バイロンはついには惰性になってしまった関係に疲れ、ギリシャへの最後の旅に出ることに決めた。

　その二年間にイギリスの友人たちに宛てて書いた手紙で、詩人は自身の「チチスベオ的生活」の話題を繰り返している。そこで彼がチチスベオについて述べたことが、のちに彼の伝記作者やテレーザとの物語の記録者たちにそのまま受け入れられているが、少なくとも用語の使い方は正確さに欠ける。テレーザを守ろうとする彼女の親戚たちへの配慮もあり、グィッチョリ伯爵は気まぐれな若い女性の弱さに対し何度も忍耐強い大人の男性としての態度をとった。しかしながら、一八一九年十一月、最初の醜聞が表沙汰になったとき、彼がテレーザに課した結婚生活に関する長く厳しい規則は第三者との自由な交際を認めず、「習慣の一致は結婚生活をひたすら楽しいものにし」、女性は何がともあれ夫に従順に従うべきという考えに基づいていた。「彼女は夫を父、夫、友人、一生変わらぬ誠実な伴侶と見なし、彼以上に好ましい男性を持ってはならない」。バイロン自身、同じ月に複数の文通相手に書いた手紙にほぼ同じ文面で次のようなエピソードを語った。「ついにグィッチョリ騎士伯爵はヴェネツィアにやって来た。妻は体の具合がかなり良くなっていたが、彼に対して敵対的になっていて、彼らは激しく口論した。それまで彼は何も言わなかったが、こうした状況となって、彼をとるか私をとるか彼女に選択を迫った。彼女は即座に私を選んだ。両方持つことは許されないなら、愛人のほうを好まざるを得なかった」。

　グィッチョリが三角関係を評価していなかったことは間違いないとしても――いずれにせよ、一八二〇年一月には教皇からの通達により夫妻は別れることになる――、バイロンの証言の意味を掘り下げる価値はある。それは個人的な出来事に留まらないからだ。テレーザとの交際期間中、イギリスからイタリアの風俗習慣に関する本の執筆を依頼され、一八二〇年二月二十一日、ラヴェンナから書き送った断りの手紙の中で、次のように詳しく論じている。

私は彼らの邸宅に、そして彼ら一家の心の中に住んだ。ときには単なる〈家族ぐるみの友人〉*amico di casa* として、あるときは〈貴婦人〉*dame* の〈心の友〉*amico di cuore* として。だが、どちらの場合についても本を書けるほどの権威は私にはない。彼らのモラルと我々のモラルは異なるし、我々の生活と彼らの生活は異なる。君たちには理解できないだろう。イギリス人やフランス人やドイツ人の性格なら理解できるだろうが、それらとは訳が違う。ここでは、修道院教育、〈騎士による奉仕〉*cavalier servantismo*、考え方や生活の習性がまったく異なり――彼らと親しくなればなるほど益々その違いに衝撃を受けるだろう――どう説明したらいいのか分からないくらいだ。彼らは節度を保ちつつ同時に放埓で、本質的には真面目だが娯楽のときは剽軽で、突発的であると同時に持続的な印象と情熱を合わせ持つことができ（これは他のどの国の人々にも見られないことだ）、実質的に〈社交の場を持たない〉*non ha società* 人々である。

この論述は、我々にとってイタリアにおける真の「社交界」の不在を指摘する最初のものでも唯一のものでもない。また、貴婦人と騎士との相互の結びつきと両者の夫への敬意に関する詳細な記述が補足されているが、たった今確認したとおりグィッチョリ夫妻との三角関係をチチスベイズモとするバイロンの解釈の是非をめぐって今しがた確認してきた内容とも照らしながら読まれるべきである。さらに、一年後に書かれた彼のもう一通の手紙も考慮されなければならない。その中でバイロンは彼の「ドン・ファン」という詩の構想をこう述べる。「彼にヨーロッパ中を巡らせて［…］イタリアでは付き添いの騎士《カヴァリエル・セルヴェンテ》に、イギリスでは離婚の原因に、ドイツではウェルテルふうのセンチメンタルな男に仕立て、これらの国でそれぞれに異なる社交界の特徴を滑稽に描こうと考えている(30)」。

この国民のアイデンティティというテーマは、チチスベイズモの終焉の理解に不可欠であり、後ほど再び取り上げるが、さしあたってその前に、バイロンが伝統的なステレオタイプに加えて、ヨーロッパ文明の中でのイタリアの特殊性をとくに強調するような偏見を故意に抱きながらチチスベイズモを論じていたことに注意したい。王政復古期に教皇領ラヴェンナでチチスベイズモが一時的に復活した可能性はもちろんあるが、再び家庭領域外の人的ネットワークに女性が参加するための一般的な根拠や形式となることはほとんどなかった。むしろ、文化の危機的段階で、男女の関係の観察者であり関係者でもある人々は、そしておそらく外国人であればなおさら安易に、文学や旅行記全般によって時と共にすっかり定着したイメージや評価に頼りながら、変化しつつある現象の特徴を捉えようとしたのではないかと思われる。姦通は十九世紀中に減少したと推定されるが、それは直に確かめられる絶対的な事実ではなかった。したがって、イタリアの王政復古期に露呈した女性の不実のエピソードがチチスベイズモの最後の残滓と容易に混同されてしまうのも不思議ではない。

そのような姦通は特別な条件を必要としなかったが、その一方で、本来の意義を伴う付き添いの騎士《カヴァリエル・セルヴェンテ》の復活は、その根本的な前提となる諸条件が並行して回復しないかぎり妨げられたままだった。何よりもまず、ナポレオン時代以降、政権回復した政府は遺産分割を守るための法体系を一部しか復活させなかった。この法体系こそが貴族の結婚モデルを支え、子供たちの間に差別をもたらし、既婚の貴婦人に求愛する数多くの独身者を生み出す原因となっていた。事実、婚姻の割合は停滞どころか増加した。ミラノ例を挙げると、十八世紀前半の五十歳の独身貴族の割合は五十一パーセント、十八世紀後半は三十七パーセントだったが、十九世紀前半になると十八パーセントに急落し、十九世紀後半は十二パーセントだった[31]。また、アンシャン・レジームの特徴だった厳格な階級分離が再活性化することもなかった。貴族の側からの様々な修復の試みにもかかわらず、フランス人が始めた異なる階級に跨る有力者層の形成は王政復興期にも続いた。とくに最も強い影響力を持つロンバルド・ヴェネトのオーストリア政府は政策を通して、社交界と貴族の特権の範囲が都市の古い階級の独占的要求によってではなく、君主の意思によって決められるべきだとする原則を貫いた。さらに、十九世紀に新たに形成された有力者層は感情的な軽さとギャラントリー的放縦から遠ざかり、ロマン主義的態度へとより一層傾いていった。その中で姦通は罪への転落として残存することができたが、三角関係に基づく結婚として計画されたチチスベイズモにはその余地がなかった[32]。

王政復古初期の数年間のイタリアにおける貴族の血統や金銭にまつわる私生活上のモラルをバイロンよりも巧みに描いたのは女流作家シドニー・オーウェンソンだった。イギリス人作家としてはバイロンよりも控えめな存在である彼女はアイルランド出身で、公には夫の姓によりレディー・モーガンとして知られている。一八一九年から一八二〇年の二年間、イタリア半島を旅行したあと、レディー・モーガンはある本を出版した。イタリア人が読んだのは、出版後すぐフランス語に翻訳され、『イタリア』という題で四巻に分けて出版されたものである。多くのイタリア人読者が既に旅行中の作者と知り合っていた。例えば、フェデリーコ・コンファロニエーリは、ジーノ・カッポーニ宛の一八一九年七月四日の手紙で「彼女は最高の女性だ。だが、本当のことを言うと、彼女の判断力や審美眼はあまり評価できない。才気はあるし、とくに素晴らしい心を持っていると思うが」と述べている。だが、この評価は限定的ではあるが、レディー・モーガンが他の多くの旅行者たちとは異なり、出会った環境や人々に関心と共感を抱いていたことを証言する。『イタリア』を読んだカッポーニも同じような意見を述べている。彼によれば、この本は単純な見方と誤りを多く含んでいるが、実際の興味に即して集められた適切な情報に基づいている。「つまり、この本は鋭い洞察と正しい観察に基づき、我々の習慣や近年の歴史を、それも公的なもの私的なものを問わず、よく理解した上で書かれている。彼女がその知識をとくにミラノとフィレンツェでイタリアについてよく知る人々から集めたのは明らかだ」[33]。

レディー・モーガンは熱狂的な自由主義者で、シスモンディの著作に影響を受け、彼同様、敬意と批判の入り混じった感情に動かされイタリアに向かった。だが、彼女はイタリアの政治的・社会的進歩の遅れの原因として王政復古とオーストリアによる反動的支配の責任を追及する点においては、よりラディカルだった。オーストリアは、イギリス政府の恥ずべき無関心をいいことに、フランス統治時代に開始された近代化のプロセスを中断し、踏み潰してしまった。このような序言と共に、レディー・モーガンはイタリア諸都市に隷属・頽廃・腐敗に再び陥ることを諦めまいとする人々がいることをヨーロッパの世論に示す機会を決して逃さなかった。例えば、イタリアの「主要な知的活動」地であるミラノの『コンチリアトーレ』紙に熱い賛辞を捧げている。同紙はコンファロニエーリのグループが主宰するロマン主義と愛国主義を掲げる新聞で、一年間の目覚ましい活動のあと、一八一九年には検閲によって抑圧されていた。「この短い期間に、彼は恐らく王政復古後に創刊された他のどの新聞よりも文学的・哲学的真実を伝えたのではないだろうか」。ナポリに関しては、一七九九年の流血の鎮圧での犠牲となった革命家たちと神聖同盟の武力によって打ち負かされたばかりの立憲主義運動との連続性を描き、そこに心を揺さぶるような追憶を重ねた。「一八二一年のナポリの人々の大敗を喜ぶ人は、一七九九年に王の慈悲に委ねられた人々の運命を思い出すべきだろう」。このような攻撃的な発想によってレディー・モーガンは様々な時代と政治体制を絶えず比較対照した。結局のところ、政治に関する彼女の知識や評価にはそれほど目新しいものはないが、私生活上のモラルについて彼女の示した時代区分はより興味深く啓発的である。

チチスベイズモは度々話題を占めているが、バイロンやフォスコロの場合と異なり、正確な時代区分に基づいている。レディー・モーガンの再構成によれば、チチスベイズモは革命前のイタリア人が浸っていた「快楽的な穏やかさ」と「愚かな放縦」から生まれ、イタリア王国の首都ミラノを皮切りにフランス人の厳しい追放運動に晒された。「チチスベイズモは反革命的と見なされ、不幸に陥った。ミラノのギャラントリーは政府ほどあっさりと転覆されそうもなかったにもかかわらず、慎みが流行りだした」。新たなマナーはすぐに広まり、どこもかしこも夫妻は常に一緒にいるようになった。ナポレオンは社交場への外出の際の曖昧さを避けるため、「招待状は夫と妻の名を宛先としなければならない」と命じた。愛情に基づく関係に興味を抱いていたレディー・モーガンは一八一九年から一八二〇年にかけてイタリアの家族を最大限の好奇心を以て注意深く観察したに違いない。王政復古と共に過去に逆戻りするかもしれない決定的瞬間について、彼女が示した総合的判断にはいかなる疑いの余地もない。「すべての修道院の廃止、大学改革、女子のための学校の設立、徴兵制、最近二十五年間の大きな政治的混乱、これらのものが現在成長中の世代に新しい性格を付与し、父と子の間にもはや消すことのできない境界線を引いている」。

もちろん、だからといって、どの地域でも風俗習慣が画一化されていたわけではない。四巻からなる『イタリア』にはその微妙な差異が詳細に記述されている。チチスベイズモに関して、レディー・モーガンはその痕跡をあちこちで認めている。とくにフィレンツェは聖職者の権威が強く、女子を修道院で教育させるという最悪の習慣が普及している都市と彼女には見えたが、ここでも「チチスベイズモが一般化されているわけではない」と付け加えている。結局、かつてのギャラントリーの形式への癒着は、反動的な政治思想への従属をはっきりと示すものだと彼女の目には映った。この基本的な考えは、『イタリア』全体に——とりわけカルロ・ポルタの諷刺詩の影響が明らかなミラノの「〈ビスケット会〉*biscottin* の貴婦人たち」のページに——見られるものだが、ジェノヴァのパッラヴィチーニ侯爵夫人の邸宅の描写において、より詳しくまとまった形で表明されている。

この貴婦人の邸宅での文学サロンの夕食会や集まりのおかげで、ジェノヴァの社交生活のみならず、これまで長らく家庭的習慣を持ち合わせていないことで批判を受けていた人々がこの点において向上しているという印象を最もはっきりと持つことができた。一家は三世代にわたる。子供たちの世話を焼く魅力に溢れた若い母親、〈愛情深い〉*affezionato* 若い父親、行き届いた配慮ですべてを見守る愛すべき祖母、それぞれがジェノヴァの邸宅のサロンにとっては目新しかった。そこには〈チチスベオ〉*cicisbeo* も〈パティート〉*patito* も聴罪司祭もいなかった［…］古き良き時代の語を借りていうところのギャラントリーはイタリア全土同様ジェノヴァでも衰退していた。情熱はモラルと同じくらい恐らく増大しているのは、止まるところを知らずに哀れな喜びをもたらすことしかできなかった、あの抑え切れない放縦が消滅したおかげである。しかしながら、古い貴族に混じった〈四十時間の祈り〉*Veglia di quaranta* に付き添う〈伊達男たち〉*beaux garçons* の中に正真正銘のジェノヴァふう〈パティート〉*patito* の不滅の痕跡が見出せる。彼らは祈禱書を持ち、愛する貴婦人に花束を贈り、午前中は彼女をアンヌンチャータ教会へ、夕方は〈ストラーダ・ヌォーヴァ〉*Strada Nuova*〔現在のジュゼッペ・ガリバルディ通り〕の散歩へと伴う。だが、イエズス会や異端裁判官による教育は、ジェノヴァの若者たちを無知と怠惰に放置し、彼らにとって唯一の資源であり仕事であるギャンブルやギャラントリーに陥らせてきたが、かなり以前から失われており、いまだ復活できずにいる。

この長い一節が引用に値するのは、付き添いの騎士《カヴァリエル・セルヴェンテ》の終焉に関する最後のそして決定的な問題を提起しているからだ。自由主義国家文明と反動主義の熱狂的亡者の生き残りとの間で進行中の戦いに共鳴する強い意識が『イタリア』における私生活のモラルの描写に付与する緊張感は、良識ある風俗習慣と政治力の回復との繋がりをめぐるレディー・モーガンの考えを反映している。ナポリのピニャテッリ・ストロンゴリ公（彼の兄弟の二人が一七九九年の共和国の犠牲者となった）を讃える叙述の結びの部分に彼女の考えが簡潔に記されている。「彼はその二人の素晴らしい資質をきわめて優れた政治的・文学的才能に結び付けた。彼の家庭生活における徳は、愛国主義的理想と一致していた」[34]。この祖国と徳を結びつける理論は、将来にわたって深い意味を帯びることが運命づけられていた。知的限界はあったものの、イタリア人貴族との交流を通して、レディー・モーガンは彼女の人間味溢れる洞察力により、チチスベイズモに致命的打撃を与えることになる文化的傾向を絶妙なタイミングで捉えることができた。その傾向とは、つまり、家族改革と国家統一《リソルジメント》運動の一体化である。

ここで第一章において引用したシスモンディの『中世イタリアの共和政諸国の歴史』*Histoire des Républiques italiennes* に立ち戻り、イタリアにおける私的モラルと国民のアイデンティティのつながりに関する論述の糸口を引き出そう。チチスベイズモをイタリアの社会と人々の気質の弱点に関する分析の中心に据えることによって、シスモンディは一八一八年、十八世紀の証言と、イタリアが革命と王政復古の間で描かれようとしていた新しいイタリアのイメージとに挟まれた立場を戦略的に引き受けようとしていた。十八世紀、チチスベオとイタリア人の同一視は主に、ヨーロッパ各国の人々に対するステレオタイプ的認識――虚栄心の強いフランス人、尊大なスペイン人、粗野なドイツ人、等――に基づく文学的常識の伝統に沿ったものであり、啓蒙主義文化において共有された合理主義的コスモポリタニズムの基本原則を損なうことはなかった。近代的ナショナリズムの誕生と共に、即ち民族の起源とその固有の歴史に対するロマン主義的関心の台頭と共に、国民性のステレオタイプが自然科学的な含みと差別的意味合いを帯びるようになり、それを提唱する側の敵対的態度は別にしても、益々深刻な論争を孕むものになった。イタリアに友好的なシスモンディ、および彼に多大な影響を与えたスタール夫人の場合がまさにそうだった。スタール夫人は一八〇七年、小説『コリンヌあるいはイタリア』（複数の付き添いの騎士《カヴァリエル・セルヴェンテ》の存在を指摘する拙速な情報として既に紹介している）において、国家主義的観点に基づき、チチスベイズモに表出する性的放縦の特異性をイタリア人の劣等性の原因であると強調した。

　様々な民族に当て嵌まると推測される性質を同一視したり区別したり比較したりする、このロマン主義的主張の偏った見方を正確に捉えるために、また、性に係わるこのようなデリケートな問題についてのイタリア側の反応の緊急性を理解するために、スタール夫人が主張するイタリア人の特異性の是非を急いで検証する必要がある。実際のところ、チチスベイズモが啓蒙主義文化において貴族の政略結婚の結果として発達したのであれば、なぜそれがイタリアだけに存在したのだろうか？　イタリアだけが遺産の長子相続や政略結婚や啓蒙主義を独占していたわけではない。チチスベイズモが独身状態にある聖職者というモデルの普及に依拠しているのであれば、なぜ他のカトリック世界には広まらなかったのだろう？　答えはとても簡単で、十八世紀から今日に至るまで長らく反対のことが言われ続けてきたにもかかわらず、現実には、チチスベイズモはイタリア固有のものではなかったのである。

　フランスは、既に述べたとおり、本質的にはチチスベイズモとは無縁だったが、それはこの習慣が却って不品行の妨げとなる不便さゆえである。放埓さではより控えめなスペインはこの習慣を広く受け入れていた。ここではチチスベオは、家庭内の事情と外部の関係が重なり合うことによってイタリアのように形式化され、しばしば〈エストレーチョ〉*estrecho*、〈チチスベオ〉*chichisveo*、〈ペティメトレ〉*petimetre* と呼ばれることもあったが、多くは通常〈コルテーホ〉*cortejo* と呼ばれた。〈コルテーホ〉はイタリアの付き添いの騎士《カヴァリエル・セルヴェンテ》と同じ義務と権利を有し、その存在はゴヤの諷刺的エッチング（図版14）をはじめ、数多くの文芸作品のほか、いくつかの伝記においてより直接的に証言されている。中でも一際目を惹くのは文学者ニコラス・フェルナンデス・デ・モラティンの日記で、そこにはある貴婦人に彼自身奉仕したときの出来事が（ある日は散歩、また別のある日は贈り物の内容、さらに別の日は一緒に闘牛へ、という具合に）事細かに記録されている。統計好きなモラティンは様々な娯楽の機会の回数を数えていた。おかげで最も喜ばれた奉仕に関する情報が直接得られるのだが、それらの奉仕は彼らがホレス・マンのセッティーよりも快適であったに違いない「ソファー」を愛用していたという事実の恩恵を受けていた。(35)

メアリー・ワートレイ・モンタギュー（一七一八年のジェノヴァのチチスベイズモの観察者として本書で既に紹介している）は既にウィーンでチチスベイズモに出会っていた。一七一六年九月二十日付けの手紙でその習慣について述べているが、二年後に彼女を少なからず楽しませ驚かせることになることばは使っていない。

> ここには男性の気を惹くような艶かしい女性も淑女ぶった女性もいません。いかなる女性も同時に二人の愛人に勇気を与えるほど敢えて婀娜な素振りを見せることはありません。また、夫たちに偽りの忠誠を示すほど偽善的な女性も見たことがありません。夫たちは世界で最もお人好しで妻の愛人たちを承認し、最も退屈な義務を片付けてくれる代理人だと見なしていますが、概ね彼ら自身も場所を変えれば代理人なのであって、そうした義務から逃れることはできません。要するに、この習慣は各貴婦人が二人の夫を持つことを定めていて、一人はその名前を掲げ、もう一人はその義務を遂行するのです。この取

り決めは世間に広く認められているので、上級社会の女性を夕食に招いておきながら同時にふたりの従者——愛人と夫——も招かなければ、正真正銘、無礼ということになるでしょう。彼女は玉座にあるかのように大変厳かな様子で常に両者に挟まれています。[36]

イギリス人旅行者が他者の性的習慣に驚きの反応を示しやすい傾向にあることは何度も見てきたとおりだが、その驚きにモンテギュー夫人のような機知が常に伴っていたとは限らないのだが。しかし、ピューリタン的モラルの国にさえチチスベオに近い存在を認めることができる。十七世紀の終わりの〈風習喜劇〉*comedy of manners* に登場し、イタリア語の翻訳版では「付き添いの騎士《カヴァリエル・セルヴェンテ》」——まさにそのとおり——と記された〈女性の崇拝者〉*gallant* に全く現実的根拠がないということはありえないだろう。例えば、このジャンルの傑作と認められるウィリアム・コングリーブの「世の習い」*The Way of the World*（一七〇〇）では、二人の求愛者を従えたヒロインは、未来の夫との対話の中で、近い将来の共同生活の条件をこう述べている。「決して一緒に余所のお宅を訪問しないことにしましょう。劇場にも。他人であるかのように礼儀正しく振舞いましょう、何年も前から結婚しているかのごとく他人行儀で、結婚していないかのように礼儀正しく」[37]。「風習喜劇」が概してスチュワート朝復興期の寛いだ雰囲気に呼応していたこと、そしてともかく一七五五年には真面目でギャラントリーを伴わない結婚生活を目論んでいたピエトロ・ヴェッリがロンドンの習慣を真似ようと決意していたことは確かである。だが、そこでも放蕩生活への誘惑の名残を一掃するにはもう少し時間が必要だったに違いない。一七四三年、ウィリアム・ホガースは結婚をテーマにした連作において、結婚の契約の場面から既に鏡に映った自分の姿に見入る無関心な夫とその傍らで花嫁の耳もとに甘いお世辞を囁いている紳士を描いているが、こんなふうに「当世風の結婚」*Mariage à-la-mode* のモデルを笑いものにすることが、相変わらず理に適うと考えていたのだとすれば（図版15）。

　これらアルプスの向こう側の生き写したちを以てしても、チチスベオは依然としてイタリアにのみ重ね合わされ、むしろ十九世紀前半にはヨーロッパにおけるチチスベオの仲間について疑問を抱く人が減ったことから、イタリア人の不道徳に対する非難は益々熱を帯び、ほぼ普遍的なものとなっていった。もちろん、イタリアにおいてチチスベイズモは他の国々よりも組織的広がりと社会的重要性を持つに至った。だが、独占的であるかのようにその傑出ぶりを強調することは間違いだし、そのことが示すある種の執拗さについては説明が必要である。それは多分一般的な要因、例えばグランド・ツアーにおけるイタリアの重要性や新教徒《プロテスタント》たちの目にネガティヴなものとして映る教皇庁のイメージなどによるものだった。また、恐らくより特殊なもの、例えば、オペラのカストラートのようにイタリアならではのものとしてヨーロッパで知られていた存在のせいでもあった[38]。だが、チチスベオ神話の根本的理由は明らかに政治的なものであり、イタリアの状況に対する主に否定的な見方（あるいは、むしろ偏見）の中に求められる。それはつまり、過去に偉大な文明がありながら、現在は極度の衰退から再起できずにいる。そして、人々は才能がありながら分断され、支配を受け、したがって自尊心を傷つけられたままである。最後に他の国々にはすでに成熟した強い国家があるが、イタリアにはそれがない、というものだった。

　したがって、レディー・モーガンがいち早く記したとおり、イタリアで道徳的腐敗の現実やイメージに勇猛果敢に抵抗しているのは、半島を地理上・人口統計上の概念から統一された独立国家へと昇格させようとする人々だということ、そして、チチスベイズモは愛国主義的イデオロギーのまさに批判の的とされていることがよく理解できる。フランス統治時代の民主主義者たちと比べ、リソルジメントの愛国者たちにはチチスベイズモに一層激しく反対するもっともな動機があったのだ。国家のアイデンティティ構築をはっきり特徴付けるのは、イタリアの政治文化にとっても、より広くヨーロッパのロマン主義的文化にとっても、国家のアイデンティティを構築するにあたってその最大の特徴となるのは、結合力と一貫性を備えた共同体としての国家、そして何より民族・人種的観点から、血を分けた兄弟たちの母体としての国家という概念だった。アンシャン・レジーム期の階級的論理とは異なり、すべての個人が国家に属するというこの新たな概念において、親子関係における性的純粋さの管理は徹底するよりほかなく、付き添いの騎士《カヴァリエル・セルヴェンテ》の面前で貴族の再生産の過程に潜在する交わりに対して意識の上だけでなく家系上の汚点という烙印が押された。さらに、祖国のための戦士たちを待ち受けている勇気と犠牲という試練の前に、ふたつの性がそれぞれ果たすべき任務をはっきりと再定義する必要性が認識された。英雄たちの母や妻には家庭を守るための忠誠心と純粋さが、また、外国による支配のもとで卑屈になり、さらにギャラントリーの軽薄さの中で女性化した男性たちには好戦的な男性らしさの回復が必要とされた。[39]

「自らの名誉に無関心な男たちが彼らの国の名誉のために困難や危険に立ち向かうことなど誰が期待できようか?」[40]。一八二六年、フォスコロはすでに引用したイタリア女性とそのチチスベオに関するテクストをこの辛辣な問いかけで締め括る。リソルジメントの中心人物たちは、チチスベイズモの残骸に対する最後の攻撃を以てこれに応えようとしていた。一八二四年以来、この弱点に対する感情を最も先鋭的に表しているのは、愛国詩人として最も人気のあったジョヴァンニ・ベルシェが「ファンタジエ」*Fantasie* で描いた神聖ローマ皇帝フリードリヒ一世に対抗するロンバルディア同盟の人々の姿である。

燃えた家の灰の上にもはや
ロンバルディアの女性は落胆したまま座っていない。

彼女は立ち上がった。彼女は祖国を願う
兄弟に、闘う夫に。
彼らはそれを約束する。慎ましい女たちよ、
夫を尊敬し、彼に満足せよ。
子供たちが疑いの目を向けることのないお前たちは
力のある者たちに意志を吹き込んだ。[41]

まさにこのとおりだった。父親が誰であるか疑いを抱かずに済む子供たちは、躊躇うことなくまっすぐ母親を見つめ、その母親は自身の夫に満足し、彼を信頼に足る、一層熱意のある戦士にする。これらの子供たちが、イタリア人の性的無秩序、家族の退廃に向けて噴出した非難、嘲笑、悪口に対する露骨なほど声高な反論である。このテーマがどれほど愛国者たちの意識に深く根ざしていたのかは、四十年の歳月を経てなお、このテーマが曖昧ながらも過剰なほど良心に訴えかけるようにマッシモ・ダゼーリオの意識の中に残っていたことからも窺い知ることができる。政治家で文人でもあったダゼーリョは彼の誕生前のトリノの両親の夫婦生活をこんなふうに叙述している。「一七八八年から一七八九年にかけてのことだった。社交界は変わり始めていた。しばしば結婚契約書にまで規定されていた（！）〈合法的な〉付き添いの騎士《カヴァリエル・セルヴェンテ》の時代は終わろうとしていた。彼らの存在は新たな基礎の上に社交界を据える必要性を示す数多の兆候のひとつだった。読者に考えてもらいたい。私の父が、流行かどうかに関係なく、この愚かで滑稽な習慣に従うような人物だったかどうか。仮にそうできたとしても、私の母がそれを受け入れることはなかっただろう[42]」。

王政復古期に繰り広げられた反チチスベイズモ運動に女性たちも加わった。受動的な立場ではなく、真面

目な結婚という新しいメッセージを広める側として。一八二四年、ベルシェの詩の初版と同じ年に、フェッラーラ出身の女性作家ジネヴラ・カノーニチ・ファキーニはチチスベイズモの最後の痕跡に関する『イタリア』の証言を検証した。レディー・モーガンのこの著作は彼女を苛立たせ、十四世紀から十九世紀までのイタリアの女性作家に関する自著『人物伝』*Prospetto biografico* にその反論を掲載したほどだった。その論調は、物の見方が短絡的であるために実際には愛情の表明である本を曲解し、反論の役割を担おうとする才気の足りない人物から想像できるようなものだった。イギリス女性たちのモラルについてはどう言えばいいのだろう――とカノーニチはあてこする――彼女らは家に客人が到着すると、抱きついてキスを浴びせるというのに? レディー・モーガン宛の公開書簡において注目すべきは付き添いの騎士《カヴァリエル・セルヴェンテ》の敗北宣言だが、実のところ彼女は明白な事実を堂々と公表したに過ぎない。カノーニチにとっては、彼女が夢中になって反論として提示した内容が、実際には『イタリア』で既に指摘された傾向を肯定し、さらに敷衍するものだったということはあまり重要ではなかった。

> 何年も前から、国家や司法に関すること、あるいは私的な事情の妨げとならない限り、夫は妻をどこへなりと伴っています。妻は屈辱的な隷属状態に縛られることなく、しばしば一人で、あるいは然るべき付き添いを伴って、健やかな心身を保つのに良いとされる楽しみを享受しています［…］廉潔と名誉は我々に栄光をもたらします。そして、このように考えれば、あなたは私の国に完全な正義を認めることになるでしょう[43]。

イタリア統一後、ダゼーリョのような年輩愛国者が時代を先取りした両親の厳格さゆえに自身や他の人々の出自が保証されることを喜ばしく思っているのだとすれば、また、一八二四年にカノーニチ・ファキーニのような対チチスベオ闘争の最終段階に係わった女性作家がすでに勝利を謳歌していたのだとすれば、チチスベイズモに対する国家統一《リソルジメント》運動の決定的かつ全面的勝利の正確な日付を特定すること、最後の付き添い《カヴァリエル・セルヴェンテ》の騎士（の役割の放棄か本人の死亡による）の消滅の正確な年を特定することは我々には不可能である。実際のところ、一八二〇年代以降に散発的に見られる証言が、季節はずれの果実に向けられた注意深い観察なのか、それとも先入観から生じた誤解なのかを見極める確かな根拠はない。だが、それ自体、本質的な問題ではない。重要なのはむしろ、チチスベオの排除を必然的に伴う文化的プロセスによって、家庭のモラルと女性の境遇にもたらされた根本的な、そして後に影響を与え続けることになる転換点についての最終的な考察である。

結婚生活における責任と妻として母としての義務を果たす女性の実直さを標榜するイデオロギーはルソーに始まり、ナショナリズムをその最も強力な増幅装置とし、ロマン主義的衝動とブルジョワ階級の期待を十九世紀的文化を強く特徴付ける私的生活モデルの中で融合させることを可能にした。この現象はヨーロッパ中に広がり、参加する各国はそれぞれ独自の経路をたどりながら共通の方向を目指していた(44)。こうした現象がイタリアにおける性的役割、家族、社会にもたらした結果を二つのテクストを通して紹介したい。同じ一八四八年に、ひとつはある女性に捧げられ、もうひとつはある女性によって書かれたものである。

アット・ヴァンヌッチによって出版された激情的なリソルジメント殉教者列伝の中で、最も模範的なイタリア女性として一際目を惹くのは、革命と戦争の一八四八年には、もはやその死から二一年の時が経っていたテレーザ・コンファロニエーリ・カザーティである。彼女の追憶の中で、純粋で献身的な妻としての資質は最終的にはナショナリズム的愛国主義にはっきりと傾いている。

外国からの圧力が数多くの弊害を祖国に及ぼす最中、徳と美の天使のようなある女性が苦しみによって死んだ。彼女の心は長い間苦悩に耐えてきたが、公私にわたる災難がその頂点に達したとき砕けてしまった。イタリアが誇る才能と徳を備えた男たちがあの呪われたモラヴィアの城塞で死んだとき、あるいは流刑の旅の艱難に呻いていたそのときに。

性的モラルに関して興味深いことに、この新しい正真のイタリア女性モデルが、これほどの重大局面においてなおギャラントリーの習慣を維持する女性たちの罪をより一層際立たせているという指摘をヴァンヌッチは欠かさなかった。こうした女性たちについて彼は軽蔑を込めて「時間の大半をエレガンスの研究、おしゃべり、リボンの使い方、夜の不倫のための駆け引きに費やしている」と説明している[45]。

二つめのテクストについてはもう少し詳しく立ち入りたい。夜の不倫とは縁のないもう一人のイタリア女性カテリーナ・フランチェスキ・フェッルッチが残した女性の振舞いに関する記録は、十八世紀的ギャラントリーのサロンにおけるモラルとの比較に値する。彼女は一八〇三年、ジャコバン派の医師と貴族女性との間にナルニで生まれ、ピサ大学教授の妻となった。その夫はカヴールの保護を受け、のちにひとり息子と共に、クルタトーネの戦いの志願兵となった。フランチェスキは娘に宛てた大著『イタリア女性の道徳教育について』*Della educazione morale della donna italiana* を一八四六年に書き終え、二年後にそれを出版した。序文で述べられているのは、彼女を支配する「母親の愛と祖国への愛という二つの強力な愛情」が彼女にインスピレーションを与えた（そして、のちにヴィンチェンツォ・ジョベルティがこの書を評価する根拠となった）敬虔かつ控えめな文脈における妻として母としての完璧な理想の定義である。「不滅の被造物の伴侶として、不滅の被造物の教育者として、あなたは地よりも天に目を向けなければなりません。イタリア人女性として、母として、あなたはパーティや娯楽に人生を費やすことを考えるのではなく、息子たちの養育によって善良で寛容で強く賢い市民を祖国に与えることを考えなければなりません」。

彼女の教育プログラムは国家という中心的かつ緊急のテーマを超えている。議論の社会的枠組みとしては保守主義的傾向が顕著だが、アンシャン・レジームの階級社会へのノスタルジーはまったくなく、むしろそれは信託遺贈と不平等な財産相続を核とする点において拒絶される。この拒絶の対象には独身状態も含まれており、結婚が人生に不可欠とする主張と一致している。論調は全体的に真面目で厳かであり、いうまでもないが「世間がギャラントリーと呼ぶ恋愛」には予想通りの嫌悪が表明されている。教育の面では、音楽やダンスといった古くからの軽薄な習い事ではなく、少女たちには役に立つ学問を身につけることが奨励される。だが、それらはすべて、幾分おおげさに述べられているとおり、女性や女性ならではの行動領域に対する男性の優位性が認識される範囲内に限られる。

> 女性の権威が家政にのみ限られている一方、男性の権威は都市や国家だけでなく、しばしば宇宙における真実や思索の無限の力にも、未来にも及びます。女性は精神を支配し、男性は知性を司ります。女性は説得し、男性は力を使います〔…〕慎ましさと従順に無私無欲が加わるとき、従順で謙虚な女性は卓越の極みに至るということを覚えておくべきです。

こうした考えに基づき、フランチェスキの教育学の最後の部分では避けるべき悪癖――虚栄、気取り、軽薄さ、移り気――が取り上げられているが、そこでギャラントリーの世俗性の糾弾が、女性らしい資質として内省の奨励へと転換されているとしても驚くにあたらない。「あなたの静かな部屋にこもりなさい。世間の煩わしさをあなたから引き離しなさい。そうすれば、やがてすぐ分かるでしょう、孤独の中で想像力と心がどのような奇跡を生み出すことができるのかが」。荘重簡潔に決然と、この論述の、ひいてはこの書全体の結びにおいて、一八四八年の時点における若いイタリア人女性が習得すべき技術が一切の曖昧さを伴わずに表明されている。それは「自分自身と会話すること」だった。(46)

自分自身と会話《コンヴェルサーレ》すること。このような人生の学習計画がチチスベオたちの「会　話《コンヴェルサツィオーネ》」と両立しがたいことは強調するまでもない。当然、そのような熱心な内省は、「真の女性共和主義支持者」において、女性たちに「多くの人々の面前で彼女らの優れた才能を実証する」よう勧める者にとっては極端に見えたかもしれないし、女性たちを「屈辱的な隷属状態」に縛り付けることに反対の立場だったカノーニチ・ファキーニにとっても恐らくそうであったに違いなく、これが文字通りに受け取られたわけではなかったのだろう。十九世紀にもサロンが存続し、そこに通う女性たちがブルジョワ階級の世論形成に果たした役割を考えれば十分である。(47)だが、フランチェスキの本は、道徳主義の（とくに性に関する）正確な概念を伝えてくれる。それは、国家形成の細胞としての家族の再構築の基礎となろうとしており、一七七五年にピエトロ・ヴェッリが彼の花嫁マリエッタに認めた「優れた慎ましさ」という理想に新たに別の重みを加えようとしていた。このような道徳的教化運動の成功が長期にわたって明らかになれば、そこから様々なヴァリエーションや例外や乗り遅れが生じることになるが、それらの詳細について述べることはチチスベイズモに関する本書の課題ではない。代わりに、二つの総合的見解を提示して結論としたい。

ひとつめはコンパーレ、つまり大衆《マス》の世界に関わるものである。大衆においては、新しい行動モデルの浸透はより緩慢で、その動機は支配階級の場合とは部分的に異なっていた。イタリアでは、農村や都市の大衆教育は教会によって実践されたが、それはフランチェスキが自らの娘や同じ境遇の若い女性たちに向けて述べた宗教的良心の呵責よりもさらに抑圧的で広範にわたっていた。当時最大のカトリック知識人だったアレッサンドロ・マンゾーニが彼の傑作において農民階級の婚約者たちのこの上なく真面目で純粋な関係を扱っているという事実に十分留意しなければならない。『いいなずけ』には国家に関する言説がそれとなく仄めかされているが、カトリック的倫理観のほうはかつてないほどあからさまに表明されている。レンツォとルチアの日常習慣は、十七世紀あるいは十九世紀はじめの農村生活の現実よりもはるかにカトリック的倫理観の要求に応えるものだった。

ふたつめの、そして最後の見解は、本書の中心を占める貴族と貴族化したブルジョワ名士に関するものである。一八三一年四月三十日付けのフィレンツェからの手紙で、些か過激な愛国主義作家のジョヴァンニ・バッティスタ・ニッコリーニは、次のとおり、無作法にも十八世紀と十九世紀のイタリア貴婦人の性的不摂生の比較を行った。

愛情の最大の対象となるふたつの事柄は、宗教と恋愛である。だが生憎、前者をあてにする者はほとんどいない。後者のほう一体どうなったか？　いとも醜悪な放縦、汚らわしい束の間の淫蕩となってしまった。人々は付き添いの騎士《カヴァリエル・セルヴェンテ》が廃れた世紀を称えるが、だからといって、我々の婦人たちはより純粋なのだろうか？　彼女らは付き添いの騎士《カヴァリエル・セルヴェンテ》をひと月毎に取り替え、一年のうちに国中で最も見た目が好くて逞しい者たちを見比べる。彼女らの母親は悪徳についての倫理観を持ち合わせていた。チチスベオは夫の代理となりその権利を行使するが、増大する姦通の醜聞を防いでくれた。かつて女性たちは二人の妻であり、今となっては彼女らの子供たちの父親が誰であるのかを言うのは困難であろう。[48]

女嫌いが正常な判断を失わせ、何人かの淫らな（女性の貞節にうるさい当時の教えに従おうとしない）女性たちの経験や情報が侮辱的というより滑稽なほど女性全般にまで拡大されているのかもしれない。だが、この一節で注目すべきは、ニッコリーニのような明らかに不公平でうるさい酷評家でさえ、起こった変化の大きさを認めざるを得なかったということだ。不義を犯した女性の数を実際に統計として示すことは不可能だが、重要な事実は、十八世紀の目に見える形で管理されていた自由は、概して次の世紀には自由のない支配に取って変わられ、隠れた背信のみが通り抜け可能だったという点である。

結論として、チチスベオたちのシステムの持つエレガントでいささか冷笑的な賢明さに対する愛惜を表明するつもりは無論ない。むしろ、ルソー的理想ほど純粋ではないモデルの勝利の帰結についての考察を示そう。その一貫した適用が要求する質は高く、ルソー的理想ほど純粋ではないモデルの勝利の帰結についての考察を示そう。

実質的な選択の権利の獲得と歩調を合わせられないのであればなおさらである。そのような選択権の獲得は十九世紀のブルジョワ階級の少女たちにとって全く容易ではなかったし、思ってもみないことだったが、事情はイタリアでも他の国でも同様だった。

最後のことばはニッコリーニにではなく、メアリー・ウルストンクラフトに託したい。彼女の著書『女性の権利の擁護』*A Vindication of the Right of Woman*（一七九一）はヨーロッパのフェミニズムの最も早い時期に書かれた主要なテクストのひとつである。ギャラントリーな放縦主義に対する論争でも、家庭や性的隷属状態への女性たちの追放（これはルソーの理論において既に顕在化していた）に対する論争でも、ウルストンクラフトははっきりと明確に本質を捉えていた。権利に性はない。男性にとっても女性にとっても、自由と選択は分かちがたく、それらは誠実さの正真のパートナーであり、独立と平等の上に成り立つ。[49] かくも勇敢で野心的な考えには先見の明があるが、今日なお、それが完全に実現したということはできない。

訳者あとがき

本書は Roberto Bizzocchi, *Cicisbei. Morale privata e identità nazionale in Italia*, Roma-Bari, Laterza, 2008 の全訳である。イタリア語の原タイトルは「チチスベイ」(cicisbei) ——チチスベオ (cicisbeo) の複数形——と表記されているが、翻訳では混乱を避けるため、タイトル、本文ともに単数形の「チチスベオ」に統一した。

著者ロベルト・ビッツォッキ教授は、一九五三年に生まれ、現在、ピサ大学で近代史講座を担当している。専門は主に中世から近代にかけての国家と教会との関係、近代における歴史文化史、家族史、ジェンダー関係史である。一九九五年から二〇〇四年まで学術誌 *Storia* の、二〇〇八年から現在まで *Quaderni storici* の編集委員も務めている。これまで刊行された著書としては、

La "Biblioteca Italiana" e la cultura della Restaurazione, 1816-1825, Milano, Angeli, 1979
Chiesa e potere nella Toscana del Quattrocento, Bologna, il Mulino, 1987
Genealogie incredibili. Scritti di storia nell'Europa moderna, Bologna, il Mulino, 1995
In famiglia. Storie di interessi e affetti nell'Italia moderna, Roma-Bari, Laterza, 2001

Guida allo studio della storia moderna, Roma-Bari, Laterza, 2002
I cognomi degli Italiani. Una storia lunga 1000 anni, Roma-Bari, Laterza, 2014
があるが、日本語に訳されたのは本書が初めてとなる。また、本書には英語版（二〇一四）もある。

「チチスベオ」とは十八世紀のイタリア貴族社会で既婚夫人に付き添う男性貴族を指す。別名「カヴァリエル・セルヴェンテ」（cavalier servente）とも呼ばれる。直訳すると「奉仕する騎士」だが、本書第IV章で詳述されているとおり、十八世紀の文脈に沿って「付き添いの騎士」の訳語を充てた。彼らは外出時だけでなく貴婦人の邸宅で話し相手として親密な時を過ごすこともあれば、化粧室での身支度や食事にも同席する。ただし、貴婦人の付き添い役を務める彼らは、決して彼女の夫ではない。その特異性ゆえに彼らは当時からヨーロッパ中で注目され、イタリア人の性格的特徴に結びつけられてきた。そして、恐らく今日に至るまで外から見たイタリア人のイメージに影響を与え続けている。だが、歴史的事実としての「チチスベオ」やその奉仕活動を指す「チチスベイズモ」の実態が必ずしも正しく理解されているわけではなく、誤解に基づく認識もかなり広まっている。

本書は、主に当事者や目撃者による証言（日記、手紙、旅行記、外交官の報告書など）、および同時代の文学テクストの精査を通して、この習慣を客観的に描き出しているが、その切り口は各章ごとに明快である。第II章では啓蒙主義思想の文脈から、第III章では貴族階級の主に資産継承にまつわる社会的背景から、第IV章では地域によって異なる政治体制との関連からチチスベイズモの実態が映し出される。当時の人々の声と著者による鋭い分析を通して、読者はそこに同時代の文化・社会・政治と密接に係わる歴史的意義を見出すことになる。

第V章から第VI章では、チチスベオを軸にイタリア人の私生活上のモラルの変遷が論じられる。十八世紀の終わりから十九世紀にかけて、イタリアはいくつもの国から成る一つの地域から（他のヨーロッパの国々に数世紀遅れて）「国家」へと劇的な変化を遂げる過程にあった。このふたつの章では、国家統一運動《リソルジメント》に向けたナショナリズムの高揚を背景に、親子の血縁関係に対する感受性のラディカルな変化が論じられる。本書の副題がなぜ「イタリア人の私的モラルと国家のアイデンティティ」なのか、そして、チチスベオが国家のアイデンティティとどのように係わるのか、という疑問に対する答えがここで非常に説得力のある形で示される。本書で語られているのは、チチスベイズモの現実、そしてチチスベオという存在を通して再構築される十八世紀から十九世紀にいたるイタリア社会とイタリア人の感性の変化の歴史でもある。

私は十八世紀イタリア文学を専門に研究し、本書でも度々引用されているゴルドーニの喜劇やパリーニの詩を通してチチスベオの活躍については承知しているつもりだったが、本書を通じて、彼らの存在が当時の貴族社会の根幹に深く係わっていたことを初めて知った。これほど広く人口に膾炙された現象だったにもかかわらず、その実態に関する綿密な学術的研究は本国イタリアでも乏しい。日本ではその存在自体がまだあまり知られていないが、イタリアへの関心と共に、今後、チチスベオにも向けられるであろう興味に応えるという意味で本書の翻訳の意義は大きい。また、激動の国家統一運動《リソルジメント》の直前に位置する十八世紀のイタリアについては、オペラや美術は別として、日本ではまだ十分に紹介されているとは言えないが、その十八世紀に国家としてのイタリアやイタリア人のアイデンティティに係わる重要な論点が潜んでいたという事実も本書を通じて広く知られることになるだろう。個人的には、文学にも深く係わるテーマが扱われているだけに、こうして訳者として本書を紹介できる機会を得たことを幸運に思う。

実際に訳してみて気付いたのは、本書の緻密な構成が論述に大いに説得力を与えているという点である。本書では日記や書簡などプライヴェートな記録が論述に沿って引用され、個人の物語が著者の分析や考察と巧みに交差しながら時間を追って展開していく様子を追うことができる。例えば、本書全般にしばしば登場するピエトロ・ヴェッリの書簡を通じて、私たちは十八世紀を代表する啓蒙主義的知識人の私生活が、まさに生身の人間のものとして同時代の人々の感覚的変化と重なり合う過程をたどることができる。ピエトロ・ヴェッリほどの有名人ではないルイーザ・パルマ・マンシについても同様で、政治、社会、そして人々の感性の変化と複雑に絡み合う彼女の私生活が、現実の人生として深く実感できるのである。他にも数多登場する同時代の声を訳しながら、それらの声をあたかも耳もとで聞いているかような感覚に度々引き込まれた。著者の鋭い分析と考察によって、彼らの声がより一層、歴史的現実としての具体性を得るのだ。上手く訳文に表現できたかどうか分からないが、本書が少しでも多くの読者にとってチチスベオや彼らが生きた時代への関心と理解につながれば幸いである。

翻訳にあたって多くの方々のお世話になった。京都大学名誉教授、齊藤泰弘先生は二〇〇八年にイタリアで原書が刊行された際、いち早く私に薦めてくださった。私がイタリア語の原書に出会うことができたのは齊藤先生のおかげである。東京大学教授、村松真理子先生には法政大学出版局への仲介の労をお取り頂き、また翻訳中も度々貴重な御助言と励ましを頂いた。

東京大学准教授、マルコ・ビオンディ（Marco Biondi）先生には翻訳上の様々な疑問を解決するにあたって数え切れないほどの、そして実に有益な示唆を頂いた。ビオンディ先生の御協力がなければ、本書を最後まで翻訳することはとても敵わなかったと思う。慶応義塾大学講師、三森のぞみ先生にも教会関係の訳語に関する私の質問に丁寧な御回答を頂いた。お二人のおかげで多くの問題点を解消することができたが、言うまでもなく翻訳の最終的な責任は訳者にある。もしも訳文の誤りや不備等があるとすれば、それらは私の至らなさによるものであることも申し添える。

法政大学出版局の前田晃一氏には企画から刊行まで全面的にお世話になった。また、ここにお名前を挙げた以外にも多くの方々に助けて頂いた。皆様に心から御礼申し上げる。

二〇一八年十二月十六日

宮坂真紀

人名・地名索引

（地名は原語をイタリックとし、注の頁には n を付ける。日本語表記のない人名は原語のみを記す。）

ア行
アロ，ガスパル・デ，カルピオ侯爵　Haro, Gaspar de, marchese del Carpio, 230.
アグリジェント　*Agrigento*, 226.
アッチャユオーロ家　Acciaiuoli, famiglia, 331.
アッリヴァベーネ，ジョヴァンニ　Arrivabene, Giovanni, 268.
アディマーリ，ルドヴィーコ　Adimari, Lodovico, 38, 67, 21n.
アドルノ，チェーザレ　Adorno, Cesare, 199.
アフリカ　*Africa*, 14.
アリアータ，フランチェスカ　Alliata, Francesca, 185.
アルトパッショ　*Altopascio*, 256.
アルノルフィーニ・ブルラマッキ，ルイージア　Arnolfini Burlamacchi, Luigia, 109, 130.
アルノルフィーニ，ジョヴァンニ・アッティリオ　Arnolfini, Giovanni Attilio, 172.
アルビッツィ，ルカアントニオ・デッリ　Albizzi, Lucantonio degli, 108.
アルフィエーリ，ヴィットリオ　Alfieri, Vittorio, 3, 8-12, 34, 49, 60, 99, 127-129, 184, 212, 282.
アルベルガーティ・カパチェッリ，フランチェスコ　Albergati Capacelli, Francesco, 25, 37, 116, 201, 250, 339-341, 20n, 34n.
アレス　*Ales*, 245.
アレッサンドリア　*Alessandria*, 118, 222.
アンジョリーニ，ガスパレ　Angiolini, Gaspare, 264.
アンダルシア　*Andalusia*, 20n.
アンティノーリ，ヴィンチェンツォ　Antinori, Vincenzo, 208.
イギリス　*Inghilterra*, 2, 23-25, 44, 69, 234, 273, 279, 280, 331, 338, 374, 377.
イジンバルディ，ジュリオ・チェーザレ　Isimbardi, Giulio Cesare, 60-62, 132-133, 282-288, 294, 311-313.
インペリアーレ・パッラヴィチーニ，カテリーナ　Imperiale Pallavicini, Caterina, 194.
ヴァスコ，ダルマッツォ・フランチェスコ　Vasco, Dalmazzo Francesco, 99.
ヴァルマッジ，ルイージ　Valmaggi, Luigi, 128, 19n, 23n.
ヴァンヌッチ，アット　Vannucci, Atto, 391-392, 39n.
ヴァンヌッチ，ルイージ　Vannucci, Luigi, 29.
ヴァンネッティ，クレメンティーノ　Vannetti, Clementino, 299.
ヴィーコ，ジャンバッティスタ　Vico, Giambattista, 42.
ウィーン　*Vienna*, 146, 147, 300, 385.
ヴィエーリ・デル・ベニーノ，マリア・マッダレーナ　Vieri Del Benino, Maria Maddalena, 108.
ヴィジェ・ル・ブラン，エリザベト　Vigée Le Brun, Elisabeth, 210
ヴィスコンティ，ジュゼッペ　Visconti, Giuseppe, 303, 307.
ヴィスコンティ，フィリッポ　Visconti, Filippo, 93, 142.
ヴィチェンツァ　*Vicenza*, 217.
ヴィッラーニ，アントニオ　Villani, Antonio, 267.
ヴィテッリ，ニッコロ　Vitelli, Niccolò, 107, 135.

ウィン，ジュスティニアーナ　Wynne, Giustiniana, 114, 223.
ウェストファール，ヨハン・ハインリッヒ　Westphal, Johann Heinrich, 374.
ヴェダーニ，エリザベッタ　Vedani, Elisabetta, 267.
ヴェッリ，アレッサンドロ　Verri, Alessandro, 60-61, 102-104, 222, 282-283, 287, 296, 298, 304, 307-308, 325-326, 335-336, 344, 27n, 35n, 36n.
ヴェッリ，カルロ　Verri, Carlo, 102, 117, 266.
ヴェッリ，ジョヴァンニ　Verri, Giovanni, 102, 301, 319, 336.
ヴェッリ，テレーザ　Verri, Teresa, 336.
ヴェッリ，ピエトロ　Verri, Pietro, 3, 60, 63, 66, 76, 99, 102, 111, 117, 132, 134, 140, 266, 282, 289, 294, 297, 300, 304-305, 307, 311, 313, 318-319, 325, 336, 344, 348, 355, 386, 394, 27n, 35n.
ヴェネ　Vene, 2, 259.
ヴェネツィア　*Venezia,* 6, 13, 20, 42, 48, 50, 63, 65, 67, 69, 72, 82, 98-99, 102, 107, 109, 111, 113-114, 126, 128, 130, 135, 151, 153, 156-157, 160-161, 165, 176, 185-186, 204, 210-211, 213, 217-218, 223, 225-226, 239-240, 243, 251, 265, 271, 301, 320, 334, 346, 348-349, 368, 375-376.
ヴェンドラミン，ジェローラモ　Vendramin, Gerolamo, 138.
ヴォッティエーロ，ニコラ　Vottiero, Nicola, 253-255.
ヴォルテール　Voltaire, 43, 183, 224, 337, 345-346.
ウォルポール，ホレス　Walpole, Horace, 100-101, 106, 112, 117, 125, 135, 206-210, 213, 273, 331, 27n, 28n, 36n.
ウバルディス，バルドゥス・デ　Ubaldi, Baldo degli, 278.
ウペッツィンギ，ジュリオ　Upezzinghi, Giulio, 89, 91-92.
ウペッツィンギ，ヤコポ　Upezzinghi, Iacopo, 89-91.
ウルストンクラフト，メアリー　Wollstonecraft, Mary, 396.
エステ・ガンバコルタ，アウレリア，リマートラ侯爵夫人　Este Gambacorta, Aurelia, duchessa di Limatola, 231.
エスパンシャル，ジョセフ＝トマ　Espinchal, Joseph-Thomas d', 53.
オーウェンソン・モーガン，シドニー　Owenson Morgan, Sydney, 379-381, 383, 387, 390.
オダッツィ，トロイァーノ　Odazzi, Troiano, 307.
オットボーニ，ピェーロ　Ottoboni, Piero, 220.
オリーゴ，クルツィオ　Origo, Curzio, 220.
オルスッチ，マリア・カテリーナ　Orsucci, Maria Caterina, 172-173.
オルセッティ，アントニオ　Orsetti, Antonio, 124.

カ行

ガーナ　*Ghana,* 2, 295.
カヴール伯爵，カミッロ・ベンソ　Cavour, Camillo Benso, conte di, 392.
ガヴォッティ，モメッタ　Gavotti, Mometta, 188, 193.
カウニッツ＝リッツベルグ・ヴェンツェル，アントン・フォン　Kaunitz-Rittberg Wenzel, Anton von, 264.
ガエターノ・マリア・ダ・ベルガモ→「ミリォリーニ，マルコ」を参照
カザーティ・ガブリオ　Casati, Gabrio, 371, 38n
カザーティ・コンファロニエーリ，テレーザ　Casati Confalonieri, Teresa, 363-364, 368, 370, 373, 391.
カザーレ・モンフェッラート　*Casale Monferrato,* 268-269.
カサノヴァ，ジャコモ　Casanova, Giacomo, 52, 114, 137, 263, 266, 295-296.
ガスティーヌ，ジャン＝バプティスト＝ポー

ル　Gastine, Jean-Baptiste-Paul, 315.
カスティリオーネ，バルダッサーレ　Castiglione, Baldassare, 26.
カスティリョーニ・ヴェッリ，マリア　Castiglioni Verri, Maria, 344.
カスネーディ，カルロ・アントニオ　Casnedi, Carlo Antonio, 83.
カターニャ　*Catania*, 374.
カタンザーロ　Catanzaro, 239.
カタンティ・タヌッチ，リッチャルダ　Catanti Tanucci, Ricciarda, 232.
カッカモ　*Caccamo*, 249.
カッターネオ，チェーザレ　Cattaneo, Cesare, 189.
カッターネオ，ニッコロ　Cattaneo, Niccolò, 199.
カッポーニ・アンティノーリ，テレーザ　Capponi Antinori, Teresa, 208.
カッポーニ・グリフォーニ，エリザベッタ　Capponi Grifoni, Elisabetta, 108, 208, 213.
カッポーニ，ジーノ　Capponi, Gino, 371, 379.
カッポーニ，ジーノ・パスクワーレ　Capponi, Gino Pasquale, 108, 208, 209.
カッレーガ，ドメニコ　Carrega, Domenico, 34.
カノーニチ・ファキーニ，ジネヴラ　Canonici Fachini, Ginevra, 390-391, 394.
カプラ，カルロ　Capra, Carlo, 20, 23n, 28n, 29n, 34n, 35n, 36n.
ガブリエッリ，マリオ　Gabrielli, Mario, 221.
カラッチョロ・デッラ・トレッラ家　Caracciolo della Torella, famiglia, 237.
カラブリア　*Calabria*, 239, 247, 250, 329, 351.
ガランティ，ジュゼッペ・マリア　Galanti, Giuseppe Maria, 239, 250, 351.
ガリアーニ，フェルディナンド　Galiani, Ferdinando, 238, 249, 32n.
ガルゾーニ・ブォンヴィージ，マリア　Garzoni Buonvisi, Maria, 177.
ガルゾーニ，アンドレア　Garzoni, Andrea, 167-168, 171-172, 176-177.
ガルゾーニ，パオロ　Garzoni, Paolo, 55, 58, 111, 123, 166-167, 181, 236, 318, 332.
ガルゾーニ，ロマーノ　Garzoni, Romano, 177.
カルデラーラ，カルロ　Calderara, Carlo, 367.
カルデラーラ，バルトロメオ　Calderara, Bartolomeo, 303-306, 308-309, 318, 320, 325.
カルデル，フランチェスコ　Cardel, Francesco, 93.
カルドゥッチ，ジョズエ　Carducci, Giosue, 128, 29n.
カルロ・エマヌエーレ3世，サルデーニャ王　Carlo Emanuele III, re di Sardegna, 223.
カルロ7世，ナポリ王　Carlo VII, re di Napoli, 234.
ガレオッティ，フランチェスコ　Galeotti, Francesca, 90.
ガレオッティ，マルゲリータ　Galeotti, Margherita, 91.
ガンバ・グィッチョリ，テレーザ　Gamba Guiccioli, Teresa, 376.
ガンバラ，ニコレット　Gambara, Nicoletto, 110.
カンプルドン，ジャック・ド　Campredon, Jacques de, 187-203, 206-207, 215, 218-219, 221, 248, 282, 359.
キージ，マリオ　Chigi, Mario, 220.
キウゾーレ，フランチェスコ　Chiusole, Francesco, 299.
キエーティ　*Chieti*, 267.
ギゼッリ，アントニオ・フランチェスコ　Ghiselli, Antonio Francesco, 257, 33n.
ギボン，エドワード　Gibbon, Edward, 223.
ギヨレ，フランソワ　Guilloré, François, 36.
グァッツォ，ステファノ　Guazzo, Stefano, 26.
グィッチャルディーニ・リヌッチーニ，ヴィットリア　Guicciardini Rinuccini, Vittoria, 107.
グィッチョリ，アレッサンドロ　Guiccioli,

Alessandro, 376-377.
グィッチョリ，アレッサンドロ・ジュニア Guiccioli, Alessandro jr., 38n.
グイニージ，アレッサンドロ Guinigi, Alessandro, 12, 55, 56.
グーダー，サラ Goudar, Sara, 236.
クェリーニ，アンドレア Querini, Andrea, 150.
クェリーニ，アンドレア（子） Querini, Andrea jr., 150.
クェリーニ，ジョヴァンニ Querini, Giovanni, 110, 150, 301, 319.
クェリーニ，ジローラモ Querini, Girolamo, 160.
クラヴェザーナ，レリア Clavesana, Lelia, 199.
グラタロル，ピエラントニオ Gratarol, Pierantonio, 265.
グリフォーニ，ピエトロ Grifoni, Pietro, 108, 208.
グリマルディ，ジョヴァン・フランチェスコ Grimaldi, Giovan Francesco, 189, 193.
グリマルディ，ルーカ Grimaldi, Luca, 188.
グリマルディ家 Grimaldi, famiglia, 200.
クルーゼ・ド・レッサー，オーギュスタン Creuzé de Lesser, Augustin, 226.
グレッピ，アントニオ Greppi, Antonio, 93, 140-142, 145-148, 150, 213, 264, 267.
クレメンテ12世，教皇 Clemente XII, papa, 49.
クレモナ *Cremona,* 321, 325.
クローチェ，ベネデット Croce, Benedetto, 31n, 35n.
グロンキ・フォレーナ，ディオニージア Gronchi Folena, Dionisia, 258.
ゲーテ，ヨハン・ウォルフガング Goethe, Johann Wolfgang, 227.
ケリーニ，ヤコポ Chelini, Jacopo, 119, 204-205, 27n.
コアルディ・ディ・カルペネット・ヴィニャーティ・ディ・サン・ジッリォ，カテリーナ・M・テレーザ Coardi di Carpenetto Vignati di San Gillio, Caterina M. Teresa, 223.
コージ・デル・ヴォーリァ・ブラッチ・カンビーニ，テレーザ Cosi del Voglia Bracci Cambini, Teresa, 342.
コスタンティーニ，ジュゼッペ・アントニオ Costantini, Giuseppe Antonio, 126, 134, 278, 320, 27n.
コッタ・グレッピ，ラウラ Cotta Greppi, Laura, 93, 140, 150, 318, 319.
ゴッツィ，ガスパロ Gozzi, Gasparo, 54.
ゴッツィ，カルロ Gozzi, Carlo, 264-265.
コッレール，ジョヴァンニ・フランチェスコ Correr, Giovanni Francesco, 301.
ゴヤ，フランシスコ Goya, Francisco, 385.
ゴラーニ，ジュゼッペ Gorani, Giuseppe, 106-107, 109, 111-112, 226, 26n.
コラファ，ジョルジョ Corafà, Giorgio, 235.
コルシ・パンチャティキ，ジュリア Corsi Panciatichi, Giulia, 100, 208.
コルシ，アントニオ Corsi, Antonio, 208.
コルシ，ドメニコ Corsi, Domenico, 28n.
コルシ，マリア Corsi, Maria, 29n.
コルシーニ・ジノリ，エリザベッタ Corsini Ginori, Elisabetta, 108.
コルシーニ，ロレンツォ→「クレメンス12世」を参照
コルシカ *Corsica,* 191, 196, 246.
ゴルドーニ，カルロ Goldoni, Carlo, 3, 5-6, 18, 35, 45, 48, 72-77, 112, 116, 134, 185, 211, 214, 240-243, 264, 268, 271-272, 314, 362, 374, 27n.
コルノルディ・カミネール，ジョゼッファ Cornoldi Caminer, Gioseffa, 42, 102, 262.
コルフ *Corfù,* 54.
コルベッリ・ダッダ，バルバラ Corbelli d'Adda, Barbara, 300, 319-320.
コングリーブ，ウィリアム Congreve, William, 386.
コンタリーニ・クェリーニ，カテリーナ Contarini Querini, Caterina, 110, 150, 157, 318-319.
コンタリーニ，アルヴィーゼ Contarini,

Alvise, 150.
コンチーナ，ダニエレ　Concina, Daniele, 82-84, 87.
コンパニョーニ，ジュゼッペ　Compagnoni, Giuseppe, 25-26, 29, 37, 116, 201-202, 215, 250, 276, 340.
コンファロニエーリ，フェデリーコ　Confalonieri, Federico, 363, 367, 370-371, 373, 379.

サ行

サヴォイア，マリア・ジョヴァンナ・バッティスタ・ディ（マダム・ロワイヤル）　Savoia, Maria Giovanna Battista di (Madama Reale), 222.
サウリ，フランチェスコ　Sauli, Francesco, 85.
サグレード・バルバリーゴ，カテリーナ　Sagredo Barbarigo, Caterina, 110.
サド，ドナティアン＝アルフォンス＝フランソワ・ド　Sade, Donatien-Alphonse-François de, 53.
サルヴィアーティ家　Salviati, famiglia, 47.
サルヴィーニ，アントン・マリア　Salvini, Anton Maria, 40.
サルッツォ，アゴスティーノ　Saluzzo, Agostino, 189.
サルディーニ家　Sardini, famiglia, 204.
サルデニア　*Sardegna,* 245.
サロモーニ・フェッラーリ，ファウスティーナ　Salomoni Ferrari, Faustina, 322.
サン＝ジレ→「コアルディ」を参照
サン・ニカンドロ公，ドメニコ・カッターネオ　San Nicandro, Domenico Cattaneo, principe di, 234-235.
サンフェルモ，アンドレア　Sanfermo, Andrea, 137, 266.
サンポーロ，フランチェスコ　Sampolo, Francesco, 224.
ジヴァンニ・ペデモンテ・キウゾーレ，マリアンナ　Givanni Pedemonte Chiusole, Marianna, 299.
シエナ　*Siena,* 58, 97, 212, 247, 327-329, 361.
ジェノヴァ　*Genova,* 20, 27, 29, 31, 33, 41-42, 44, 46, 55, 57-58, 85, 91, 107, 115, 130-131, 166, 170, 187-193, 196-200, 202-207, 215, 217-221, 223, 229, 238-239, 248, 271, 282, 355, 359, 375, 382, 385.
ジェラーチェ　*Gerace,* 247.
ジェリーニ・リッカルディ，マリア・マッダレーナ　Gerini Riccardi, Maria Maddalena, 108, 209.
ジェンティーレ・ドリア，テレーザ　Gentile Doria, Teresa, 85.
シスモンディ，ジャン＝シャルル＝レオナール・シスモンド・ド　Sismondi, Jean-Charles-Léonard Simonde de, 15-16, 18, 279, 380, 383-384.
シチリア　*Sicilia,* 224, 226-227, 240, 243, 247, 249, 374-375.
シニバルディ・ガルツォーニ，キアーラ　Sinibaldi Garzoni, Chiara, 104, 109, 166, 318, 332.
ジノリ，カルロ　Ginori, Carlo, 108.
シャープ，サミュエル　Sharp, Samuel, 236, 279-281, 294, 316-318, 320, 334, 31n.
ジュスティニアン・オルサート，アンゾロ　Giustinian Orsatto, Anzolo, 162.
ジュスティニアン・ムッサーティ，ルクレツィア　Giustinian Mussatti, Lucrezia, 346, 348, 368.
ジュスティニアン，ジローラモ　Giustinian, Girolamo, 110, 159.
ジュスティニアン，ジローラモ・アスカニオ　Giustinian, Girolamo Ascanio, 159.
ジュディチェ，フランチェスコ・デル　Giudice, Francesco del, 220.
ジュネーヴ　*Ginevra,* 15.
ジュリオ・チェーザレ　Giulio Cesare, 60, 132, 283, 311-312.
ジョイア，メルキオッレ　Gioia, Melchiorre, 359.
ジョベルティ，ヴィンチェンツォ　Gioberti, Vincenzo, 392.

ショヴラン，ジェルマン＝ルイ・ド　Chauvelin, Germain-Louis de, 187, 192.
ジョージ３世，イギリス王　Giorgio III, re d'Inghilterra, 234.
ショワズール，エティエンヌ＝フランソワ・ド　Choiseul, Étienne-François de, 226.
ジラウド，ジョヴァンニ　Giraud, Giovanni, 374.
シラクーザ　*Siracusa,* 224.
ジリバルディ，セバスティアーノ　Giribaldi, Sebastiano, 78-81.
スターリッヒ，ロムアルド・デ　Sterlich, Romualdo de, 267.
スタール夫人　Staël, Mme de, 16, 115, 361, 384.
スタンダール　Stendhal, 126, 327, 349.
スティーヴンズ，サシェヴェレル　Stevens, Sacheverell, 229, 231, 233.
ストゥルミア，エリーザ　Strumia, Elisa, 20, 34n, 37n.
スパラパーニ・ボッカパドゥーリ，マルゲリータ　Sparapani Boccapaduli, Margherita, 300.
スパルタ　*Sparta,* 352, 354.
スピネッリ・ディ・フスカルド，マリア，チェントラ公妃　Spinelli di Fuscaldo, Maria, principessa di Centola, 234.
スピノーラ，ジョヴァン・バッティスタ　Spinola, Giovan Battista, 199.
スピノーラ，パオロ・フランチェスコ　Spinola, Paolo Francesco, 31, 203.
スピノーラ，パスクワーレ　Spinola, Pasquale, 32.
スフォルツァ・チェザリーニ，ガエターノ　Sforza Cesarini, Gaetano, 219.
スペイン　*Spagna,* 16, 150-153, 156, 162, 234, 301-302, 319, 384.
スモレット，トビアス　Smollett, Tobias, 330.
セイヴ，オーギュスト・ドゥ　Sayve, Auguste de, 374.
セイデル・メンキ，シルヴァーナ　Seidel Menchi, Silvana, 20, 20n, 36n.
セッキ→「セッコ・コンネーノ」を参照
セッコ・コンネーノ，ピエール・フランチェスコ　Secco Comneno, Pier Francesco, 145-146, 267, 270.
セッターノ，クィント→「セルガルディ，ロドヴィコ」を参照
セニェーリ，パオロ　Segneri, Paolo sr., 77-78, 253.
セルヴィーリャ　Servilia, 234.
セルガルディ，ロドヴィコ　Sergardi, Lodovico, 94, 251.
ゼン，バカラリオ　Zen, Bacalario, 66.
ソランゾ，トンマーゾ　Soranzo, Tommaso, 161-162.
ゾルツィ，アントニオ　Zorzi, Antonio, 110.

タ行

ダ・リーヴァ，ジャコモ　Da Riva, Giacomo, 54.
ダヴォリ　*Davoli,* 239.
ダゼーリョ，マッシモ　Azeglio, Massimo d', 389-390.
ダッダ，フランチェスコ　Adda, Francesco, d', 300.
ダッラ・ヴァッレ，レリオ　Dalla Valle, Lelio, 268-270.
タヌッチ，ベルナルド　Tanucci, Bernardo, 48, 81, 93, 232-236, 23n
ダル・ボルゴ，ピオ　Dal Borgo, Pio, 185.
ダル・ポルティコ，ジローラモ　Dal Portico, Girolamo, 79, 81-83, 92, 101, 252, 277, 32n.
チェナーミ・ファティネッリ，オリンピア　Cenami Fatinelli, Olimpia, 109.
チェルッティ・シモーナ　Cerutti, Simona, 20, 32n.
チェントゥリオーネ，ジョヴァンニ・トンマーゾ　Centurione, Giovanni Tommaso, 194-195, 199.
チェントラ公，ジュゼッペ・パッパコーダ　Centola, Giuseppe Pappacoda, principe di, 234-235.
チマーヴァ・バルビ，レジーナ　Cimava

Balbi, Regina, 110.
チャッペ，チェーザレ　Chiappe, Cesare, 32.
チュオン　Chuong, 2, 3, 106, 295.
デ・サンクティス，フランチェスコ　De Sanctis, Francesco, 18.
デ・ジョヴァンニ，イニャツィオ　De Giovanni, Ignazio, 268.
デ・ルーカ，ジョヴァンニ・バッティスタ　De Luca, Giovanni Battista, 35, 38.
デ・ロッシ，ジョヴァンニ・ゲラルド　De Rossi, Giovanni Gherardo, 115, 129, 134, 183, 212, 214-215, 27n.
ディーニ・デッリ・アルビッツィ，ジョヴァンナ　Dini degli Albizzi, Giovanna, 108.
ティエポロ・ジャンドメニコ　Tiepolo, Giandomenico, 6-7, 14, 22.
テオトーキ・アルブリッツィ，イザベッラ　Teotochi Albrizzi, Isabella, 210.
デッラ・カーサ，ジョヴァンニ　Della Casa, Giovanni, 26, 254.
テッラルバ　*Terralba,* 245.
デノン，ドミニク・ヴィヴァン　Denon, Dominique Vivant, 210-211, 213, 226-227.
デュナン，ルイ　Dunand, Louis, 183-184, 222.
デュパティ，シャルル　Dupaty, Charles, 41.
デル・グリッロ・ボッロメオ，クレーリァ　Del Grillo Borromeo, Clelia, 49.
デル・サルト，マリア・カテリーナ　Del Sarto, Maria Caterina, 256.
デル・ベニーノ，ジョヴァン・フランチェスコ　Del Benino, Giovan Francesco, 108.
デル・モンテ，ジョヴァンニ・バッティスタ　Del Monte, Giovanni Battista, 108.
テルモリ公爵，フランチェスコ・カッターネオ　Termoli, Francesco Cattaneo, duca di, 234.
テンピ，レオナルド　Tempi, Leonardo, 108.
ドイツ　*Germania,* 39, 92, 188, 238, 378.
ドゥ・ティロ，ギローム＝レオン　Du Tillot, Guillaume-Léon, 118.
ドゥッチーニ・ロマーニ，クレメンティーナ　Duccini Romani, Clementina, 118, 266.
ドゥラッツォ，カルロ・エマヌエーレ　Durazzo, Carlo Emanuele, 193-195, 198.
ドゥラッツォ，クレリエッタ　Durazzo, Clelietta, 200.
ドゥラッツォ，ジャコモ　Durazzo, Giacomo, 50
ドゥラッツォ，ステファノ　Durazzo, Stefano, 195.
ドゥラッツォ，パオレッタ　Durazzo, Paoletta, 194.
ドゥラッツォ，バッティネッタ　Durazzo, Battinetta, 200.
ドゥラッツォ，マリア・アウレリア　Durazzo, Maria Aurelia, 91.
トゥリネッティ・ディ・プリエーロ，ジョヴァンニ・アントニオ　Turinetti di Priero, Giovanni Antonio, 8.
トスカーナ　*Toscana,* 212, 235, 239, 255-256, 305, 343, 366, 375.
ドッティ，バルトロメオ　Dotti, Bartolomeo, 38, 21n.
ドナ，ザン・アルヴィーゼ　Donà, Zan Alvise, 110.
ドナーティ・ミヌートリ，エリザベッタ　Donati Minutoli, Elisabetta, 109.
ドナドーニ，フィリッポ　Donadoni, Filippo, 252, 262.
ドュレ・ド・タヴェル，ジャン＝バティスト　Duret de Tavel, Jean-Baptiste, 351.
ドーリア，パオロ・マッティア　Doria, Paolo Mattia, 42-46, 230-231.
トリノ　*Torino,* 8, 20, 44, 118, 183-184, 218, 222-223, 238-239, 248-249, 354, 356, 375, 389.
ドルフィン，エレーナ　Dolfin, Elena, 302.
トレーキ，シジスモンド　Trechi, Sigismondo, 370.
トレンタ，チェーザレ　Trenta, Cesare, 10, 88, 289, 362-363.
トレンタ，ロレンツォ　Trenta, Lorenzo, 12, 109, 289, 362

トレンティーノ　*Trentino,* 24.
トロペア　*Tropea,* 239.
トロン，アンドレア　Tron, Andrea, 150, 163.
トンマジーニ，ジャストゥス→「ウェストファール，ヨハン・ハインリッヒ」を参照

ナ行

ナポリ　*Napoli,* 20, 27, 42, 45-46, 48, 81, 93, 97, 135, 172, 178, 218-219, 225-226, 228-234, 236-239, 243, 249, 253, 271, 279, 316, 380, 383.
ナポレオン1世，フランス皇帝　Napoleone I, imperatore dei Francesi, 348-349, 351-352, 359, 373, 381.
ナポレオン3世，フランス皇帝　Napoleone III, imperatore dei Francesi, 372.
ニース　*Nizza,* 375.
ニェーリ，トンマーゾ→「マッツァローザ，トンマーゾ」を参照
ニッコリーニ，ジョヴァンニ・バッティスタ　Niccolini, Giovanni Battista, 395-396.
ネーリ，イッポリト　Neri, Ippolito, 38, 21n.
ネグローニ，アンブロージョ　Negroni, Ambrogio, 199.
ネロ　Nerone, 67.
ノーヴィ・カヴァッリア，エリーザ　Novi Chavarria, Elisa, 20, 31n.
ノービリ，コスタンティーノ・デ　Nobili, Costantino de', 10-14, 34, 87, 109, 133, 136, 248, 282, 289-292, 294, 309-310, 319, 362.

ハ行

バーニ・ディ・ルッカ　*Bagni di Lucca,* 55-57, 104, 282, 309.
バイロン卿，ジョージ・ゴードン　Byron, George Gordon, lord, 206, 375-379, 381.
バジリカータ　*Basilicata,* 245.
パスクワリーノ，ミケーレ　Pasqualino, Michele, 41.
パッジ，テレーザ　Paggi, Teresa, 194.
バッジャーニ，ドメニコ　Baggiani, Domenico, 87.
パッラヴィチーニ・ブリニョーレ，チッケッタ　Pallavicini Brignole, Cicchetta, 55-59, 104, 198, 282, 298.
パッラヴィチーニ，パオロ・ジェローラモ　Pallavicini, Paolo Gerolamo, 194.
パッラヴィチーニ，リヴィェッタ　Pallavicini, Livietta, 200.
パッラヴィチーニ，侯爵夫人　Pallavicini, marchesa, 382.
バドエル，ジャコモ　Badoer, Giacomo, 110.
パナットーニ，ディアチント　Panattoni, Diacinto, 256.
ハミルトン，ウィリアム　Hamilton, William, 236.
パリ　*Parigi,* 41, 44, 81, 155, 163, 187, 189, 193, 219, 304-306, 325-328, 374.
パリーニ，ジュゼッペ　Parini, Giuseppe, 3-5, 8, 11-12, 29, 34, 42, 66, 126, 161, 165, 215, 315, 343, 357, 362.
バリーレ　*Barile,* 245.
バルッファルディ，ジローラモ　Baruffaldi, Girolamo, 40, 22n.
バルテルス，ヨハン・ハインリッヒ　Bartels, Johann Heinrich, 227.
バルトリーニ・バルデッリ，アントン・ヴィンチェンツォ　Bartolini Baldelli, Anton Vincenzo, 107.
バルバリーゴ，グレゴリオ　Barbarigo, Gregorio, 110.
バルビ・ブリニョーレ，アンナ　Balbi Brignole, Anna, 194.
バルビ，アルヴィーゼ　Balbi, Alvise, 110.
バルビ，コスタンティーノ　Balbi, Costantino, 194.
バルビ，フランチェスコ・マリア　Balbi, Francesco Maria, 194.
バルビ，ルーチョ・アントニオ　Balbi, Lucio Antonio, 110.
バルベロ，アレッサンドロ　Barbero, Alessandro, 20.
バルボ・ベッカリーア，アンナ　Barbò

Beccaria, Anna, 308.
パルマ・マンシ，ルイーザ　Palma Mansi, Luisa, 10-11, 13, 87, 117, 140, 248, 282, 289, 294, 319, 350, 359, 362.
パレート，ジョヴァンニ・ベネデット　Pareto, Giovanni Benedetto, 58-59, 198, 282.
バレッティ，ジュゼッペ　Baretti, Giuseppe, 275-276, 279-281.
パレルモ　*Palermo,* 226-227, 243, 374.
パレンシ・マンシ，カミッラ　Parensi Mansi, Camilla, 109, 130, 131.
パンチャティキ，ジョヴァンニ・グワルベルト　Panciatichi, Giovanni Gualberto, 101, 107-108, 146, 342.
パンチャティキ，バンディーノ　Panciatichi, Bandino, 125, 208.
パンドルフィーニ，フェルディナンド　Pandolfini, Ferdinando, 99.
パンドルフィーニ，ロベルト　Pandolfini, Roberto, 108.
ピエーリ，ドメニコ　Pieri, Domenico, 291-293.
ピエーリ，夫人　Pieri, signora, 291-293.
ピオヴェーネ，アントニオ　Piovene, Antonio, 63-65.
ピサ　*Pisa,* 48-49, 69, 71, 89, 92, 103-104, 118, 126, 133, 146, 184, 214, 216, 232-233, 236, 341, 343.
ピッツォーニ・ドナ，テレーザ　Pizzoni Donà Teresa, 110.
ビトント　*Bitonto,* 247.
ピニャテッリ・ストロンゴリ公　Pignatelli Strongoli, principe, 383.
ピネッリ，アントニオ　Pinelli, Antonio, 20.
ビュート伯爵，ジョン・スチュアート　Bute, John Stuart, conte di, 234.
ヒューム，デヴィッド　Hume, David, 24.
ファヴィッラ・ミケーリ，テレーザ　Favilla Micheli, Teresa, 105, 109, 123, 125, 130, 294.
ファジュウォーリ，ジョヴァンニ・バッティスタ　Fagiuoli, Giovanni Battista, 38-39, 67-68.
ファッレッティ・トゥリネッティ・ディ・プリエーロ，ガブリエラ　Falletti Turinetti di Priero, Gabriella, 8-10, 282.
ファティネッリ，ジョヴァンニ・バッティスタ　Fatinelli, Giovanni Battista, 109.
ファニャーニ，フェデリーゴ　Fagnani, Federigo, 366-367.
ファリネッラ，カロジェーロ　Farinella, Calogero, 20, 20n, 21n, 22n, 25n, 27n, 29n, 37n.
ファルセッティ，アントニオ　Farsetti, Antonio, 110.
ファルチャトーレ，フィリッポ　Falciatore, Filippo, 225.
フィレンツェ　*Firenze,* 27, 38-40, 47, 53, 56-57, 85, 87, 90, 98, 100-101, 106-107, 109, 111-112, 116-117, 125, 135, 166, 206-208, 213-214, 218, 221, 223, 271, 323, 327, 331, 351, 380-381, 395.
フェッラーリ，フランチェスコ　Ferrari, Francesco, 324-325.
フェッラーリ，ルイージ　Ferrari, Luigi, 321-322.
フェッランテ，ニコロ　Ferrante, Nicolò 234.
フェッランテ，マッテーオ　Ferrante, Matteo, 235.
フリードリヒ1世ホーヘンシュタウフェン「赤髯王」　Federico I Hohenstaufen, detto il Barbarossa, 388.
フェルディナンド4世，ナポリ王　Ferdinando IV, re di Napoli, 93, 236.
フェルナンデス・デ・モラティン，ニコラス　Fernández de Moratín, Nicolás, 385.
フェルベール，アルベリコ・デ　Felber, Alberico de, 367.
フェルローニ，アントニオ・セヴェリーノ　Ferloni, Antonio Severino, 118-120, 266.
フォスカリーニ，ヴィンチェンツォ　Foscarini, Vincenzo, 54.
フォスカリーニ，マルキオ　Foscarini, Marchiò 110.
フォスコロ，ウーゴ　Foscolo, Ugo, 96-98,

353, 374, 381, 388.
フォリアッツィ・アンジョリーニ，テレーザ Fogliazzi Angiolini, Teresa, 264.
フォレーナ，アレッサンドロ Folena, Alessandro, 258-261.
ブォンヴィージ家 Buonvisi, famiglia, 177.
フォンターナ，フルヴィオ Fontana, Fulvio, 79-80.
ブジャン *Bujan,* 2-3, 106.
ブライトウィッツ，ヨハン・エルンスト・フォン Braitwitz, Johann Ernst von, 125,135.
ブライドン，パトリック Brydone, Patrick, 226-227.
プラウトゥス Plauto, 268, 362.
ブラスキ，ヴィンチェンツォ Braschi, Vincenzo, 256.
ブラスコ・ベッカリーア，テレーザ Blasco Beccaria, Teresa, 303, 318, 320, 325, 335.
ブラッチ・カンビーニ，アレッサンドロ Bracci Cambini, Alessandro, 103.
ブラッチ・カンビーニ，アントニオ・マリア Bracci Cambini, Antonio Maria, 71, 89, 103-104, 342.
ブラッチ・カンビーニ，フィリッポ Bracci Cambini, Filippo, 216, 342-343.
ブラッチ・カンビーニ，ルッソリオ Bracci Cambini, Lussorio, 341, 348.
ブラッチ・カンビーニ，レオナルド Bracci Cambini, Leonardo, 69-71, 74, 89, 103, 216, 342.
ブラッチ・カンビーニ家 Bracci Cambini, famiglia, 71-72, 342-343.
フランジパーネ，チンツィオ Frangipane, Cintio, 367
フランス *Francia,* 4, 11, 22-23, 26-28, 39, 41-46, 52-53, 69, 77, 81, 179, 191, 193, 196, 202, 204, 226-228, 231, 327, 338, 352, 363, 375, 384
フランチェスキ・フェッルッチ，カテリーナ Franceschi Ferrucci, Caterina, 392-395.
フランチェスキ，アンドレア Franceschi, Andrea, 108.
ブリニョーレ，アンナ Brignole, Anna, 58, 194.
ブリニョーレ，ジュゼッペ・マリア Brignole, Giuseppe Maria, 194.
ブリニョーレ，ジョヴァン・ジャコモ Brignole, Giovan Giacomo, 194.
ブリニョーレ，ジョヴァン・フランチェスコ Brignole, Giovan Francesco, 193, 195-196.
ブリニョーレ，フランチェスコ・マリア Brignole, Francesco Maria, 194-195.
ブリニョーレ，マリア Brignole, Maria, 31, 33-34, 195.
ブリニョーレ，ロドルフォ Brignole, Rodolfo, 194, 197.
ブルータス Bruto, 234.
フルリー，アンドレ＝エルキュル・ド Fleury, André-Hercule de, 192.
プルタルコス Plutarco, 356.
ブルック，ネルソン Brooke, Nelson, 212, 236, 333.
ブルラマッキ，フランチェスコ Burlamacchi, Francesco, 109, 124, 130
フレーショ，カジミール Fraischot, Casimir, 39.
フレスコバルディ・ヴィテッリ，マリア・アンナ Frescobaldi Vitelli, Maria Anna, 92, 100, 107, 125, 135.
プレバーニ，ティツィアーナ Plebani, Tiziana, 20, 29n, 36n.
ブロス，シャルル・ド Brosses, Charles de, 52, 135-136, 226, 320-321, 23n, 31n.
ブロンデル・マンゾーニ，エンリケッタ Blondel Manzoni, Enrichetta, 335.
ブロンデル，ルイ＝オーギュスタン Blondel, Louis-Augustin, 118, 222, 27n.
ペーザロ・コッレール，アドリアンナ Pesaro Correr, Andrianna, 301, 319-320.
ペーザロ，フランチェスコ Pesaro, Francesco, 301-302.
ペーピ，フランチェスコ・ガスペロ Pepi, Francesco Gaspero, 108.
ペコリ，ベルナルド Pecori, Bernardo, 108.

ベッカリーア・イジンバルディ，マッダレーナ　Beccaria Isimbardi, Maddalena, 60, 132, 282, 294, 300, 318-319, 344.
ベッカリーア・マンゾーニ，ジュリア　Beccaria Manzoni, Giulia, 301, 319-320, 327, 335-336.
ベッカリーア，チェーザレ　Beccaria, Cesare, 3, 60, 132, 297-298, 301-305, 307-309, 311, 325-327, 329, 335-336.
ベッラーティ・ピオヴェーネ，マリアンナ　Bellati Piovene, Marianna, 63, 66.
ベッラーティ，アントンフランチェスコ　Bellati, Antonfrancesco, 68, 70.
ベッリ，ジュゼッペ・ジョアキーノ　Belli, Giuseppe Gioachino, 243-244, 249.
ペッリコ，シルヴィオ　Pellico, Silvio, 98.
ペトラルカ，フランチェスコ　Petrarca, Francesco, 275.
ペトリーニ・ロンツォーニ，ロザーリア　Petrini Ronzoni, Rosaria, 267.
ベネディクト13世、教皇　Benedetto XIII, papa, 218.
ペラム，トーマス　Pelham, Thomas, 331.
ベルガモ　*Bergamo,* 140.
ベルシェ，ジョヴァンニ　Berchet, Giovanni, 388, 390.
ベルナガ，カロリーナ　Bernaga, Carolina, 267.
ペルニツ・カール・ルードヴィヒ・フォン　Pöllnitz, Karl Ludwig von, 277, 34n.
ベルリンギエーリ，ダニエッロ　Berlinghieri, Daniello, 327-329, 361.
ベンティヴォーリョ・テンピ，エリザベッタ　Bentivoglio Tempi, Elisabetta, 108.
ベンボ・バルビ，ルチア　Bembo Balbi, Lucia, 110.
ボーモン，クリストフ・ド　Beaumont, Christophe de, 81.
ホガース，ウィリアム　Hogarth, William, 386.
ポスキ・トンマーゾ　Poschi, Tommaso, 120, 122, 133, 146, 214.
ボッカッチョ，ジョヴァンニ　Boccaccio, Giovanni, 40, 246.
ボッカパドゥーリ，ジュゼッペ　Boccapaduli, Giuseppe, 300.
ボッチェッラ，クリストフォロ　Boccella, Cristoforo, 12.
ポデスタ，ジュゼッペ　Podestà, Giuseppe, 355.
ボナルディ，アンジェラ　Bonaldi, Angela, 264.
ボルゲーゼ，パオロ　Borghese, Paolo, 53.
ポルケレス・イ・ジャネ，エンリック　Porqueres i Gené, Enric, 20.
ポルタ，カルロ　Porta, Carlo, 382.
ボルツァーノ　*Bolzano*, 374.
ポルティチ　*Portici,* 228, 235.
ボルドゥ，ジャコモ　Boldù, Giacomo, 110.
ホルロイド，ジョン・ベイカー　Holroyd, John Baker, 223.
ボローニャ　*Bologna,* 22, 39, 47, 79, 81, 229, 250, 257, 340, 353, 355.
ボンコンパーニ・ルドヴィージ，マリアンナ，テルモリ公爵夫人　Boncompagni Ludovisi, Marianna, duchessa di Termoli, 234.
ボンディ，クレメンティ　Bondi, Clemente, 29.
ボンフィル，ダニエーレ　Bonfil, Daniele, 161.

マ行

マーシー，フレデリック　Mercey, Frédéric, 374.
マーリ，ロレンツォ　Mari, Lorenzo, 188.
マイダ　*Maida*, 239.
マガロッティ，ロレンツォ　Magalotti, Lorenzo, 38, 21n.
マチェドニオ，ルイージ　Macedonio, Luigi, 329.
マチンギ・ペーピ，オッタヴィア　Macinghi Pepi, Ottavia, 108.
マッジ，カルロ・マリア　Maggi, Carlo Maria, 36-38.

マッソーニ，ヴィンチェンツォ　Massoni, Vincenzo, 109, 130.
マッソーニ，ガスパロ　Massoni, Gasparo, 130.
マッツァローザ，アントニオ　Mazzarosa, Antonio, 332.
マッツァローザ，トンマーゾ　Mazzarosa, Tommaso, 332.
マッツァローザ，フランチェスコ　Mazzarosa, Francesco, 109, 111, 171-181, 236, 282, 332, 350.
マッテイ・ディ・パガニカ，ファウスティーナ　Mattei di Paganica, Faustina, 220.
マッフィ・ブラスキ，マリア・マッダレーナ　Maffi Braschi, Maria Maddalena, 255-256.
マブリー，ガブリエル・ボノ・ド　Mably, Gabriel Bonnot de, 355.
マラスピーナ，フィリッポ　Malaspina, Filippo, 329.
マランゴーニ，ルイージャ　Marangoni, Luigia, 268-269.
マリアーニ，トンマーゾ　Mariani, Tommaso, 225.
マリー・アントワネット，フランス王妃　Maria Antonietta, regina di Francia, 352.
マルケ　*Marche*, 245.
マルケッティ，カテリーナ　Marchetti, Caterina, 11.
マルティーニ・リニエーリ・デ・ロッキ，アンナ　Martini Rinieri de' Rocchi, Anna, 286-327-329.
マルティネッリ，ヴィンチェンツィオ　Martinelli, Vincenzio, 44-46, 129, 131, 228-233, 237.
マルテッリ・カッポーニ，ジュリア　Martelli Capponi, Giulia, 208.
マルトレッリ，ジャコモ　Martorelli, Giacomo, 235.
マルモン，オーギュスト・ド　Marmont, Auguste de, 351, 37n.
マルモンテル，ジャン＝フランソワ　Marmontel, Jean-François, 41.
マン，ホレス　Mann, Horace, 100-101, 106-107, 111-112, 117, 125, 135-136, 206-210, 213, 273-274, 282, 331, 385, 26n.
マンザット，ミラ　Manzatto, Mila, 28n.
マンシ，アスカニオ　Mansi, Ascanio, 109, 112.
マンシ，アントニオ→「マッツァローザ，アントニオ」を参照
マンシ，カロリーナ　Mansi, Carolina, 12.
マンシ，ラッファエッロ　Mansi, Raffaello, 109, 111, 130.
マンシ，レリオ　Mansi, Lelio, 10, 29, 109, 133, 177, 289, 294, 309, 311.
マンシ家　Mansi, famiglia, 180, 205, 318.
マンゾーニ，アレッサンドロ　Manzoni, Alessandro, 18, 25, 99, 335-336, 339, 372, 395, 38n.
マンゾーニ，ピエトロ　Manzoni, Pietro, 301, 335-336.
マントヴァ　*Mantova,* 268-269.
ミケーリ，ポンペーオ　Micheli, Pompeo, 105, 109.
ミキエル，エレーナ　Michiel, Elena, 113, 114, 217.
ミキエル，マルカントニオ　Michiel, Marcantonio, 113.
ミテッリ，ジュゼッペ・マリア　Mitelli, Giuseppe Maria, 22.
ミニオ，ザン・バッティスタ　Minio, Zan Battista, 110, 137-139, 266.
ミヌートリ，グレゴリオ　Minutoli, Gregorio, 292.
ミネルベッティ，マリア・テレーザ　Minerbetti, Maria Teresa, 213.
ミノット，ミキエル　Minotto, Michiel, 110, 139.
ミョット・ド・メリト，アンドレ＝フランソワ　Miot de Melito, André-Fraçois, 351.
ミョリス，セクスティウス＝アレクサンドル＝フランソワ　Miollis, Sextius-Alexandre-François, 360.
ミラノ　*Milano,* 3, 20, 42, 53, 60, 93-94, 97-

99, 102, 107, 111, 117, 140-145, 149, 166, 183, 213, 218, 263, 266-267, 282, 301-307, 323, 325, 336, 344, 359, 363, 365, 370, 378, 380-382.
ミラン，オーバン＝ルイ　Millin, Aubin-Louis, 375.
ミリオリーニ，マルコ　Migliorini, Marco, 84.
ムーア，ジョン　Moore, John, 277, 34n.
ムッサッティ，ジュリオ・アントニオ　Mussatti, Giulio Antonio, 346.
ムラトーリ，ルドヴィコ・アントニオ　Muratori, Ludovico Antonio, 27-28, 40-41, 44.
メーリ，ジョヴァンニ　Meli, Giovanni, 224.
メッシーナ　*Messina,* 374.
メディチ・ロレンツァーニ，テレーザ　Medici Lorenzani, Teresa, 120, 122-123, 133.
メルロッティ，アンドレア　Merlotti, Andrea, 20, 26n, 29n, 30n.
メンモ，アンドレア　Memmo, Andrea, 114.
モーガン，レディー→「オーウェンソン・モーガン，シドニー」を参照
モーパッサン，ギー・ド　Maupassant, Guy de, 336-337, 371.
モーラ・ミノット，マリアンナ　Mora Minotto, Marianna, 110, 138.
モデナ　*Modena,* 97, 355.
モラーノ，ヴィットリア　Morano, Vittoria, 356.
モラーノ，ミケル・アンジェロ　Morano, Michel Angelo, 356.
モリーニ・スタッキーニ，フランチェスカ　Morini Stacchini, Francesca, 259.
モリエール　Molière, 41, 362.
モンテアレグレ公爵，ホセ・ホアキン・グスマン　Montealegre, José Joaquin Guzman, duca di, 233.
モンティ，ヴィンチェンツォ　Monti, Vincenzo, 50, 183, 352, 361.
モンティ，ガエターノ　Monti, Gaetano, 45, 225.
モンテカティーニ，ジャン・ロレンツォ　Montecatini, Gian Lorenzo, 109, 130.
モンテカティーニ，ジョヴァンニ・バッティスタ　Montecatini, Giovanni Battista, 172-173.
モンテスキュー，シャルル＝ルイ・ド・ズゴンダ・ド　Montesquieu, Charles-Louis de Secondat de, 49, 51, 62-63, 213, 277, 355, 34n.
モンテレオーネ　*Monteleone,* 239.

ヤ行

ヤーゲマン，クリスティアン・ヨゼフ　Jagemann, Christian Joseph, 317-318, 320.
ユスティアヌス　Giustiniano, 83.
ヨーゼフ2世，皇帝　Giuseppe II, imperatore, 301.

ラ行

ラ・ランド，ジョセフ＝ジェローム　La Lande, Joseph-Jérôme de, 7-8, 15, 48, 53-54, 236, 271, 280-281, 31n.
ラヴェンナ　*Ravenna,* 376-378.
ラジーニ，カルロ・ルイジ　Rasini, Carlo Luigi, 367, 368.
ラッジョ・ブリニョーレ，バッティネッタ　Raggio Brignole, Battinetta, 194.
ランフランキ・ランフレドゥッチ，マルゲリータ　Lanfranchi Lanfreducci, Margherita, 49, 118.
リートエーゼル，ヨハン＝ヘルマン・フォン　Riedesel, Johann Hermann von, 226.
リヴォルノ　*Livorno,* 256-258, 261, 271.
リエーティ　*Rieti,* 245.
リグォーリ，アルフォンソ・マリア・デ　Liguori, Alfonso Maria de', 80-81.
リシャール，ジェローム　Richard, Jérôme, 131, 212, 226, 271, 31n.
リチャードソン，サミュエル　Richardson, Samuel, 345.
リチャルディ，ルドヴィーコ　Richiardi, Ludovico, 354, 37n.

リッカルディ・コルシ，ラウラ　Riccardi Corsi, Laura, 90, 208.
リッカルディ，ヴィンチェンツォ　Riccardi, Vincenzo, 108, 209.
リッカルディ，ベルナルディーノ　Riccardi, Bernardino, 208.
リッチ・レッタッジ，テレーザ　Ricci Rettaggi, Teresa, 267.
リッチ，テオドーラ　Ricci, Teodora, 265-266.
リニエーリ・デ・ロッキ，アルベルト　Rinieri de' Rocchi, Alberto, 329.
リニエーリ・デ・ロッキ，アントニオ　Rinieri de' Rocchi, Antonio, 327-329.
リニエーリ・デ・ロッキ，ジュリア　Rinieri de' Rocchi, Giulia, 327.
リニエーリ・デ・ロッキ，ラーポ　Rinieri de' Rocchi, Lapo, 35n.
リヌッチーニ，カルロ　Rinuccini, Carlo, 107.
リヌッチーニ，トンマーゾ　Rinuccini, Tommaso, 27, 47.
リヌッチーニ，ルクレツィア　Rinuccini, Lucrezia, 49.
ルイ14世，フランス王　Luigi XIV, re di Francia, 23.
ルスキ・ブラッチ・カンビーニ，ボーナ　Ruschi Bracci Cambini, Bona, 70.
ルスポーリ・マッティ，ヴィットリア　Ruspoli Mattei, Vittoria, 220.
ルソー，ジャン＝ジャック　Rousseau, Jean-Jacques, 136, 224, 337-341, 345-346, 349, 352, 355-356, 361, 391, 396.
ルッカ　*Lucca*, 10-13, 29-30, 34-35, 55-57, 65, 79, 87, 104, 106-108, 111, 117-120, 123, 130-131, 133, 136, 166, 170-173, 176-179, 204-208, 214, 218, 223, 236-237, 248, 266, 282, 289-294, 309, 311, 318, 332, 350, 359, 363.
ルッソ・パレス，ヴィンチェンツォ　Russo Pares, Vincenzo, 224.
ルッフォ・ファブリツィオ　Ruffo, Fabrizio, 329.
ルナルディ，フィリッポ・マリア　Lunardi, Filippo Maria, 177, 180-181.
ルビコーネ　*Rubicone,* 246.
ルベルト，コスタンティーノ　Ruberto, Costantino, 225.
レオパルディ，ジャコモ　Leopardi, Giacomo, 206.
レッジョ・カラブリア　*Reggio Calabria,* 239.
レッタッジ，ジョヴァンニ　Rettaggi, Giovanni, 267.
レニエール，アルヴィーゼ　Renier, Alvise, 137-138, 266.
ロヴェレート　*Rovereto,* 299.
ローマ　*Roma,* 7-8, 27-28, 35, 49-50, 52-53, 60, 91, 94-95, 97, 102, 115, 131, 168, 178, 183-184, 212-213, 217-219, 221-223, 236-237, 239, 243-244, 249, 271, 282, 300, 333, 351, 354, 374.
ロサーダ公爵，ホセ・フェルナンデス・デ・ミランド・ポンセ・デ・レオン　Losada, José Fernandez de Mirando Ponce de Leon, duca di, 234.
ロズミーニ，カルロ　Rosmini, Carlo, 367.
ロッシ・フォスカリーニ，キアーラ　Rossi Foscarini, Chiara, 110.
ロッティンジェル，ジョヴァンニ・ステファノ・デ　Lottinger, Giovanni Stefano de, 142-148, 213, 264, 267, 282.
ロマーニ，フランチェスコ　Romani, Francesco, 118.
ロメッリーニ，アゴスティーノ　Lomellini, Agostino, 200.
ロメッリーニ，ビアンケッタ　Lomellini, Bianchetta, 188.
ロレンツィ，ジャンバッティスタ　Lorenzi, Giambattista, 225.
ロレンツァーニ，ラニエリ　Lorenzani, Ranieri, 123.
ロンカーリア，コスタンティーノ　Roncaglia, Costantino, 34, 67, 134, 252, 278, 27n, 32n.

ワ行

注

I. 序論――チチスベオとは何者だったのか？

1. S. Battaglia, *Grande Dizionario della Lingua Italiana*, vol. III, UTET, Torino 1964, p. 123.
2. J. Goody, *Death, Property and the Ancestors. A Study of the Mortuary Customs of the LoDaga of West Africa*, Travistock Publications, London 1962, p. 139.
3. E.L. Mendonsa, *Continuity and Change in a West Africa Society. Globalization's Impact on the Sisala of Ghana*, Carolina Academic Press, Durham (NC) 2001, p. 106 (P. Valsecchi の指摘による).
4. にもかかわらず、以下のようにパリーニの視点に立脚した見解は後を絶たない。A. Fortina, *Il cicisbeismo con riguardo speciale al «Giorno» di G. Parini e alla satira contemporanea al Parini*, Brusa, Arona 1906.
5. C. Goldoni, *Il teatro illustrato nelle edizioni del Settecento*, con un saggio di G.A. Cibotto e schede informative di F. Pedrocco, Marsilio, Venezia 1981, pp. 54, 146-147 を参照のこと。
6. *Satiri, centauri e pulcinelli. Gli affreschi restaurati di Giandomanico Tiepolo conservati a Ca' Rezzonico*, a cura di F. Pedrocco, Marsilio, Venezia 2000, n° 10 e 11, pp.72-73; *Tiepolo. Ironia e comico*, a cura di A. Mariuz e G. Pavanello, Marsilio Venezia 2004, n° 118, p. 177.
7. J.-J. de La Lande, *Voyage en Italie,* troisième édition revue, corrigée et augumentée, Genève 1790, vol. V, pp. 29-30.
8. とはいえ、これまで刊行されたものの中でも最も重要なチチスベオ研究は、文学テクストや旅行記を知的に精査し、それらをきちんと整理した上で、大変有益かつ楽しい読みものとして提示した以下の書である。 L. Valmaggi, *I cicisbei. Contributo alla storia del costume italiano nel secolo XVIII*, opera postuma con prefazione di L. Piccioni, Chiantore, Torino 1927.
9. V. Alfieri, *Vita scritta da esso,* a cura di L. Fassò, vol. II, Casa d'Alfieri, Asti 1951, pp. 231-235.
10. 「手記」の所蔵先は以下のとおり。 Archivio di Stato di Lucca (以後 ASLu と表記), *Arnolfini*, 191. 本書で引用する際はテクストのあとにローマ数字で巻数、アラビア数字でページ数を記す。「手記」については以下の拙稿でより詳しく論じている。*Vita sociale, vita privata in un diario femminile fra Settecento e Ottocento,* in «Genesis. Rivista della Società Italiana delle Storiche», III, 2004, 1, pp. 125-167.
11. J.Ch.-L.S. de Sismondi, *Storia delle repubbliche italiane dei secoli di mezzo*, tradi. it., t. 16, Tipografia Elvetica, Capolago 1832, pp. 197-200.
12. F. de Sanctis, *La letteratura italiana nel secolo XIX*, vol. I, *Alessandro Manzoni*, a cura di L. Blasucci, Laterza, Bari 1962, p. 234.

II. 啓蒙主義の世界で

1. *Costume e società nei giochi a stampa di Giuseppe Maria Mitelli*, Electa, Perugia 1988, p. 110.
2. この点については既に多くの参考文献があるが、最良の概説として挙げられるのは以下のものである。 E. Brambilla, *Donne, salotti e Lumi: dalla Francia all'Italia*, in *Il genere dell'Europa. Le radici comuni della cultura europea e l'identità di genere,* a cura di A. De Clementi, Biblink 2003（www.biblink.it からダウンロード可）, pp. 57-95.
3. 『政治論集』*Political Discourses* より。 Ph. Carter, *Men and the Emergence of Polite Society, Britain 1660-1800,* Longman, London 2001, p. 68 からの引用。
4. K. Thomas, *The Double Standard*, in «Journal of the History of Ideas», XX, 1959, pp. 195-216.
5. D.M. Turner, *Fashioning Adulty. Gender, Sex and Civility in England, 1660-1740*, Cambridge University Press, Cambridge 2002.
6. M. Bellabarba, *I processi per adulterio nell'Archivio Diocesano Tridentino,* in *Trasgressioni. Seduzione, concubinato, adulterio, bigamia,* a cura di S. Seidel Manchi e D. Quaglioni, il Mulino, Bologna 2004, pp. 185-227.
7. M. Cavina, *Il sangue dell'onore. Storia del duello,* Laterza, Roma-Bari 2005. アンダルシアにおける事例研究として J.A. Pitt-Rivers, *The Fate of Shechem, or the Politics of Sex. Essays in the Anthropology of the Mediterranean,* Cambridge University Press, Cambridge 1977, pp. 18-47（とくに 40-45）も参照のこと。
8. Carter, *Men* cit., p. 72 からの引用。文化的洗練と決闘との両立の可能性については M. Peltonen, *The Duel in Early Modern England. Civility, Politeness and Honour*, Cambridge University Press, New York 2003 を参照のこと。
9. G. Compagnoni e F. Albergati Capacelli, *Lettere piacevoli se piaceranno. Tomo Primo e forse Ultimo*, Società tipografica, Modena 1791, pp. 63, 77-94.
10. B. Craveri, *La civiltà della conversazione*, Adelphi, Milano 2001. 18 世紀に関しては A. Lilti, *Le monde des salons. Sociabilité et mondanité à Paris au XVIIIe siècle*, Fayard, Paris 2005 を参照のこと。
11. B. Borello, *Trame sovrapposte. La socialità aristocratica e le reti di relazioni femminili a Roma (XVII-XVIII secolo),* Edizioni Scientifiche Italiane, Napoli 2003, pp. 86-87, 90; E. Grendi, *Ipotesi per lo studio della socilalità nobiliare genovese in età moderna,* in «Quaderni Storici», XXXIV, 1999, 102, pp. 733-47（とくに 739-40）; T. Rinuccini, *Le usanze fiorentine del secolo XVII*, a cura di P. Fanfani, Stamperia sulle Logge del Grano, Firenze 1863, p. 24.
12. L.A. Muratori, *Annali d'Italia,* vol. 12, Pasquali, Milano 1749, p. 49.
13. F. Waquet, *La conversation en Arcadie, in Traités de savoir-vivre en Italie*, sous la direction de A. Montandon, Association des Publications de la Faculté des Lettres et des Sciences Humaines, Clemont-Ferrand 1993, pp. 71-89.
14. C. Farinella, *Per una storia della massoneria nella Reppublica di Genova*, in *La Massoneria*, a cura di G.M. Cazzaniga, Einaudi, Torino 2006, pp. 423-424.
15. C. Bondi, *Poesie*, t. I, Penada, Padova 1778, pp. 11-14.

16. *Nelle nozze del nobil'uomo signore Lelio Mansi e della nobile donzella signora Luisa Palma patrizi lucchesi Rime*, Francesco Bonsignori, Lucca 1783, pp. LXXXIII-LXXXV.

17 *Esame de' testimonj indotti per parte dell'Ill.mo signor marchese Paolo Francesco Spinola,* in Biblioteca Universitaria di Genova, 4.AA,IX,71 (citaz. da pp. 66, 72, 74, 75, 77, 97). 以下の重要文献も参照のこと。 C. Farinella, *La «nobile servitù». Donne e cicisbei nel salotto genovese del Settecento*, in *Salotti e ruolo femminile in Italia tra fine Seicento e primo Novecento,* a cura di M.L. Betri ed E. Brambilla, Marsilio, Venezia 2004, pp. 97-123 (115).

18. *Esame*, cit., p. 96.

19. C. Roncaglia, *Le moderne conversazioni volgarmente dette de'cicisbei,* Venturini, Lucca 1720.

20. この点については以下の文献で強調されている。 C. Pellandra Cazzoli, *Dames et sigisbées: un début d'émancipation féminine?*, in *Transactions of the Fifth International Congres on the Enlightment*, vol. IV, The Voltaire Foundation, Oxford 1980, pp. 2028-2035.

21. G.B. De Luca, *Il Cavaliere e la Dama*, Dragondelli, Roma 1675, pp. 205, 248. 314.

22. F. Guiglioré, *Ritiramento per le Dame,* Pomatelli, Ferrara 1687, pp. 419, 428, 439-440. マッジによる加筆については以下を参照。 G. Mazzocchi, *I «Trattenimenti» del padre Guilloré e di Carlo Maria Maggi e la dama del «Giorno»,* in *Interpretazioni e letture del «Giorno»*, a cura di G. Barbarisi ed E. Esposito, Cisalpino, Milano 1998, pp. 251-273.

23. G.L. Beccaria, *Spagnolo e Spagnoli in Italia. Riflessi ispanici sulla lingua italiana del Cinque e del Seicento*, Giappichelli, Torino 1968, pp. 312-313 n. 119.

24. 「チチスベオ」を 17 世紀の終わりに登場した新造語と見なしても間違いではないと思う。Battaglia の辞書（本書第 I 章、注 1 参照）の「チチスベオ」の項目には、文学テクストにおける使用例のひとつとして、1531 年に生まれ、1601 年に没したペルージャの詩人チェーザレ・カポラーリによる「マエケナス伝」*Vita di Mecenate* の詩句が挙げられている。だが、その詩句はテクストの第 5 部の要旨の八行詩節《オッターヴァ》の一部で、この八行詩節《オッターヴァ》自体、1662 年にヴェネツィアで出版された『詩集』*Rime* にはまだ含まれていなかった。この詩句が初めて登場するのは『ペルージャ出身チェーザレ・カポラーリ詩集』*Rime di Cesare Caporali perugino,* Riginaldi, Perugia 1770（問題の八行詩節《オッターヴァ》の掲載は 116 ページ）だが、恐らくこのときの編集者のひとりが付け加えたものと思われる。

25. Compagnoni e Albergati, *Lettere piacevoli* cit., pp. 113-114.

26. L. Adimari, *Satire*, Roger, Amsterdam 1716, p. 52; L. Magalotti, *Lettere scientifiche, ed erudite*, Occhi, Venezia 1740, pp. 140, 141, 240, 241; B. Dotti, *Satire*, Cramer, Ginevra 1757, p. 116; I. Neri, *La presa di Saminiato*, Giorni, Gelopoli [ma Firenze] 1764, p. 268; *Prefazione* a I. Neri, *La presa di Saminiato*, a cura di M. Bini e S. Cecchi, ATPE, Empoli 1966, pp. IV-V; G.B. Fagiuoli, *Rime piacevoli. Parte Prima*, Nestenus e Moücke, Firenze 1729, pp. 240, 259, 278, 304, 343, 352, 361. ファジュウォーリに関する情報は G. Milan in *Dizionario Biografico degli Italiani*, vol. 44, Istituto della Enciclopedia Italiana, Roma 1994, pp. 175-179 を参照のこと。

27. C. Fraischot, *État ancien et moderne des Duchés de Florence, Modène, Mantoue, et Parme... Relation de la Ville et Légation de Bologne*, van Poolsum, Utrecht 1711, p. 608.

28. G.B. Fagiuoli, *Commedie*, t. I, Moücke, Firenze 1734, p. 184 (atto I, sc.3).

29. L.A. Muratori, *Della perfetta poesia italiana... con le Annotazioni Critiche dell'Abate Anton Maria Salvini,* vol. II, Coleti, Venezia 1724, p. 53; G. Baruffaldi, Volume Terzo de' Baccanali, Lelio dalla Volpe, Bologna 1758^2, p. 141; M. Pasqualino, *Vocabolario Siciliano Etimologico, Italiano, e Latino*, t. I, Reale Stamperia, Palermo 1785, p. 316.

30. [Ch. Dupaty], *Lettres sur l'Italie en 1785*, Libraires associés, Paris 1796^2, t. I, p. 56.

31. L. Sozzi, *«Petit-maître» e «giovin signore»: affinità fra due registri satirici*, in «Saggi e ricerche di letteratura francese», n.s., XII, 1973, pp. 153-230.

32. 以下に 1 冊所蔵されている。Archivio di Stato di Milano（以後 ASMi と表記），*Miscellanea Lombarda*, I, n° 59.

33. この記事は発刊 2 年目の第 3 号のもの。現在は G. Cornoldi Caminer, *La donna galante ed erudita. Giornale dedicato al bel sesso,* a cura di C. De Michelis, Marsilio, Venezia 1983, pp. 244-245 に収録されている。

34. P.M. Doria, *Lettere e ragionamenti varj*, s.i.t., Perugia [ma Napoli], 1741, t. I, p. 45; t. II, parte I, pp. 332, 335, 351, 366. 以下も参照のこと。 G.B. Gerini, *Il cicisbeismo ritratto da Paolo Mattia Doria,* in «Giornale Storico della Letteratura Italiana», XXXIV, 1899, pp. 460-463.

35. V. Martinelli, *Istoria dei Cicisbei. All'Onorando Sig. Tommaso Hollis Gentiluomo Inglese,* ms. in University of Notre Dame, Indiana, Hesburgh Library, Corbett mss., 26, pp. 3-5（C. Farinella の助言による）. マルティネッリと Hollis の関係については以下を参照のこと。 F. Venturi, *Settecento riformatore,* vol. III, *La prima crisi dell'Antico Regime 1768-1776*, Einaudi, Torino 1979, pp. 392-393.

36. C. Goldoni, *Tutte le opere*, a cura di G. Ortolani, 14 voll., Mondadori, Milano 1935-1956, vol. II, pp. 349-350, 407; vol. X, pp. 135-154.〔ゴルドーニ『抜目のない未亡人』（平川祐弘訳）1995、岩波文庫〕

37. 以下を参照。C. Sartori, *I libretti italiani a stampa dalle origini al 1800*, Bertola e Locatelli, Cuneo 1990, vol. II, pp. 122-123; vol. IV, 1992, p. 362.

38. *Il cicisbeo discacciato. Commedia per musica di due atti*, Mazzola-Vocola, Napoli 1777.

39. 以下の研究を参照。G. Natali, *Il cicisbeismo a Genova* (1914), in Id., *Idee costumi uomini del Settecento,* STEN, Torino 1926^2, pp. 179-193.

40. 以下の序文を参照のこと。 F. Deloffre a P.-C. de Marivaux, *Le petit-maître corrigé,* Droz et Giard, Genève et Lille 1955, pp. 11-143; e Ph. Laroch, *Petitsmaîtres et roués. Évolution de la notion de libertinage dans le roman français du XVIIIe siècle*, Les Presses de l'Université Laval, Québec 1979.

41. 18 世紀フランスの自由思想については以下を参照のこと。 M. Delon, *Le savoir-vivre libertin,* Hachette, Paris 2000.

42. V. Pinchera, *Lusso e decoro. Vita quotidiana e spese dei Salviati,* Scuola Normale Superiore, Pisa 1999, p. 99; R. Sarti, *L'Università dei Servitori di Bologna*, in *Corporazioni e gruppi professionali nell'Italia moderna*, a cura di A. Guenzi, P. Massa e A. Moioli, Franco Angeli, Milano 1999, pp. 717-754; Rinuccini, *Le usanze fiorentine* cit., p. 14; G. Roversi, *Aspetti della vita bo-*

lognese dei secoli XVII-XVIII, in «Atti e Memorie della Deputazione di Storia Patria per le Province di Romagna», n.s., XXI, 1970, pp. 45-85（とくに 65-85）.

43. B. Tanucci, *Epistolario*, a cura di M. Barrio, R.P. Coppini, L. Del Bianco, M.C. Ferrari, S. Lollini, M.G. Maiorini, A.V. Migliorini, R. Nieri, Edizioni di Storia e Letteratura e Istituto Poligrafico（のち Società di Storia Patria, Napoli）, Roma 1980 sgg., vol. I, pp. 78, 797; L.T. Belgrano, *Della vita privata dei Genovesi*, Tipografia del R. Istituto Sordo-muti, Genova 1875[2], p. 460.

44. J.-J. de La Lande, *Voyage en Italie*, troisième édition revue, corrigée et augmentée, Genève 1790, vol. VII, p. 30; Goldoni, *Tutte le opere* cit., vol. II, 1936, pp. 1163-1164; vol. III, 1939, p. 724; Fagiuoli, *Commedie* cit., t. I, p. 194; V. Alfieri, *Vita Rime e Satire*, a cura di G.G. Ferrero e M. Rettori, UTET, Torino 1978[2], p. 573.

45. Biblioteca Corsiniana di Roma, Mss. *Corsini*, 2469, n° 41; S. Bernabucci, *Vita di una gentildonna pisana*, Tesi di laurea, Pisa 2005, p. 136; Ch.-L. de Secondat, barone di Montesquieu, *Œuvres complètes. Correspondance*, a cura di L. Desgraves ed E. Mass, vol. I, Voltaire Foundation, Istituto Italiano per gli Studi Filosofici, Istituto della Enciclopedia Italiana, Oxford, Napoli, Roma 1998, p. 370.

46. V. Monti, *Epistolario*, 6 voll., a cura di A. Bertoldi, Le Monnier, Firenze 1928-1931, vol. I, p. 71.

47. Ch. de Brosses, *Viaggio in Italia*, Laterza, Roma-Bari 1973, pp. 433-434; La Lande, *Voyage* cit., vol. V, p. 30; D.-A.-F. de Sade, *Viaggio in Italia*〔マルキ・ド・サド『イタリア紀行』(谷口勇訳) 1995、ユーシープランニング〕, Bollati Boringhieri, Torino 1996, p. 24; Valmaggi, *I cicisbei* cit., p. 110.

48. G. Gozzi, *La Gazzetta Veneta*, a cura di A. Zardo, Sansoni, Firenze 1915, p. 94 (n° XX, sabato 12 aprile 1760).

49. G. Casanova, *Storia della mia vita*, a cura di P. Chiara e F. Roncoroni, Mondadori, Milano 1983-1989, vol. I, p. 416.〔ジャコモ・カザノヴァ『カザノヴァ回想録』(窪田般彌訳) 1995、河出文庫、全 12 巻〕

50. ASLu, *Garzoni*, 133, numeri 417-497（425, 427, 429, 430, 431, 433, 436, 440, 456, 497 から引用）. パレートの身元については A. Della Cella, *Famiglie di Genova*, vol. III, pp. 53-54, in Biblioteca Civica Berio di Genova, m. r. X. 2. 169 を参照。

51. 基本文献として以下が挙げられる。 C. Capra, *I progressi della ragione. Vita di Pietro Verri*, il Mulino, Bologna 2002, とくに pp. 265-276.

52. P. e A. Verri, *Carteggio dal 1766 al 1797*, a cura di E. Greppi, F. Novati, A. Giulini e G. Seregni, 12 voll., Cogliati poi Milesi poi Giuffrè, Milano 1911-1943, vol. I-2, pp. 124-125, 141, 191; vol. II, p. 45.

53. Archivio di Stato di Venezia（以後 ASVe と表記）, *Capi del Consiglio de' Dieci. Divorzi. Processi. 1790*, busta 2, n° 3. この裁判については（他の裁判とも併せて）既に以下の重要な研究書の中で論じられている。 L. De Biase, *Amore di Stato. Venezia. Settecento*, Sellerio, Palermo 1992 (pp. 96-97).

54. 最良の基本書として以下が挙げられる。 L. Guerci, *La discussione sulla donna nell'I-*

talia del Settecento, Tirrenia, Torino 1988, pp. 77-121.

55. *Riflessioni filosofiche, e politiche sul genio, e carattere de' cavalieri detti serventi secondo le massime del secolo XVIII*, Zatta, Venezia 1783, p. 1.

56. L. Guerci, *La sposa obbediente. Donna e matrimonio nella discussione dell'Italia del Settecento*, Tirrenia, Torino 1988, pp. 44-46 からの引用。

57. Fagiuoli, *Commedie* cit., t. I, p. 179 (atto I, sc. 1).

58. 以下を参照のこと。*L'uso dello spazio privato nell'età dell'Illuminismo*, a cura di G. Simoncini, Olschki, Firenze 1995; R. Levi Pisetzky, *Il costume e la moda nella società italiana*, Einaudi, Torino 1995, pp. 241-287〔ロジータ・レーヴィ・ピセツキー『モードのイタリア史——流行・社会・文化』(池田孝江監修、森田義之［ほか］訳) 1987、平凡社〕; P. Camporesi, *Il brodo indiano. Edonismo e esotismo nel Settecento*, Garzanti, Milano 1998; O. Raggio, *Variazioni sul gusto francese. Consumi di cultura a Genova nel Settecento*, in «Quaderni Storici», XXXIX, 2004, 115, pp. 161-194.

59. Archivio di Stato di Pisa (以後 ASPi と表記), *Bracci Cambini*, 35, p. 105; 39, pp. 95-96; 43, p. 43. この家族については拙著 *In famiglia. Storie di interessi e affetti nell'Italia moderna*, Laterza, Roma-Bari 2001 を参照のこと。

60. 以下にリストが掲載されている。 M. Merlato, *Mariti e cavalier serventi nelle commedie del Goldoni*, Carnesecchi, Firenze 1906.

61. 以下の論文で鋭い解釈がなされている。 G. Padoan, *I «rusteghi», Todero e i presunti limiti ideologici della borghesia veneziana,* in *Problemi di critica goldoniana,* a cura di G. Padoan, Longo, Ravenna 1994, pp. 339-361.

62. Goldoni, *Tutte le opere* cit., vol. II, pp. 263-264, 949; vol. VII, pp. 663, 682; Id., *Memorie*, trad. it., a cura di G. Davico Bonino, Einaudi, Torino 1993, p. 394.〔本書で言及されているゴルドーニ作品のうち「骨董マニアの家族」、「珈琲店」、「田舎者たち」、「新しい家」は、『ゴルドーニ喜劇集』(齊藤泰弘訳、2007、名古屋大学出版会) に邦訳がある。ただし「骨董マニアの家族」は「骨董狂いの家庭、あるいは嫁と姑」、「珈琲店」は「コーヒー店」のタイトルで収録されている。〕

63. P. Segneri sr., *Il Cristiano istruito nella sua legge*, Baglioni, Venezia 1764, vol. III, pp. 318, 319-320.

64. S. Giribaldi, *Septem Ecclesiae Sacramentorum Moralis Discussio,* Borzaghi, Bologna 1706, p. 353 (trattato vii, cap. x, dubbio iii, punto 33).

65. 既に引用した Guerci の研究のほかに、以下にも多くの有益な情報が含まれる。 M. Mari, *Venere celeste e venere terrestre. L'amore nella letteratura italiana del Settecento*, Mucchi, Modena 1988, pp. 218-233.

66. G. Dal Portico, *Gli amori tra le persone di sesso diverso*, Salani e Giuntini, Lucca 1751, p. 746.

67. 全体的な枠組みについては以下を参照のこと。 A. Prosperi, *Tribunali della coscienza. Inquisitori, confessori, missionari*, Einaudi, Torino 1996.

68. *Raccolta d'alcune lettere spettanti alle Missioni, fatte in Italia, e Germania, dal Padre Fulvio Fontana della Comp. di Gesù*, Poleti, Venezia 1720, pp. 112-116 (A. Prosperi からの助言に

よる).

69. M. Petrocchi, *Il problema del lassismo nel secolo XVII,* Edizioni di Storia e Letteratura, Roma 1953, pp. 15-16.

70. A.M. de Liguori, *Opere*, vol. III, Marietti, Torino 1826, pp. 452, 454. 以下も参照のこと。R. Telleria, *San Alfonso Maria de Ligorio*, El Perpetuo Socorro, Madrid 1950-1951, vol. I, p. 76.

71. Tanucci, *Epistolario* cit., vol. XIII, p. 77.

72. Dal Portico, *Gli amori* cit., pp. 581, 583.

73. D. Concina, *Istruzione dei confessori e dei penitenti*, Occhi, Venezia 1753, pp. 117-118, 177-179.

74. Gaetano Maria da Bergamo, *Riflessioni sopra l'opinione probabile per i casi della coscienza nella teologia morale*, Bossino, Brescia 1739, p. 173.

75. Genova, Centro di studi e documentazione economica, *Archivio Doria*, ms. 91, n° 659. このテクストは以下で取り上げられている。Farinella, *La «nobile servitù»* cit., p. 113.

76. 引用は以下の2つの手稿から。Archivio di Stato di Firenze(以後 ASFi と表記), *Acquisti e Doni,* 1, inserto 39, n° 3, 16/1/1776; *Camera e Auditore Fiscale*, 2848, inserto 169, n° 12, 19/3/1776. 以下も参照のこと。S. Landi, *Il governo delle opinioni. Censura e formazione del consenso nella Toscana del Settecento*, il Mulino, Bologna 2000, p. 218 も参照のこと。

77. ASLu, *Arnolfini*, 191, vol. I, p. 17; vol. III, p. 58.

III. 18世紀の社会で

1. ASPi, *Upezzinghi, 16, Giornale dell'Abate Giulio Upezzinghi*, t. I, pp. 25, 99, 173, 235; t. II, p. 86. 以下を参照のこと。G. Greco, *Ecclesiastici e benefici in Pisa alla fine dell'Antico Regime*, in «Società e Storia», III, 1980, pp. 299-338 (319-322).

2. 鬘については *Giornale* cit., t. I, p. 198、仮面については *Upezzinghi. Deposito Rasponi*, 270, p. 154 を参照のこと。

3. G. Dal Portico, *L'uso delle maschere ne' sacerdoti in tempo del Carnevale,* Marescandoli, Lucca 1738, p. 441.

4. F. De Giorgi, *La parrucca dei preti*, in *Le carte e gli uomini. Studi in onore di Nicola Raponi*, Vita e Pensiero, Milano 2004, pp. 3-42(引用は29ページから).

5. Tanucci, *Epistolario* cit., vol. XX, pp. 27, 37.

6. ASMi, *Dono Greppi,* busta 393, 19/9/1783.

7. この件については以下で説得力のある論述がなされている。L. Sergardi, *Le Satire*, a cura di A. Quondam, Longo, Ravenna 1976, pp. 81-82.

8. [L. Sergardi], *Satire di Settano*, a spese della Compagnia, Zurigo 1760, p. 145.

9. U. Foscolo, *Scritti vari di critica storica e letteraria (1817-1827)*, a cura di U. Limentani, Le Monnier, Firenze 1970, pp. 452-453.

10. P. Stella, *Strategie familiari e celibato sacro in Italia tra '600 e '700*, in «Salesianum», XLI, 1979, pp. 73-109.

11. M. Livi Bacci, *Ebrei, aristocratici e cittadini: precursori del declino della fecondità*, in «Quaderni Storici», XVIII, 1983, 54, pp. 913-939 (926); V. Hunecke, *Il patriziato veneziano alla fine della Repubblica. 1646-1797. Demografia, famiglia, ménage* (1995), Jouvence, Roma 1997, p. 25.

12. *Il Conciliatore. Foglio scientifico-letterario*, a cura di V. Branca, vol. I, Le Monnier, Firenze 1953, p. 466.

13. *Il genealogista*, in F.P. Gazzola, *Commedie e sonetti inediti di Dalmazzo F. Vasco*, in «Annali della Fondazione Luigi Einaudi», VII, 1973, pp. 207-349, 引用は 234 ページから（A. Merlotti の指摘による）.

14. 本テーマについては以下で詳しく論じられている。R. Ago, *Giovani nobili nell'età dell'assolutismo*, in *Storia dei giovani*, vol. I, *Dall'antichità all'età moderna*, a cura di G. Levi e J.-C. Schmitt, Laterza, Roma-Bari 1994, pp. 375-426.

15. この点に関する重要な研究として以下を参照。Hunecke, *Il patriziato veneziano* cit., pp. 146-157.

16. ASFi, *Panciatichi*, 145, 2 giugno 1744, 22 gennaio 1744（原稿の暦では 1745）；H. Walpole, *Correspondence with sir Horace Mann*, a cura di W.S. Lewis, W. Hunting Smith e G.L. Lam, con la collaborazione di E.M. Martz, 11 voll., Yale University Press, New Haven 1954-1971, vol. II, pp. 121, 197; L. Passerini, *Genealogia e storia della famiglia Panciatichi*, Galileiana, Firenze 1858, p. 232.

17. G. Dal Portico, *Gli amori tra le persone di sesso diverso*, Salani e Giuntini, Lucca 1751, p. 522; G. Cornoldi Caminer, *La donna galante ed erudita. Giornale dedicato al bel sesso*, a cura di C. De Michelis, Marsilio, Venezia 1983, p. 264.

18. P. e A. Verri, *Carteggio dal 1766 al 1797*, a cura di E. Greppi, F. Novati, A. Giulini e G. Seregni, 12 voll., Cogliati poi Milesi poi Giuffrè, Milano 1911-1943, vol. II, p. 329; vol. IV, p. 361.

19. ASPi, *Bracci Cambini*, 112. 以下の拙著も参照のこと。*In famiglia. Storie di interessi e affetti nell'Italia moderna*, Laterza, Roma-Bari 2001, pp. 77-85.

20. ASLu, *Garzoni*, 90, n° 3; 92, n° 4, c. 37*v*; 99, n° 121.

21. Walpole, *Correspondence* cit., vol. II, p. 113（〈雄鶏〉*galli* は原テクストではイタリア語）；G. Gorani, *Siena Lucca e Livorno nel XVIII secolo*, a cura di G. Caciagli, Bandecchi e Vivaldi, Pontedera 1986, pp. 57-58.

22. Livi Bacci, *Ebrei* cit., p. 926; Hunecke, *Il patriziato* cit., pp. 198-200.

23. Walpole, *Correspondence* cit., vol. I, pp. 33, 37, 40, 52, 61, 111（編者は註釈作成に Pompeo Litta と Luigi Passerini の系図学に関する著作を利用しており、私はそれらも確認した）.

24. ASLu, *Gran Giudice*, 420, parte II, pp. 17, 39, 72, 77; 421, parte I, pp. 124, 185; 422, parte I, pp. 43, 65; parte IV, p. 50; *Cittadella Castrucci*, 31, pp. 15, 27-28.

25. ASLu, *Garzoni*, 99, numeri 409, 591; Walpole, *Correspondence* cit., vol. IV, p. 95.

26. Biblioteca del Civico Museo Correr di Venezia（以下 BCMC と表記）, ms. PD/C 1433, 9 maggio 1795.

27. A. di Robilant, *Un amore veneziano*, Mondadori, Milano 2003, p. 80.

28. Madame de Staël, *Corinna o l'Italia*, a cura di A.E. Signorini, Mondadori, Milano 2006, pp. 141-142.

29. G.G. De Rossi, *Commedie*, Remondini, Bassano 1790, vol. I, pp. V, XI, 6; G. Piattoli, *Raccolta di quaranta proverbi toscani*, Pagni e Bardi, Firenze 1788, n° 3 (C. Farinella の指摘による); G. Compagnoni e F. Albergati Capacelli, *Lettere piacevoli se piaceranno. Tomo Primo e forse Ultimo*, Società tipografica, Modena 1791, p. 158; Goldoni, *Tutte le opere*, a cura di G. Ortolani, 14 voll., Mondadori, Milano 1935-1956, vol. V, p. 928; vol. VI, p. 694.

30. P. e A. Verri, *Carteggio* cit., vol. IX, p. 248; Walpole, *Correspondence* cit., vol. III, p. 322; L.-A. Blondel, *Memorie aneddotiche sulla corte di Sardegna*, a cura di V. Promis, in *Miscellanea di Storia Italiana*, t. XIII, Bocca, Torino 1871, pp. 522-524; ASPi, *Upezzinghi Lanfranchi Lanfreducci. Deposito Rasponi*, 90, cc. non numerate.

31. ASLu, *Sardini*, 158 (= J. Chelini, *Zibaldone Lucchese*, t. I), pp. 183-193 (192-193). 司教区古文書館では確認できない当裁判に関する間接的情報は同館所蔵の以下の文献から得た。 *Giudice Ordinario*, 2801, cc. non numerate prima della c. 27.

32. ASLu, *Carte Poschi*, segnatura provvisoria n° 12, cc. non numerate (S. Nelli の指摘による).

33. ASLu, *Garzoni*, 140, numeri 452, 455.

34. Walpole, *Correspondence* cit., vol. II, p. 333 (12 novembre 1743).

35. G.A. Costantini, *Lettere critiche*, Bassaglia e Pasinelli, Venezia 1748, p. 14; *Il cicisbeo impertinente. Dramma giocoso*, musica di Girolamo Cordella, Carotti, Pisa 1754, pp. 4, 10.

36. V. Alfieri, *Commedie*, a cura di F. Forti, Casa d'Alfieri, Asti 1958, pp. 65, 66, 285-297.

37. G. Carducci, *Storia del «Giorno» di Parini*, Zanichelli, Bologna 1892, p. 45; Valmaggi, I cicisbei cit., p. 138.

38. J. Georgelin, *Venise au siècle des lumières*, Mouton, Paris-La Haye 1978, p. 732.

39. P. Ungari, *Storia del diritto di famiglia in Italia (1796-1942)*, il Mulino, Bologna 1970, pp. 278, 293, 327-339.

40. Martinelli, *Istoria dei cicisbei* cit., p. 11.

41. ASLu, *Garzoni*, 99, n° 337.

42. J. Richard, *Description historique et critique de l'Italie*, Des Ventes et Lambert, Dijon et Paris 1766, vol. I, p. 155 (ローマについては vol. V, p. 164 を参照).

43. ASMi, *Archivio Notarile*, cartella 42583, G.B. Bianchi, n° 8 del 1766; P. e A. Verri, *Carteggio* cit., vol. VII, pp. 274-275 (ad Alessandro, 22 novembre 1775).

44. Archivio Arcivescovile di Lucca, *Duplicati. Atti Parrocchiali*, 107, f. 195*v*.

45. P. e A. Verri, *Carteggio* cit., vol. IX, p. 249.

46. C. Roncaglia, *Le moderne conversazioni volgarmente dette de' cicisbei*, Venturini, Lucca 1720, p. 3; Costantini, *Lettere critiche* cit., p. 228; Goldoni, *Tutte le opere* cit., vol. II, p. 689; vol. VI, p. 1260; Walpole, *Correspondence* cit., vol. IV, p. 399.

47. Ch. de Brosses, *Viaggio in Italia*, Laterza, Roma-Bari 1973, p. 108.

48. ASLu, *Garzoni*, 99, n° 319.

49. J.-J. Rousseau, *Giulia o la Nuova Eloisa*, Rizzoli, Milano 1996, p. 381 (parte III, lettera 18)〔ジャン＝ジャック・ルソー『新エロイーズ』（「ルソー全集　9巻」、松本勤訳）、1979、白水社〕；Walpole, *Correspondence* cit., vol. I, p. 136.
50. ASVe, *Inquisitori di Stato. Riferte dei Confidenti,* busta 565, fasc. 6, n° 7. 年齢に関しては以下を参照のこと。 *Protogiornale per l'anno MDCCLXXV*, Bettinelli, Venezia 1775, pp. 165, 186.
51. ASVe, *Inquisitori di Stato. Processi criminali*, busta 1085, fasc. 421. 以下も参照のこと。De Biase, *Amore di Stato* cit., pp. 78-9. その他の重要な事例については以下を参照。M. Manzatto, *La fiera delle opportunità: dame e cavalieri serventi nel Settecento veneto*, in «Annali dell'Istituto Storico Italo-germanico in Trento», XXV, 1999, pp. 205-237.
52. 引用は以下の資料から。 ASMi, *Dono Greppi*, 393（1788 年まで），394（1789 年以降）; 手紙には番号はなく日付がある。その他の情報は以下から。 G. Liva, *L'archivio Greppi e la filiale di Cadice,* in «Archivio Storico Lombardo», CXXI, 1995, pp. 431-487（とくに 431-438）；ed E. Puccinelli, *Il carteggio privato dei Greppi,* in «Acme», L, 1997, 1, pp. 93-116.
53. 書簡における待遇表現の形式については以下を参照のこと。 M. Barbagli, *Sotto lo stesso tetto*, il Mulino, Bologna 1996^2, pp. 273-324.
54. V. Mariani, *P.F. Secco Comneno e il suo carteggio con A. Greppi*, Tesi di laurea, rel. C. Capra, Milano 2005, p. 198.
55. Ivi, p. 156.
56. G. Tabacco, *Andrea Tron e la crisi dell'aristocrazia senatoria*, Del Bianco, Udine 1980^2, pp. 21-27, 129.
57. Biblioteca Querini Stampalia di Venezia（以後 BQS），ms. 1003. 本書でこれらの手紙を引用する際は、日付と共に括弧内に写本の通し番号（妻と夫のそれぞれの手紙に通し番号が付されている）を添える。*I Querini Stampalia,* a cura di G. Busetto e M. Gambier, Fondazione Querini, Venezia 1987 に収録されたいくつかの論文（とくに R. Derosas、M. Gambier、G. Scarabello のもの）は私の研究にとって大変有意義だった。
58. *Protogiornale per l'anno 1771*, Bettinelli, Venezia 1771, p. 299.
59. とくに断りがない場合、本節では ASLu, *Garzoni* の資料を利用した。各資料の配置は括弧内に書類ケースの番号、資料番号の順で記した。
60. D. Corsi, *Le disavventure al giuoco di un giovane patrizio,* in «La Provincia di Lucca», IV, 1964, 2, pp. 31-40.
61. ASLu, *Arnolfini*, busta 179, n° 304.
62. ASLu, *Archivio dei Notari. Testamenti*, n° 508, ser Francesco Felice Ricci, cc. 1131*r*-1132*r.*
63. Ivi, *Arnolfini*, 191, t. II, pp. 320-321.

IV.　チチスベオの地政学

1. Biblioteca Casanatense di Roma, ms. 4013, cc. 26*r*-29*v*; V. Monti, Versioni poetiche, a

cura di G. Carducci, Barbera, Firenze 1869, p. 443. 以下も参照のこと。 A. Rita, *De Rossi, Giovanni Gherardo*, in *Dizionario Biografico degli Italiani,* vol. 39, Istituto della Enciclopedia Italiana, Roma 1991, p. 215.

2. *La Mascarade du colporteur francais,* Milan 1774, p. 74. 以下の詳細な研究も参照した。 A. Merlotti, *Il caso Dunand*, in *Alfieri e il suo tempo*, a cura di M. Cerruti, M. Corsi, B. Danna, Olschki, Firenze 2003, pp. 131-177.
3. ASPi, *Comune D*, 1147, n° 104, e 29 marzo 1785 a carte non numerate. 以下も参照のこと。 A. Addobbati, *Il Casino dei nobili di Pisa,* in «Bollettino Storico Pisano », LXII, 1993, pp. 277-307.
4. A. Merlotti, *Note sulla sociabilità aristocratica nell'Italia del Settecento*, in *L'amabil rito. Società e cultura nella Milano del Parini*, a cura di G. Barbarisi, C. Capra, F. Degrada e F. Mazzocca, Cisalpino, Milano 2000, pp. 45-69.
5. このような状況は以下で詳しく述べられている。 T. Plebani, *Socialità, conversazioni e casini a Venezia,* in *Salotti e ruolo femminile in Italia tra fine Seicento e primo Novecento,* a cura di M.L. Betri ed E. Brambilla, Marsilio, Venezia 2004, pp. 153-176.
6. 請願書やリストは以下を参照のこと。 Regesti delle suppliche ed elenchi in F.M. Paladini, *Sociabilità ed economia del «loisir». Fonti sui caffè veneziani del XVIII secolo,* in «Storia di Venezia - Rivista», I, 2003, pp. 153-281（194-195, 199, 238, 243, 250 の各ページから引用）.
7. Paris, *Archives du Ministère des Affaires Étrangères*（以下 AMAE と表記）, *Mémoires et Documents. Gênes,* 21 e 26. カンプルドンの報告書は S. Rotta による重要な序文と共に以下に収録され、出版されている。 S. Rotta, *«Une aussi perfide nation». La «Relation de l'État de Gênes» di Jacques de Campredon (1737)*, in *Genova, 1746: una città di antico regime tra guerra e rivolta*, a cura di C. Bitossi e C. Paolocci, in «Quaderni Franzoniani », XI, 1998, 2, vol. II, pp. 609-708 として出版されている（ショヴラン大臣からの命令は 636 ページに掲載。以下、本文ではこの版のページを記載する）。カンプルドンの報告書については、A. Pacini と私が編んだ *Sociabilità aristocratica in età moderna*, Plus, Pisa 2008 に収録された C. Bitossi と C. Farinella の研究も大変有益である。
8. *Recueil des instructions données aux ambassadeurs et ministres de France,* vol. XIX, Florence, Modène, Gênes, a cura di E. Driault, Alcan, Paris 1912, pp. 261-271, 314.
9. AMAE, *Correspondance politique. Gênes,* 99, cc. 144*v*, 177*rv.*
10. Ivi, 100, c. 242*r*.
11. Ivi, cc. 248*r*, 283*r*.
12. Ivi, c. 133*r*.
13. Ivi, cc. 158*v*-159*r*.
14. ベッティネッタはラッジョ家に属する。その夫と義理の兄弟ロドルフォものちに総督に就任する。以下を参照のこと。 M. Ciappina, *Brignole Sale, Giovan Francesco*, in *Dizionario Biografico degli Italiani* cit., vol. 14, 1972, pp. 294-296.
15. AMAE, *Correspondance politique. Gênes*, 100, c. 108r.
16. この点については以下を参照した。 G. Guelfi Camajani, *Il «Liber Nobilitatis*

Genuensis» e il Governo della Repubblica di Genova fino all'anno 1797, Società Italiana di Studi Araldici e Genealogici, Firenze 1965.

17. G. Compagnoni e F. Albergati Capacelli, *Lettere piacevoli se piaceranno. Tomo Primo e forse Ultimo*, Società tipografica, Modena 1791, pp. 63, 77-94.

18. *Repubblica di Genova*, t. I, *Dominio e Riviere (1700-1797)*, con un saggio di C. Bitossi, Franco Maria Ricci, Milano 1996, pp. 46-48. 以下も参照のこと。 M. Wortley Montagu, *The Complete Letters*, vol. I, a cura di R. Halsband, Clarendon Press, Oxford 1967, p. 429.

19. 「貴族体制下のルッカの風俗習慣」は以下に収録。R. Bocconi, *La società civile lucchese del Settecento*, Artigianelli, Lucca 1940, pp. 24-35.

20. H. Walpole, *Correspondence with sir Horace Mann*, a cura di W.S. Lewis, W. Hunting Smith e G.L. Lam, con la collaborazione di E.M. Martz, 11 voll., Yale University Press, New Haven 1954-1971, vol. I, pp. 37, 229; vol. II, p. 12; vol. III, pp. 48, 311, 358; vol. IV, p. 95.

21. E. Vigée Le Brun, *Memorie di una ritrattista*, a cura di G. Parodi, Mursia, Milano 1990, p. 93.

22. Goldoni, *Tutte le opere* cit., vol. VII, p. 646; Alfieri, *Commedie* cit., p. 65; De Rossi, *Commedie* cit., vol. I, p. 159.

23. Richard, *Description* cit., vol. III, p. 232; N. Brooke, *Voyage à Naples et en Toscane*, trad. fr., Nicolle et Denné, Paris 1799, p. 4.

24. Walpole, *Correspondence* cit., vol. IV, p. 284; vol. VII, p. 306.

25. ASFi, *Acquisti e Doni*, 1, ins. 39, n° 9, 27 febbraio 1776.

26. ASLu, *Arnolfini*, 191, vol. I, p. 28.

27. De Rossi, *Commedie* cit., vol. I, p. 97.

28. ASPi, *Bracci Cambini*, 58.

29. BCMC, ms. PD/C 1433, 9 giugno [1795].

30. 以下に概要が整理されている。 D. Carpanetto e G. Ricuperati, *L'Italia del Settecento,* Laterza, Roma-Bari 19984, pp. 71-96.

31. AMAE, *Mémoires et Documents. Rome,* 72, cc. 10*r*, 274*v*, 276*r*, 281*v*, 294*v*, 301*r*, 304*r*, 317*rv*, 318*v*, 324*rv*, 339*v*-340*r*.

32. 以下から引用、および他の有益な情報を参照。 M.P. Donato, *I salotti romani del Settecento,* in *Salotti* cit., pp. 189-212 (199). 以下も参照のこと。 M. Madignier, *Sociabilité informelle et pratiques sociales en Italie: les salons romains et florentins au XVIIIe siècle*, Tesi di dottorato, Istituto Universitario Europeo, Firenze 1999.

33. D. Perrero, *I Valentini o Cavalieri serventi alla Corte di Torino,* in «Il Filotecnico », II, 1887, p. 53.

34. 以下に詳細な分析がなされている。 A. Merlotti, *Salotti in una città cosmopolita*, in *Salotti* cit., pp. 125-152; e Id., *Nobiltà e sociabilità aristocratica ad Asti*, in *Quando San Secondo diventò giacobino,* a cura di G. Ricuperati, Edizioni dell'Orso, Alessandria 1999, pp. 71-125.

35. E. Gibbon, *Journey*, a cura di G.A. Bonnard, Nelson, London 1961, p. 20; di Robilant, *Un amore veneziano* cit., p. 141.

36. Gibbon, *Journey* cit., p. 20.

37. 以下から引用。G. Leanti, *La satira contro il Settecento galante in Sicila*, Trimarchi, Palermo 1919, pp. 49, 76, 79.

38. M. Scherillo, *L'opera buffa napoletana durante il Settecento*, Sandron, Palermo 1916, pp. 198, 248-249, 365-367; V. Monaco, *Giambattista Lorenzi e la commedia per musica,* Berisio, Napoli 1968, pp. 255-358.

39. N. Spinosa, *Pittura napoletana del Settecento dal Barocco al Rococò,* Electa, Napoli 1988, pp. 61-65, 102, 153, 324-326.

40. Ch. de Brosses, *Viaggio in Italia*, Laterza, Roma-Bari 1973, pp. 253-254; Richard, *Description* cit., vol. IV, p. 226; J. Gorani, *Mémoires secrets et critiques*, Buisson, Paris 1793, vol. I, p. 40; M. d'Ayala, *I liberi muratori di Napoli,* in «Archivio Storico per le Province Napoletane», XXII, 1897, p. 456. 以下も参照のこと。G. Galasso, *Lo stereotipo del napoletano e le sue variazioni regionali*, in Id., *L'altra Europa*, Argo, Lecce 1997², pp. 171-225.

41. [Riedesel], *Voyage en Sicile*, trad. fr., Grasset, Lausanne 1773, p. 57; G. Pitrè, *Viaggiatori italiani e stranieri in Sicilia,* a cura di A. Rigoli, Documenta Edizioni, Comiso 2000, vol. I parte I, p. 128; vol. I parte II, pp. 28, 173; D. De Non, *Voyage en Sicile,* Didot, Paris 1788, pp. 75, 87.

42. J.W. Goethe, *Viaggio in Italia (1786-1788)*, a cura di L. Rega, Rizzoli, Milano 2000, p. 236〔ゲーテ『イタリア紀行』（上中下、相良守峯訳）、2007、岩波文庫〕; Pitrè, *Viaggiatori* cit., vol. I parte I, pp. 128, 248.

43. E. Novi Chavarria, *Forme e spazi della sociabilità aristocratica napoletana nel Settecento,* A. Pacini と私が編んだ既出書 *Sociabilità* に収録。

44. Martinelli, *Istoria del cicisbeismo* cit., pp. 8-9.

45. *Viaggiatori britannici a Napoli nel Settecento*, a cura di G. Capuano, La Città del Sole, Napoli 1999, vol. I, p. 281.

46. P.M. Doria, *Massime del governo spagnolo a Napoli*, a cura di V. Conti, introduzione di G. Galasso, Guida, Napoli 1973, pp. 45-46, 49, 53.

47. 以下に解説がある。E. Graziosi, *Ritratto d'Arcadia in un salotto*, in «Genesis. Rivista della Società Italiana delle Storiche», IV, 2005, pp. 159-182 (170).

48. Doria, *Lettere e ragionamenti* cit., t. I, p. 196.

49. B. Croce, *I teatri di Napoli. Secolo XV-XVIII*, Pierro, Napoli 1891, p. 329.

50. F. Strazzullo, *Il carteggio Martorelli-Vargas Macciucca*, Liguori, Napoli 1984, pp. 183-184; Tanucci, Epistolario cit., vol. I, p. 79, 86, 500-503; vol. II, pp. 484, 493; vol. III, p. 47; vol. IV, pp. 353-354; vol. IX, p. 130; vol. XI, pp. 109, 173. タヌッチの書簡集に関する私の研究を助けてくれた L. Del Bianco に謝意を表する。

51. J.-J. de La Lande, *Voyage en Italie*, Troisième édition revue, corrigée et augmentée, Genève 1790, vol. V, pp. 29-30, vol. V, p. 431; S. Sharp, *Lettere dall'Italia (1765-1766)*, a cura di S. di Giacomo, Carabba, Lanciano 1911, p. 24; B. Croce, Aneddoti di varia letteratura, vol. II, Laterza, Bari 1953, p. 366; The Hamilton Papers, Associazione Amici dei Musei di Napoli, 1999, p. 157; *Viaggiatori britannici* cit., vol. II, pp. 768-769.

52. ASLu, *Garzoni*, 99, numeri 753, 754, 755, 758（最も長い引用は 753 から）.

53. [F. Galiani], *Orazione… in occasione di tirare a sorte i cicisbei e le cicisbee*, s.i.t. [ma poco dopo il 1787], p. 16.
54. G.M. Galanti, *Giornale di viaggio in Calabria (1792)*, a cura di A. Placanica, Società Editrice Napoletana, Napoli 1982, p. 159.
55. Goldoni, *Tutte le opere* cit., vol. III, pp. 734, 738, 788.
56. G.G. Belli, *Poesie romanesche,* a cura di R. Vighi, vol. VIII, Libreria dello Stato, Roma 1991, p. 121.
57. 最新の研究として以下のものがある。 G. Alfani, *Padri, padrini, patroni*, Marsilio, Venezia 2007.
58. C. Corrain e P. Zampini, *Documenti etnografici e folkloristici nei sinodi diocesani*, in «Palestra del Clero», XLIV, 1965, p. 30; XLVI, 1967, pp. 51-52; L. Passarini, *Il comparatico e la festa di San Giovanni nelle Marche e in Roma*, in «Archivio per lo studio delle tradizioni popolari», I, 1882, p. 134; G.B. Bronzini, Vita tradizionale in Basilicata, Montemurro, Matera 1964², pp. 169-170. さらに豊富な資料が以下に掲載されている。 G.C. Pola Falletti-Villafalletto, *Associazioni giovanili e feste antiche. Loro origini,* vol. IV, Bocca, Milano 1942, pp. 180-289.
59. G. Tassoni, *Arti e tradizioni popolari. Le inchieste napoleoniche sui costumi e le tradizioni nel Regno Italico*, La Vesconta, Bellinzona 1973, p. 306.
60. A. Fine, *Parrains, marraines. La parenté spirituelle en Europe*, Fayard, Paris 1994, p. 169.
61. Corrain e Zampini, *Documenti* cit., XLV, 1966, pp. 44, 51.
62. I. Signorini, *Padrini e compadri*, Loescher, Torino 1981, p. 67; S. D'Onofrio, *Amicizia ed eros nel comparatico siciliano*, in «L'Uomo», XI, 1987, pp. 93-135 (131-132).
63. ASLu, *Arnolfini*, 191, t. I, pp. 5-6, 130; t. II, pp. 11, 154.
64. Rotta, *«Une aussi perfide nation»* cit., p. 646.
65. A. van Gennep, *Manuel du folklore français*, t. I, vol. I, Picard, Paris 1943, pp. 291-293.
66. G. Pitrè, *Usi e costumi credenze e pregiudizi del popolo siciliano*, Pedone Lauriel, Palermo 1889, vol. II, pp. 278-279.
67. F. Albergati Capacelli, *Opere*, vol. VII, Palese, Venezia 1784, pp. 14, 53, 138.
68. *Satire di Settano* cit., pp. 133, 152.
69. *Giornali veneziani del Settecento*, a cura di M. Berengo, Feltrinelli, Milano 1962, p. 577.
70. C. Roncaglia, *Le moderne conversazioni volgarmente dette de' cicisbei*, Venturini, Lucca 1720, p. 210; G. Dal Portico, *Gli amori tra le persone di sesso diverso*, Salani e Giuntini, Lucca 1751, pp. 468, 579; *Collezione di sacri oratori italiani*, t. XII, Tipografia della Speranza, Firenze 1834, pp. 284-285.
71. これらの問題に関する基本書として以下のものが挙げられる。 D. Lombardi, *Matrimoni di antico regime*, il Mulino, Bologna 2001, とくに pp. 359-375.
72. N. Vottiero, *Lo Specchio de la cevertà*, Porciello, Napoli 1789（複刻版 con premessa di A. Altamura, Libreria Scientifica Editrice, Napoli 1968）, pp. 8, 11, 18, 19, 27, 59, 63, 124, 151-152.
73. S. Cavallo-S. Cerutti, *Onore femminile e controllo sociale nella riproduzione in Piemonte tra Sei e Settecento,* in «Quaderni Storici», XV, 1980, 44, pp. 346-383 (357).

74. Archivio Arcivescovile di Pisa, *Atti matrimoniali. Contenziosi*, XIII. E. 18, fasc. 14, c. 9*r*.

75. Archivio di Stato di Pistoia, Sezione di Pescia, *Archivio del Vicariato di Valdinievole*, Atti Criminali, n. 1133, fasc. Del Sarto, Panattoni, Balduini, cc. non numerate (S. Nelli の指摘による).

76. A.F. Ghiselli, *Memorie antiche manuscritte di Bologna*, Biblioteca Universitaria di Bologna, ms. 770, vol. 80, c. 457*r* (R. Sarti の指摘による).

77. Archivio di Stato di Livorno, *Capitano poi Governatore e Auditore*, Atti civili, 1554, n. 771, cc. non numerate. この資料は C. La Rocca の厚意により利用することができた。彼女の著作 C. La Rocca, *Tra moglie e marito. Matrimoni e separazioni a Livorno nel Settecento,* il Mulino, Bologna 2009 ではこれを含め多くの資料が丹念に分析されている。

78. 以下からの引用。 C. Corrain e M. Capitanio, *Le mariage dans les documents synodaux italiens*, in *Amour et mariage en Europe*, Musée de la vie Wallonne, Liège 1978, p. 181 (D. Lombardi の指摘による).

79. Casanova, *Storia della mia vita* cit., vol. II, pp. 1187, 1211.

80. C.A. Vianello, *La giovinezza di Parini, Verri e Beccaria*, Baldini e Castoldi, Milano 1933, pp. 81-83; C.F. Gallotti, *Fogliazzi, Teresa*, in *Dizionario Biografico degli Italiani* cit., vol. 48, 1997, p. 492.

81. Goldoni, *Memorie*, trad. it., a cura di G. Davico Bonino, Einaudi, Torino 1993, p. 215; 以下のページも参照のこと pp. 206, 207, 213.

82. C. Gozzi, *Memorie inutili,* a cura di G. Prezzolini, Laterza, Bari 1910, vol. I, pp. 307, 313, 344; vol. II, pp. 35, 222.

83. R. Colapietra, *Il marchese Romualdo de Sterlich,* in «Lares», LX, 1994, pp. 43-74 (58); Mariani, *P.F. Secco Comneno* cit., pp. 30, 155, 156; E. Pagano, *Maltrattate, defraudate, diffamate: mogli in tribunale nella Milano di Giuseppe II,* in «Archivio Storico Lombardo», CXXVII, 2001, pp. 61-105 (88-100).

84. Biblioteca Comunale di Mantova, *Fondo Dalla Valle,* ms. 1063. 関係者たちについては以下を参照のこと。 L. Braida, Il commercio delle idee, Olschki, Firenze 2002, pp. 181-208; G. Giusti, *La biblioteca di un mantovano del '700: Lelio Dalla Valle*, in «Monferrato Arte Storia», XI, 1999, pp. 45-103. 本書におけるこの部分の研究を助けてくれた G. Giusti の厚意に謝意を表する。

85. Mariani, *P.F. Secco Comneno* cit., p. 87 (23 luglio 1783).

86. La Lande, Voyage en Italie cit., vol. VII, p. 31; *Richard, Description* cit., vol. V, p. 214.

87. Goldoni, *Tutte le opere* cit., vol. II, p. 1195.

V. 性愛

1. H. Walpole, *Correspondence with sir Horace Mann,* a cura di W.S. Lewis, W. Hunting Smith e G.L. Lam, con la collaborazione di E.M. Martz, 11 voll., Yale University Press, New Haven 1954-1971, vol. II, pp. 332, 479; F. Lenygon, Furniture in England from 1660 to 1760, London 1914, p. 49, fig. 61.

2.　ヨーロッパ全体の文化的枠組みについては以下を参照。 Un quadro europeo in A. Addobbati, *La festa e il gioco nella Toscana del Settecento,* Plus, Pisa 2002, pp. 255-307.
3.　G. Baretti, *Opere*, vol. VI, Pirotta, Milano 1818, pp. 27-29.
4.　G. Compagnoni e F. Albergati Capacelli, *Lettere piacevoli se piaceranno. Tomo Primo e forse Ultimo*, Società tipografica, Modena 1791, p. 103. 文化的洗練、修養、抑制に関する数多くの文献の中で、とりわけチチスベイズモについて、道徳神学者たちや文人たちの著述に基づき論じているのは以下のものである。 R. Canosa, *La restaurazione sessuale. Per una storia della sessualità tra Cinquecento e Settecento,* Feltrinelli, Milano 1993, pp. 97-114.
5.　Ch.-L. de Secondat, barone di Montesquieu, *Lettre sur Gênes*, in *Œuvres Complètes,* a cura di R. Caillois, Gallimard, Paris 1949, p. 918; J. Moore, *A View of Society and Manners in Italy,* Strahan and Cadell, London 1781, vol. II, p. 414; Ch.-L. de Pöllnitz, Mémoires, Demen, Liège 1734, vol. II, p. 431.
6.　G. Dal Portico, *Gli amori tra le persone di sesso diverso*, Salani e Giuntini, Lucca 1751, pp. 458, 480; C. Roncaglia, *Le moderne conversazioni volgarmente dette de' cicisbei*, Venturini, Lucca 1720, p. 87.
7.　G.A. Costantini, *Lettere critiche*, Bassaglia e Pasinelli, Venezia 1748, pp. 222-223.
8.　S. Sharp, *Lettere dall'Italia (1765-1766),* a cura di S. di Giacomo, Carabba, Lanciano 1911, p. 24.
9.　J.-J. de La Lande, *Voyage en Italie*, Troisième édition revue, corrigée et augmentée, Genève 1790, vol. V, p. 30; vol. VII, pp. 30-31.
10.　P. e A. Verri, *Carteggio dal 1766 al 1797,* a cura di E. Greppi, F. Novati, A. Giulini e G. Seregni, 12 voll., Cogliati poi Milesi poi Giuffrè, Milano 1911-1943, vol. I-1, pp. 180, 382; vol. I-2, pp. 33, 64, 72-73, 141, 191, 305-306, 326; vol. II, pp. 58, 141, 171, 247, 287-288; vol. III, pp. 38, 51, 69, 70, 405; vol. IV, p. 248; vol. V, p. 118; vol. VI, pp. 56, 159, 166; vol. VII, pp. 214, 228, 276-277; vol. VIII, pp. 215-216, 220. 以下も参照のこと。 C. Capra, *I progressi della ragione. Vita di Pietro Verri*, il Mulino, Bologna 2002, pp. 275-276, 400-402; B. Anglani, *«Il dissotto delle carte». Sociabilità, sentimenti e politica tra i Verri e Beccaria,* Angeli, Milano 2004, pp. 167-230.
11.　ASLu, *Arnolfini*, 191, t. II, pp. 16-17, 270-274.
12.　Ivi, *Garzoni*, 140, n° 456.
13.　ASVe, *Inquisitori di Stato. Riferte dei confidenti*, busta 565, fasc. 6, n° 12. 以下も参照のこと。 E. Vittoria, *Giacomo Casanova e gli Inquisitori di Stato,* EVI, Venezia 1973, pp. 67-88.
14.　P. e A. Verri, *Carteggio* cit., vol. VI, pp. 162, 172-173.
15.　C. Beccaria, *Dei delitti e delle pene,* a cura di F. Venturi, Einaudi, Torino 1965, cap. 31, pp. 76-77.〔チェーザレ・ベッカリーア『犯罪と刑罰』(小谷眞男訳)、2011、東京大学出版会〕
16.　C. Vannetti, *L'educazione letteraria del Bel Sesso,* Pirotta, Milano 1835, p. 143; E. Strumia, *C. Vannetti e l'«Educazione del Bel Sesso»*, in «Atti dell'Accademia Roveretana degli Agiati», CCIIL, 1998, pp. 175-202 (181-182).

17. D. Chiomenti Vassalli, *I fratelli Verri,* Ceschina, Milano 1960, pp. 67-74.

18. C. Capra, *«Il cuore è il padrone». Ventinove lettere inedite di P. Verri*, in *Studi dedicati a Gennaro Barbarisi*, a cura di C. Berra e M. Mari, CUEM, Milano 2007, pp. 377-427 (422).

19. D. Chiomenti Vassalli, *Giulia Beccaria: la madre del Manzoni*, Ceschina, Milano 1956, p. 75; A. Brugnoli, Ritratto di un libertino: G. Verri, in «Cheiron», XV, 1998, pp. 169-220 (187-193).

20. BQS, ms. 620, cc. non numerate.

21. L. Perini, *Per la biografia di Francesco Pesaro*, in «Archivio Veneto», CXXVI, 1995, pp. 65-98; *L'epistolario di Elena Soranzo Mocenigo*, ivi, CXXVIII, 1997, pp. 41-70.

22. *Viaggio a Parigi e Londra (1766-1767). Carteggio di Pietro e Alessandro Verri,* a cura di G. Gaspari, Adelphi, Milano 1980, pp. 31, 36, 124, 414; C. Beccaria, *Carteggio*, a cura di C. Capra, R. Pasta e F. Pino Pongolini, Mediobanca, Milano 1994-1996, vol. I, pp. 77, 411, 438, 455, 467-468, 479-480; vol. II, p. 465; P. e A. Verri, *Carteggio*, cit., vol. VI, p. 225.

23. ASLu, *Arnolfini*, vol. II, pp. 52, 277; vol. IV, pp. 5, 8-10; *Archivio dei Notari. Testamenti,* n° 512, c. 2*r* del plico inserito a c. 32*r*.

24. P. e A. Verri, *Carteggio* cit., vol. II, pp. 107-108; vol. IX, p. 311.

25. C. Goldoni, *Memorie*, trad. it., a cura di G. Davico Bonino, Einaudi, Torino 1993, p. 288.

26. 詳しくは以下を参照のこと。 C. Donati, *La nobiltà milanese nelle fonti documentarie e nella satira pariniana, in Interpretazioni e letture del «Giorno»,* a cura di G. Barbarisi ed E. Esposito, Cisalpino, Milano 1998, pp. 177-203.

27. E. Berriot-Salvadore, *Il discorso della medicina e della scienza, in Storia delle donne in Occidente*, vol. III, *Dal Rinascimento all'età moderna*, a cura di N. Zemon Davis e A. Farge, trad. it., Laterza, Roma-Bari 1996, pp. 351-395（とくに 367-370）.

28. Sharp, *Lettere dall'Italia* cit., pp. 25-26.

29. Ch. J. Jagemann, *Briefe über Italien*, vol. I, Hoffmann, Weimar 1778, p. 37.

30. Costantini, *Lettere critiche*, cit., p. 224.

31. Ch. de Brosses, *Viaggio in Italia, Laterza*, Roma-Bari 1973, p. 108. フランス語の最後のことば «manchottes» が使用されているのは以下のフランス語版のみ。 *Lettres familières,* a cura di G. Cafasso, vol. I, Centre Jean Bérard, Napoli 1991, p. 272.

32. ASMi, *Litta Modignani*, titolo XXII, cartella 4, fasc. 9. 以下も参照のこと。 E. Cavazza, *Una nobile famiglia cremonese: i Ferrari,* Tesi di laurea, rel. E. Brambilla, Milano 2004, とくに pp. 96-99. このテーマに関する研究を助けてくれた S. Levati に謝意を表する。

33. *Viaggio a Parigi e Londra* cit., p. 374; P. e A. Verri, *Carteggio* cit., vol. I-2, pp. 18, 36-37.

34. Biblioteca Comunale degli Intronati di Siena, ms. i. XI. 58, c. 765*r*; D. Berlinghieri, *Omaggio*, Rossi, Siena 1824, p. 3; A. Rinieri De Rocchi, *Cenni biografici sul Commendatore Daniello Berlinghieri,* Le Monnier, Firenze 1838, p. 10. 以下も参照のこと。 L.-F. Benedetto, *Indiscrétions sur Giulia*, Le Divan, Paris 1934, pp. 26-29; L. Rinieri de' Rocchi e G. Stegagno, *Storia di Giulia*, Sellerio, Palermo 1987, p. 41.

35. V. Imbriani, *Studi letterari e bizzarrie satiriche*, a cura di B. Croce, Laterza, Bari 1907, p. 193.

36. T. Smollett, *Viaggio attraverso l'Italia*, trad. di P. Saitto-Bernucci e C. Spadaccini, Nutrimenti, Roma 2003, p. 43.
37. Walpole, *Correspondence* cit., vol. IV, pp. 115-116.
38. J. Goody, *Adoption in Cross-Cultural Perspective*, in «Comparative Studies in Society and History», XI, 1969, 1, pp. 55-78.
39. ASLu, *Mansi*, busta 19, fascicolo 13.
40. N. Brooke, *Voyage à Naples et en Toscane*, trad. fr., Nicolle et Denné, Paris 1799, p. 71.
41. S. Sharp, *Letters from Italy, describing the Customs and Manners of that Country, in the years 1765 and 1766. To wich is annexed an Admonition to Gentlemen who pass the Alps, in their Tour through Italy*, Henry and Cave, London s.d. [1767?], 3rd ed., p. 20.

VI. 追放されたチチスベオ

1. A. Manzoni, *Lettere*, a cura di C. Arieti, Mondadori, Milano 1970, vol. I, pp. 57-58; C. Capra, *I progressi della ragione. Vita di Pietro Verri*, il Mulino, Bologna 2002, p. 188; A. Brugnoli, *Ritratto di un libertino: G. Verri*, in «Cheiron», XV, 1998, pp. 187-193.
2. このテーマへの序論として適切な研究に次のものが挙げられる。 G. Fiume, *Nuovi modelli e nuove codificazioni: madri e mogli tra Settecento e Ottocento*, in *Storia della maternità*, a cura di M. D'Amelia, Laterza, Roma-Bari 1997, pp. 76-110.
3. G. de Maupassant, *Racconti e novelle*, vol. I, Einaudi, Torino 1968, pp.148-149（M. Olivari の指摘による）.
4. D.T. Andrew, *«Adultery à-la-Mode»: Privilege, the Law and Attitudes to Adultery 1770-1809*, in «History», LXXXII, 1997, pp. 5-23.
5. F. Albergati Capacelli, *Opere*, vol. VII, Palese, Venezia 1784, p. 39; G. Compagnoni e F. Albergati Capacelli, *Lettere piacevoli se piaceranno. Tomo Primo e forse Ultimo*, Società tipografica, Modena 1791, pp. 110-111. 以下も参照のこと。 E. Masi, *La vita i tempi gli amici di Francesco Albergati*, Zanichelli, Bologna 1878, p. 475; E. Mattioda, *Il dilettante «per mestiere». Francesco Albergati*, il Mulino, Bologna 1993, p. 122.
6. 以下の拙著参照。 *In famiglia. Storie di interessi e affetti nell'Italia moderna*, Laterza, Roma-Bari 2001, pp. 112-131.
7. P. e A. Verri, *Carteggio dal 1766 al 1797*, a cura di E. Greppi, F. Novati, A. Giulini e G. Seregni, 12 voll., Cogliati poi Milesi poi Giuffrè, Milano 1911-1943, vol. VII, pp. 288-289; P. Verri, *Scritti di argomento familiare e autobiografico*, a cura di G. Barbarisi, Edizioni di Storia e Letteratura, Roma 2003, pp. 293, 299, 303, 437. 以下も参照のこと。 Capra, *I progressi* cit., pp. 400-422.
8. Archivio Storico Patriarcale di Venezia, *Curia. Sezione antica. Filtiae causarum*, b. 153, fasc. 7（T. Plebani の指摘による）. 別居に関する基本文献として以下の研究が挙げられる。 *Coniugi nemici. La separazione in Italia dal XII al XVIII secolo*, a cura di S. Seidel Menchi e D. Quaglioni, il Mulino, Bologna 2000.
9. R. Derosas, *Riflessi privati della caduta della Repubblica*, in *Venezia. Itinerari per la storia*

della città, a cura di S. Gasparri, G. Levi e P. Moro, il Mulino, Bologna 1997, pp. 271-303. このテーマに関する R. Derosas の助言に謝意を表する。

10. Stendhal, *Roma, Napoli e Firenze*, a cura di G. Vettori, Avanzini e Torraca, Roma 1969, p. 64. 引用個所以外のテクストについては以下を参照。 M. Crouzet, *Stendhal e il mito dell'Italia* (1982), il Mulino, Bologna 1991, pp. 314-316.

11. A. Mazzarosa, *Storia di Lucca dalla sua origine fino al 1814*, Giusti, Lucca 1833, t. II, pp. 184-185.

12. *Memorie del maresciallo di Marmont*, Sanvito, Milano 1857, vol. I, p. 129; A. Valente, *Gioacchino Murat e l'Italia meridionale*, Einaudi, Torino 1965, p. 38; Miot de Melito, *Mémoires*, Calmann Lévy, Paris 1880[3], vol. I, p. 127.

13. このテーマに関する重要文献として以下のものが挙げられる。 L. Hunt, *The Family Romance of the French Revolution*, University of California Press, Berkeley-Los Angeles 1992.

14. V. Monti, *Epistolario*, 6 voll., a cura di A. Bertoldi, Le Monnier, Firenze 1928-1931, vol. II, p. 12.

15. U. Foscolo, *Ultime lettere di Jacopo Ortis*, a cura di G. Gambarin, Le Monnier, Firenze 1955, pp. 28-29.〔ニコロ・ウーゴ・フォスコロ『最後の手紙』(丸弘訳) 1942、日本出版社〕

16. A. Buttafuoco, *Virtù civiche e virtù domestiche*, in *L'Italia nella Rivoluzione 1789-1799*, a cura di G. Benassati e L. Rossi, Grafis, Bologna 1990, pp. 81-88 (84); L. Ricaldone, *Il dibattito sulla donna nella letteratura patriottica del Triennio*, in «Italienische Studien», VII, 1984, pp. 23-46 (30).

17. L. Richiardi, *Dialogo di una dama e un cicisbeo*, Reggio e Grandis, Torino s.d.

18. *Un Repubblicano alle Donne*, in «Giornale repubblicano di pubblica istruzione», Modena 1796, pp. 174, 199; C. Farinella, *Note su socialità aristocratica*, (A. Pacini と私の編んだ以下の書に収録 *Sociabilità aristocratica in età moderna*, Plus, Pisa 2008, pp. 68-69; *I matrimonj alla moda*, in «Il caffè. Almanacco istruttivo», Nerozzi, Bologna 1799, pp. 48-55.

19. «La vera repubblicana», Morano, Torino 1798-1799, pp. 5, 7-8, 10-13, 20, 22, 23-24, 35, 39. 重要な基本書として次のものが挙げられる。 E. Strumia, *Un giornale per le donne nel Piemonte del 1799: «La vera repubblicana»*, in «Studi Storici», XXX, 1989, pp. 917-946.

20. この点については以下を参照のこと。L. Tasca, *Galatei*, Le Lettere, Firenze, 2004, pp. 65-80.

21. ASLu, *Arnolfini*, 191, t. II, pp. 227-228; t. III, p. 50.

22. Monti, *Epistolario* cit., vol. II, p. 354.

23. Archivio di Stato di Lucca, *Arnolfini*, 191, vol. III, p. 19.

24. L. Ceria, *Vita di una moglie. Teresa Confalonieri*, Baldini e Castoldi, Milano 1935[2]; C. Mozzarelli, *Sulle opinioni politiche di F. Confalonieri*, in *Federico Confalonieri aristocratico progressista*, a cura di G. Rumi, Cariplo-Laterza, Roma-Bari 1987, pp. 47-67.

25. *Carteggio del Conte Federico Confalonieri*, a cura di G. Gallavresi, Ripalta, Milano 1910-1913, vol. I, pp. 9, 18, 26-27, 29, 31, 40, 42, 45, 55, 66, 68, 108, 195, 209, 215, 219, 228,

237, 243; vol. II-1, p. 405; vol. II-2, pp. 694, 1096-1097; G. Casati, *Memorie sulle sventure di mia sorella Teresa*, a cura di P. Terruzzi, in «Rassegna Storica del Risorgimento», XXIV, 1937, pp. 1637-1656 (1642, 1650); Manzoni, *Lettere*, cit., vol. I, pp. 589-590; vol. III, p. 423.

26. G. Giraud, *Opere edite ed inedite*, t. II, Monaldi, Roma 1840, pp. 174, 183.

27. F. Mercey, *Viaggio attraverso il Tirolo*, a cura di L. Groff, in «Letture Trentine e Altoatesine», ottobre 1988, 61-64, p. 125（M. Bellabarba の指摘による）.

28. G. Pitrè, *Viaggiatori italiani e stranieri in Sicilia,* a cura di A. Rigoli, Documenta Edizioni, Comiso 2000, vol. I parte II, pp. 219, 252, 335.

29. A.L. Millin, *Voyage en Savoie, en Piémont, à Nice, et à Gênes*, Wassermann, Paris 1816, vol. II, pp. 108, 275; [C.-M. de Villemarest e Louet de Chaumont], *L'Hermite en Italie*, Pillet, Paris 1824, vol. I, Préface.

30. G. Byron, *Letters and Journals,* a cura di L.A. Marchand, Murray, London 1976-1978, vol. VI, pp. 168, 214, 241, 244, 248; vol. VII, pp. 42-43; vol. VIII, p. 78; A. Guiccioli, *I Guiccioli (1796-1848). Memorie di una famiglia patrizia*, a cura di A. Alberti, Zanichelli, Bologna 1934-1935, vol. I, pp. 33-36; I. Origo, *The Last Attachment. The Story of Byron and Teresa Guiccioli*, Fontana, London 1962, とくに pp. 129, 173, 188, 276; P. Quennell, *Byron in Italia* (1974), il Mulino, Bologna 1999, pp. 117-136.

31. P. Ungari, *Storia del diritto di famiglia in Italia (1796-1795)*, a cura di F. Sofia, il Mulino, Bologna 2002, pp. 125-150; M. Livi Bacci, *Ebrei, aristocratici e cittadini: precursori del declino della fecondità,* in «Quaderni Storici», XVIII, 1983, 54, pp. 913-939.

32. S. Levati, *La revisione della nobiltà lombarda*, in «Il Risorgimento», IL, 1997, pp. 143-173; R. Derosas, *Aspetti della crisi dell'aristocrazia veneziana*, in *Les noblesses européennes au XIXe siècle*, Università di Milano - École Française de Rome, 1988, pp. 333-363; M. Barbagli, *Sotto lo stesso tetto*, il Mulino, Bologna 19962, pp. 245-371.

33. Confalonieri, *Carteggio* cit., vol. II-1, p. 126; G. Capponi, *Lettere*, a cura di A. Carraresi, Le Monnier, Firenze 1882, vol. I, p. 119.

34. Lady Morgan, *L'Italie*, Dufart, Paris 1821, vol. I, pp. 34-35, 322-323, 350-351, 352; vol. II, pp. 134-136; vol. III, pp. 45, 146, 149; vol. IV, pp. 222-223, 284.

35. Ph. Deacon, *El cortejo y Nicolás Fernández de Moratín*, in «Boletín de la Biblioteca Menéndez Pelayo», LV, 1979, pp. 85-95. 文学テクストの出典については次の重要文献も参照のこと。 C. Martín Gaite, *Usos amorosos del dieciocho en España*, Editorial Lumen, Barcelona 1972[2].

36. M. Wortley Montagu, *The Complete Letters*, a cura di R. Halsband, Clarendon Press, Oxford 1967, vol. I, pp. 270-271.

37. *Teatro inglese della Restaurazione e del Settecento*, a cura di G. Baldini, Sansoni, Firenze 1955, pp. 337-338.

38. M. Feldman, *The Absent Mother in Opera Seria,* in *Siren Songs: Representations of Gender and Sexuality in Opera*, a cura di M.A. Smart, Princeton University Press, Princeton (N.J.) 2000, pp. 29-46.

39. これらのテーマに関する革新的な研究として次の２つが挙げられる。 A.M.

Banti, *La nazione del Risorgimento. Parentela, santità e onore alle origini dell'Italia unita*, Einaudi, Torino 2000; S. Patriarca, *Indolence and Regeneration: Tropes and Tensions of Risorgimento Patriotism*, in «American Historical Review», CX, 2005, pp. 380-408.

40. Foscolo, *Scritti vari di critica storica e letteraria (1817-1827)*, a cura di U. Limentani, Le Monnier, Firenze 1970, p. 467.

41. G. Berchet, *Lettera semiseria. Poesie*, a cura di A. Cadioli, Rizzoli, Milano 1992, pp. 338-339, con la nota del curatore sulla lezione del v. 6.

42. M. d'Azeglio, *I miei ricordi*, a cura di M. Legnani, Feltrinelli, Milano 1963, p. 28.

43. G. Canonici Fachini, *Prospetto biografico delle donne italiane rinomate in letteratura dal secolo decimoquarto fino a' giorni nostri*, Alvisopoli, Venezia 1824, p. 21.

44. この点については以下において分かりやすくまとめられている。I. Porciani, *Famiglia e nazione nel lungo Ottocento*, in «Passato e Presente», XX, 2002, pp. 9-39.

45. A. Vannucci, *I martiri della libertà italiana nel secolo decimonono*, Società Editrice Fiorentina, Firenze 1848, p. 38.

46. C. Franceschi Ferrucci, *Della educazione morale della donna italiana libri tre*, Pomba, Torino 1848, pp. IX, 164-165, 173-174, 317, 396, 401.

47. M.T. Mori, *Salotti. La sociabilità delle élite nell'Italia dell'Ottocento*, Carocci, Roma 2000.

48. A. Vannucci, *Ricordi della vita e delle opere di G.B. Niccolini*, Le Monnier, Firenze 1866, pp. 143-144.

49. M. Wollstonecraft, *I diritti delle donne*, a cura di F. Ruggieri, Editori Riuniti, Roma 1977.〔メアリ・ウルストンクラーフト『女性の権利の擁護――政治および道徳問題の批判をこめて』(白井堯子訳)、1980、未來社〕

《叢書・ウニベルシタス　1091》
チチスベオ
イタリアにおける私的モラルと国家のアイデンティティ

2019年2月15日　初版第1刷発行

ロベルト・ビッツォッキ
宮坂真紀 訳
発行所　一般財団法人　法政大学出版局
〒102-0071 東京都千代田区富士見 2-17-1
電話03(5214)5540 振替00160-6-95814
組版：HUP　印刷：ディグテクノプリント　製本：積信堂

ISBN978-4-588-01091-0

著者

ロベルト・ビッツォッキ（Roberto Bizzocchi）

ピサ大学教授（近代史）。専門は、中世から近代までの国家と教会の関係、近代における歴史文化史、家族史、ジェンダー関係史。*Quaderni storici* 編集委員。著書に *Genealogie incredibili. Scritti di storia nell'Europa moderna*, Bologna, il Mulino, 1995; *In famiglia. Storie di interessi e affetti nell'Italia moderna*, Roma-Bari, Laterza, 2001; *Guida allo studio della storia moderna*, Roma-Bari, Laterza, 2002; *I cognomi degli Italiani. Una storia lunga 1000 anni*, Roma-Bari, Laterza, 2014 ほか。

訳者

宮坂真紀（みやさか・まき）

東京大学大学院総合文化研究科博士課程修了。博士（学術）。専門は18世紀イタリア文学。東京大学教養学部非常勤講師。論文に「ゴルドーニの喜劇におけるヴェネツィア方言の意味とその効果に関する考察——*Le Morbinose* と *Le Donne di buon umore* の比較を通して」（『イタリア学会誌』第58号、2008年）、「ゴルドーニのヴェネツィア方言におけるイタリア語——ガスパリーナの2言語併用」（『イタリア学会誌』第61号、2011年）ほか。